【中华优秀传统文化读本】

戚良德 主编

河北出版传媒集团
河北人民出版社
石家庄

图书在版编目（CIP）数据

中华优秀传统文化读本 / 戚良德主编. -- 石家庄：
河北人民出版社，2017.8（2020.11 重印）
ISBN 978-7-202-12295-2

Ⅰ．①中… Ⅱ．①戚… Ⅲ．①中华文化—通俗读物
Ⅳ．①K203-49

中国版本图书馆 CIP 数据核字（2017）第 196265 号

书　　名	中华优秀传统文化读本	
主　　编	戚良德	
责任编辑	王　岚	
美术编辑	李　欣	
封面设计	赵　建	
责任校对	张三铁	
出版发行	河北出版传媒集团　河北人民出版社	
	（石家庄市友谊北大街 330 号）	
印　　刷	河北东方欲晓印务有限公司	
开　　本	787 毫米×1092 毫米　1/16	
印　　张	26.75	
字　　数	380 000	
版　　次	2017 年 8 月第 1 版　　2020 年 11 月第 2 次印刷	
书　　号	ISBN 978 - 7 - 202 - 12295 - 2	
定　　价	58.00 元	

前　言

当前，弘扬并复兴中华优秀传统文化，不仅成为社会各界的共识，而且已经成为我们的基本文化战略和基本国策。为此，我们精心编选了《中华优秀传统文化读本》一书，既为高等学校国学必修课或通识课提供教材，也为社会提供一本普及与提高相结合的国学读本。

本书的编写体现如下几个特点：

一、以古今为坐标，在历史和现实的结合部，准确地展现中华文化的"优秀"传统和思想精华。什么是"中华优秀传统文化"，哪些传统文化可以称之为"优秀"，历来颇有不同看法。作为当代大学教材，我们在全面考察的基础上，力图精选那些争议最小、最能担当"优秀"二字的中华文化和国学经典。

二、力图用最为精当的话语概括中华文化之精神，传播中华文化之超越时空的人文理念。这既是为了弘扬中华文化的精髓，更是为了向大学生和社会传递中华文化的精神。例如，我们根据内容精心设置了十三章的标题，希望以此昭示中华文化作为当代大学生人文修养的强力担当。

三、取材范围广阔、精要而独具特色，既体现中华文化的博大精深，又着眼当代大学生的现实需求。作为以大学生为主要读者的中华传统文化普及读本，不同于一般哲学、思想或历史、文学读物，而是必须要涵盖经史子集的国学四部。为此，我们特别编选了《文心雕龙》和《史通》等国学经典，这是同类教材所没有的，但却是非常重要的。

四、关注中华优秀传统文化在近现代的承传，以适当的篇幅介绍近现代著名的国学大师及其著作。中华优秀传统文化的弘扬，既要继承亦须创造，以旧学铸新知乃是现代人应有的责任。近现代国学大师们的重要成果既是对中华传统文化的精彩阐释和传承，更渗透了社会发展的时代精神，可以为我们创造新的文化提供借鉴。

五、"概说导论+原文选注"的体例。这一体例所要达成的目标是，在有限的篇幅之内，展示中华文化的骨干和筋脉，体现中华人文精神的根本和精髓，使读者手此一编，既能初步把握中华优秀文化之大略和梗概，又能具体阅读和体会国学各部之要论，亦可以此为阶而登堂入室，以为深入研究中华传统文化之向导。

六、精选阅读书目。为进一步学习相关内容，每一章的最后，均提供5~7种阅读书目。在浩如烟海的中华传统文化研究成果之中，我们精心挑选了70部各具特色的论著，不仅涵盖了本书涉及的全部内容，而且在不同方面均有所扩展和延伸，特别注重从把握中华文化元典精神的角度，为读者选择较为成熟的研究著作。

本书所选原文一般采用通行版本，不再注明版本出处，个别异文择善而从，并酌情在注释中说明不同版本。选文排列顺序悉依原著，但重新编排章节序号。概说部分和原文注释参考了不少研究者的著述成果，这些著述大多已列入每章的"阅读书目"之中，但限于本书的体例，有些则未能一一列出，特此说明，并致谢忱。为便于阅读和自学，凡生僻字均在其后括号中注明汉语拼音。

目 录

绪　论

近百年来，中华传统文化历经劫难，但从发展方向而言，可以说仍然与其在数千年历史上的表现一样，展现出了顽强的生命力，这个顽强生命力的一个重要表征，就是终于迎来了中华民族复兴传统文化的共识和浪潮。之所以会形成这样一个共识和浪潮，我们觉得一个重要的原因，乃是以儒学为中心的中华优秀传统文化具有与现实世界密切相关的基因，能够提供当今时代所面临的一些重大问题的解决思路，可以指引处于各种困境中的当今人类社会的前进方向。其中最重要的问题，我们以为便是儒家人生追求和境界的形成；或者说，儒家独特而鲜明的人生追求和境界，可以为当今人类社会提供一个方向性的指引。

儒家的人生追求以及由此而形成的人生境界是什么？笔者觉得最重要的是两个方面，即：仁德为本，人文化成。当然这里面包含丰富的内容，不仅仅是两个方面，但从大的方向上而言，我们可以作这样一个简单的概括。

所谓仁德为本，当然可以分解为"以仁为本"和"以德为本"。那么说仁德为本的意义在哪里呢？这个意义在于，在儒家丰富的思想中，强调仁、德的中心地位，强调仁德思想之于当今社会的迫切的现实意义。

众所周知，在中华传统文化中，"仁"的思想由来已久。《尚书》中说："予仁若考，能多才多艺，能事鬼神。"《诗经》则云："洵美且仁。"又说："其人美且仁。"《国语》有谓："爱亲之谓仁。"又说："利国之谓仁。"

孔夫子把这一思想发扬光大，成为其中心思想。《论语》中说："樊迟问仁。子曰：'爱人。'"所以《说文解字》说："仁，亲也，从人从二。"又说："仁者兼爱，故从二。"《论语》中还说："克己复礼为仁。一日克己复礼，天下归仁焉。"这意味着，仁乃是礼的统帅，是礼的归宿和根本。

那么，如何"爱人"？或者说怎么才叫"爱人"？《论语》中说：

子曰："参乎，吾道一以贯之。"曾子曰："唯。"子出，门人问曰："何谓也？"曾子曰："夫子之道，忠恕而已矣。"（《里仁》）

子贡问曰："有一言而可以终身行之者乎？"子曰："其恕乎！己所不欲，勿施于人。"（《卫灵公》）

子曰："夫仁者，己欲立而立人，己欲达而达人。"（《雍也》）

也就是说，仁可以具体化为忠恕之道，用一个字概括就是"恕"。这个"恕"看上去简单，但实行起来却很难。"恕"的境界有两重：一是"己所不欲，勿施于人"，二是"己欲立而立人，己欲达而达人"。这个二重境界的每一层都处于人生境界的高端了，但其本身又有高低之别，后者显然比前者更高、更美。我们觉得，这个二重境界，乃是孔子仁学思想的根本，是孔子思想的中心，也是儒家思想最精华、最出色的地方，是可以为人类社会提供巨大精神滋养的源泉。对一个人来说，它应当终身行之，因为它是立身之本，更是幸福的源泉；对一个民族来说，它也应当恒久行之，因为它是生存之道，更是精神的家园；对一个国家来说，它更应当永远行之，因为它是立国之要，更是强大的真正动力。《孟子》说："天子不仁，不保四海；诸侯不仁，不保社稷；卿大夫不仁，不保宗庙；士庶人不仁，不保四体。"这里说的是各个阶层的人，如果不仁，都将难保自身最重要的利益和关切。那么假如一个国家不仁呢？照此推论，必然是自绝于世界民族之林，也就是最终自取灭亡。

仁便是一种德，也可以说是最高的德，所以"以仁为本"与"以德为本"乃是并行不悖、不可分割的。《尚书》中说："克明俊德，以亲九族。九族既睦，平章百姓。百姓昭明，协和万邦。"《后汉书》有云："仁义兴则道德昌，道德昌则政化明，政化明而万姓宁。"所以仁、德应当成为一个民族、一个国家乃至天下、世界的共同追求，因为它是和谐之源，是幸福之本，从而是人生之要。

显然，无论仁还是德，都是一种很高的追求，所以我们把它定义为人生的境界，或者说是人生理想的境界。孔子说："道之以政，齐之以刑，民免而无耻。道之以德，齐之以礼，有耻且格。"（《论语·为政》）《孟子》说："以力服人者，非心服也，力不赡也；以德服人者，中心悦而诚服也。"所以，从人类社会的发展而言，尽管充满坎坷和不幸，尽管充满战争和死亡，尽管充满倚强凌弱和弱肉强食，尽管充满阴谋和欺诈，如《韩非子》所说："上古竞于道德，中世逐于智谋，当今争于气力。"但归根结底，走向和谐的仁德之境乃是大势所趋，乃是必由之路。正如宋代张载所说："有象斯有对，对必反其为，有反斯有仇，仇必和而解。"（《正蒙·太和篇》）所以《周礼》为我们描绘的仁德之境是："以和邦国，以谐万民，以安宾客，以说远人。"无论人和人之间，还是国与国之间，只有以仁待人、以德服人，才能换来最终的和谐，才能真正走向幸福之路，因为仁德之境才是最高和最终的人生之境。

正是因为对仁德为本的强调，对仁德之境的向往和追求，所以儒家特别重视人文的作用，强调人文化成的力量。《周易》说："观乎人文，以化成天下。"对人文和文化（包括艺术）的重视，是儒学不同于其他各种宗教和哲学的一个显著特征。儒学带有宗教性，或者也可以称之为一种宗教，所谓儒教。而假如作为一种宗教，其对人文和文化的强调显然是其他宗教所不能比拟的。儒学是一种哲学，作为一种哲学，其对人文和文化的重视也是其他哲学所不能比拟的。

也正是因为这个特点，所以在人类社会以物质文明为中心的现代化的过程中，儒学曾经被认为阻碍了现代化的发展。这或许不是没有道理的，但就人类的发展方向而言，就现代化所面临的一系列难题而言，儒学的这种"阻碍"可能不是没有意义的，或者在某种程度上是必须的。事实证明，人具有极强的动物性，人的贪欲和对大自然的破坏，与人天生的动物性有着很大关系；而人的高下之别，人类的进步与落后，在很大程度上取决于文化，所谓文以化人，所谓人文化成，没有文化，人类社会与动物世界没什么两样。从这个意义上说，儒家对人文化成的强调和重视，乃是使人区别于动物从而真正成为人的根本，也就是人生境界的落脚点和归宿。即是说，仁德之境如何实现？必须通过人文化成。

因此，儒学对人文和文化的看重可以说是无与伦比的。用张载的话说就是："为天地立心，为生民立命，为往圣继绝学，为万世开太平。"（《张子语录》）不仅仅是强调，不仅仅是重视，而且是深入地研究和实践，因此儒学本身乃是人文儒学，简直可以称之为文学——这显然不是今天所谓的文学，却恰恰符合传统的儒家文学的观念，因此人文儒学称之为文学，并非是一个简化，而是着眼于儒学实际的一个判断。文章之学就是儒家一项重要的事业，是人文化成的一个重要手段和途径，孔子是这样主张并实行的，后来的文论家也是这样认识的，比如最著名的《文心雕龙》的作者刘勰，就是这样认识的。也许正因为儒学的这个特点和基本主张，长期存在于中国古代社会中的科举考试，考的主要就是文章能力，这应该说是必然的，是贯彻儒家主张的结果。

对文章的重视，对文章的膜拜，对文章存有的神圣感，一直是我们传统文化中根深蒂固的观念，这其实就是儒家的观念，儒学的观念。《左传》中说："大上有立德，其次有立功，其次有立言，虽久不废，此之谓不朽。"魏文帝曹丕说："盖文章，经国之大业，不朽之盛事。年寿有时而尽，荣乐止乎其身，二者必至之常期，未若文章之无穷。"（《典论·论文》）刘勰说："唯文章之用，实经典枝条。五礼资之以成，六典因之致用；君臣所以炳焕，军国所以昭明：详其本源，莫非经典。"（《文心雕龙·序志》）诗圣杜甫说："文章千古事，得失寸心知。"（《偶题》）

其实不仅是文章，艺术也一样，而且对音乐的重视和运用，更是中国古代文明的一个显著特点。所谓周公制礼作乐，"礼乐文明"乃是中华文明的一个重要象征。《礼记》中说："乐者，天地之和也；礼者，天地之序也。和故百物皆化，序故群物皆别。"所以，儒家认为，乐和礼不仅仅是人类社会的创造，而是体现了大自然的要求，乃是天地的规律和秩序。对一个人来说，要"兴于诗，立于礼，成于乐"（《论语·泰伯》），从而完成自己的人格，成为一个真正意义上的人；对社会而言，"君子敬而无失，与人恭而有礼，四海之内，皆兄弟也"（《论语·颜渊》），从而最终达成人类社会的和谐和完美。

美国两位学者曾指出："一国影响力的大小，不仅在于战略力量和经济力量，而且还在于它的价值观和思想方面的'软力量'。"（[美]安德鲁·内森、罗伯特·罗斯《长城与空城计——中国对安全的寻求》，新华出版社，1997年。）我们以为，以儒家为代表的中华优秀传统文化，其中有着许多重要的独一无二的"价值观和思想方面的'软力量'"，仁德为本、人文化成的思想，正是其中最重要的内容之一，它不仅仅是古色古香的思想遗产，而是可以成为引领人类社会迈向更高层次和境界的灯塔。

第一章 天地之大德

第一节　《周易》概说

　　《周易》是中华优秀传统文化最重要的经典之一，向为"六经"之首，是"整个儒家最基本和最高的哲学典籍"（李泽厚《中国古代思想史论》）。《周易》之书又以难解著称，孔子"读《易》，韦编三绝"（《史记·孔子世家》），后人读《易》之不易也就可想而知了。在21世纪的今天，作为中华文化的传承者，我们关注的问题是：《周易》提供给我们最重要的思想观念是什么？其于中华民族最重要的意义在哪里？这显然是个言人人殊的问题，所谓"仁者见之谓之仁，知者见之谓之知，百姓日用而不知"（《系辞上》）。我们认为，《系辞》篇有两句话，可以成为这个问题的答案，那就是："生生之谓易"，"天地之大德曰生"。正是围绕着这样一个核心观念，《周易》顺理成章地推演出"自强不息""唯变所适"等一系列重要的思想，成为中华民族数千年屹立于世界东方的强大思想根基和永不衰落的行动指南。因此，易学提供给我们的，正是中华民族和中华文化的生生不息之道，而其中的奥秘并不神秘，那就是这一生生不息之道符合天地之大德，即与大自然的要求相适应，符合天地自然的运行规律和法则。

　　"周易"之"周"，一般理解为"周代"，但也有学者解释为"周普""周遍""无所不周"之意，即易学之理无所不在。虽然这后一种解释未必符合《周易》之名，但其于《周易》之实却相去不远。"周易"之"易"，郑玄有著名的"三义"之说，其云："易一名而含三义：易简一也，变易二也，不易三也。"一般而言，"变易"一说可能更为符合《周易》之本意，所谓"易者，揲著变易之数可占者也"（《周礼注疏》），但对《周易》一书的思想意义而言，易道之"简"以及易道之"不易"，同样是十分重要的。简者，大道至简也；不易者，不可更易也。所谓生生不息，人类世界固然是变动不居、变化不已的，但人类原本是自然的一部分，符合自然之道乃是人类恒久不变的法则，也是至极至简之道。

　　《周易》包括《易经》和《易传》两个部分。《周易》古经成书于殷周之际，是一部占辞汇编。《周易大传》成书于战国末期，是一部哲学著作。二者相距七八百年，原本是性质不同的两部著作。《易经》包括六十四卦卦形及卦爻辞，分为上下两篇：自《乾》至《离》三十卦，称"上经"；自《咸》至《未济》三十四卦，称"下经"。《易传》的宗旨是阐释《易经》，包括《文言》、《彖传》上下、《象传》上下、《系辞传》上下、《说卦传》《序卦传》《杂卦传》等，凡七种十篇，故也被称为"十翼"。旧说孔子作《十翼》，虽未必确信，但《易传》中有不少孔子的言论或观点，则是可以肯定的。《易传》诸篇原皆单行，不与《易经》相杂。汉代学者将《文言》分列于《乾》《坤》两卦，将《彖传》《象传》分列于六十四卦，《系辞传》《说卦传》《序卦传》《杂卦传》则独立列于经后。这种经传合编本《周易》便于经文与传文对照阅读，汉以后两千多年来，学人研习既久，遂成通行文本。可以说，《周易》的"经"和"传"早已融为一体，那是因为"传"绝非对经文的一般解释，而是对经文的深入阐发，而且这些阐发与经文相辅相成而不可分割，甚至可以成为经文的一部分。从来有孔子作"十翼"的说法，我们以为这绝非空穴来风，而是在一定程度上或许可以认同这样的记载或传说。

　　《周易》既由占筮之书发展而来，必然带有占筮的不少色彩，因此要读懂这部书，首先要明了与占筮有关的一些概念，其中最重要的是八卦及其由之衍化而成的六十四卦。所谓"八卦"，乃是《周易》中的八种具有象征意义的基本图形，每个图形用三个分别代表阳的"—"（阳爻）和代表阴的"--"（阴爻）组成。分别是：乾（☰）、坤（☷）、震（☳）、巽（☴）、坎（☵）、离（☲）、艮（☶）、兑（☱），相传为伏羲所作。《易传》作者认为八卦主要象征天、地、雷、风、水、火、山、泽八种自然现象，并认为"乾""坤"两卦在八卦中占有特别重要的地位，是自然界和人类社会一切现象的最初根源。在这八卦之中，乾与坤、震与巽、坎与离、艮与兑是四个矛盾对立的形态，反映古代人们对现实世界的认识，具有朴素的辩证法因素。

传说周文王将八卦互相组合，又得六十四卦，用来象征自然现象和社会现象的发展变化。六十四卦的卦名是：乾、坤、屯、蒙、需、讼、师、比、小畜、履、泰、否、同人、大有、谦、豫、随、蛊、临、观、噬嗑、贲、剥、复、无妄、大畜、颐、大过、坎、离、咸、恒、遁、大壮、晋、明夷、家人、睽、蹇、解、损、益、夬、姤、萃、升、困、井、革、鼎、震、艮、渐、归妹、丰、旅、巽、兑、涣、节、中孚、小过、既济、未济。《周易》一书中的古经便是对这六十四卦的简要解说，称之为卦爻辞。因为这种解说极为简洁，又具有不少推测的成分，有些在当时可能具有一定的针对性，因而在后世读来便颇为难解，显得具有某种神秘色彩。

就《易经》而言，其为占筮之书或占筮资料的汇编，应该是属实的。但作为完整的《周易》一书，其于今天的意义，已经不在于此。遗憾的是，不少人一提到《周易》，总是想到占卜算卦，总以为它是一部可以预测吉凶祸福的神秘之作。我们认为，清除笼罩在《周易》一书上的神秘色彩，还原其于中华优秀传统文化之"元典"的意义，是研究者义不容辞的义务和责任。尤其是《易传》，虽为《易经》最古的注解，但如高亨先生所说，"《易传》是借旧瓶装新酒"，早已"超出筮书的范畴"（高亨《周易大传今注》自序），而成为李泽厚先生所谓"整个儒家最基本和最高的哲学典籍"（李泽厚《中国古代思想史论》）。但《易传》既为《易经》之注，则其联系是无论如何也割不断的。而且，如任继愈等先生所指出，由于《易经》本身"体现了一种数学上的变化规律，形式上严整而有秩序，对思维材料还是起了一定的组织作用"，它"蕴含着一种形式上的条理性"（任继愈主编《中国哲学发展史》先秦卷）。因此，从思想史的角度而言，既应把《周易》之书视为一个整体，又应以《易传》为中心，理解并发扬中华优秀传统文化的基本精神。

《易传》利用《易经》的形式框架，建构起一个天、地、人相统一的完整的哲学思想体系，《系辞上》所谓"《易》与天地准，故能弥纶天地之道"，所谓"夫《易》广矣大矣，以言乎远则不御，以言乎迩则静而正，以言乎天地之间则备矣"，《系辞下》所谓"《易》之为书也，广大悉备，有天道焉，有人道焉，有地道焉"，等等，都在说明其着眼世界万物而欲建立一个庞大的思想系统。任继愈等先生曾指出："中国《易传》哲学并不着重讨论世界是由什么构成的问题，而一直是把世界如何生成的问题作为思考的中心……世界构成的问题着重讨论的是实体问题，而世界生成的问题着重讨论的是规律问题。"（任继愈主编《中国哲学发展史》先秦卷）也就是说，《易传》作者更感兴趣的不是世界的本体是什么，而是丰富多彩的大千世界本身，其欲探寻的正是人们所生活的现实世界之运动变化的规律。其云："有天地，然后万物生焉，盈天地之间者唯万物。"（《序卦》）又说："生生之谓易"（《系辞上》），"天地之大德曰生"（《系辞下》），这种充满感情的对天地万物之生生不已的现象描述，实际上早已承认了其自然而必然，确乎把世界的构成问题抛在了一边。

当然，对天地万物的生成过程，《易传》有着详尽的叙述：

> 大哉乾元，万物资始，乃统天。（《乾·彖》）
> 至哉坤元，万物资生，乃顺承天。（《坤·彖》）
> 天地交而万物通也。（《泰·彖》）
> 天地不交而万物不通也。（《否·彖》）
> 日月丽乎天，百谷草木丽乎土。（《离·彖》）
> 天地感而万物化生。（《咸·彖》）
> 天地解而雷雨作，雷雨作而百果草木皆甲坼。（《解·彖》）

天地相遇，品物咸章也。（《姤·彖》）

天地节而四时成。（《节·彖》）

日月运行，一寒一暑。乾道成男，坤道成女。（《系辞上》）

日往则月来，月往则日来，日月相推而明生焉。寒往则暑来，暑往则寒来，寒暑相推而岁成焉。（《系辞下》）

天地絪缊，万物化醇。男女构精，万物化生。（《系辞下》）

　　这些叙述已经蕴含着对天地万物之运行规律的探索和概括，但看上去颇有些漫不经心，以至于人们感受最为突出的还是现象描述的本身。毋宁说，它们都不过是"天地之大德曰生"的注脚。但不应忽视的是，这种对现象世界的充分而又满含深情的描述，不仅是中国古代思想的特点，我们以为也是中国古代思想的优点。古希腊哲学把生动活泼的自然世界归结为一种单纯普遍的本质（或水、或火、或原子），固然有其值得重视之处，但中国古代哲学思想中这种贴近自然和人生的思维却更易为人们所接受，从而产生激动人心的力量。所谓"天行健，君子以自强不息"（《乾·象》），既是《易传》哲学思想的必然结论，也是一幅现实世界人生的波澜壮阔的生动画卷。更重要的是，这种详尽的现象描绘实际上为规律的总结作好了充分的准备，从而使得那些看上去极为简略、甚至颇不引人注意的几点规律的概括，成为千古不易的法则而具有永恒的魅力，这就是中国哲学和思想。

　　《易传》当然不会满足于上述现象的描述，而是要探寻其中的规律。也就是说，天地万物是如何产生的呢？《易传》认为，天地之间存在着"阴""阳"二气，天地万物的产生就是"阴""阳"二气交互作用的结果，所谓"阴阳相薄"（《说卦》）；而阳性事物的特点在于刚健，阴性事物的特点在于柔顺，所以阴阳的对立也就具体化为"柔""刚"的对立，所谓"柔上而刚下，二气感应以相与"（《咸·彖》）。类似的说法在《易传》中随处可见：

　　大哉乾乎！刚健中正，纯粹精也。（《乾·文言》）

坤至柔而动也刚，至静而德方。（《坤·文言》）

刚柔相摩，八卦相荡。（《系辞上》）

刚柔相推，而生变化。（《系辞上》）

刚柔相推，变在其中矣。（《系辞下》）

刚柔者，立本者也。（《系辞下》）

乾，阳物也；坤，阴物也。阴阳合德，而刚柔有体。（《系辞下》）

观变于阴阳而立卦，发挥于刚柔而生爻。（《说卦》）

乾，健也；坤，顺也。（《说卦》）

乾刚坤柔。（《杂卦》）

  从而，阴阳刚柔的对立、转化和统一也就成为大千世界的规律，所谓"立天之道曰阴与阳，立地之道曰柔与刚"（《说卦》），最终概括为"一阴一阳之谓道"（《系辞上》）的总的原则和规律。那么，阴阳之"相摩""相荡""相推"的具体变化特点又是怎样的呢？《易传》用一个"神"字来概括，所谓"阴阳不测之谓神"（《系辞上》），"神也者，妙万物而为言也"（《说卦》）。这里的"神"并无神秘的色彩，不过是对万事万物之变化特点的一种概括和描述。这种描述首先承认了事物变化之"不测"的特点，其实也就是其颇难认识之处，这自然是与科学发展的程度以及人们的认识水平相联系的；但更重要的是，这种描述并没有推向有神论或不可知论，而是认定事物之阴阳的转化乃是复杂而多变的，所谓"神无方而易无体"（《系辞上》），这种认识水平未必非常之高，却既是实事求是的，更是抓住了事物发展和变化的某种要害之处；故所谓"神也者，妙万物而为言也"，更多的是一种自信，认为用"神"字来概括阴阳刚柔之"相摩相荡"的特点乃是非常合适的。这种自信，还不仅在于"神无方而易无体"的概括本身，而且更在于进一步地要求人们主动适应事物的多变，所谓"变通者，趋时者也"，所谓"唯变所适"（《系辞下》）；也就是说，尽管"阴阳不测"，尽管"无方""无体"，人却并不是被动的，而是仍然可以适应其变，仍然可以"自强不息"。所以，"阴阳不测之谓神"实际上一点也不神秘，所谓"知变化之道者，其知神之所为乎"（《系辞上》），所谓"精义入神，以致用也"（《系辞下》），通其"变"也就知其"神"，而致于"用"才是最终的目的。

因此，我们认为，剥去笼罩在《周易》一书上的占卜和神秘色彩，还原其作为中华优秀文化元典的意义，在于充分认识其"百姓日用而不知"的实践品格。实际上，《周易》是我们祖先对天地自然、大千世界的长期认识、思考和总结，它一点也不神秘，其中充满人生的哲理、生活的智慧和行动的法则；它曾经指导过我们的先人适应自然和人事，以便更好地生存和生活，也理应可以对我们今天的现实人生提供有益的启示。

第二节　《周易》选读

一、上经

《乾》[1]：元，亨，利，贞[2]。……

《彖》曰[3]：大哉乾元[4]，万物资始，乃统天。云行雨施，品物流形[5]。大明终始[6]，六位时成[7]，时乘六龙以御天[8]。乾道变化，各正性命[9]，保合大和[10]，乃利、贞。首出庶物[11]，万国咸宁[12]。

《象》曰[13]：天行健，君子以自强不息。

[1] 乾：卦名，六十四卦之第一，卦象为下乾（☰）上乾（☰），象征天。

[2] 元，亨，利，贞：乾卦的卦辞。元，始也；亨，通也；利，和也；贞，正也。

[3] 彖（tuàn）：断卦之辞，即对卦辞的解释。彖，判断。

[4] 乾元：天的元气。

[5] 品物：品类，万物。流形：流布成形。

[6] 大明：即太阳。

[7] 六位：指天地四时。

[8] 六龙：喻乾卦之六爻。爻，《易》卦之画。《易经》共有六十四卦，每

卦六画，称为六爻。爻分阴阳，阳爻用"—"表示，称九；阴爻用"--"表示，称六。每卦六爻，自下而上数：阳爻称初九、九二、九三、九四、九五、上九；阴爻称初六、六二、六三、六四、六五、上六。《周易·系辞上》："六爻之动，三极之道也。"三极，即三才，指天、地、人。

[9] 各正性命：指万物各得其所。正，定。

[10] 保合：保持，保全。大和：即太和，冲和之气。

[11] 庶物：众物，万物。

[12] 万国：谓天下万方。咸：皆，都。

[13] 象：形象、象征，此指对卦象、爻象的阐释。

《文言》曰[1]……九三曰："君子终日乾乾[2]，夕惕若厉[3]，无咎。"何谓也？子曰："君子进德修业。忠信，所以进德也。修辞立其诚，所以居业也。知至至之[4]，可与言几也[5]。知终终之[6]，可与存义也[7]。是故居上位而不骄，在下位而不忧。故乾乾，因其时而惕，虽危而无咎矣。"

[1] 文言：对乾、坤二卦之卦爻辞的阐释。文，饰也。

[2] 乾乾：自强不息貌。

[3] 夕惕若厉：朝夕戒惧，如临危境，不敢稍懈。

[4] 知至至之：谓明确了要达到的目标，就要努力完成。至，达到，前者为名词，后者为动词。

[5] 几：微也。《周易·系辞下》："几者，动之微，吉之先见者也。"

[6] 知终终之：谓知道终止的时刻，就要及时结束。终，终止、结束，前者为名词，后者为动词。

[7] 义：适宜。

九五曰："飞龙在天，利见大人[1]。"何谓也？子曰："同声相应，同气相求；水流湿，火就燥[2]；云从龙，风从虎。圣人作而万物睹[3]，本乎天者亲上，本乎地者亲下，则各从其类也。"

[1] 大人：指德行高尚、志趣高远的人。

[2] 就：靠近。

[3] 圣人作而万物睹：谓圣人奋起，天下光明而万物呈其本色。作，起。睹，见。

"潜龙勿用"[1]，阳气潜藏。"见龙在田"，天下文明[2]。"终日乾乾"，与时偕行。"或跃在渊"，乾道乃革[3]。"飞龙在天"，乃位乎天德[4]。"亢龙有悔"[5]，与时偕极。乾元"用九"，乃见天则[6]。

[1] 潜龙勿用：此句及下文加引号者，均为乾卦爻辞。

[2] 文明：文采鲜明，谓万物焕发光彩。

[3] 革：变革。

[4] 天德：天之德性。

[5] 亢：极，过甚。

[6] 天则：大自然运行的法则，如阴阳转换、盛极而衰。

君子以成德为行[1]，日可见之行也[2]。"潜"之为言也，隐而未见，行而未成，是以君子弗用也。君子学以聚之，问以辩之[3]，宽以居之，仁以行之。易曰："见龙在田，利见大人。"君德也[4]。

[1] 成德：成就品德，或谓盛德。

[2] 日：每日，或谓"曰"之误。

[3] 辩：通"辨"。

[4] 君：国君，君主。

夫"大人"者，与天地合其德，与日月合其明，与四时合其序，与鬼神合其吉凶。先天而天弗违[1]，后天而奉天时[2]。天且弗违，而况于人乎？况于鬼神乎？

[1] 先天：即先于天，走在天象之前。

[2] 后天：即后于天，适应天象之变化。

“亢”之为言也，知进而不知退，知存而不知亡，知得而不知丧。其唯圣人乎？知进退存亡，而不失其正者[1]，其唯圣人乎？

[1] 正：当中，不偏。

《坤》[1]：元、亨，利牝马之贞[2]。君子有攸往[3]，先迷后得，主利。西南得朋，东北丧朋。安贞，吉。

《彖》曰：至哉坤元，万物资生，乃顺承天。坤厚载物，德合无疆。含弘光大，品物咸亨。牝马地类，行地无疆，柔顺利贞。君子攸行，先迷失道，后顺得常。西南得朋，乃与类行；东北丧朋[4]，乃终有庆。安贞之吉，应地无疆[5]。

《象》曰：地势坤[6]，君子以厚德载物。

[1] 坤：卦名，六十四卦之第二，卦象为下坤（☷）上坤（☷），象征地。

[2] 牝（pìn）：鸟兽之雌性。贞：正。

[3] 攸：助词，所。

[4] “东北丧朋”二句：虽然丧失朋友但最终还是值得庆幸，其重在“终”字，强调阴阳消长、祸福相依之道。

[5] 应：适应。

[6] 坤：《周易·说卦》：“坤，顺也。”

《文言》曰：坤至柔而动也刚，至静而德方[1]，后得主而有常[2]，含万物而化光[3]。坤道其顺乎！承天而时行[4]。积善之家，必有馀庆；积不善之家，必有馀殃。臣弑其君，子弑其父，非一朝一夕之故，其所由来者渐矣，由辩之不早辩也[5]。

[1] 方：方正。

[2] 后得：谓先乾后坤，先天后地。主：主宰，谓主宰生物。有常：成为常道。

[3] 化光：化育光大。

[4] 承天：顺承天意。时行：因时而行。

[5] 辩：通"辨"。

"直"其正也，"方"其义也[1]。君子敬以直内，义以方外，敬、义立而德不孤。"直，方，大，不习无不利"[2]，则不疑其所行也。

[1] 义：适宜。

[2] "直，方，大"二句：坤卦之爻辞。谓正直、端方、广大乃大地固有之品德，无须习之亦无所不利。

《泰》[1]：小往大来，吉，亨。

《彖》曰："泰，小往大来，吉，亨。"则是天地交而万物通也，上下交而其志同也[2]。内阳而外阴[3]，内健而外顺，内君子而外小人；君子道长，小人道消也。

[1] 泰：卦名，六十四卦之第十一，卦象为下乾（☰）上坤（☷），象征通泰。

[2] 上下：谓君臣。

[3] "内阳而外阴"三句：泰卦下乾上坤，乾为阳，坤为阴；阳者刚健，阴者柔顺，分别代表君子和小人。

《否》[1]：否之匪人[2]，不利君子贞，大往小来。

《彖》曰："否之匪人，不利君子贞，大往小来。"则是天地不交，而万物不通也；上下不交，而天下无邦也。内阴而外阳[3]，内柔而外刚，内小人而外君子；小人道长，君子道消也。

[1] 否（pǐ）：卦名，六十四卦之第十二，卦象为下坤（☷）上乾（☰），象征闭塞。

[2] 匪人：不利于人。匪，同"非"。

[3] "内阴而外阳"三句：否卦下坤上乾，与泰卦相反。

《同人》[1]：同人于野[2]，亨。利涉大川，利君子贞。

《彖》曰：同人，柔得位得中而应乎乾[3]，曰同人。同人曰："同人于野，亨。利涉大川。"乾行也。文明以健，中正而应，君子正也。唯君子为能通天下之志。

[1] 同人：卦名，六十四卦之第十三，卦象为下离（☲）上乾（☰），象征与人和同。

[2] 野：原野，野外。

[3] "柔得位"句：同人卦下离上乾，六二为阴爻，是为"柔"；其于两阳爻之间，是为"得位得中"；其上与九五相应，是为"应乎乾"。

《谦》[1]：亨，君子有终。

《彖》曰：谦，亨。天道下济而光明[2]，地道卑而上行[3]。天道亏盈而益谦[4]，地道变盈而流谦[5]，鬼神害盈而福谦[6]，人道恶盈而好谦[7]。谦，尊而光[8]，卑而不可逾[9]，君子之终也[10]。

[1] 谦：卦名，六十四卦之第十五，卦象为下艮（☶）上坤（☷），象征谦虚。

[2] 济：成功，成就。此谓生成万物。

[3] 卑：低，与高相对。

[4] 亏盈而益谦：谓减损盈满者而增益谦退者，即损有余以补不足。亏，减损。

[5] 变盈而流谦：谓改变盈满者而流布于虚处，如"高岸为谷"之类。

[6] 害盈而福谦：谓使骄傲者受祸害，使谦虚者得福祉。

[7] 恶盈而好谦：谓自满者终有恶果，谦卑者必得好报。所谓"满招损，谦受益"是也。一解厌恶自满而喜好谦虚，不确。

[8] 尊而光：谓身处高位理应予以光大。

[9] 卑而不可逾：谓身处卑位亦不得逾越。

[10] 君子之终：谓君子始终守谦。

《贲》[1]：亨，小利有攸往[2]。

《彖》曰：贲，亨。柔来而文刚[3]，故亨。[分]刚上而文柔[4]，故小利有攸往。（刚柔交错）[5]，天文也；文明以止，人文也。观乎天文，以察时变；观乎人文，以化成天下。

[1] 贲（bì）：卦名，六十四卦之第二十二，卦象为下离（☲）上艮（☶），象征文饰。

[2] 小利：谓小有补益。文饰之道，可增其光彩，但并非根本，故云小利。攸：助词，所。

[3] 柔来而文刚：指贲卦卦象之下离（☲），二阳爻（刚），一阴爻（柔），显示以刚为质而以柔为文，故云。

[4] 分：疑为衍文。刚上而文柔：指贲卦卦象之上艮（☶），一阳爻（刚），二阴爻（柔），显示以柔为质而以刚为文，故云。

[5] 刚柔交错：此句本无，注家皆以为当补。

《大畜》[1]：利贞[2]，不家食吉[3]，利涉大川。

《彖》曰：大畜，刚健笃实[4]，辉光日新，其德刚上而尚贤[5]。能止健[6]，大正也。不家食吉，养贤也。利涉大川，应乎天也。

《象》曰：天在山中[7]，大畜；君子以多识前言往行，以畜其德。

[1] 大畜（xù）：卦名，六十四卦之第二十六，卦象为下乾（☰）上艮（☶），象征大有积蓄。

[2] 利贞：利于守正。

[3] 不家食：即不在家自食。

[4] 笃实：厚实，充实。

[5] 刚上：指大畜卦象上九为阳爻（刚）。

[6] 止健：大畜卦象下乾上艮，艮为山，象征止息、静止；乾为天，象征刚健。

[7] 天在山中：即大畜卦象。

《颐》[1]：贞吉[2]。观颐，自求口实[3]。

《彖》曰：颐，贞吉，养正则吉也。观颐，观其所养也；自求口实，观其自养也。天地养万物，圣人养贤，以及万民。"颐"之时[4]，大矣哉！

《象》曰：山下有雷[5]，颐；君子以慎言语，节饮食。

[1] 颐：卦名，六十四卦之第二十七，卦象为下震（☳）上艮（☶），象征颐养。

[2] 贞吉：守正则吉。

[3] 口实：口中食物。

[4] 时：适时，合于时宜。

[5] 山下有雷：颐卦卦象为下震上艮，震为雷，艮为山。

《离》[1]：利贞，亨。畜牝牛，吉。

《彖》曰：离，丽也[2]。日月丽乎天，百谷草木丽乎土，重明以丽乎正[3]，乃化成天下。柔丽乎中正[4]，故亨，是以畜牝牛吉也。

[1] 离：卦名，六十四卦之第三十，卦象为下离（☲）上离（☲），象征附丽。

[2] 丽：附着，依附。又有光华、光彩之意。

[3] 重明：指离卦卦象下上均为离，犹两明相重。

[4] 柔丽乎中正：离卦卦象之中，六二、六五两爻为阴（柔），居于中正之位。

二、下经

《咸》[1]：亨，利贞，取女吉[2]。

《彖》曰：咸，感也。柔上而刚下[3]，二气感应以相与[4]。止而说[5]，男下女[6]，是以"亨，利贞，取女吉"也。天地感而万物化生，圣人感人心而天下和平；观其所感，而天地万物之情可见矣！

《象》曰：山上有泽[7]，咸；君子以虚受人[8]。

[1] 咸：卦名，六十四卦之第三十一，卦象为下艮（☶）上兑（☱），象征交感、感应。

[2] 取：同"娶"。

[3] 柔上而刚下：对咸卦卦象的说明，兑为阴卦（柔），艮为阳卦（刚）。

[4] 与：授予，给予。

[5] 止而说（yuè）：指咸卦卦象，艮为止，兑为说。说，悦也。

[6] 男下女：少男礼下少女。艮代表少男，兑代表少女。按咸卦卦象，"柔上而刚下"，是"男下女"。同时，婚姻之约，男先求女；迎亲之礼，男先于女：亦均为"男下女"。

[7] 山上有泽：咸卦卦象下艮为山，上兑为泽。兑卦象征欣悦，又象征沼泽。

[8] 受：盛，容纳。

《恒》[1]：亨，无咎，利贞，利有攸往。

《彖》曰：恒，久也。刚上而柔下[2]，雷风相与[3]，巽而动[4]，刚柔皆应，恒。"恒，亨，无咎，利贞"，久于其道也；天地之道，恒久而不已也。"利有攸往"，终则有始也。日月得天，而能久照；四时变化，而能久成；圣人久于其道，而天下化成。观其所恒，而天地万物之情可见矣！

[1] 恒：卦名，六十四卦之第三十二，卦象为下巽（☴）上震（☳），象征恒久。

[2] 刚上而柔下：对恒卦卦象的说明，震为阳卦（刚），巽为阴卦（柔）。

[3] 雷风：恒卦上震为雷，下巽为风。

[4] 巽（xùn）：卑顺，谦让。此以"巽"字释恒卦之下巽。动：指恒卦之上震。

《家人》[1]：利女贞。

《彖》曰：家人，女正位乎内，男正位乎外；男女正，天地之大义也。家人有严君焉，父母之谓也。父父[2]，子子，兄兄，弟弟，夫夫，妇妇，而家道正；正家而天下定矣。

《象》曰：风自火出[3]，家人；君子以言有物，而行有恒。

[1] 家人：卦名，六十四卦之第三十七，卦象为下离（☲）上巽（☴），象征一家人。

[2] 父父：谓父亲成为父亲，即要有父亲的样子，承担父亲的责任。第二个

"父"为动词，下文"子子……妇妇"均如此。

[3] 风自火出：家人卦象上巽为风，下离为火。

《革》[1]：己日乃孚[2]，元亨，利贞，悔亡[3]。

《彖》曰：革，水火相息[4]；二女同居[5]，其志不相得，曰革。"己日乃孚"，革而信之。文明以说[6]，大亨以正，革而当[7]，其悔乃亡。天地革而四时成，汤武革命[8]，顺乎天而应乎人。革之时，大矣哉！

[1] 革：卦名，六十四卦之第四十九，卦象为下离（☲）上兑（☱），象征变革。

[2] 己日：古代以十干（甲乙丙丁戊己庚辛壬癸）纪日，至"己"则过中，乃将变之时也。己，一作"巳"，或读为"已"，或读为"祀"，其说不一。孚（fú）：信服，信从。

[3] 悔亡：悔恨消失。

[4] 水火：革卦卦象上兑为泽（水），下离为火。息：停息，消失。

[5] 二女同居：对革卦卦象的解说，兑代表少女，离代表中女。

[6] 文明以说：对革卦卦象的阐释，下离为火，上兑为说（悦）。

[7] 当：谓时机恰当。

[8] 汤武革命：指商汤灭夏桀，周武王灭殷纣王。

《艮》[1]：艮其背[2]，不获其身[3]；行其庭，不见其人，无咎。

《彖》曰：艮，止也。时止则止，时行则行，动静不失其时，其道光明。艮其止[4]，止其所也[5]。上下敌应[6]，不相与也。是以"不获其身，行其庭，不见其人，无咎"也。

[1] 艮：卦名，六十四卦之第五十二，卦象为下艮（☶）上艮（☶），象征止息、静止。

[2] 背：背后。

[3] 不获其身：谓身不受辱。获，玷污、被辱。

[4] 艮其止：即上文"艮其背"。止，当为"背"之误。

[5] 所：宜，适宜。

[6] 上下敌应：艮卦卦象上下皆艮，对应爻皆同性相敌。按八纯卦（乾、坤、坎、离、震、艮、巽、兑）皆为上下重叠而爻位相敌，惟艮卦本为止义，正与卦象之敌对相应，故特别指出。敌应，敌对。

《丰》[1]：亨，王假之[2]；勿忧，宜日中[3]。

《彖》曰：丰，大也。明以动[4]，故丰。"王假之"，尚大也。"勿忧，宜日中"，宜照天下也。日中则昃[5]，月盈则食[6]，天地盈虚，与时消息，而况于人乎？况于鬼神乎？

[1] 丰：卦名，六十四卦之第五十五，卦象为下离（☲）上震（☳），象征丰盛。

[2] 假（gé）：至，到。

[3] 日中：太阳正中，正午。

[4] 明以动：对丰卦卦象的解释，下离为火（明），上震为雷（动）。

[5] 昃（zè）：指日西斜。

[6] 食：通"蚀"，亏缺。

《兑》[1]：亨，利贞。

《彖》曰：兑，说也[2]。刚中而柔外[3]，说以利贞，是以顺乎天，而应乎人。说以先民[4]，民忘其劳；说以犯难[5]，民忘其死。说之大，民劝矣哉[6]！

《象》曰：丽泽[7]，兑，君子以朋友讲习。

[1] 兑：卦名，六十四卦之第五十八，卦象为下兑（☱）上兑（☱），象征欣悦。

[2] 说（yuè）：即"悦"，喜悦、高兴。

[3] 刚中而柔外：对兑卦卦象的阐释，九二、九五爻居中为阳（刚），六三、上六爻处外为阴（柔）。

[4] 先：教导，倡导。

[5] 犯难：犹冒险。

[6] 劝：勤勉，努力。

[7] 丽泽：兑卦卦象上下皆为兑，兑为泽，则二泽相连。丽，连接。

三、系辞上

天尊地卑，乾坤定矣。卑高以陈，贵贱位矣。动静有常，刚柔断矣。方以类聚[1]，物以群分，吉凶生矣。在天成象，在地成形，变化见矣。是故刚柔相摩[2]，八卦相荡[3]，鼓之以雷霆，润之以风雨。日月运行，一寒一暑。乾道成男，坤道成女。乾知大始[4]，坤作成物。乾以易知[5]，坤以简能[6]。易则易知，简则易从。易知则有亲，易从则有功。有亲则可久，有功则可大。可久则贤人之德，可大则贤人之业。易简，而天下之理得矣；天下之理得，而成位乎其中矣[7]。

[1] 方：等同、相当，谓同类。"方以类聚，物以群分"二句互文足义，谓天下万物皆以类聚、以群分。

[2] 摩：摩擦，挨挤。

[3] 八卦：此谓八卦所代表的各种自然现象。参见本章概说。

[4] 知：为，作。大始：即太始，指最初创始。

[5] 易：平易。知（zhì）：聪明，智慧。

[6] 简：简约。

[7] 成位：谓定位。

圣人设卦观象，系辞焉而明吉凶，刚柔相推而生变化。是故吉凶者，失得之象也；悔吝者[1]，忧虞之象也[2]；变化者，进退之象也；刚柔者，昼夜之象也。六爻之动，三极之道也[3]。是故君子所居而安者，易之序也[4]；所乐而玩者，爻之辞也。是故君子居则观其象而玩其辞，动则观其变而玩其占[5]，是以"自天祐之，吉无不利"[6]。

[1] 悔吝：灾祸。

[2] 忧虞：忧虑。

[3] 三极：即三才，天、地、人。

[4] 易之序：指六十四卦及每卦六爻之位序。

[5] 占：占卦。

[6] "自天祐之"二句：乃大有卦上九爻辞。祐，保佑。

象者，言乎象者也；爻者，言乎变者也。吉凶者，言乎其失得也；悔吝者，言乎其小疵也[1]；无咎者，善补过也。是故列贵贱者存乎位[2]，齐大小者存乎卦[3]，辩吉凶者存乎辞[4]，忧悔吝者存乎介[5]，震无咎者存乎悔[6]。是故卦有小大，辞有险易[7]。辞也者，各指其所之[8]。

[1] 小疵：小过失，小缺点。

[2] 列贵贱者存乎位：指爻位的排列有贵贱之别。

[3] 齐大小者存乎卦：指各卦的安排有大小之别。齐，谓布列。

[4] 辩：通"辨"。辞：指卦爻辞。

[5] 介：纤介，细微。

[6] 震：震动。悔：悔悟。

[7] 险易：谓吉凶善恶。

[8] 所之：所去的地方。

易与天地准[1]，故能弥纶天地之道[2]。仰以观于天文，俯以察于地理，是故知幽明之故[3]。原始反终[4]，故知死生之说。精气为物，游魂为变，是故知鬼神之情状。与天地相似，故不违[5]。知周乎万物，而道济天下，故不过[6]。旁行而不流[7]。乐天知命，故不忧。安土敦乎仁[8]，故能爱。范围天地之化而不过[9]，曲成万物而不遗[10]，通乎昼夜之道而知[11]，故神无方而易无体[12]。

[1] 与：介词，以。准：依据，根据。

[2] 弥纶：统摄，笼盖。

[3] 幽明：指有形和无形的事物。

[4] 原始反终：探究事物发展的始末。原，推原。反，还归。

[5] 不违：符合。

[6] 不过：无差错。

[7] 旁：广泛，普遍。流：通"留"，遗留、留滞。一解"流"为流荡，似是而非。

[8] 安土：安居本土，安居大地。敦乎仁：即仁厚。

[9] 范围：效法。

[10] 曲成：多方设法使有成就。

[11] 昼夜之道：即阴阳之道。

[12] 无方：无定法，无定式，谓变化无穷。无体：没有一定的体式或格式。

一阴一阳之谓道，继之者善也[1]，成之者性也[2]。仁者见之谓之仁，知者见之谓之知，百姓日用而不知，故君子之道鲜矣[3]！显诸仁，藏诸用，鼓万物而不与圣人同忧[4]。盛德大业，至矣哉！富有之谓大业，日新之谓盛德。生生之谓易[5]，成象之谓乾[6]，效法之谓坤[7]，极数知来之谓占[8]，通变之谓事[9]，阴阳不测之谓神。

[1] 继：随后、跟着，此谓遵从。

[2] 成：成就，实现。性：本性。

[3] 君子之道：谓上述"继""成"之道。鲜：少，此谓知道者很少。

[4] 鼓：振动，摇动。

[5] 生生：孳生不绝，繁衍不已。

[6] 成象之谓乾：犹言"在天成象"。

[7] 效法之谓坤：犹言"在地成形"。

[8] 极：深探，穷究。数：著策之数。

[9] 通变：通晓变化之道。事：事功，事业。

夫《易》，广矣大矣！以言乎远则不御[1]，以言乎迩则静而正[2]，以言乎天地之间则备矣！夫乾，其静也专，其动也直[3]，是以大生焉。夫坤，其静也翕[4]，其动也辟[5]，是以广生焉。广大配天地，变通配四时，阴阳之义配日月，易简之善配至德。

[1] 御：制止，阻止。

[2] 迩：近。

[3] 直：正。

[4] 翕（xī）：和合，聚合。

[5] 辟：开，打开。

子曰[1]："《易》，其至矣乎！"夫《易》，圣人所以崇德而广业也。知崇礼卑[2]，崇效天，卑法地，天地设位，而《易》行乎其中矣。成性存存[3]，道义之门。

[1] 子：指孔子。《系辞》篇有二十余条"子曰"，一般认为乃假托孔子之言，但其中或有不少孔子的思想。

[2] 知崇礼卑：谓智慧是崇高的，礼节是谦卑的。知，即"智"。

[3] 存存：谓保全、育成已存者。

圣人有以见天下之赜[1]，而拟诸其形容，象其物宜，是故谓之象。圣人有以见天下之动，而观其会通，以行其典礼[2]，系辞焉以断其吉凶，是故谓之爻。言天下之至赜，而不可恶也[3]。言天下之至动，而不可乱也。拟之而后言，议之而后动，拟议以成其变化。

[1] 赜（zé）：幽深奥妙。

[2] 典礼：制度礼仪。

[3] 恶（wù）：讨厌，憎恨。

子曰："君子居其室，出其言善，则千里之外应之，况其迩者乎？居其室，出其言不善，则千里之外违之，况其迩乎？言出乎身，加乎民；行发乎迩，见乎远。言行，君子之枢机[1]；枢机之发，荣辱之主也。言行，君子之所以动天地也，可不慎乎？"

[1] 枢机：喻事物的关键部分。枢，门的转轴。机，古代弩上发箭的装置。

子曰："君子之道，或出或处，或默或语。二人同心，其利断金[1]；同心之言，其臭如兰[2]。"

[1] 利：锋利，锐利。

[2] 臭（xiù）：气味。

子曰："劳而不伐[1]，有功而不德，厚之至也，语以其功下人者也[2]。德言盛，礼言恭；谦也者，致恭以存其位者也[3]。"

[1] 伐：自我夸耀。

[2] 下人：居于人之后，对人谦让。

[3] 存：保有。位：地位，职位。

子曰："乱之所生也，则言语以为阶。君不密则失臣，臣不密则失身，几事不密则害成[1]，是以君子慎密而不出也。"

[1] 几：机要。

《易》有圣人之道四焉：以言者尚其辞[1]，以动者尚其变[2]，以制器者尚其象[3]，以卜筮者尚其占[4]。是以君子将有为也，将有行也，问焉而以言，其受命也如响[5]，无有远近幽深，遂知来物。非天下之至精，其孰能与于此[6]？参伍以变[7]，错综其数[8]。通其变，遂成天地之文；极其数[9]，遂定天下之象。非天下之至变，其孰能与于此？《易》无思也，无为也，寂然不动，感而遂通天下之故[10]。非天下之至神，其孰能与于此？夫《易》，圣人之所以极深而研几也[11]。唯深也，故能通天下之志；唯几也，故能成天下之务；唯神也，故不疾而速，不行而至。子曰"《易》有圣人之道四焉"者，此之谓也。

[1] 以：用。尚：尊崇，重视。辞：指卦爻辞。

[2] 变：指爻画之变化。

[3] 象：指卦象。

[4] 卜筮：古时预测吉凶，用龟甲称卜，用蓍草称筮，合称卜筮。占：指占卜之道。

[5] 响：回声。

[6] 与：及，达到。

[7] 参伍：即三、五，或三或五，指变化不定的数。

[8] 错综：交错综合。

[9] 极：深探，穷究。

[10] 感：感应，相互影响，谓阴阳感应。故：事，事情。

[11] 几：隐微，谓事物的迹象、先兆。

子曰："夫《易》何为者也？夫《易》，开物成务[1]，冒天下之道[2]，如斯而已者也。"是故圣人以通天下之志，以定天下之业，以断天下之疑。是故蓍之德圆而神[3]，卦之德方以知[4]，六爻之义易以贡[5]。圣人以此洗心[6]，退藏于密[7]，吉凶与民同患。神以知来，知以藏往，其孰能与于此哉？古之聪明睿知、神武而不杀者夫[8]！是以明于天之道，而察于民之故，是兴神物以前民用[9]。圣人以此斋戒[10]，以神明其德夫！是故阖户谓之坤[11]，辟户谓之乾，一阖一辟谓之变，往来不穷谓之通，见乃谓之象[12]，形乃谓之器，制而用之谓之法，利用出入、民咸用之谓之神[13]。

[1] 开物成务：谓通晓万物的道理，成就天下的事务。

[2] 冒：包容，统括。

[3] 蓍（shī）：草名，多年生草本植物，一本多茎，可入药。古代常用它的茎占卜。圆：圆形，指蓍草形体。

[4] 方：方形，指卦象的形状。知：即"智"。

[5] 易：指阴阳变化消长的现象。贡：示告，告诉。

[6] 洗心：洗涤心胸，比喻除去杂念。

[7] 密：密静之处，谓秘而不宣。

[8] 神武而不杀：谓以吉凶祸福之理威服天下而不用刑杀。

[9] 神物：指著草。前：前导，引导。

[10] 斋戒：谓静心而虔诚。

[11] "阖户"二句：以闭门、开门喻阴阳转化之道。阖，闭合。

[12] 见：同"现"，显现。

[13] 咸：皆，都。

是故易有太极[1]，是生两仪[2]，两仪生四象[3]，四象生八卦，八卦定吉凶，吉凶生大业。是故法象莫大乎天地，变通莫大乎四时，县象著明莫大乎日月[4]，崇高莫大乎富贵；备物致用、立成器以为天下利[5]，莫大乎圣人；探赜索隐、钩深致远，以定天下之吉凶、成天下之亹亹者[6]，莫大乎著龟。是故天生神物，圣人则之；天地变化，圣人效之；天垂象，见吉凶，圣人象之；河出图[7]，洛出书，圣人则之。《易》有四象，所以示也；系辞焉，所以告也；定之以吉凶，所以断也。

[1] 太极：最原始的混沌之气，为宇宙万物之原。

[2] 两仪：指天地。

[3] 四象：谓四时，即春夏秋冬。体现于卦上，则指少阳、老阳、少阴、老阴四种爻象。

[4] 县（xuán）：挂。著明：显明。

[5] 备物：备办各种器物。成器：工具，器物。

[6] 亹（wěi）亹：勤勉不倦貌。

[7] "河出图"二句：据汉儒孔安国、刘歆等人解说，伏羲时有龙马出于黄河，马背有旋毛如星点，称作龙图。伏羲取法以画八卦，生著法。夏禹治水时有神龟出于洛水，背上有裂纹，状如文字，禹取法而作《尚书·洪范》之"九畴"。河，黄河。洛，洛水。

《易》曰："自天祐之，吉无不利。"[1]子曰："祐者，助也。天之所助者，顺也；人之所助者，信也。履信思乎顺[2]，又以尚贤也，是以'自天祐之，吉无不利'也。"子曰："书不尽言，言不尽意。"然则圣人之意，其不可见乎? 子曰: "圣人立象以尽意,设卦以尽情伪,系辞焉以尽其言,变而通之以尽利,鼓之舞之以尽神。"

[1] "自天祐之"二句:大有卦上九爻辞。

[2] 履信思顺:笃守信用,思念和顺。

是故形而上者谓之道[1],形而下者谓之器[2],化而裁之谓之变[3],推而行之谓之通,举而错之天下之民谓之事业[4]。……极天下之赜者存乎卦,鼓天下之动者存乎辞,化而裁之存乎变,推而行之存乎通,神而明之存乎其人,默而成之、不言而信存乎德行。

[1] 形而上:无形,抽象。

[2] 形而下:实在,具体。

[3] 裁:节制,约束。

[4] 错:通"措",放置,安置。

四、系辞下

八卦成列,象在其中矣;因而重之[1],爻在其中矣。刚柔相推,变在其中矣;系辞焉而命之,动在其中矣。吉凶悔吝者,生乎动者也。刚柔者,立本者也;变通者,趣时者也[2];吉凶者,贞胜者也[3]。天地之道,贞观者也[4];日月之道,贞明者也[5]。天下之动,贞夫一者也[6]。夫乾,确然示人易矣[7];夫坤,隤然示人简矣[8]。爻也者,效此者也;象也者,像此者也。爻象动乎内,吉凶见乎外,功业见乎变,圣人之情见乎辞。天地之大德曰生,圣人之大宝曰位,何以守位曰仁,何以聚人曰财,理财正辞[9]、禁民为非曰义。

[1] 因而重之:由八经卦重叠为六十四别卦。

[2] 趣时:谓努力与当时的形势、环境及条件相适应。趣,及也。

[3] 贞胜:谓守正执一,则可以御万变而无不胜。贞,正也。

[4] 贞观：谓以正道示人。观，示也。

[5] 贞明：谓日月固守其运行规律而常明。

[6] 贞一：守正专一。

[7] 确然：刚强，坚定。

[8] 隤（tuí）然：柔顺随和貌。

[9] 理财：治理财物。正辞：端正言辞。

古者庖牺氏之王天下也[1]，仰则观象于天，俯则观法于地，观鸟兽之文，与天地之宜[2]，近取诸身，远取诸物，于是始作八卦，以通神明之德，以类万物之情。……神农氏没[3]，黄帝、尧、舜氏作，通其变，使民不倦，神而化之[4]，使民宜之[5]。《易》，穷则变，变则通，通则久。是以"自天祐之，吉无不利"。

[1] 庖牺氏：即伏羲氏。古代传说中的三皇之一，风姓。相传其始画八卦，又教民渔猎，取牺牲以供庖厨，因称庖牺。

[2] 天地之宜：一作"地之宜"。宜，正当的道理。

[3] 神农氏：传说中的太古帝王名。始教民为耒耜，务农业，故称神农氏。又传他曾尝百草，发现药材，教人治病。

[4] 神化：神妙地潜移默化。

[5] 宜：合适，适当，适宜。

《易》曰："憧憧往来，朋从尔思。"[1]子曰："天下何思何虑？天下同归而殊途，一致而百虑，天下何思何虑？日往则月来，月往则日来，日月相推而明生焉。寒往则暑来，暑往则寒来，寒暑相推而岁成焉。往者屈也，来者信也[2]，屈信相感而利生焉。尺蠖之屈[3]，以求信也；龙蛇之蛰[4]，以存身也。精义入神，以致用也；利用安身，以崇德也。过此以往，未之或知也。穷神知化，德之盛也。"

[1] "憧憧往来"二句：乃咸卦九四爻辞。憧憧，往来不绝貌。

[2] 信（shēn）：通"伸"，伸直，伸长。

[3] 尺蠖（huò）：虫名，北方称步曲，南方称造桥虫。体细长，生长于树，爬行时一屈一伸。

[4] 蛰（zhé）：动物冬眠，潜伏起来不食不动。

易曰："公用射隼于高墉之上，获之，无不利。"[1]子曰："隼者，禽也；弓矢者，器也；射之者，人也。君子藏器于身，待时而动，何不利之有？动而不括[2]，是以出而有获，语成器而动者也。"

[1] "公用射隼"三句：乃解卦上六爻辞。隼（sǔn），鸟名，又名鹘。鹰类中最小者，飞速善袭。墉（yōng），墙垣。

[2] 括：阻滞，闭塞。

子曰："小人不耻不仁，不畏不义，不见利不劝[1]，不威不惩[2]。小惩而大诫[3]，此小人之福也。易曰：'屦校灭趾，无咎。'[4]此之谓也。""善不积不足以成名，恶不积不足以灭身。小人以小善为无益而弗为也，以小恶为无伤而弗去也，故恶积而不可掩，罪大而不可解。易曰：'何校灭耳，凶。'[5]"

[1] 劝：勤勉，努力。

[2] 威：使人畏惧慑服的力量；刑罚，惩罚。惩：克制，鉴戒，恐惧。

[3] 惩：惩罚。诫：警告，告诫。

[4] "屦校灭趾"二句：乃噬嗑卦初九爻辞。屦（jù）校（jiào），谓戴上脚镣。屦，鞋，此谓脚上着物。校，古代枷械类刑具的统称。

[5] "何校灭耳"二句：乃噬嗑卦上九爻辞。何校，犹戴枷。何，通"荷"；扛，以肩承物。

子曰："危者[1]，安其位者也；亡者，保其存者也；乱者，有其治者也。是故君子安而不忘危，存而不忘亡，治而不忘乱，是以身安而国家可保也。易曰：'其亡其亡，系于苞桑。'[2]"

[1] "危者"以下六句：谓懂得危惧之人，方能安于其位；懂得衰亡之人，方

能保其长存；懂得祸乱之人，方能享有太平。

[2]"其亡其亡"二句：乃否卦九五爻辞。苞桑，桑树之本，谓牢固。苞，本也。

子曰："知几其神乎！君子上交不谄[1]，下交不渎[2]，其知几乎？几者，动之微，吉之先见者也。君子见几而作，不俟终日[3]。《易》曰：'介于石，不终日，贞吉。'[4]介如石焉，宁用终日？断可识矣[5]。君子知微知彰，知柔知刚，万夫之望[6]。"

[1]谄（chǎn）：奉承，献媚。

[2]渎：亵渎，轻慢。

[3]不俟终日：不等一天过完，谓不拖延。

[4]"介于石"三句：乃豫卦六二爻辞。介于石：谓操守坚贞。介，坚实。于，犹如。

[5]断：副词，决然，一定。

[6]万夫：万人，万民，众人。

子曰："乾、坤，其《易》之门邪？"乾，阳物也；坤，阴物也。阴阳合德，而刚柔有体，以体天地之撰[1]，以通神明之德。其称名也[2]，杂而不越[3]。于稽其类[4]，其衰世之意邪？夫《易》，彰往而察来，而微显阐幽；开而当名[5]，辨物正言，断辞则备矣。其称名也小，其取类也大；其旨远，其辞文；其言曲而中[6]，其事肆而隐[7]。因贰以济民行[8]，以明失得之报。

[1]撰：指天地阴阳等自然现象的变化规律。

[2]称名：列举的物名。

[3]越：僭越，不依次序超出。

[4]于：发语词。稽：考核，查考。

[5]开而当名：谓开列恰当的卦名。

[6]中：合适，恰当。

[7]事：事类，典故。肆：显明，显示。

[8] 贰：两个方面，指上述乾坤、阴阳、刚柔。

《易》之为书也不可远[1]，为道也屡迁，变动不居，周流六虚[2]，上下无常，刚柔相易，不可为典要[3]，唯变所适。其出入以度[4]，外内使知惧，又明于忧患与故[5]，无有师保[6]，如临父母。初率其辞[7]，而揆其方[8]，既有典常[9]；苟非其人[10]，道不虚行[11]。

[1] 远：远离。

[2] 六虚：指《易》卦之六爻。

[3] 典要：经常不变的准则、标准。

[4] 度：法度。

[5] 故：事，事情。

[6] 师保：古时任辅弼帝王和教导王室子弟之官，有师有保，统称"师保"。

[7] 率：遵行，遵循。

[8] 揆（kuí）：度量，揣度。

[9] 既：穷尽，终尽。典常：常道，常法。

[10] 苟：假如。其人：谓探研《周易》之人。

[11] 道：指《易》道。不虚行：谓难以抓住，不为所用。

《易》之为书也，广大悉备[1]。有天道焉，有人道焉，有地道焉。兼三才而两之[2]，故六[3]；六者非它也，三才之道也。道有变动，故曰爻；爻有等[4]，故曰物；物相杂，故曰文[5]；文不当[6]，故吉凶生焉。

[1] 悉备：齐备，完备。

[2] 三才：谓天、地、人。两之：将两经卦重叠。

[3] 六：指六爻。

[4] 等：等级，类别。

[5] 文：文辞，此谓爻辞。

[6] 不当：即"当否"，当还是不当。当，当位得时。

五、说卦

昔者圣人之作《易》也，幽赞于神明而生蓍[1]，参天两地而倚数[2]，观变于阴阳而立卦，发挥于刚柔而生爻，和顺于道德而理于义[3]，穷理尽性以至于命[4]。

[1] 幽赞：谓使隐微难见者明著。赞，显明、通晓。蓍：指用蓍草占卜。

[2] 参天两地：取奇数于天，取偶数于地，指为《易》卦立数。参，即三，指奇数。两，指偶数。倚：立也。

[3] 和顺：顺应，不违背。理于义：谓使其内容富有条理，指卦爻辞。理，整理。义，意义、道理。

[4] 命：天命，命运。

昔者圣人之作《易》也，将以顺性命之理，是以立天之道曰阴与阳，立地之道曰柔与刚，立人之道曰仁与义。兼三才而两之，故《易》六画而成卦。分阴分阳，迭用柔刚[1]，故《易》六位而成章[2]。

[1] 迭：更迭，轮流。

[2] 成章：乐竟为一章，此谓《易》创成一体，自成格局。

【阅读书目】

《周易全解》，金景芳、吕绍刚，上海古籍出版社。

《周易译注》，黄寿祺、张善文，上海古籍出版社。

《周易今注今译》，南怀瑾、徐芹庭，重庆出版社。

《周易今注今译》，陈鼓应、赵建伟，商务印书馆。

《周易大传今注》，高亨，齐鲁书社。

《周易大传新注》，徐志锐，齐鲁书社。

《周易概论》，刘大钧，巴蜀书社。

第二章　孔子的人格

第一节 《论语》概说

在中华历史文化的长河中，孔子的影响毫无疑问是巨大的。其最主要的思想则体现于《论语》这部著名的儒家元典之中。《论语》由孔子弟子编纂，成书于春秋战国之际，分为《学而》《为政》《八佾》《里仁》《公冶长》《雍也》《述而》《泰伯》《子罕》《乡党》《先进》《颜渊》《子路》《宪问》《卫灵公》《季氏》《阳货》《微子》《子张》《尧曰》，共20篇，计492章（节）。东汉班固在《汉书·艺文志》中记载："论语者，孔子应答弟子、时人及弟子相与言而接闻于夫子之语也。当时弟子各有所记，夫子既卒，门人相与辑而论纂，故谓之论语。"《论语》虽然形式上多为语录，但却辞约意丰，语言简练而形象生动、意蕴丰厚。南朝梁刘勰在《文心雕龙》中曾说"夫子风采，溢乎格言"，孔子确是《论语》描述的主角，全书以他的一言一行为中心，以"修己身"为目的，集中体现了其教人以学、学为人之道的理念。《论语》承载着圣人的为人之道，不仅潜移默化地影响着整个中华民族，更是享誉世界，特别是20世纪以来，《论语》被认为是仅次于《圣经》的世界第二大畅销出版物。

孔子处在一个周朝统治走向瓦解的时代。他对当时所谓"礼崩乐坏"的情形痛心疾首，要求人们从各方面恢复或遵循"周礼"。所谓"周礼"，乃是在周初确定的一整套的典章、制度和仪节，是晚期氏族统治体系的规范化和系统化。它既有上下等级、尊卑长幼等明确而严格的秩序规定，又在一定程度上保存了原始的民主性和人民性。孔子对"周礼"的态度，反映了对早期氏族统治体系和这种体系所保留的原始礼仪的维护。从历史发展的角度而言，这种态度是保守、落后的，但他反对残酷的剥削压榨，要求保持、恢复相对温和的远古氏族统治体制，又具有民主性和人民性。

正如李泽厚先生《中国古代思想史论》一书所指出，孔子大谈"周礼"，但其思想的核心却不是"礼"，而是"仁"。那么，什么是"仁"？《颜渊》有云："樊迟问仁，子曰：'爱人。'"《学而》则谓："子曰：'……泛爱众，而亲仁。'"这便是孟子所谓"仁也者，人也"（《孟子·尽心下》），以及《礼记·中庸》所谓"仁者，人也"。所以，孔子的"仁"学，在一定程度上乃是人本主义的人学，以"爱众""爱人"为旨归。而孔子之所以重"仁"，与维护"礼"直接相关。他认为，只有仁人，才能推行礼治，所谓"人而不仁，如礼何？"（《八佾》）孔子强调了原始氏族体制中所具有的民主性和人道主义，同时也表现出春秋时期人的某种觉醒。这种觉醒，一是对鬼神的怀疑，所谓"子不语怪力乱神"（《述而》），所谓"敬鬼神而远之"（《雍也》）；一是对猛于虎的苛政之不满，所谓"苛政猛于虎也"（见《礼记·檀弓下》），而要实行"仁政"。

从"仁"的思想出发，孔子对人的价值的重视可以说是空前的，所谓"爱人"正是这种重视的体现。孔子反对人殉和人祭，《孟子·梁惠王下》曾引孔子的话说："始作俑者，其无后乎！"对最初发明以木俑、土俑来殉葬的人，孔子甚至破口大骂，其愤怒之情可谓溢于言表。当马厩失火以后，孔子首先关心的是人："'伤人乎？'不问马。"（《乡党》）他还说："未能事人，焉能事鬼？"（《先进》）这种对人的重视无疑是重要的历史进步。同时，孔子突出了人的相互依存的社会性。他强烈地反对个体脱离群体，反对人兽同群，指出"鸟兽不可与同群"（《微子》）。他认为一个人只要能行"仁"道，即使没有兄弟，但"四海之内，皆兄弟也"（《颜渊》）。另外，孔子亦并未抹杀个体人格的主动性和独立性，甚至在一定程度上，把个体人格的发展和完成，看作是实现社会和谐发展的重要条件。他说："三军可夺帅也，匹夫不可夺志也"（《子罕》），又说："志士仁人，无求生以害仁，有杀身以成仁"（《卫灵公》），这就确乎是一种人的觉醒了。

孔子认为，要使人们实行"仁"，最重要的是要使"仁"成为人们内在情感上的自觉要求，而不是依靠外部强制。所谓"内省不疚，夫何忧何惧"（《颜渊》）、"克己复礼为仁"（《颜渊》）、"己欲立而立人，己欲达而达人"（《雍也》）以及"己所不欲，勿施于人"（《颜渊》《卫灵公》）等等，都是这种思想的说明。那么，怎样才能使"仁"成为人们情感上的自觉要求？孔子主张"道之以德，齐之以礼"（《为政》），即用"德"去引导感化人心，用"礼"去规范人的行动。而从感化人心而言，艺术正是一种能够使人们乐于行"仁"的重要手段。孔子说："兴于诗，立于礼，成于乐。"（《泰伯》）包咸注云："兴，起也，言修身当先学诗。"要成为一个仁人君子必先学诗，乃是因为诗在古代并非单纯的艺术品，而是具有文献的性质，可以从中学到各种知识；同时，诗又可以具有陶冶情感的作用。《阳货》说："子谓伯鱼曰：'女为《周南》《召南》乎？人而不为《周南》《召南》，其犹正墙面而立也与！'"可见学诗之于人生具有何等重要的意义。君子修身从学诗开始，而其完成于乐，这样孔子便赋予诗乐以重要的人生修养的意义。

所谓"成于乐"，就是要通过对音乐的学习造就一个完全的人。而乐之所以有如此重要的作用，在于"乐所以成性"（孔安国注）。孔子认为乐能改变人的性情，感发人们的心灵，使人自觉地接受、实行仁道。《阳货》记载："子之武城，闻弦歌之声。夫子莞尔而笑，曰：'割鸡焉用牛刀？'子游对曰：'昔者偃也闻诸夫子曰：君子学道则爱人，小人学道则易使也。'子曰：'二三子，偃之言是也，前言戏之耳！'"乐可以使君子"爱人"、小人"易使"。孔子高度肯定了诗乐对人性具有感染陶冶的重要作用，即在感性的愉悦中，使人成为一个在道德上完美的人。与此相联系的是，孔子还有所谓"游于艺"之论："志于道，据于德，依于仁，游于艺。"（《述而》）讲的也是君子应当如何使自己成为一个完满的人。孔子认为，首先要有志于"道"，其次要遵从于"德"，再次要归依于"仁"，最后还要游历于"艺"。"游于艺"之"艺"，指的是"六艺"，即礼、乐、书、数、射、御。所谓"游于艺"，既包括对各种"艺"的技术性掌握，也自然含有在这种掌握过程中的欣赏和愉悦。所以，"成于乐"的"成"指的是人格上的圆满、成熟和完成，主要是音乐的伦理道德作用；"游于艺"的"游"则带有一种自由感或自由愉悦的含义。在道德仁义之外还要"游于艺"，表现了孔子对人的全面发展之要求。

当然，无论"兴于诗""成于乐"，还是"游于艺"，都是着眼于"礼"而立足于"仁"的，这是孔子的一贯思想。需要注意的是，在孔子的心目中，诗乐的作用在于把外在的"礼"转化为内在的"仁"，从而"仁"的境界也就是个体人格和人生自由的境界，实际上也就是美的境界。这是孔子的独特之处，与后世儒学心目中的孔子是并不完全一致的。孔子赞美最得意的弟子颜回说："一箪食，一瓢饮，在陋巷，人不堪其忧，回也不改其乐，贤哉，回也！"（《雍也》）孔子谈到自己也说："饭疏食，饮水，曲肱而枕之，乐亦在其中矣！不义而富且贵，于我如浮云。"（《述而》）这就难怪孔子要"吾与点也"了，因为曾皙（点）的志向是："暮春者，春服既成，冠者五六人，童子六七人，浴乎沂，风乎舞雩，咏而归。"（《先进》）在孔子看来，治国之道在礼乐教化，目的是要达到"仁"的理想境界，而这个境界其实是一种美的境界。这样的追求，体现了孔子的人格；这样的人格，具有永恒的魅力。

近年来，《论语》作为元典之作可谓备受推崇，这是必然的，也是应该的。但是，如何正确对待《论语》，如何真正将《论语》中的智慧予以传承并贯彻到我们的行为当中，仍然值得我们每一个人去深思、去探索。也许，从学做人、修己身开始，正是一条可行之路。《论语》处处洋溢着修身为本的智慧。无论是"弟子入则孝，出则弟，谨而信，泛爱众，而亲仁，行有余力，则以学文"（《学而》），还是其中的"君子"之论；无论是"温、良、恭、俭、让"（《学而》），还是对"仁"的阐释；抑或"修己以敬""修己以安人""修己以安百姓"(《宪问》)的论述，这些都是孔子在朴实的生活中对于修身的真知和实践。如上所述，"仁"是孔子思想的核心，同时，"君子"则是孔子最高的人格理想典范，所谓"君子义以为质，礼以行之，孙以出之，信以成之，君子哉！"(《卫灵公》)所谓"君子务本，本立而道生，孝弟也者，其为人之本与！"(《学而》)以仁义为核心，以礼乐为形式，以仁德为质，以礼乐为文，即孔子所谓文质并重的君子论。这些思想都可归为"内圣"，即一切起于修身，"为仁由己""克己复礼"(《颜渊》)、"我欲仁，斯仁至矣"(《述而》)、"己欲立而立人，己欲达而达人"(《雍也》)，都是对于自我修身的阐述，正如朱熹所说："夫圣人之道，无显微，无内外，由洒扫应对进退而上达天道，本末一以贯之。"(《朱子语类》)正所谓"道不远人"，一切始于修身，亦归于修身，从而达成人格的完满，促进世界的和谐。

《论语》的智慧多在只言片语、微言大义的格言警句之中，我们不仅需要诵读谨记，反复琢磨，更需要躬身践行。修身之道贵在学，重在学为人之道，朱熹视之为"入道之门、积德之基、学者之先务"(《论语集注》)。《论语》的意义在于发掘人类的潜能、启迪人生的智慧，丰富并滋养我们的人生，让我们明白人生不仅仅是由琐碎的细节组成，还有诗意与豁达。孔子一生重学乐教，内修于心而外修于行，其深刻的思想需要我们心怀景仰、时时研习、处处实践、学为己用。

第二节　《论语》选读

一、学而

子曰[1]："学而时习之[2]，不亦说乎[3]？有朋自远方来[4]，不亦乐乎[5]？人不知而不愠[6]，不亦君子乎[7]？"

[1] 子：《论语》"子曰"之"子"，均指孔子。

[2] 时：在一定的时候，在适当的时候，后世通常理解为"时常"。习：演习、实习，温习、复习。

[3] 说：同"悦"，愉快、高兴的意思。

[4] 朋：朋友，"同门曰朋"，即同在一位老师门下学习的叫朋，也就是志同道合的人，在此译为朋友较为通俗易懂。

[5] 乐：与悦有所区别。悦在内心，乐则见于外。

[6] 愠（yùn）：恼怒，怨恨。

[7] 君子：《论语》中的"君子"，有时指有德者，有时指有位者。此处指孔子理想中具有高尚人格的人。

有子曰[1]："其为人也孝弟[2]，而好犯上者[3]，鲜矣[4]。不好犯上，而好作乱者，未之有也[5]。君子务本[6]，本立而道生。孝弟也者，其为仁之本与[7]？"

[1] 有子：孔子弟子，名若。乃孔子晚年从学者。

[2] 孝：善事父母曰孝。弟：同"悌（tì）"，善事兄长曰弟。

[3] 犯：抵触，违反，冒犯。上：指在上位的人。

[4] 鲜（xiǎn）：少的意思。

[5] 未之有也：此为"未有之也"的倒装句型。

[6] 务：专心，致力于。本：根本。

[7] 仁：孔子思想的核心范畴。或以仁者，人也，即人之所以为人的根本之点。"仁"乃人群相处之大道，孝悌则仁之本，人能有孝悌之心，自能有仁心仁道。

子曰："巧言令色[1]，鲜矣仁。"

[1] 巧言令色：朱熹注曰："好其言，善其色，致饰于外，务以说人。"巧，好。令，善。务求巧言令色以悦人，并非发自内心的真情善意，故曰"鲜矣仁"。

曾子曰[1]："吾日三省吾身[2]：为人谋而不忠乎[3]？与朋友交而不信乎[4]？传不习乎[5]？"

[1] 曾子：名参，孔子晚年弟子。

[2] 三省：多次自我反省。"三"表示多次，不是实指。

[3] 忠：指对人应当尽心竭力，所谓"尽己之谓忠"。

[4] 信：信实。

[5] 传：老师的传授。习：即"学而时习之"之"习"，演习、复习。

子曰："弟子入则孝[1]，出则弟[2]，谨而信[3]，泛爱众[4]，而亲仁[5]。行有余力，则以学文[6]。"

[1] 弟子：一般有两种意义，一是指年纪幼小的人，二是指学生。这里用的是第一种意义。入：《礼记·内则》："由命士以上，父子皆异宫。"即父子分别住

在不同的居处，入是入父官，指进到父亲住处。

[2] 出：与"入"相对而言，指出己官。

[3] 谨：谨慎，寡言即谨。

[4] 泛：广泛。

[5] 仁：即仁人，有仁德之人。

[6] 文：文章，即以读书为学也。有余力始学文，乃谓以孝弟谨信爱众亲仁为本，以余力学文也。

子曰："君子不重则不威[1]，学则不固[2]。主忠信[3]，无友不如己者[4]。过则勿惮改[5]。"

[1] 重：庄重，自持。

[2] 学则不固：有两种解释，一是与上句相连，释"固"为"坚固"，意即不庄重就没有威严，所学也不坚固；二是释"固"为"固陋"，即孤陋寡闻，通过学习则可以免除固陋之弊。

[3] 主忠信：以忠信为主。

[4] 无：通"毋"，不要。友：动词，即交朋友。不如己：一般解释为"不如自己"。

[5] 过：过错，过失。惮：害怕，畏惧。

子禽问于子贡曰[1]："夫子至于是邦也[2]，必闻其政，求之与？抑与之与[3]？"子贡曰："夫子温、良、恭、俭、让以得之[4]。夫子之求之也，其诸异乎人之求之与[5]？"

[1] 子禽：姓陈名亢，字子禽。郑玄所注《论语》说他是孔子的学生，但《史记·仲尼弟子列传》未载此人，故或以为其非孔子学生。子贡：姓端木名赐，字子贡，孔子的学生。

[2] 夫子：古代的一种尊称，凡做过大夫的人就可被称为"夫子"。孔子曾担任过鲁国的司寇，所以他的学生们称他为"夫子"。后来因此沿袭以称呼老师。在一定场合下，也用以特指孔子。

[3] 抑：发语词，还是。

[4] 温：温顺和厚。良：善良。恭：庄敬。俭：节俭。让：谦逊。

[5] 其诸：或者。

子曰："君子食无求饱，居无求安，敏于事而慎于言，就有道而正焉[1]，可谓好学也已。"

[1] 就：靠近、接近。有道：指有道德的人。正：匡正，端正。

子贡曰："贫而无谄[1]，富而无骄，何如？"子曰："可也。未若贫而乐，富而好礼者也。"子贡曰："《诗》云：'如切如磋，如琢如磨[2]。'其斯之谓与？"子曰："赐也[3]！始可与言《诗》已矣，告诸往而知来者[4]。"

[1] 谄（chǎn）：巴结、奉承。

[2] "如切如磋"二句：见《诗经·卫风·淇澳》。切磋琢磨，器物加工的工艺名称。《尔雅·释器》："骨谓之切，象谓之磋，玉谓之琢，石谓之磨。"郭璞注："皆治器之名也。"汉王充《论衡·量知》："骨曰切，象曰磋，玉曰琢，石曰磨；切磋琢磨，乃成宝器。"

[3] 赐：子贡名，孔子对学生都称其名。

[4] 诸：之。往：过去的事，这里指已知的事。来者：未来的事，这里指未知的事。

二、为政

子曰："诗三百[1]，一言以蔽之[2]，曰：'思无邪[3]'。"

[1] 诗三百：即《诗经》，共有305篇，"三百"乃举其整数。

[2] 蔽：概括。

[3] 思无邪：这句话原出《诗经·鲁颂·駉》，孔子借以评论整部《诗经》。

子曰："道之以政[1]，齐之以刑[2]，民免而无耻[3]；道之以德，齐之以礼，有耻且格[4]。"

[1] 道：同"导"。

[2] 齐：整齐，统一。

[3] 免：苟免，这里指苟免犯罪，而不受刑罚之祸。无耻：不知耻，这里指认识不到犯罪是可耻的。

[4] 格：归服。

子曰："吾十有五而志于学[1]，三十而立[2]，四十而不惑[3]，五十而知天命[4]，六十而耳顺[5]，七十而从心所欲[6]，不逾矩[7]。"

[1] 有：同"又"。

[2] 立：站立、自立。这里指"立于礼"，即做事能合于礼，站得住脚。

[3] 不惑：不受迷惑。这里指到四十岁，知识已很渊博，不会受迷惑。

[4] 天命：天道流行的精理。

[5] 耳顺：指听到别人说的话，用不着怎么思考，便能领会。顺，通顺不逆。

[6] 从：随。

[7] 逾：超过。矩：规矩，法度。

子夏问孝。子曰："色难[1]。有事，弟子服其劳[2]；有酒食，先生馔[3]；曾是以为孝乎[4]？"

[1] 色：指和颜悦色。难：不容易。

[2] 服劳：服侍。服，从事、担负。

[3] 先生：指长者或父母，这里指父母。馔（zhuàn）：吃喝，饮食。

[4] 曾：竟然。

子曰："君子周而不比[1]，小人比而不周[2]。"

[1] 周：周到，普遍，引申为亲和、团结。比：并列，并排，此处引申为相互勾结。

[2] 小人：缺乏道德修养之人。

子曰："学而不思则罔[1]，思而不学则殆[2]。"

[1] 罔：同"惘"，迷惑。

[2] 殆：疑惑。

季康子问[1]："使民敬、忠以劝[2]，如之何？"子曰："临之以庄[3]，则敬；孝、慈，则忠；举善而教不能，则劝。"

[1] 季康子：鲁大夫，姓季氏，名肥，谥号为"康"。

[2] 以：连接词，相当于"而"。劝：勉励，这里指自勉努力。

[3] 临：对待。

三、八佾

孔子谓季氏[1]："八佾舞于庭[2]，是可忍也[3]，孰不可忍也！"

[1] 季氏：鲁国正卿季孙氏，即季平子。

[2] 佾（yì）：古代乐舞的行列。一佾8人，八佾就是64人，据《周礼》规定，只有周天子才可以使用八佾，诸侯为六佾，卿大夫为四佾，士用二佾。季氏是正卿，只能用四佾。

[3] 忍：容忍。

子曰："人而不仁，如礼何[1]？人而不仁，如乐何？"

[1] 如礼何：怎样对待礼呢？意即虽想用礼，但礼对他来说是不合适的。

子曰："君子无所争，必也射乎[1]！揖让而升[2]，下而饮，其争也君子。"

[1] 射：射箭。这里指射礼。

[2] 揖：拱手行礼，表示尊敬。

子夏问曰："'巧笑倩兮，美目盼兮，素以为绚兮。'[1]何谓也？"子曰："绘事后素[2]。"曰："礼后乎？"子曰："起予者商也[3]，始可与言诗已矣。"

[1]"巧笑倩兮"三句：前两句见《诗经·卫风·硕人》。倩，笑得好看。盼，眼睛黑白分明。绚，有文采。

[2]绘事后素：先有白底，然后作画。绘，画。素，白底。

[3]起：启发。予：我，孔子自指。商：卜商，即子夏。

子入太庙[1]，每事问。或曰："孰谓鄹人之子知礼乎[2]？入太庙，每事问。"子闻之，曰："是礼也。"

[1]太庙：古代开国君主的庙。这里指鲁国最初受封的君主周公旦的庙。

[2]鄹（zōu）人之子：指孔子。鄹，春秋时鲁国地名，在今山东曲阜附近。

定公问[1]："君使臣，臣事君，如之何？"孔子对曰："君使臣以礼，臣事君以忠。"

[1]定公：鲁国君主，姓姬名宋，"定"是其谥号。

子曰："关雎[1]，乐而不淫[2]，哀而不伤。"

[1]关雎：《诗经》首篇。

[2]淫：过分而不适当。

哀公问社于宰我[1]。宰我对曰："夏后氏以松[2]，殷人以柏，周人以栗，曰使民战栗[3]。"子闻之，曰："成事不说，遂事不谏[4]，既往不咎[5]。"

[1]社：土地神。宰我：孔子学生，名予，字子我。

[2]夏后氏：指夏代。以松：是说用松木做社主。所谓社主，就是替土地神做的木质牌位。古代人认为替神立了牌位，神便凭依在牌位上，享受人的祭祀。

[3] 战栗：发抖，害怕。

[4] 遂：已经完成。谏：劝勉。

[5] 咎：追究。

四、里仁

子曰：“里仁为美[1]，择不处仁[2]，焉得知[3]？”

[1] 里：动词，居住。

[2] 处：居住。

[3] 知：同“智”。

子曰：“不仁者不可以久处约[1]，不可以长处乐。仁者安仁[2]，知者利仁[3]。”

[1] 约：穷困。

[2] 安仁：安居仁道中。

[3] 利仁：认为仁有利自己才去实行。

子曰：“唯仁者能好人[1]，能恶人[2]。”

[1] 好：动词，喜爱。

[2] 恶：动词，厌恶。

子曰：“富与贵，是人之所欲也，不以其道得之，不处也。贫与贱，是人之所恶也，不以其道得之[1]，不去也。君子去仁，恶乎成名[2]？君子无终食之间违仁[3]，造次必于是[4]，颠沛必于是。”

[1] 得之：疑为“去之”之误。不过，有人认为“得之”也可以讲通，如屈原以信而见疑，以忠而被谤，致遭斥逐，正是以道得贫贱。这样得来的贫贱，虽然是不应该的，但君子守道安贫，是不会以不合乎道的方法去掉的。

[2] 恶：何处。

[3] 违：离开。

[4] 造次：仓猝，匆忙。

子曰："君子之于天下也，无适也[1]，无莫也[2]，义之与比[3]。"

[1] 适（dí）：亲厚。

[2] 莫：通"慕"，贪慕。一释为"薄"，与上文之"厚"相对。

[3] 比：比邻，靠拢。

子曰："君子怀德，小人怀土[1]；君子怀刑[2]，小人怀惠[3]。"

[1] 怀：思念。土：田宅。

[2] 怀刑：指畏惧刑法。刑，刑法、法度。

[3] 怀惠：贪图财利。

子曰："放于利而行[1]，多怨。"

[1] 放（fǎng）：依据。

子曰："不患无位，患所以立[1]。不患莫己知，求为可知也。"

[1] 所以立：即所以立其位。

子曰："参乎！吾道一以贯之[1]。"曾子曰："唯[2]。"子出，门人问曰："何谓也？"曾子曰："夫子之道，忠恕而已矣。"

[1] 贯：贯穿，统贯。

[2] 唯：是。这里表示曾参对孔子的话能够准确无误地理解，故只简要、迅速地用一个字来回答。

子曰："见贤思齐焉[1]，见不贤而内自省也[2]。"

[1] 思齐：希望与之相等，即向其看齐。

[2] 自省：自我反省、检查。

子曰："事父母几谏[1]，见志不从，又敬不违，劳而不怨[2]。"

[1] 几（jī）：轻微，委婉。谏：这里指向父母提意见。

[2] 劳：忧愁。

子曰："父母在，不远游[1]，游必有方。"

[1] 游：游学，游宦。

子曰："君子欲讷于言而敏于行[1]。"

[1] 讷（nè）：口钝。这里指不轻易说话。

五、公冶长

孟武伯问："子路仁乎[1]？"子曰："不知也。"又问。子曰："由也，千乘之国[2]，可使治其赋也[3]，不知其仁也。""求也何如？"子曰："求也，千室之邑[4]，百乘之家[5]，可使为之宰也[6]，不知其仁也。""赤也何如[7]？"子曰："赤也，束带立于朝，可使与宾客言也，不知其仁也。"

[1] 孟武伯：鲁国大夫，姓仲孙，名彘，"武"为其谥号。子路：仲由之字，孔子弟子。

[2] 乘（shèng）：量词，一辆车。

[3] 赋：兵赋，古代以田赋出兵，故称兵为赋。这里指军事工作。

[4] 千室之邑：拥有一千户人家的大邑。邑，古代居民聚居的地方，包括周围的土地。

[5] 家：古代国家封给卿大夫的采邑。

[6] 宰：古代的宰，一指一邑之长，一指大夫的家臣。

[7] 赤：孔子学生，姓公西，名赤，字子华。

子谓子贡曰:"女与回也孰愈[1]?"对曰:"赐也何敢望回?回也闻一以知十,赐也闻一以知二。"子曰:"弗如也。吾与女[2],弗如也。"

[1] 愈:胜。

[2] 与:赞许,赞同。

宰予昼寝。子曰:"朽木不可雕也,粪土之墙不可圬也[1],于予与何诛[2]!"子曰:"始吾于人也,听其言而信其行;今吾于人也,听其言而观其行。于予与改是。"

[1] 圬(wū):抹墙用的抹子。这里是涂抹、粉刷的意思。

[2] 诛:责备。

子贡曰:"夫子之文章[1],可得而闻也;夫子之言性与天道[2],不可得而闻也。"

[1] 文章:指孔子经常论述的有关古代的《诗》《书》等文献的学问。

[2] 性:人的本性。天道:指自然与人类社会凶吉祸福的关系。孔子很少谈论"性与天道"的问题,所以子贡说"不可得而闻也"。

子贡问曰:"孔文子何以谓之文也[1]?"子曰:"敏而好学,不耻下问,是以谓之文也。"

[1] 孔文子:卫国大夫孔圉(yǔ),"文"是谥号,"子"是尊称。

子谓子产[1],"有君子之道四焉:其行己也恭,其事上也敬,其养民也惠,其使民也义[2]。"

[1] 子产:春秋时郑大夫公孙侨。

[2] 义:谓符合正义或道德规范。

子曰:"巧言、令色、足恭[1],左丘明耻之[2],丘亦耻之。匿怨而友其人,左丘明耻之,丘亦耻之。"

[1] 足：过分。

[2] 左丘明：春秋时鲁国人，曾任鲁太史。相传他是《左传》的作者，又传《国语》也是他作的。

颜渊季路侍[1]。子曰："盍各言尔志[2]。"子路曰："愿车马衣[轻]裘[3]，与朋友共，敝之而无憾。"颜渊曰："愿无伐善[4]，无施劳[5]。"子路曰："愿闻子之志。"子曰："老者安之，朋友信之，少者怀之。"

[1] 颜渊：即颜回，字子渊，又称颜子，孔子最得意的学生。季路：即仲由，字子路，一字季路。侍：侍立。

[2] 盍：何不。

[3] 轻：据考证当为衍文。

[4] 伐：夸耀。

[5] 施：显扬，表白。

六、雍也

仲弓问子桑伯子[1]。子曰："可也简[2]。"仲弓曰："居敬而行简[3]，以临其民[4]，不亦可乎？居简而行简，无乃大简乎[5]？"子曰："雍之言然。"

[1] 仲弓：姓冉名雍，字仲弓，孔子学生。子桑伯子：人名。或认为是庄子所说的子桑户。

[2] 简：简约，不烦琐。

[3] 居敬：居心恭敬，这里指做事时心里是严肃认真的。

[4] 临：面对。这里是对付、治理的意思。

[5] 无乃：相当于"不是"，只用于反问句。大：同"太"。

子曰："贤哉，回也[1]！一箪食[2]，一瓢饮，在陋巷，人不堪其忧[3]，回也不改其乐[4]。贤哉，回也！"

[1] 回：颜回。

[2] 箪（dān）：古代盛饭用的圆形竹器。

[3] 忧：忧愁。这里指一般人以过这种清贫生活为忧。

[4] 乐：快乐。这里指颜回认为过清贫生活自有其快乐。

子曰："质胜文则野[1]，文胜质则史[2]。文质彬彬[3]，然后君子。"

[1] 质：质朴。文：文采。孔子认为仁义是质，礼乐是文，质与文，是内容与形式的关系，必须恰当搭配，不得有所偏废。野：粗野。

[2] 史：这里指虚浮无诚意的意思。"史"是古代掌管文书的人，多用铺陈之词，客观地记事，自己心里并无诚意。

[3] 彬彬：这里指文与质的关系处理适当。

樊迟问知[1]。子曰："务民之义[2]，敬鬼神而远之[3]，可谓知矣。"问仁。曰："仁者先难而后获[4]，可谓仁矣。"

[1] 樊迟：孔子弟子，名须，字子迟。

[2] 务：致力于。民：人民。义：应该做的事。

[3] 远：动词，离开。

[4] 先难：指先要付出一定的艰苦劳动。

子曰："知者乐水[1]，仁者乐山[2]。知者动，仁者静。知者乐，仁者寿。"

[1] 知者乐水：水缘理而行，周流无滞，知者似之，故乐水。

[2] 仁者乐山：山安固厚重，万物生焉，仁者似之，故乐山。性与之合，故乐。

子曰："中庸之为德也[1]，其至矣乎！民鲜久矣。"

[1] 中庸：孔子所认为的最高道德标准和思想原则。中，无过无不及，即不偏不倚的意思。庸，平常、不变的意思。

子贡曰："如有博施于民而能济众，何如？可谓仁乎？"子曰："何事于仁！必也圣乎！尧舜其犹病诸[1]！夫仁者，己欲立而立人，己欲达而达人。能近取譬[2]，可谓仁之方也已。"

[1] 尧舜其犹病诸：谓像尧舜那样的圣人，对"博施于民而能济众"这件事，其心犹有所不足。尧舜，传说中上古时代的两位帝王，也是孔子心目中的圣人。病，心有所不足。诸，于此。

[2] 譬：比喻，比方。

七、述而

子曰："默而识之[1]，学而不厌，诲人不倦，何有于我哉[2]？"

[1] 识（zhì）：记住。

[2] 何有：有什么的意思，自谦之词。

子曰："志于道，据于德，依于仁，游于艺[1]。"

[1] 艺：六艺，即礼、乐、射、御、书、数，这是孔子教育学生的内容之一。

子曰："不愤不启[1]，不悱不发[2]。举一隅不以三隅反[3]，则不复也[4]。"

[1] 愤：心求通而未得之意。

[2] 悱（fěi）：口欲言而未能之貌。

[3] 举一隅不以三隅反：谓一样东西有四个角，教给他一个角，他却不能由此推知其他三个角。隅，角。反，反过来证明。

[4] 复：再。

子在齐闻《韶》[1]，三月不知肉味[2]，曰："不图为乐之至于斯也。"

[1] 《韶》：舜时古乐曲名。

子曰："饭疏食[1]、饮水，曲肱而枕之[2]，乐亦在其中矣。不义而富且贵，于我如浮云。"

[1] 饭：吃，作动词。疏食：粗粮。

[2] 肱（gōng）：由肩至肘的部位，这里指胳膊。枕：动词，枕着。

叶公问孔子于子路[1]，子路不对。子曰："女奚不曰[2]，其为人也，发愤忘食，乐以忘忧，不知老之将至云尔。"

[1] 叶（shè）公：姓沈，名诸梁，字子高，曾在楚国叶城（今河南叶县南）做官，所以称叶公。

[2] 奚：疑问词，犹何，为何，为什么。

子曰："三人行[1]，必有我师焉。择其善者而从之，其不善者而改之。"

[1] "三人行"二句：谓三个人一同走路，一个是自己，其他的两个人中，必定有值得学习，可以当我老师的。说明孔子是主张学无常师的。

子以四教：文、行、忠、信[1]。

[1] 文：文化，文献。行：指按照儒家的准则行事。忠：忠诚老实。信：言行一致。

子曰："君子坦荡荡[1]，小人长戚戚[2]。"

[1] 坦荡荡：指心胸气貌平坦宽广。坦，平。荡荡，宽广。

[2] 长戚戚：指心胸气貌常是迫促忧戚。戚戚，忧惧貌、忧伤貌。

八、泰伯

曾子有疾，孟敬子问之[1]。曾子言曰："鸟之将死，其鸣也哀；人之将死，其言也善。君子所贵乎道者三：动容貌[2]，斯远暴慢矣[3]；正颜色，斯近信矣；出辞气[4]，斯远鄙倍矣[5]。笾豆之事[6]，则有司存[7]。"

[1] 孟敬子：即孟孙捷，鲁国大夫。

[2] 动容貌：使自己容貌从容、恭敬，合于礼。

[3] 暴慢：粗暴无礼、怠慢放肆。

[4] 辞气：言辞语调。

[5] 倍：同"背"，不合理，错误。

[6] 笾（biān）豆之事：指祭祀或礼仪一类事。笾和豆都是古代祭祀和典礼中的用具。

[7] 有司：这里指主管祭祀或礼仪之官。曾子认为修己为治政之本，君子只要做到以上关于修己的三件事就可以了，至于笾豆之事，自有有司去管，不必过问。

曾子曰："士不可以不弘毅[1]，任重而道远。仁以为己任，不亦重乎？死而后已，不亦远乎？"

[1] 弘毅：宽宏大量，刚毅坚强。

子曰："兴于《诗》[1]，立于礼，成于乐[2]。"

[1] 兴：起，开始。

[2] 成：完成，完满。

子曰："笃信好学[1]，守死善道。危邦不入，乱邦不居[2]。天下有道则见[3]，无道则隐[4]。邦有道，贫且贱焉，耻也；邦无道，富且贵焉，耻也。"

[1] 笃信：只坚定自己所行的道。

[2] 乱：一个国家发生臣弑君、子弑父的现象叫乱，有将乱的现象叫危。

[3] 见：同"现"，指出来做官。

[4] 隐：隐去，指不出来做官。

子曰："师挚之始[1]，《关雎》之乱[2]，洋洋乎盈耳哉！"

[1] 师挚：鲁国名叫挚的乐师。始：乐曲的开端。

[2] 乱：乐曲的结尾。

九、子罕

子绝四[1]：毋意[2]，毋必，毋固，毋我。

[1] 绝：绝对没有。

[2] 毋：同"无"。意：意料，猜测。

子曰："法语之言[1]，能无从乎？改之为贵。巽与之言[2]，能无说乎[3]？绎之为贵[4]。说而不绎，从而不改，吾末如之何也已矣[5]。"

[1] 法语之言：指以礼法规则正言规劝。法，指礼仪规则。

[2] 巽（xùn）与之言：指顺从自己意思的话。巽，恭顺。与，称许。

[3] 说：同"悦"。

[4] 绎：原义为"抽丝"，这里指分析。

[5] 末：副词，表示否定。相当于"未""没有""不"。

子曰："三军可夺帅也[1]，匹夫不可夺志也。"

[1] 三军：即军队。周朝的制度，诸侯中的大国可以拥有军队三军，一军一万二千五百人。

子曰："岁寒，然后知松柏之后彫也[1]。"

[1] 彫：同"凋"，凋落。

十、先进

子路、曾皙、冉有、公西华侍坐[1]。子曰："以吾一日长乎尔，毋吾以也[2]。居则曰[3]：'不吾知也！'如或知尔，则何以哉？"子路率尔而对曰："千乘之国，摄乎大国之间[4]，加之以师旅，因之以饥馑[5]，由也为之，比及三年[6]，可使有勇，且知方也[7]。"夫子哂之[8]。"求！尔何如？"对曰："方六七十[9]，如五六十[10]，求也为之，比及三年，可使足民。如其礼乐，以俟君子。""赤！尔何如？"对曰："非曰能之，愿学焉。宗庙之事，如会同[11]，端章甫[12]，愿为小相焉[13]。""点！尔何如？"鼓瑟希[14]，铿尔，舍瑟而作[15]，对曰："异乎三子者之撰[16]。"子曰："何伤乎？亦各言其志也。"曰："莫春者[17]，春服既成，冠者五六人[18]，童子六七人，浴乎沂[19]，风乎舞雩[20]，咏而归。"夫子喟然叹曰："吾与点也！"三子者出，曾皙后。曾皙曰："夫三子者之言何如？"子曰："亦各言其志也已矣。"曰："夫子何哂由也？"曰："为国以礼，其言不让，是故哂之。""唯求则非邦也与[21]？""安见方六七十，如五六十，而非邦也者？""唯赤则非邦也与？""宗庙会同，非诸侯而何？赤也为之小，孰能为之大？"

[1] 曾皙：名点，曾参的父亲，也是孔子的学生。冉有：即冉求，字子有，孔子弟子。公西华：名赤，字子华，孔子弟子。

[2] 毋吾以也：谓不要因为我年长而不敢发言。毋，不要。以，同"已"，止。

[3] 居：平日，平常。

[4] 摄：夹处。

[5] 饥馑：灾荒。

[6] 比及：及至，等到。

[7] 知方：明白道理。方，方向。

[8] 哂（shěn）：微笑，讥笑。

[9] 方六七十：每边长六七十里。

[10] 如：或者。

[11] 会同：聚会，盟会。

[12] 端：古代礼服的名称。章甫：古代礼帽的名称。

[13] 相：赞礼人，即祭祀、会盟时当司仪的人。

[14] 鼓瑟希：指弹瑟的节奏逐渐稀疏。鼓，弹。希，同"稀"。

[15] 舍：放下。作：站起来。

[16] 撰：具有，指所具有的本领。

[17] 莫：同"暮"。

[18] 冠者：成年人。古代男子二十岁行冠礼，表示已经成人。

[19] 沂：水名，在今山东曲阜南，此水有温泉流入，所以暮春即可沐浴。

[20] 舞雩（yú）：古代求雨时举行的伴有乐舞的祭祀，此指舞雩台。

[21] 唯：语首助词。

十一、颜渊

颜渊问仁。子曰："克己复礼为仁。一日克己复礼，天下归仁焉[1]。为仁由己，而由人乎哉？"颜渊曰："请问其目[2]。"子曰："非礼勿视，非礼勿听，非礼勿言，非礼勿动。"颜渊曰："回虽不敏，请事斯语矣。"

[1] 归：赞许。仁：即仁人。

[2] 目：条目，纲目。

仲弓问仁。子曰："出门如见大宾，使民如承大祭。己所不欲，勿施于人。在邦无怨[1]，在家无怨[2]。"仲弓曰："雍虽不敏，请事斯语矣。"

[1] 在邦：指在诸侯之邦做官。

[2] 在家：指在卿大夫之家做官。

司马牛问仁[1]。子曰："仁者，其言也讱[2]。"曰："其言也讱，斯谓之仁已乎^[3]？""子曰："为之难，言之得无讱乎？"

[1] 司马牛：姓司马名耕，字子牛，孔子的学生。

[2] 讱（rèn）：话难说出口。这里引申为说话谨慎。

[3] 斯：就。

司马牛问君子^[1]。子曰："君子不忧不惧。"曰："不忧不惧，斯谓之君子已乎？"子曰："内省不疚^[2]，夫何忧何惧？"

[1] 君子：谓君子之道。

[2] 内省：内心反省自己的思想和言行，检查有无过失。疚：因有过失而感到内心惭愧痛苦。

子贡问政。子曰："足食，足兵^[1]，民信之矣。"子贡曰："必不得已而去，于斯三者何先？"曰："去兵。"子贡曰："必不得已而去，于斯二者何先？"曰："去食。自古皆有死，民无信不立。"

[1] 兵：这里指武器。

棘子成曰^[1]："君子质而已矣，何以文为？"子贡曰："惜乎，夫子之说君子也^[2]！驷不及舌^[3]。文犹质也，质犹文也。虎豹之鞟犹犬羊之鞟^[4]。"

[1] 棘子成：卫国大夫。

[2] 夫子：古代大夫都可以被尊称为"夫子"，所以子贡这样称呼他。

[3] 驷不及舌：谓话一说出就难以追回。驷，驾四匹马的车。

[4] 鞟（kuò）：去毛的兽皮。

子贡问友。子曰："忠告而善道之^[1]，不可则止，毋自辱也。"

[1] 道：同"导"，开导。

十二、子路

子路曰："卫君待子为政[1]，子将奚先[2]？"子曰："必也正名乎[3]！"子路曰："有是哉，子之迂也[4]！奚其正？"子曰："野哉，由也！君子于其所不知，盖阙如也[5]。名不正，则言不顺；言不顺，则事不成；事不成，则礼乐不兴；礼乐不兴，则刑罚不中[6]；刑罚不中，则民无所措手足[7]。故君子名之必可言也，言之必可行也。君子于其言，无所苟而已矣[8]。"

[1] 卫君：卫出公。

[2] 奚先：先做什么。奚，疑问词，犹何。

[3] 正名：即正名分，纠正有关古代礼制名分上的用词不当。

[4] 迂：迂腐，不合事理。

[5] 阙如：存疑不言，空缺不书。

[6] 中：相当，相应。

[7] 措：安置，放置。

[8] 苟：随便，马虎；不审慎。

子夏为莒父宰[1]，问政。子曰："无欲速，无见小利。欲速则不达，见小利则大事不成。"

[1] 莒父：鲁国地名，在今山东省。

叶公语孔子曰："吾党有直躬者[1]，其父攘羊[2]，而子证之[3]。"孔子曰："吾党之直者异于是。父为子隐，子为父隐，直在其中矣。"

[1] 直躬者：直率行事的人。

[2] 攘羊：偷羊。

[3] 证：告发。

樊迟问仁。子曰："居处恭，执事敬，与人忠。虽之夷狄[1]，不可弃也。"

[1] 之：动词，到。夷狄：古称东方部族为夷，北方部族为狄。常用以泛称除华夏族以外的各族。

子贡问曰："何如斯可谓之士矣？"子曰："行己有耻，使于四方，不辱君命，可谓士矣。"曰："敢问其次。"曰："宗族称孝焉，乡党称弟焉[1]。"曰："敢问其次。"曰："言必信，行必果，硁硁然小人哉[2]！抑亦可以为次矣。"曰："今之从政者何如？"子曰："噫！斗筲之人[3]，何足算也？"

[1] 乡党：泛称家乡。周制，一万二千五百家为乡，五百家为党。

[2] 硁（kēng）硁：气量狭小而固执的样子。

[3] 斗筲（shāo）之人：指气量小、见识少的人。斗，量名。筲，竹器。斗、筲都是容量小的器具。

十三、宪问

子路问成人[1]。子曰："若臧武仲之知[2]，公绰之不欲[3]，卞庄子之勇[4]，冉求之艺，文之以礼乐，亦可以为成人矣。"曰："今之成人者何必然？见利思义，见危授命，久要不忘平生之言[5]，亦可以为成人矣。"

[1] 成人：人格完备之人。

[2] 臧武仲：鲁国大夫臧孙纥。他逃到齐国后，预料到齐庄公不会长久，设法没有接受齐庄公给他的封地。后来，齐庄公果然被杀，他没有因此而受牵连，被人誉为聪明人。

[3] 公绰：孟公绰，鲁国大夫，据称廉静寡欲，但短于才智。

[4] 卞庄子：鲁国卞邑大夫。据说他是鲁国著名的勇士，曾只身打虎。

[5] 要：通"约"，穷困。

子曰："君子上达[1]，小人下达[2]。"

[1] 上：谓仁义之道。

[2] 下：谓财利之途。

子曰："君子耻其言而过其行[1]。"

[1] 言而过其行：即说的多，做的少。而，之。

子曰："君子道者三，我无能焉[1]：仁者不忧，知者不惑，勇者不惧。"子贡曰："夫子自道也。"

[1] 无能：未能做到，自谦之词。

或曰："以德报怨，何如？"子曰："何以报德？以直报怨[1]，以德报德。"

[1] 直：正直，公而无私。按孔子之意，对待怨恨和恩德都要从原则出发，该怎样对待就怎样对待，不以别人对自己的恩和怨为转移。

子路问君子。子曰："修己以敬。"曰："如斯而已乎？"曰："修己以安人[1]。"曰："如斯而已乎？"曰："修己以安百姓。修己以安百姓，尧舜其犹病诸！"

[1] 人：指士大夫以上的统治阶层，不包括"百姓"。

十四、卫灵公

子曰："无为而治者[1]，其舜也与？夫何为哉？恭己正南面而已矣[2]。"

[1] 无为而治：指舜继尧之后，由于任人适当，故看不见他有所作为。

[2] "恭己"句：由于舜无为而治，人们看到他好像只是庄严端正地坐在帝王的位子上罢了。

子贡问为仁。子曰:"工欲善其事,必先利其器。居是邦也,事其大夫之贤者[1],友其士之仁者。"

[1] 事:侍奉,供奉。

子曰:"君子谋道不谋食。耕也,馁在其中矣[1];学也,禄在其中矣[2]。君子忧道不忧贫。"

[1] 馁(něi):饥饿。

[2] 禄:做官的俸禄。

子曰:"君子贞而不谅[1]。"

[1] 贞:正。谅:固执。

十五、季氏

季氏将伐颛臾[1]。冉有、季路见于孔子曰:"季氏将有事于颛臾[2]。"孔子曰:"求!无乃尔是过与[3]?夫颛臾,昔者先王以为东蒙主[4],且在城邦之中矣,是社稷之臣也。何以伐为?"冉有曰:"夫子欲之[5],吾二臣者皆不欲也。"孔子曰:"求!周任有言曰[6]:'陈力就列[7],不能者止。'危而不持,颠而不扶,则将焉用彼相矣[8]?且尔言过矣,虎兕出于柙[9],龟玉毁于椟中[10],是谁之过与?"冉有曰:"今夫颛臾,固而近于费[11]。今不取,后世必为子孙忧。"孔子曰:"求!君子疾夫舍曰欲之而必为之辞[12]。丘也闻有国有家者,不患寡而患不均[13],不患贫而患不安。盖均无贫,和无寡,安无倾。夫如是,故远人不服,则修文德以来之[14]。既来之,则安之。今由与求也,相夫子,远人不服,而不能来也;邦分崩离析,而不能守也;而谋动干戈于邦内。吾恐季孙之忧,不在颛臾,而在萧墙之内也[15]。"

[1] 季氏:即鲁大夫季康子。颛(zhuān)臾(yú):鲁国的附属国,在今山东省费县西。

[2] 有事：指有军事行动，用兵作战。

[3] 无乃尔是过与：意谓难道不该责备你吗？无乃，相当于"莫非""恐怕是"，表示委婉测度的语气。

[4] 东蒙：蒙山，在今山东蒙阴南。

[5] 夫子：指季康子。

[6] 周任：人名，古代著名史官。

[7] 陈力：贡献出力量。就列：到职位上，即担任职务。列，位。

[8] 相：辅助瞎子的人称相，这里是辅助的意思。

[9] 兕（sì）：犀牛。柙（xiá）：关野兽的笼子。

[10] 椟（dú）：匣子。

[11] 费（bì）：春秋鲁邑，在今山东省费县西北。

[12] 舍：放弃。

[13] "不患寡而患不均"二句："寡"当为"贫"，"贫"当为"寡"。寡，指人少。

[14] 文德：指礼乐教化，与"武功"相对。

[15] 萧墙之内：指鲁国当权者的内部。萧墙，屏风。

孔子曰："益者三友，损者三友。友直，友谅[1]，友多闻，益矣。友便辟[2]，友善柔[3]，友便佞[4]，损矣。"

[1] 谅：信，诚实。

[2] 便辟：善于逢迎谄媚。

[3] 善柔：当面一套，背后一套。

[4] 便佞（nìng）：善以言辞取媚于人。佞，同"侫"。

孔子曰："益者三乐，损者三乐。乐节礼乐[1]，乐道人之善[2]，乐多贤友，益矣。乐骄乐，乐佚游[3]，乐晏乐[4]，损矣。"

[1] 节：节制，管束。

[2] 道：说。

[3] 佚：同"逸"，闲逸。

[4] 晏：通"宴"，指宴饮赏玩。

孔子曰："侍于君子有三愆[1]：言未及之而言谓之躁，言及之而不言谓之隐，未见颜色而言谓之瞽[2]。"

[1] 愆（qiān）：过失。

[2] 瞽（gǔ）：盲人。这里指不能察言观色，即没有眼色。

十六、阳货

子曰："小子何莫学夫《诗》？《诗》，可以兴，可以观，可以群，可以怨。迩之事父[1]，远之事君；多识于鸟兽草木之名。"

[1] 迩（ěr）：近。

宰我问："三年之丧，期已久矣。君子三年不为礼，礼必坏；三年不为乐，乐必崩。旧谷既没，新谷既升，钻燧改火[1]，期可已矣[2]。"子曰："食夫稻[3]，衣夫锦，于女安乎？"曰："安。""女安则为之。夫君子之居丧，食旨不甘[4]，闻乐不乐，居处不安[5]，故不为也。今女安，则为之！"宰我出，子曰："予之不仁也[6]！子生三年，然后免于父母之怀。夫三年之丧，天下之通丧也。予也有三年之爱于其父母乎？"

[1] 燧：古人钻木取火所用的木头，四季各异，一个季节换一种，一年轮一遍。

[2] 期（jī）：一年。

[3] 食夫稻：吃稻米。古代北方，稻米是难以得到的珍贵食品。

[4] 旨：美。

[5] 居处：指住在平日住的房子里。古代居丧，住在临时搭的棚子里。

[6] 予：宰我之名。

子路曰："君子尚勇乎[1]？"子曰："君子义以为上。君子有勇而无义为乱，小人有勇而无义为盗。"

[1] 尚：同下文的"上"，这里作动词用。

十七、微子

子路从而后，遇丈人[1]，以杖荷蓧[2]。子路问曰："子见夫子乎？"丈人曰："四体不勤[3]，五谷不分，孰为夫子？"植其杖而芸[4]。子路拱而立。止子路宿，杀鸡为黍而食之[5]，见其二子焉。明日，子路行以告。子曰："隐者也。"使子路反见之。至，则行矣。子路曰："不仕无义。长幼之节[6]，不可废也；君臣之义，如之何其废之？欲洁其身，而乱大伦。君子之仕也，行其义也。道之不行，已知之矣。"

[1] 丈人：古时对老人的尊称。

[2] 蓧（diào）：古代锄田中草所用的工具。

[3] "四体不勤"二句：四肢不劳动，五谷也不能分辨。

[4] 芸：通"耘"，除草。

[5] 黍（shǔ）：即黍子，去皮后为黄米，煮熟后有黏性。食（sì）：给人吃。

[6] "长幼之节"二句：丈人曾让他的两个儿子出来和子路相见，这是他尊重长幼之间礼节的表现。

十八、尧曰

子张问于孔子曰："何如斯可以从政矣？"子曰："尊五美，屏四恶[1]，斯可以从政矣。"子张曰："何谓五美？"子曰："君子惠而不费，劳而不怨，欲而不贪，泰而不骄，威而不猛。"子张曰："何谓惠而不费？"子曰："因民之所利而利之，斯不亦惠而不费乎？择可劳而劳之，又谁怨？欲仁而得仁，又焉贪？君子无众寡，无大小，无敢慢，斯不亦泰而不骄乎？君子正其衣冠，尊其瞻视，俨然人望而畏之[2]，斯不亦威而不猛乎？"子张曰："何谓四恶？"子曰："不教而杀谓之虐；不戒视成谓之暴[3]；慢令致期谓之贼[4]；犹之与人也[5]，出纳之吝谓之有司[6]。"

[1] 屏（bǐng）：放逐，摈弃。

[2] 俨然：严肃庄重的样子。

[3] 不戒视成：谓不加告诫，却责其成功。

[4] 慢令致期：谓一开始懈怠，而突然予以限期。

[5] 犹之：犹言均之、等之。此句谓财物俱当与人。

[6] 出纳：这里是支出的意思。有司：官吏。古代设官分职，各有专司，故称。这里指管理财务的小官。

【阅读书目】

《四书章句集注》（论语集注），[宋]朱熹，中华书局。

《论语正义》，[清]刘宝楠，中华书局。

《论语疏证》，杨树达，上海古籍出版社。

《论语译注》，杨伯峻，中华书局。

《论语新解》，钱穆，三联书店。

《论语今读》，李泽厚，中华书局。

第三章 老子的智慧

第一节　老子与《老子》

　　关于老子的身世，人们知之甚少，总给人一种神秘感，所以英国汉学家李约瑟曾称之为"朦胧的老子"。司马迁在《史记·老子韩非列传》中对老子有这样一段记载："老子者，楚苦县厉乡曲仁里人也，姓李氏，名耳，字聃，周守藏室之史也。"然而，这并不是老子身世的唯一版本。此外，司马迁还列出了另外两个版本。或曰："老莱子亦楚人也，著书十五篇，言道家之用，与孔子同时云。"又说："自孔子死之后百二十九年，而史记周太史儋见秦献公曰：'始秦与周合，合五百岁而离，离七十岁而霸王者出焉。'或曰儋即老子，或曰非也，世莫知其然否。"可见，司马迁也无法确定老子的身世，于是，他得出这样一个结论："老子，隐君子也。"目前，大多数人认可司马迁的第一种说法。

　　《老子》一书，又名《道德经》，分为上下两篇，共计八十一章，五千余言。关于《老子》的成书，司马迁这样记载："老子修道德，其学以自隐无名为务。居周久之，见周德衰，乃遂去。至关（指函谷关），关令尹喜曰：'子将隐矣，强为我著书。'于是，老子乃著书上下卷，言道德之意五千余言而去，莫知其所终。"

　　《老子》的思想主要是围绕着"道""德"二字展开的。《老子》书中，"道"字出现了69次，"德"字出现了43次，可见二者之重要性。因此，要想把握老子的思想，当从此二字入手。细而论之，"道"的重要性，要大于"德"，《老子》第五十一章说："道生之，德蓄之，物形之，势成之"，可见相对于"德"，"道"是更具有本源性的一个范畴。那么，老子具体是如何看待"道"与"德"的呢？他们分别有怎样的特点？

先说"道"。"道"的本意是道路，为人所行走。后来它不仅指人行走的道路，而且也指事物存在和发展运行的道路。因此，"道"常常被理解为万物的本性和规律等。但老子所谈，并不是一般意义上的道，不是某一具体、个别的道，而是作为世界本原的"道"，《老子》第二十五章说："有物混成，先天地生，寂兮寥兮，独立而不改，周行而不殆，可以为天下母，吾不知其名，字之曰道，强为之名曰大。"他认为，这个在天地之前产生，寂寥独立，不会改变，而且可以普遍运行在天地万物之间而不停歇的东西，就是道，可以为"天下母"，亦即万物之本原。

《老子》论述的道是多层次的，它很难为普通人的感官所把握，人们对它的体认很大程度上依赖于神秘体验和深邃思辨，然而同时，道又普遍作用于形而下的事物，它是一种真实的存在，是宇宙万物的必然规律。合而言之，道具有混而为一、恍惚难知、朴素平淡等特点。混而为一，是指《老子》第十章所说的"载营魄抱一"，也是第三十九章所说的"昔之得一者，天得一以清，地得一以宁，神得一以灵，谷得一以盈，万物得一以生，侯王得一以为天下正"，第四十二章所说的"道生一"。总而言之，道是一个混而为一的整体，虽然它是一，却可以由此生发出万事万物。恍惚难知，是指《老子》第四章的"渊兮似万物之宗，挫其锐，解气纷，和其光，同其尘，湛兮似或存"，又是第十四章的"是谓无状之状，无物之象，是谓恍惚，迎之不见其首，随之不见其后"，也是第二十一章的"道之为物，惟恍惟惚，惚兮恍兮，其中有象；恍兮惚兮，其中有物；窈兮冥兮，其中有精"，以及第二十五章的"有物混成"。总之，道的一般状态，就是这样恍惚难以捉摸。朴素平淡，是指第十九章的"见素抱朴，少私寡欲"，第三十二章的"道常无名，朴虽小，天下莫能臣也。侯王若能守之，万物将自宾"，第三十五章的"道之出口，淡乎其无味。视之不足见，听之不足闻，用之不足既"，第四十五章的"大成若缺，其用不弊；大盈若冲，其用不穷。大直若屈，大巧若拙，大辩若讷"。总而言之，道的状态，并不讲究形式的华丽和工巧，而表现为朴素平淡。

落实到具体的行动，老子的"道"，则要求君主要"无为而治"，不要对百姓做太多的干涉或者教化，而是任其自化，如第三章的"圣人之治，虚其心、实其腹、弱其志、强其骨，常使民无知无欲，使夫智者不敢为也。为无为，则无不治"，第三十七章的"道常无为而无不为。侯王若能守之，万物将自化；化而欲作，吾将镇之以无名之朴。无名之朴，夫亦将不欲。不欲以静，天下将自定"，第五十七章的"以正治国，以奇用兵，以无事取天下"。总而言之，在老子看来，国君要想治理好国家，要"知常"。老子指出，这个世界上的善者和不善者、大者和小者、短者和长者，皆是相生相克的，这就是常。国君想要治理好国家，必须尊重这个常识，不要刻意去提倡善，也不要刻意打压恶，而是无为而治，保持这样一种常态，便可以长治久安；相反，如果人为地打破这个平衡，片面推崇某一方面，就不合道，结果反而会带来灾祸。所以老子主张，君主的正确作为，应该是"无为"，"无为"也是一种作为。

其次说"德"。老子所说的德，有其独特的定义，即所谓"玄德"，这种"玄德"的一个重要特点，就是不争、不自我夸耀，即第十章所说的"生之蓄之，生而不有，为而不恃，长而不宰，是谓玄德"。对于这种"玄德"的推崇，其实贯穿于《老子》始终，中间第七章、第八章、第二十二章、第二十四章、第五十一章，都是对"玄德"的一种阐发，直至最后第八十一章的末尾，"天之道，利而不害；圣人之道，为而不争"，依然是在总结这种"不争"的"玄德"。而且从这句总结语来看，这种"不争"，既是老子所欣赏的"玄德"，同时也是老子所认为的"天之道"，"圣人之道"。这样，老子已经把"道"与"德"混沌化，也就是合二为一了。由此，亦可见"玄德"在《老子》哲学中的地位，以及它与"道"的密切关系。

从另一种意义上来说，老子所说的"德"，也是践行其"道"的一种方法。第三十八章说："上德不德，是以有德；下德不失德，是以无德。上德无为，而无以为，下德无为而有以为。""上德"就是顺应自然无心作为，"下德"就是顺应自然而有心作为。凡是符合于"道"的行为就是"有德"，反之则是"失德"。老子对于"德"的基本准则是"上善若水"，第八章说："上善若水。水善利万物而不争，处众人之所恶，故几于道。居善地，心善渊，与善仁，言善信，政善治，事善能，动善时。夫唯不争，故无尤。"用"上善若水"来比喻应怎样做到"不争"和"守道"。

老子思想的影响力是世界性的。德国哲学家黑格尔在他的《哲学史讲演录》中说："老子是东方古代世界的精神代表者。"老子学说的核心概念是"道"。他提出这一概念并非是为一种纯粹的形而上的思辨，其最终目的是解决"人"的问题。可以说，"道"是《老子》的基础命题，而"人"则是它的核心命题。从根本上说，老子的理论体系中常常流露出一种浓厚的人文关怀精神。具体来说，老子大致从两个方面传达出了他忧国忧民的人文思想。

第一，立足于个体修养，寻求安身立命的精神依据。面对残酷的社会现实，老子并不急于改变外在的环境，而是转向内心寻求精神的力量，并以此为依据实现对外在环境的超越。因此，老子非常重视个人的内在修为。在他看来，"修身"是生命的基础活动。一个人德行的不断提高，以至于施及天下，必须从个体的修为做起。为此，他构建起一种理想的人格范例。老子在《道德经》里多次提到的"圣人"就是他心目中的理想人格。"圣人"顺遂自然，淳朴敦厚，恬淡内敛。老子确立这种理想人格的目的不是要求人们去崇拜它，而是要引导人们去效法，去践行。他期待世人以这样一种方式去摆脱外物的束缚，实现精神的自由。

第十二章说："五色令人目盲；五音令人耳聋；五味令人口爽；驰骋畋猎，令人心发狂；难得之货，令人行妨。是以圣人为腹不为目，故去彼取此。"老子目睹了当时世人尤其是统治者过度追求感官的刺激，欲望的满足，导致人心浮躁，社会动荡。他深刻体会到了物欲给社会和人民带来的灾难，由此提出"为腹不为目"，提倡恬淡自足的生活方式。以此为契机，老子进一步提出了"虚静"的概念："致虚极，守静笃。万物并作，吾以观复。"老子从宇宙万物的运动之中看到了循环往复的道理。万物的运动最终都要回归它的本源，而万物的本源是处于一种虚静的状态。人也要遵从这样的规律，致虚守静，回归本初的状态，以此来实现对喧嚣浮躁的物欲文明的消解。

第十八章说："大道废，有仁义；智慧出，有大伪；六亲不和，有孝慈；国家昏乱，有忠臣。"老子敏锐地察觉到当时社会对忠孝仁义的呼唤，并非出于人们的本心，而是统治者为了平息社会的混乱局面而强加给人们的道德枷锁。这显然有违人性之自然，是不符合"道"的。于是，他提出："绝圣弃智，绝仁弃义，绝巧弃利。"（第十九章）老子认为，"圣智""仁义""巧利"这三者是虚伪的表象，不足取。因此，他提倡人们"见素抱朴，少私寡欲"，放弃"圣智""仁义""巧利"，回归淳朴的本性，这样就可以无忧无虑了。老子向往那种如婴儿般纯真质朴的人性。他常把那些道德深厚的人比作"赤子"、"婴儿"。在他看来，处于人生起始阶段的婴儿的人性是最纯真的，只是随着年龄的增长，人们学会了巧智，纯美的人性遂逐渐被物欲所泯灭。因此，老子倡导人们返璞归真，回到生命最初的婴儿阶段，重拾人类淳朴的本性。

老子主张一种"不争"的修身方式，所谓"圣人后其身而身先，外其身而身存"（第七章），他认为，想要保全自己，为天下人所看重、师法，最不可自我夸耀，他说："圣人抱一为天下式，不自见，故明；不自是，故彰；不自伐，故有功；不自矜，故能长"（第二十二章），"圣人为而不恃，功成而不处，其不欲见贤"（第七十七章）。他认为自我夸耀没有任何好处，而拥有"不争"之德的人，"天下莫能与之争"。"天之道，不争而善胜"，不争才能达到为天下百姓之王的目的。老子用江海成百谷之王的道理来比喻君主所应具备的品德，认为江海之所以能为百谷之王，是因为不与百谷争，"善下之"；而君王想要称王于天下，也不能和百姓争，要"以言下之"，因为他不与百姓争高下，所以天下没有任何人能取代他，"以其不争，故天下莫能与之争"（第六十六章）。

老子的修身方式，是有其特定目的和针对性的，他并非为修身而修身，而是通过修身来达到成为天下君王、治国平天下的目的，即所谓"取天下"，"治天下"。他说："修之于身，其德乃真；修之于家，其德乃余；修之于乡，其德乃长；修之于邦，其德乃丰；修之于天下，其德乃普。故以身观身，以家观家，以乡观乡，以国观国，以天下观天下。"（第五十四章）就是说，他修身，并不是孤立地修自己之身，而是要能把自己的命运自觉地和家、乡、邦、国联系在一起，成为一个通天下之大道的人。这样的人，当他的修身达到最高层次的时候，可以轻易了解天下利病得失之所在，这样的人想治理好天下，难道还会难吗？因此，我们在了解老子的修身之道的时候，一定要注意到他修身的这种政治性指向，这样才能把握住老子修身哲学之精髓。

第二，立足于为政治国，寻求济世救民的良方。《老子》一书不仅是一种人生哲学，还是一种政治理论。面对腐败的政治风气，老子不是无动于衷，而是清醒地意识到，如果统治者一味地实行高压政治，不顾民生疾苦的话，将会面临很危险的处境。他说："民不畏死，奈何以死惧之？"这就是要告诫统治者们不可过度压迫百姓，当百姓的忍耐力达到极限的时候，就会冒死反抗。面对当时社会的种种苛政，老子适时提出了"无为"的政治理念。"无为"就是要减少对人民发号政令，予民生息，使民自化，使人们感觉不到统治者的存在。就像他所说的："悠兮其贵言。功成事遂，百姓皆谓'我自然'。""无为"是老子的哲学思想在政治上的体现。老子期待以这种"无为"的治国方式，营造出"其政闷闷，其民淳淳"的宽松政治环境和淳朴民风。

老子处在一个战乱的时代，各诸侯国之间频繁进行兼并战争，世人饱受战乱之苦。因此，他极力反对战争。比如："以道佐人主者，不以兵强天下。"（第三十章）"夫兵者，不祥之器，物或恶之，故有道者不处。"（第三十一章）"兵者，不祥之器，非君子之器，不得已而用之，恬淡为上。"（第三十一章）在老子看来，战争的祸患源自统治者的不知足。如果统治者为了一己私利，穷兵黩武，将无辜百姓卷入战争，或许会赢得暂时的胜利，但终会埋下祸患的种子，为发动战争付出沉重的代价。因此，他劝诫统治者要节制自己的欲望，要知足，不要轻易发动战争，并提醒他们："大军之后，必有凶年。"（第三十章）目睹战乱，老子深刻体会到这个社会缺乏慈爱之心。因此，他还提倡人与人之间应该互相友爱。他期望世人，尤其是统治者们能够常怀一颗慈爱之心，从而形成一个人与人和睦相处、和平安定的社会环境。

总之，老子并非消极避世的隐者，而是常怀济世救民的慈悲心肠。乱世无道，他并没有置身事外。身处乱世，他似乎是在冷眼旁观，却并非无动于衷。梁启超先生所言极是："老子是一位最热心肠的人，说他厌世的，只看见'无为'两个字，把底下'无不为'两个字读漏了。"如果说老子寻求安身立命的精神依据是为世人营造和谐的内在环境，那么他对政治建设和社会环境的探讨则是要为世人营造一种有益的外部生存环境。因此，他的思想里边蕴含着深刻的人文关怀精神。这种精神放在当今社会，也是非常具有借鉴意义的。

第二节　《老子》选读

一、上篇

道可道[1]，非常道[2]；名可名[3]，非常名[4]。无[5]，名天地之始；有[6]，名万物之母。故常无，欲以观其妙[7]。常有，欲以观其徼[8]。此两者，同出而异名，同谓之玄[9]。玄之又玄，众妙之门。

[1] 道：第一个"道"，老子学说的专有名词，指宇宙万物的本原、本体，有时则指事理、规律。第二个"道"，意为言说、表述。

[2] 道：道理。

[3] 名：第一个"名"，指老子之"道"的名称。第二个"名"，谓命名。

[4] 名：名称。

[5] 无：指道，道无形体。

[6] 有：指天地，天地有形体。

[7] 妙：奥妙。

[8] 徼（jiào）：边际，端倪。

[9] 玄：幽深难测。

天下皆知美之为美，斯恶已[1]；皆知善之为善，斯不善已。故有无相生[2]，难易相成[3]，长短相形[4]，高下相倾[5]，音声相和[6]，前后相随[7]。是以圣人处无为之事[8]，行不言之教[9]。万物作焉而不辞[10]，生而不有[11]，为而不恃[12]，功成而弗居[13]。夫唯弗居，是以不去[14]。

[1] 恶：丑。

[2] 生：生成。

[3] 成：完成。

[4] 形：显现。

[5] 倾：依存。

[6] 和：和合。

[7] 随：随从。

[8] 处无为之事：用"无为"来处世。

[9] 行不言之教：用"不言"来行教。

[10] 作：兴起。辞：倡导。

[11] 有：据为己有。

[12] 恃：自恃己能。

[13] 居：自居有功。

[14] 去：泯灭。

不尚贤[1]，使民不争[2]；不贵难得之货[3]，使民不为盗[4]；不见可欲[5]，使民心不乱。是以圣人之治[6]，虚其心[7]，实其腹[8]，弱其志[9]，强其骨[10]。常使民无知无欲[11]，使夫智者不敢为也。为无为，则无不治。

[1] 尚：尊尚。贤：贤才。

[2] 争：指不争功名，返归自然。

[3] 贵：珍重。货：财货。

[4] 盗：盗贼。

[5] 见：显耀，宣扬。可欲：人们所贪图的东西。

[6] 圣人：得道之人。治：治理天下。

[7] 虚其心：净化老百姓的心灵。

[8] 实其腹：填饱老百姓的肚子。

[9] 弱其志：柔弱老百姓的意志。

[10] 强其骨：强韧老百姓的筋骨。

[11] 无知：没有知识。无欲：没有欲望。

道冲而用之[1]，或不盈，渊兮似万物之宗[2]。挫其锐[3]，解其纷[4]，和其光[5]，同其尘[6]。湛兮似或存[7]。吾不知谁之子，象帝之先[8]。

[1] 冲：虚。

[2] 渊：深。宗：祖，本源。

[3] 锐：锋芒。

[4] 纷：纷杂。

[5] 和其光：收敛光芒。

[6] 同其尘：混同于尘俗之中。

[7] 湛：沉、深，形容道隐而未形。

[8] 帝：天帝。

天地不仁[1]，以万物为刍狗[2]；圣人不仁，以百姓为刍狗。天地之间，其犹橐籥乎[3]？虚而不屈[4]，动而愈出。多言数穷[5]，不如守中[6]。

[1] 不仁：没有偏爱之心，任事物自然发展。

[2] 刍狗：用草编成的狗，祭祀时使用，祭祀结束时丢弃。

[3] 橐（tuó）籥（yuè）：风箱。

[4] 不屈：不竭。

[5] 多言：政令繁多。数：通"速"，加速。穷：灭亡。

[6] 守中：作"守冲"解，持守虚静的意思。

谷神不死[1]，是谓玄牝[2]，玄牝之门，是谓天地根。绵绵若存[3]，用之不勤[4]。

[1] 谷：虚空。神：不测的变化。不死：喻变化不穷。

[2] 玄：微妙难知。牝（pìn）：母体。

[3] 绵绵：绵延不绝。存：存在。

[4] 不勤：无穷无尽。

天长地久。天地所以能长且久者，以其不自生[1]，故能长生。是以圣人后其身而身先[2]，外其身而身存[3]。非以其无私邪[4]? 故能成其私。

[1] 不自生：化育万物而不为己。

[2] 后其身：先人后己。

[3] 外其身：超然物外，与世无争。

[4] 无私：不为一己之私。

上善若水[1]。水善利万物而不争[2]，处众人之所恶[3]，故几于道[4]。居善地[5]，心善渊[6]，与善仁[7]，言善信[8]，政善治[9]，事善能[10]，动善时[11]。夫唯不争，故无尤[12]。

[1] 上善若水：上善之人的性情像水一样。

[2] 利：滋润。

[3] 众人之所恶：指卑洼的地方。

[4] 几：接近。

[5] 居善地：居处善于选择地方。

[6] 心善渊：心胸善于保持沉静。

[7] 与善仁：待人善于真诚相爱。

[8] 言善信：说话善于遵守信用。

[9] 政善治：为政善于精简处理。

[10] 事善能：处事善于发挥所长。

[11] 动善时：行动善于掌握时机。

[12] 尤：过失。

持而盈之[1]，不如其已[2]。揣而梲之[3]，不可长保[4]。金玉满堂，莫之能守。富贵而骄，自遗其咎[5]。功遂身退[6]，天之道[7]。

[1] 持而盈之：骄傲自满。

[2] 不如其已：不如适可而止。

[3] 揣而梲（ruì）之：锤击使它尖锐，即锋芒毕露。梲，通"锐"，锐利。

[4] 不可长保：不可能保持长久。

[5] 遗：招致。咎：灾祸。

[6] 遂：成就。

[7] 天之道：自然之道。

载营魄抱一[1]，能无离乎？专气致柔[2]，能婴儿乎？涤除玄览[3]，能无疵乎[4]？爱民治国，能无知乎？天门开阖[5]，能为雌乎[6]？明白四达，能无为乎？生之畜之[7]，生而不有，为而不恃，长而不宰，是谓玄德[8]。

[1] 载：语气助词。营魄：魂魄。抱一：合一。

[2] 专气致柔：结聚精气以致柔顺。

[3] 涤除玄览：清除杂念，使内心平静如水，以体察万物。

[4] 疵：瑕疵。

[5] 开阖：即动静。

[6] 为雌：即静守的意思。

[7] 畜：养育。

[8] 玄德：幽深微妙的德行。

三十辐共一毂[1]，当其无[2]，有车之用[3]。埏埴以为器[4]，当其无，有器之用。凿户牖以为室[5]，当其无，有室之用。故有之以为利[6]，无之以为用。

[1] 辐：车轮上的辐条。毂（gǔ）：车轮中心车轴穿过的圆木。

[2] 无：指车的空处。

[3] 有车之用：有车的作用。

[4] 埏（shān）埴（zhí）以为器：指和土制成饮食的器具。埏，和。埴，土。

[5] 户牖（yǒu）：门窗。

[6] "故有"二句："有"给人便利，"无"发挥了它的作用。

五色令人目盲[1]，五音令人耳聋[2]，五味令人口爽[3]。驰骋畋猎[4]，令人心发狂[5]；难得之货，令人行妨[6]。是以圣人为腹不为目[7]，故去彼取此[8]。

[1] 五色：黑、白、红、黄、青，用以指代色彩缤纷的生活。目盲：比喻眼花缭乱。

[2] 五音：宫、商、角、徵、羽，用以指代纷繁复杂的曲调。耳聋：听觉迟钝，无法听到自然的声音。

[3] 五味：酸、甜、苦、辣、咸，用以指代奢侈的饮食。口爽：味觉迟钝。

[4] 驰骋：纵横奔走，喻纵情。畋（tián）猎：狩猎。

[5] 心发狂：内心放纵而无法收敛。

[6] 行妨：伤害操行。

[7] 为腹不为目：只追求温饱而不追求声色犬马的生活。

[8] 去彼取此：摒弃物欲的诱惑而追求安定自足的生活。

宠辱若惊[1]，贵大患若身[2]。何谓宠辱若惊？宠为上，辱为下。得之若惊，失之若惊，是谓宠辱若惊。何谓贵大患若身？吾所以有大患者，为吾有身。及吾无身，吾有何患？故贵以身为天下[3]，若可寄天下；爱以身为天下[4]，若可托天下。

[1] 宠辱若惊：得宠和受辱一样，都使人感到惊惶失措。

[2] 贵大患若身：像重视身体一样重视大的祸患。

[3] "贵以"二句：能以贵身的态度去为天下服务，才可以把天下寄付给他。

[4] "爱以"二句：能以爱身的态度去为天下服务，才可以把天下交托给他。

视之不见名曰夷[1]；听之不闻名曰希[2]；搏之不得名曰微[3]。此三者不可致诘[4]，故混而为一。其上不皦[5]，其下不昧[6]。绳绳兮不可名[7]，复归于无物。是谓无状之状，无物之象，是谓惚恍[8]。迎之不见其首，随之不见其后。执古之道，以御今之有[9]。能知古始，是谓道纪[10]。

[1] 夷：无形，故视之不见。

[2] 希：无声，故听之不闻。

[3] 搏：抚摸。微：无体，故触摸不到。

[4] 不可致诘："道"无色、无声、无形，故只可意会，不可言传。致，推。诘，问。

[5] 曒（jiǎo）：光明。

[6] 昧：阴暗。

[7] 绳绳：绵延不绝，无穷无尽。

[8] 惚恍：若隐若现。

[9] 御：使用，利用。

[10] 道纪：道的运行规律。

致虚极[1]，守静笃[2]。万物并作[3]，吾以观复[4]。夫物芸芸[5]，各复归其根。归根曰静，静曰复命[6]。复命曰常[7]，知常曰明[8]。不知常，妄作，凶。知常容[9]，容乃公[10]，公乃王[11]，王乃天[12]，天乃道，道乃久。没身不殆[13]。

[1] 虚：此指空虚无欲。极：极致。

[2] 静：无为。笃：坚定。

[3] 作：生长。

[4] 复：循环往复。

[5] 芸芸：众多，形容纷杂茂盛。

[6] 命：天所赋予的本性，即自然所赋予的天命。

[7] 常：永恒法则。

[8] 明：明了世间万物运行的规律。

[9] 容：通"庸"，用，使用。

[10] 公：做公侯。

[11] 王（wàng）：称王。

[12] 天：自然。

[13] 没身不殆：终身没有灾难。

太上，不知有之[1]；其次，亲而誉之[2]；其次，畏之[3]；其次，侮之[4]。信不足焉[5]，有不信焉。悠兮其贵言[6]，功成事遂，百姓皆谓"我自然[7]"。

[1] 太上：最好，至上，指最好的君王。不知有之：人民不知道有君王的存在。

[2] 亲而誉之：亲近并赞美他。

[3] 畏之：害怕他。

[4] 侮之：辱骂他。

[5] "信不"二句：因为他的信用太不够用了，所以百姓都不信任他。

[6] 悠兮：悠然自得。贵言：不轻易发号施令。

[7] 自然：自己如此。

大道废，有仁义。智慧出[1]，有大伪[2]。六亲不和，有孝慈[3]。国家昏乱[4]，有忠臣。

[1] 智慧：机巧之心。

[2] 大伪：严重的诈伪。

[3] 孝慈：对尊长孝敬、对下属或后辈慈爱的人。

[4] 昏乱：昏庸无道，糊涂妄为。

绝圣弃智[1]，民利百倍；绝仁弃义，民复孝慈；绝巧弃利，盗贼无有。此三者以为文不足[2]，故令有所属[3]：见素抱朴[4]，少私寡欲[5]，绝学无忧[6]。

[1] 绝圣弃智：抛弃聪明智巧。

[2] "此三者"句：指用圣智、仁义、巧利三者为文治，是不够的。

[3] 令：使。属：属意，着意。

[4] 见素抱朴：表现单纯，心存淳朴。见，推重。素，丝不染色为素。朴，木不加工为朴。

[5] 私：私心。欲：欲望。

[6] 绝学无忧：抛弃学问，忘掉忧虑。

唯之与阿[1]，相去几何？善之与恶，相去若何？人之所畏，不可不畏。荒兮其未央哉[2]！众人熙熙[3]，如享太牢，如春登台[4]。我独泊兮其未兆[5]，如婴儿之未孩，儽儽兮若无所归[6]。众人皆有余，而我独若遗[7]。我愚人之心也哉！沌沌兮[8]。众人昭昭[9]，我独昏昏[10]；众人察察[11]，我独闷闷[12]。澹兮其若海[13]，飂兮若无止[14]。众人皆有以，而我独顽且鄙[15]。我独异于人，而贵食母[16]。

[1] 唯之与阿：晚辈回应长辈曰"唯"，长辈回应晚辈曰"阿"，这里表示贵贱之分。

[2] 荒兮：思想深远。未央：无穷无尽，没有边际。

[3] "众人熙熙"二句：众人都欢欢乐乐，好像要参加丰盛的宴会。熙熙，喜乐。享，通"飨"，飨宴，用酒食款待人。太牢，指将牛、羊、豕养在牢里，备作祭祀时使用，所以称它们为"牢"。

[4] 如春登台：好像在春天登台眺望远处的景色。

[5] 泊：淡泊。未兆：没有迹象，形容无动于衷，不炫耀自己。

[6] 儽（léi）儽：自由散漫的样子。

[7] 遗：不足。

[8] 沌沌：昏昧不明。

[9] 昭昭：明亮光耀，形容智慧。

[10] 昏昏：暗昧不明，形容愚昧。

[11] 察察：清楚，形容精明的样子。

[12] 闷闷：愚钝的样子。

[13] 澹兮：深沉的样子。

[14] 飂（liù）兮：形容飘逸的样子。飂，风疾速貌。

[15] 顽且鄙：愚钝且鄙陋。

[16] 食母：吃母亲的饭，即回归本原之"道"。

孔德之容[1]，惟道是从。道之为物，惟恍惟惚[2]。惚兮恍兮，其中有象[3]；恍兮惚兮，其中有物[4]。窈兮冥兮[5]，其中有精[6]；其精甚真[7]，其中有信[8]。自今及古，其名不去，以阅众甫[9]。吾何以知众甫之状哉？以此[10]。

[1] 孔德：有大德的人。容：运作，样态。

[2] 惟恍惟惚：若隐若现，似有还无。

[3] 象：形象。

[4] 物：实物。

[5] 窈（yǎo）兮冥兮：晦暗不明。

[6] 精：精神，世间万物的精华所在。

[7] 真：真实。

[8] 信：信验，信实。

[9] 以阅众甫：以观察万物的开始。甫，开始。

[10] 以：凭借。此：这个，指"道"。

曲则全[1]，枉则直[2]，洼则盈[3]，敝则新[4]，少则得[5]，多则惑[6]，是以圣人抱一为天下式[7]。不自见[8]，故明[9]；不自是[10]，故彰[11]；不自伐[12]，故有功[13]；不自矜[14]，故长[15]。夫唯不争，故天下莫能与之争。古之所谓曲则全者，岂虚言哉！诚全而归之[16]。

[1] 曲则全：委屈自己，听从别人，反而能使自己得到保全。

[2] 枉则直：弯曲反而能够得到伸展。枉，屈。

[3] 洼则盈：低洼反而能够得到充满。

[4] 敝则新：陈旧反而能够得到更新。

[5] 少则得：拥有的少反而能得到更多。

[6] 多则惑：拥有的多而会感到迷惑。

[7] 抱一：坚守"道"的原则。式：规范。

[8] 自见：自现，自我显耀。

[9] 明：彰明，为人所知。

[10] 不自是：不自以为是。

[11] 彰：显明。

[12] 伐：夸耀。

[13] 有功：成功。

[14] 矜：骄傲。

[15] 长：长久。

[16] 诚全而归之：是真能以保全的结果还给他。

希言自然[1]。故飘风不终朝[2]，骤雨不终日[3]。孰为此者？天地。天地尚不能久，而况于人乎？故从事于道者，同于道；德者，同于德；失者，同于失。同于道者，道亦乐得之。同于德者，德亦乐得之。同于失者[4]，失亦乐得之。信不足焉[5]，有不信焉[6]。

[1] 希言：少说话，引申为减少政令的发布。自然：顺应自然。

[2] 飘风：强风，大风。

[3] 骤雨：急雨，暴雨。

[4] 失：背离道德。

[5] 信：信用。

[6] 信：相信。

有物混成[1]，先天地生。寂兮寥兮[2]，独立而不改[3]，周行而不殆[4]，可以为天下母。吾不知其名，字之曰道，强为之名曰大[5]。大曰逝[6]，逝曰远[7]，远曰反[8]。故道大，天大，地大，人亦大。域中有四大，而人居其一焉。人法地[9]，地法天，天法道，道法自然[10]。

[1] 有物混成：谓道产生于一片混沌之中。

[2] 寂兮：无声。寥兮：无形。

[3] 独立而不改：形容道的绝对性和永存性。

[4] 周行：周遍运行。不殆：不息。

[5] 大：言道广阔无边，容纳万物。

[6] 逝：道的运行，周流不息。

[7] 远：道的运行，无所不至。

[8] 反：通"返"，返回到本原的"道"。

[9] 法：效法。

[10] 道法自然：道无所效法，纯任自然，自己如此。

重为轻根[1]，静为躁君[2]。是以圣人终日行不离辎重[3]。虽有荣观[4]，燕处超然[5]。奈何万乘之主[6]，而以身轻天下[7]。轻则失根[8]，躁则失君[9]。

[1] 重为轻根：重是轻的根本。

[2] 静为躁君：沉静是躁动的主宰。

[3] 行不离辎重：指保持沉静、稳重。辎重，军中载器械粮食的车。

[4] 荣观：华丽的生活。

[5] 燕处超然：安然起居，心态平和。

[6] 万乘之主：有上万辆兵车的国家的君主，即大国的君主。

[7] 以身轻天下：轻率、浮躁而治理国家。

[8] 轻则失根：轻率就失其所以为根本。

[9] 躁则失君：浮躁就失其所以为主宰。

以道佐人主者[1]，不以兵强天下。其事好还[2]。师之所处，荆棘生焉[3]。大军之后，必有凶年[4]。善者果而已[5]，不敢以取强[6]。果而勿矜[7]，果而勿伐[8]，果而勿骄[9]，果而不得已[10]，果而勿强[11]。物壮则老[12]，是谓不道[13]，不道早已[14]。

[1] 佐：辅佐。

[2] 其事好还：以武力逞强的，往往会被武力所征服。

[3] 荆：一种丛木，今名荆条。棘：一种小木，有刺。

[4] 凶年：灾荒之年。

[5] 善者果而已：善于用兵者，达到救危济难的目的就可以了。

[6] 不敢以取强：不敢以武力逞强。

[7] 矜：自恃己能。

[8] 伐：夸耀。

[9] 骄：骄傲。

[10] 果而不得已：达到目的（战胜敌国）是因为迫不得已。

[11] 强：逞强。

[12] 物壮则老：事物强盛到极点就一定会走向衰败。

[13] 是谓不道：以武力逞强是不符合"道"的。

[14] 不道早已：不符合"道"就会加速灭亡。

知人者智[1]，自知者明[2]。胜人者有力，自胜者强[3]。知足者富。强行者有志[4]。不失其所者久[5]。死而不亡者寿[6]。

[1] 智：机智，聪明。

[2] 明：明智。

[3] 强：意志力强。

[4] 强行：勤勉、努力地行动。

[5] 不失其所者久：言行举止不偏离"道"，就能够获得长久。

[6] 死而不亡者寿：肉体消逝而精神犹存，这才是真正的长寿。

执大象[1]，天下往[2]。往而不害[3]，安平太[4]。乐与饵[5]，过客止。道之出口，淡乎其无味。视之不足见，听之不足闻，用之不足既[6]。

[1] 大象：大道。

[2] 往：归附。

[3] 往而不害：归附而不伤害。

[4] 安平太：国家才能平和安泰。安，乃、于是。太，同"泰"，安宁的意思。

[5] 乐与饵：音乐与美食。

[6] 既：穷尽。

　　将欲歙之[1]，必固张之[2]；将欲弱之[3]，必固强之[4]；将欲废之[5]，必固兴之[6]。将欲取之[7]，必固与之[8]。是谓微明[9]。柔弱胜刚强。鱼不可脱于渊，国之利器不可以示人。

[1] 歙（xī）：闭合，收敛。

[2] 张：张开，扩张。

[3] 弱：削弱。

[4] 强：加强。

[5] 废：废除。

[6] 兴：兴举。

[7] 取：取得。

[8] 与：给予。

[9] 微明：天地自然之道，看似幽微，实则显明。

　　道常无为而无不为[1]，侯王若能守之，万物将自化[2]。化而欲作[3]，吾将镇之以无名之朴[4]。无名之朴，夫亦将不欲[5]。不欲以静[6]，天下将自定。

[1] 道常无为而无不为：道永远都是顺其自然，不妄自作为的，所以，天下之事无一不是由它成就。

[2] 自化：自我化育，自生自长。

[3] 作：萌生巧智、欲望。

[4] 无名之朴：道的质朴。

[5] 不欲：无欲无求。

[6] "不欲以静"二句：人们没有欲望，因而就能安静，天下将会自然太平。

二、下篇

上士闻道，勤而行之。中士闻道，若存若亡[1]。下士闻道，大笑之。不笑不足以为道。故建言有之[2]：明道若昧[3]，进道若退[4]，夷道若纇[5]，上德若谷[6]，大白若辱[7]，广德若不足[8]，建德若偷[9]，质真若渝[10]；大方无隅[11]，大器晚成[12]，大音希声[13]，大象无形[14]，道隐无名[15]。夫唯道[16]，善贷且成。

[1] 若存若亡：谓半信半疑。

[2] 建言有之：古代立言的人说过这样的话。

[3] 明道若昧：道光明而不显耀。

[4] 进道若退：道看似退居人后，实则在前。

[5] 夷道若纇（lèi）：道看似崎岖，实则平坦。纇，丝结，引申为不平。

[6] 上德若谷：有大德的人好像很卑下。上，高也。谷，溪谷，比喻卑下。

[7] 大白若辱：看似污秽，实则至纯至洁。辱，污浊、混浊。

[8] 广德若不足：看似愚钝不足，实则德行广大。

[9] 建德若偷：看似慵懒懈怠，实则有刚健之德。建，通"健"，刚健。偷，怠惰。

[10] 质真若渝：看似浑浊，实则质朴纯真。渝，变污。

[11] 大方无隅：看似没有棱角，实则极为方正。隅，角也。

[12] 晚：帛书本作"免"，更为符合老子的思想。

[13] 大音希声：真正悦耳的声音，听起来反而像是没有声音。希，稀少。

[14] 大象无形：真正大的形象，却无迹可寻。

[15] 道隐无名：道幽微难测，使人无可名状。隐，隐晦不可见。

[16] "夫唯道"二句：只有道，善于化育万物，且成就万物。贷，施与。

道生一[1]，一生二[2]，二生三[3]，三生万物[4]。万物负阴而抱阳[5]，冲气以为和[6]。人之所恶，唯孤、寡、不谷[7]，而王公以为称。故物或损之而益[8]，或益之而损[9]。人之所教，我亦教之。强梁者不得其死[10]，吾将以为教父[11]。

　　[1] 一：道是独一无二的，用数来表示为一。

　　[2] 二：阴阳两气。

　　[3] 三：阴阳调和之态。

　　[4] 三生万物：万物就是在阴阳调和而产生的状态中形成的。

　　[5] 负阴而抱阳：背向阴面而朝向阳面。

　　[6] 冲气以为和：阴气和阳气相互交汇而产生调和的状态。

　　[7] 孤：单。寡：独。不谷：不善。孤、寡、不谷均为不祥之称，为百姓所厌弃。

　　[8] 物或损之而益：世间万物减损它，有时反而使它增加。

　　[9] 或益之而损：增加它有时反而使它减损。

　　[10] 强梁者不得其死：违背道德，崇尚暴力的人得不到善终。强梁者：多力的人，崇尚武力的人。

　　[11] 吾将以为教父：我把这些人当作施教的反面教材。

　　天下之至柔[1]，驰骋天下之至坚。无有入无间[2]。吾是以知无为之有益。不言之教，无为之益[3]，天下希及之[4]。

　　[1] "天下"二句：天下最柔弱的东西能驱使天下最坚强的东西。驰骋，形容马的奔走，这里作"驾驭"讲。

　　[2] 无有入无间：无形的力量能穿透没有间隙的东西。

　　[3] 无为之益："无为"的好处。

　　[4] 天下希及之：天下很少有人能够做到以"无为"的态度立身行事。希，少。及，认识到或做到。

　　名与身孰亲[1]？身与货孰多[2]？得与亡孰病[3]？甚爱必大费[4]，多藏必厚亡[5]。故知足不辱[6]，知止不殆[7]，可以长久。

　　[1] 名与身孰亲：名声和生命相比，哪一个更亲切呢？

[2] 身与货孰多：生命和财物相比，哪一个更贵重呢？多，重、贵重。

[3] 得与亡孰病：获取财富与丧失性命，哪一个更有害呢？病，犹害也。

[4] 甚爱必大费：过分地喜爱名利就一定会有重大的消耗。

[5] 多藏必厚亡：过多地储存财物就一定会遭受重大的损失。

[6] 知足不辱：知足就不会受到侮辱。

[7] 知止不殆：知道适可而止就不会遭受祸患。

大成若缺[1]，其用不弊[2]；大盈若冲[3]，其用不穷。大直若屈[4]，大巧若拙，大辩若讷。躁胜寒[5]，静胜热[6]，清静为天下正[7]。

[1] 大成若缺：最完美的事物，看上去反而像有缺陷一样。大成，最完美的东西。

[2] 弊：破败，穷尽。

[3] 冲：虚空。

[4] 屈：曲。

[5] 躁胜寒：行动可以战胜寒冷。

[6] 静胜热：安静可以克服暑热。

[7] 清静为天下正：心神清静方可以君临天下。

天下有道，却走马以粪[1]；天下无道，戎马生于郊[2]。祸莫大于不知足，咎莫大于欲得[3]。故知足之足[4]，常足矣。

[1] 却：屏去，退回。粪：肥田，施肥。

[2] 戎马：战马。生于郊：指战争时期，小马生于郊外的战场。

[3] 咎：罪过。欲得：把想要的东西弄到手。

[4] "故知"二句：所以说，知道满足的满足，才是永久的满足。

为学日益[1]，为道日损[2]。损之又损，以至于无为，无为而无不为[3]。取天下常以无事[4]，及其有事[5]，不足以取天下。

[1] 为学：指对于仁义圣智礼法的追求。

[2] 道：自然无为之道。

[3] 无为而无不为：不妄为，就没有事情成就不了。

[4] 取天下常以无事：治理天下要常减少繁多的政令。

[5] "及其有事"二句：政令过于繁多，就无法治理好天下。有事，繁重严苛的政举。

出生入死[1]。生之徒[2]，十有三[3]；死之徒[4]，十有三。人之生[5]，动之于死地，亦十有三。夫何故？以其生生之厚[6]。盖闻善摄生者[7]，陆行不遇兕虎[8]，入军不被甲兵[9]，兕无所投其角，虎无所措其爪，兵无所容其刃。夫何故？以其无死地[10]。

[1] 出生入死：人出世为生，入地为死。

[2] 生之徒：长寿的途径。徒，通"途"，途径。

[3] 十有三：十分中有三分，即十分之三。

[4] 死：短命的，夭折的。

[5] "人之生"二句：人本来可以长寿，但是由于不善保养生命而走向夭折。

[6] 生生之厚：过度求生，奉养自己太过奢靡。

[7] 摄生：养生。摄，调摄、养护。

[8] 兕（sì）：犀牛。

[9] 入军不被甲兵：战争时不会受到伤害。被，受。

[10] 无死地：没有进入死亡的领域。

道生之[1]，德畜之[2]，物形之[3]，势成之[4]，是以万物莫不尊道而贵德。道之尊，德之贵，夫莫之命而常自然[5]。故道生之，德畜之，长之育之，亭之毒之[6]，养之覆之[7]。生而不有[8]，为而不恃[9]，长而不宰[10]，是谓玄德[11]。

[1] 道生之：道产生了万物。之，指万物。

[2] 德畜之：德养育了万物。畜，养。

[3] 物形之：物成其形。

[4] 势成之：不同的环境催生了不同的事物。势，指环境。

[5] 夫莫之命而常自然：不干涉事物的生长，顺其自然。

[6] 亭：成熟。毒：结果。

[7] 覆：养护。

[8] 有：占有。

[9] 为：活动。恃：借为"持"，掌握，管理。

[10] 长：长成。宰：主宰。

[11] 玄德：幽深微妙的德行。

其政闷闷[1]，其民淳淳[2]；其政察察[3]，其民缺缺[4]。祸兮，福之所倚[5]；福兮，祸之所伏[6]。孰知其极[7]？其无正也[8]。正复为奇[9]，善复为妖[10]。人之迷[11]，其日固久。是以圣人方而不割[12]，廉而不刿[13]，直而不肆[14]，光而不耀[15]。

[1] 闷闷：昏昏昧昧，宽厚淳朴的样子。

[2] 淳淳：淳朴厚道的样子。

[3] 察察：严厉、苛刻。

[4] 缺缺：狡黠。

[5] 倚：依靠，因由。

[6] 伏：潜藏。

[7] 孰知其极：祸与福反复变化，谁知道其终极？极，终极、结果。

[8] 其无正也：福祸相生，没有定准。

[9] 正复为奇：正直的变为奸邪的。

[10] 善复为妖：善良的变为邪恶的。

[11] "人之迷"二句：人们的迷惑，已经有长久的时日了。

[12] 方而不割：方正有棱角，但不割伤人。

[13] 廉而不刿（guì）：锐利而不伤害别人。

[14] 直而不肆：性情直率但不放肆。

[15] 光而不耀：光辉而不耀眼。

治大国若烹小鲜[1]。以道莅天下[2]，其鬼不神[3]；非其鬼不神，其神不伤人[4]；非其神不伤人，圣人亦不伤人。夫两不相伤[5]，故德交归焉。

[1] 治大国若烹小鲜：治理大国要像煎小鱼那样小心谨慎。烹，煎、煮。

[2] 莅：临，治理。

[3] 其鬼不神：其鬼也就不灵了。

[4] 其神不伤人：鬼的神灵不会伤害人民。

[5] "夫两不相伤"二句：鬼神和有道之人都不伤害人民，因而自然的德性就都归到他们的身上了。交，俱、皆。

江海之所以能为百谷王者[1]，以其善下之[2]，故能为百谷王。是以圣人欲上民[3]，必以言下之；欲先民，必以身后之。是以圣人处上而民不重[4]，处前而民不害[5]。是以天下乐推而不厌[6]。以其不争，故天下莫能与之争。

[1] 百谷：指众谷之水。

[2] 善下之：善处于底下的地位。

[3] "圣人"二句：圣人要想领导人民，就一定要像江海那样放低姿态，对人民言语谦卑。

[4] 民不重：人民不感到有沉重的负担。重，累、不堪。

[5] 民不害：人民不受到伤害。

[6] 推：推举，拥戴。

善为士者不武[1]，善战者不怒，善胜敌者不与[2]，善用人者为之下[3]。是谓不争之德，是谓用人之力，是谓配天古之极[4]。

[1] 士：将领。不武：不逞勇武。

[2] 不与：不争。

[3] 为之下：为人谦卑。

[4] 配天古之极：符合自然之道。

用兵有言：吾不敢为主而为客[1]，不敢进寸而退尺[2]。是谓行无行[3]，攘无臂[4]，扔无敌[5]，执无兵[6]。祸莫大于轻敌，轻敌几丧吾宝[7]，故抗兵相若[8]，哀者胜矣。

[1] 为主：采取攻势。为客：采取守势。

[2] 进：指进攻别国领土。退：指退守本国领土。

[3] 行无行：虽有阵势，却像没有阵势可摆。

[4] 攘无臂：虽然大怒，却不举起臂膀以壮大声势。

[5] 扔无敌：面临敌人好似没有敌人。扔，因就、面临。

[6] 执无兵：手持兵器，却像没有兵器可持。

[7] 轻敌几丧吾宝：轻敌几乎丧失了我的宝贵之物。

[8] 抗兵相若：两军势均力敌。

民不畏死，奈何以死惧之[1]？若使民常畏死，而为奇者[2]，吾得执而杀之[3]，孰敢[4]？常有司杀者杀[5]。夫代司杀者杀，是谓代大匠斫[6]。夫代大匠斫者，希有不伤其手矣。

[1] 惧之：使人民畏惧，即威吓人民。

[2] 为奇：指犯上作乱。奇，邪恶。

[3] 执：拘捕，关押。

[4] 孰敢：谁还敢胡作非为？孰，谁。

[5] 常：率，照例。司杀者：掌管杀人的，指天道。杀：行使杀人的权利。

[6] 大匠：工匠的首领。斫（zhuó）：砍木。

人之生也柔弱[1]，其死也坚强[2]。万物草木之生也柔脆，其死也枯槁[3]。故坚强者死之徒[4]，柔弱者生之徒[5]。是以兵强则不胜[6]，木强则折[7]。强大处下，柔弱处上。

[1] 柔弱：指人体的柔软。

[2] 坚强：指人体的僵硬。

[3] 枯槁：形容草木的干枯。

[4] 死之徒：属于死亡的一类。

[5] 生之徒：属于有生命的一类。

[6] 兵强则不胜：拥兵逞强就无法取得胜利。

[7] 木强则折：树木高大粗壮就会受到折损。

天之道[1]，其犹张弓与？高者抑之[2]，下者举之[3]；有余者损之，不足者补之。天之道，损有余而补不足。人之道则不然[4]，损不足以奉有余。孰能有余以奉天下？唯有道者。是以圣人为而不恃[5]，功成而不处[6]，其不欲见贤[7]。

[1] 天之道：自然界的规律。

[2] 抑：压低。

[3] 举：抬高。

[4] 人之道：社会规律。

[5] 为而不恃：化育万物而不自恃己能。

[6] 功成而不处：有所成就而不居功自傲。

[7] 其：指圣人。见（xiàn）贤：显示自己的贤能。见，表现。

天下莫柔弱于水，而攻坚强者莫之能胜[1]，以其无以易之[2]。弱之胜强，柔之胜刚，天下莫不知，莫能行。是以圣人云：受国之垢[3]，是谓社稷主；受国不祥[4]，是为天下王。正言若反[5]。

[1] 莫之能胜：即莫能胜之，没有人能胜过它。

[2] 无以易之：没有什么能代替它。

[3] "受国之垢"二句：能够承受全国的屈辱，才有资格成为一国的君主。受，承受。垢，责怨。

[4] "受国不祥"二句：能够承受整个国家的灾祸，才能成为天下的君王。

[5] 正言若反：正确的言论像反话，指人们不理解，以为是反话。

和大怨[1]，必有余怨，安可以为善？是以圣人执左契[2]，而不责于人[3]。有德司契[4]，无德司彻[5]。天道无亲[6]，常与善人。

[1]"和大怨"三句：调和大的仇怨，必定有剩余的仇怨，哪能说是妥善的办法呢？此谓大怨难于尽和，其根本办法，在于不结。善，妥善。

[2]左契：借据，欠条。

[3]责：索取债务人所欠的财物。

[4]有德司契：有德之人像持有借据的人那样宽容。

[5]无德司彻：无德之人像掌管税收的人那样严苛。彻，为周代的税法，这里指税收。

[6]"天道无亲"二句：天道对人没有亲疏之别，常常与善良的人在一起。亲，偏爱。

小国寡民[1]。使有什伯之器而不用[2]，使民重死而不远徙[3]。虽有舟舆，无所乘之；虽有甲兵，无所陈之。使民复结绳而用之。甘其食[4]，美其服[5]，安其居[6]，乐其俗[7]。邻国相望，鸡犬之声相闻，民至老死不相往来。

[1]小国寡民：国土狭小，人民稀少。

[2]什伯之器：各种各样的器具。

[3]"重死"句：畏惧死亡而不往远方迁徙。

[4]甘其食：使人民有甜美可口的饮食。

[5]美其服：使人民穿着华丽的衣服。

[6]安其居：使人民有安静舒适的住处。

[7]乐其俗：使人民乐于安守自己的习俗。

信言不美[1]，美言不信。善者不辩[2]，辩者不善。知者不博[3]，博者不知。圣人不积[4]，既以为人己愈有[5]，既以与人己愈多[6]。天之道[7]，利而不害；圣人之道[8]，为而不争。

[1]"信言"二句：真实的语言朴实无华，华丽的语言往往并不真实。信，诚实。美，华丽。

[2] "善者"二句：善良的人不巧言令色，巧言令色之人不善。

[3] "知者"二句：得道之人未必有广博的见闻，但能够深入体察自然之道；而见多识广者却未必能够深入地体会道的要义。

[4] 圣人不积：有道之人不积累财富，而积累德行。不积，指不积累财物。

[5] 既以为人已愈有：尽量帮助别人，自己反而更为充实。

[6] 既以与人已愈多：尽量给予别人，自己反而得到更多。

[7] "天之道"二句：自然之道，有利于万物而不加残害。

[8] "圣人"二句：圣人之道，化育万物而与世无争。

【阅读书目】

《老子注译及评介》，陈鼓应，中华书局。

《老子道德经河上公章句》，王卡，中华书局。

《帛书老子校注》，高明，中华书局。

《帛书老子注译与研究》，许抗生，浙江人民出版社。

《郭店楚简校读记》，李零，北京大学出版社。

第四章 庄子的境界

第一节　庄子与《庄子》

　　庄子（约公元前369—公元前286年），名周，宋国蒙（今河南省商丘市东北）人，著名的思想家、哲学家和文学家，是老子哲学思想的继承者，与老子合称老庄，是道家学派的主要代表人物之一。

　　庄子生活在战国时代前期，与孟子同时，家境贫穷，任过漆园吏。《庄子》中描述他身居陋巷，以织屦为生，饿得形容枯槁，面孔黄瘦，受人嘲讽，有时甚至连温饱都无法解决，还得向人借米；见魏王时，他也只是穿着打补丁的粗布衣服，踏着用麻绳绑着的破布鞋。但《秋水》《列御寇》中都曾描述他断然拒聘的故事，《史记·老庄申韩列传》中也曾记载楚威王欲聘庄子为相，庄子却表示"宁游戏污渎之中自快，无为有国者所羁，终生不仕，以快吾志焉"。从中可以窥见庄子超然世外、"独与天地精神往来"的风度，以及视富贵荣华如敝屣的生活态度。

　　庄子著有《庄子》一书，为道家经典之一。《汉书·艺文志》著录《庄子》五十二篇，流传下来的今本《庄子》源于晋代郭象注本，共三十三篇，其中内篇七篇，一般认为是庄周自作，外篇十五篇及杂篇十一篇，或以为庄周后学所作。

　　庄子继承并发展了老子的思想，认为"道"是客观真实的存在，把

"道"视为宇宙万物的本源。他说："道之真以治身，其绪余以为国家，其
土苴以治天下。"（《让王篇》）"无以人灭天，无以故灭命，无以得殉
名，谨守而勿失，是谓反其真。"（《秋水篇》）他继承和发展老子"道法
自然"的观点，认为"道"是无限的、"自本自根"、"无所不在"的，
强调事物的自生自化，否认有神的主宰。提出"通天下一气耳"和"人之
生，气之聚也，聚则为生，散则为死"。庄子看到一切事物都处在"无动而
不变，无时而不移"中，却忽视了事物质的稳定性和差别性，认为"天下
莫大于秋毫之末，而泰山为小；莫寿乎殇子，而彭祖为夭"。他认为，天
人之间、物我之间、生死之间以至万物，只存在着无条件的同一，即绝对
的"齐"；主张齐物我、齐是非、齐生死、齐贵贱，幻想一种"天地与我
并生，万物与我为一"的主观精神境界，从而安时处顺，逍遥自得。而学
"道"的最后归宿，也唯有泯除一切差异，从"有待"进入"无待"。在思
辨方法上，庄子把相对主义绝对化，转向神秘的诡辩主义。

其实，庄子的这种思想与他特立独行的人格意识密不可分。庄子处在一
个贫病交加、极度饥寒窘迫的生存境遇之中，但为了守护心灵的自由和生命
的本色，他敢于拒绝楚国使者的厚聘和尊贵的相位，不为当权者所羁绊。正
是因为这种人格上的决绝与不羁，庄子才获得思想上的大自由、大逍遥。为
了排遣生活上的这种困境，他必须要为自己寻找生命的意义，可以说，正是
这种独特的人生境遇和庄子的独特性格，造就了庄子思想的逍遥与齐物，也
让庄子提出了他对于"道"的独特理解。

庄子的"道"是生养天地万物的根源，且无处不在，故人与天地万物从
根本上是同根同源且地位平等的，因此庄子说："天地与我并生，而万物与
我为一。"（《齐物论》）肯定天地万物与人是统一体，是密不可分的，这
种"天人合一"的思想成为中国古代哲学的基本精神。这种精神从对自然的
思索出发，更重视人与自然的和谐统一，与以社会伦理规范为出发点、致力
于道德修养实践的儒家精神一起，构成了中国古代哲学完整而稳定的结构。

虽然庄子和老子一样都把"道"视为天地万物的本原，但在具体求道悟
道的方式上，庄子有他独特的创造。老子主张"不出户、知天下"，不需要

远行，只要通过闭目塞听，静观玄览，内观自省，就能得道；而庄子则强调"乘物以游心"，通过对于外在某一事物之深入研究，由技进乎道，从而体道悟道。庄子的这种悟道方式为后世艺术家所发挥，像提出"澄怀观道"的宗炳就"栖丘饮壑，三十余年"，不仅是以游历来求道，又以所得之道来"含道映物"，成为中国山水画的一代宗匠。

庄子的人生观首先立足于解决人生之困境，与其他先秦诸子将眼光着落于短暂而有限的现实社会不同，庄子一开始就企图为人类寻找一个不仅摆脱现实社会困境、而且摆脱最终生命困境的途径。因此，庄子一方面要求鄙弃人间的世俗道德、功名利禄，以达到远祸全身、逍遥自适的境界；另一方面要求齐同死生，不悦生亦不恶死，从而超越死生，达到真正自由的目的。

除此之外，庄子还为中国哲学创造了很多独特范畴，如无待、有待、天倪、天钧、悬解、道枢，又如圣人、真人、神人、至人、天人这一组人格范畴，庄子对这些范畴予以独特的定义，并在文章中以寓言故事的方式加以表现，从而确立其内涵，这些都是庄子的创造，也被后世所继承和吸收，我们看到后世很多道家经典，文史著作，经常会出现这一类的范畴，考其源流，其实都是本于庄子。

与儒家不同，庄子在哲学思想上有一个重要的特点，就是对于"自然"的追求。当儒家主张化性起伪，要通过修养来改变人原来的面貌、追求社会之和谐的时候，庄子提出了他的另一种追求，那就是"自然"。在庄子的体系中，对于"自然"孜孜不倦的追求，就像孔子对于"仁、礼"的追求一样，贯穿始终。与"自然"紧密相连的代名词就是"天"，我们可以看到《庄子》一书中大量跟"天"有关的概念：天籁、天钧、天府、天倪、天理、天年、天鬻、天食、天机、天放、天道、天和、天乐、天德、天伦、天光、天门、天游，等等。"天"是与人对立的，本来的自然而然的无意识就是"天"，不同于儒家对于"礼"的追求，在庄子的体系中，"自然""天"才是最高的追求。

在政治思想方面，庄子和儒、墨也有很大的不同。儒家、墨家推崇圣人，而道家则反对推崇圣贤，而是认为天地万物的发展都应循其自然之道，人与社会也应如此，所以庄子提出了废弃君臣之分，复归原始的无君返朴思想，并为人们勾画了一个无等级君臣的理想社会。庄子眼中的理想社会有其鲜明的特点，一方面要求返回原始的素朴状态，使人与自然万物和谐共处，另一方面要求去除等级制度，废除仁义道德，消除欲望机心，使人与人之间和谐共处。

庄子的美学观直接来源于他的哲学观，因此他眼中的美并不是纯粹的自然美或艺术美，而是与"道"合一的境界美。人一旦做到"天地与我并生，而万物与我为一"，"独与天地精神往来"，就能从天地万物中体验到一种人与自然合一的愉悦感，这在庄子看来才是美的极致。因此，庄子的美学观从一开始就有两个指向，一个指向外部形体的自然之美，另一个指向内部的无为素朴之美。

文如其人，庄子思想之美、人格个性之美，表露在文字上，自然形成《庄子》文章之美。庄子的文章，想象奇特，文笔变化多端，具有浓厚的浪漫主义色彩，采用"寓言""重言""卮言"并用的创作方法和表现手法，又灵活运用虚拟、夸张、铺陈、对比等修辞手段，造成了起伏跌宕、浪漫瑰丽的艺术感染力，同时又具有强烈的幽默讽刺意味，对后世文学语言有很大影响。其超常的想象和变幻莫测的寓言故事，构成了庄子独有的奇特瑰丽的想象世界，常常给人一种天马行空的自由感和美的冲击力，所谓"意出尘外，怪生笔端"（刘熙载《艺概·文概》）。《庄子》一书在中国文学史上独树一帜，文章体制已脱离语录体形式，标志着先秦散文发展到一个成熟的阶段。可以说，《庄子》代表了先秦散文的最高成就，是值得我们永久开发的艺术宝藏。

庄子对后世影响极大，主要反映在庄子的思想和文学艺术成就两个方面。庄子的思想在中国两千多年的历史中产生了极大的影响。从汉魏的"黄老"并称，转而为"老庄"并称，从而使老庄之学在魏晋玄学中扮演了一种重要的角色，并且真正开始渗进中国文人的骨髓。后世道教继承道家学说，经魏晋南北朝的演变，老庄学说成为道家思想的核心内容，最终形成儒、释、道三足鼎立之势，影响着中国近两千年的社会思想文化的发展。除此之外，庄子思想对于佛教在中国的传播和发展也起到了极为重要的作用。在佛学初传的汉魏和佛学繁荣的两晋南北朝时期，佛教学者经常援用《庄子》的概念、思想来"格义""连类"佛经；更重要的是，当隋唐时期佛教进入鼎盛阶段，天台宗、华严宗的"判教"，天台宗的"性具实相"和华严宗的"法界缘起"，以及禅宗的"识心见性"等等中国佛教独特的理论，都是在不同程度上感受或接受了庄子思想中的历史观念、总体观念和自然观念影响的结果。

　　庄子在文学艺术领域所开创的浪漫主义的创作精神及其创作手法，对后世文学艺术的发展有着重大影响。诸如屈原、司马迁、陶渊明、李白、柳宗元、苏轼、曹雪芹、鲁迅等人几乎无一不受到他的熏陶。在美学风格上，庄子对于自然的追求，为后世艺术家提供了一种不同于礼仪、法度、规范之美的另外一种美学风格——自然天成之美，如苏轼的文章"如行云流水，初无定质"，不求过度的文采，止于"辞达"，便是对此种美学风格的继承和发展。在思想行动上，文人们或取其愤世嫉俗、旷达不羁，或随其悲观消极、颓废厌世。在艺术创作上，或赞叹不已，或汲取仿效，并加以发挥，从而创造出许多色彩斑斓的艺术作品。在创作方法上，《庄子》书中"庖丁解牛"（《养生主篇》）、佝偻承蜩（《达生篇》）、轮扁斫轮（《天道篇》）、匠石运斤（《徐无鬼篇》）等工匠劳动的故事，以及黄帝张《咸池》之乐（《天运篇》）、解衣盘礴的画史作画（《田子方篇》）的故事，都对后世的文学家、艺术家有很大的启发，他们常常引用其中的故事来说明自己的创作体验，也以故事中的道理来指导自己的艺术实践。正是因为庄子所提供的这些启发，中国的文学、艺术体现出一种庄子式的独特面貌，可以说，庄子开拓了中国艺术之领域，所以郭沫若认为，秦汉以来的中国文学史差不多大半是在《庄子》的影响下发展的（《鲁迅与庄子》）。闻一多则说："中国人的文化上永远留着庄子的烙印。"（《庄子》）这都是很有道理的。

　　总之，庄子继承和发扬了老子学说，老庄学说包含了足以供给人类品味的极为完备的信仰体系以及使心灵通过自我反省、自我激励、自我净化最终达到自我完善的极为高明的实践方法。如果我们读懂了"老庄"，就一定会被他们博大的胸襟和大慈大爱所震撼，为之产生深深的敬畏感和由衷的赞叹，不再妄自尊大，不再自私狭隘，懂得了人类自身的渺小和有限，了解了未知世界的博大无垠，能够自觉以老庄哲学思想指导社会实践，规范自身行为，从而超越自我局限，开发自我潜能，提升自我，完善自我。可以说，老庄哲学对启迪人心、开发本智、和谐社会，最大限度地实现人生的价值，具有深远的指导意义。

事实上，千百年来，无论官场中的通达者，还是失意者；无论科场的得志者，还是落魄者；无论盛世中的幸运儿，还是乱世中颠沛流离、家国破灭的落难者，大凡能识文断字且感受到人间艰辛和生命匮乏的人，无不从庄子的这种自由豁达、逍遥齐物的哲思情怀之中得到慰藉，唤起一种近似信仰的力量。这就是庄子的魅力。

第二节 《庄子》选读

一、逍遥游

北冥有鱼[1]，其名为鲲[2]。鲲之大，不知其几千里也。化而为鸟，其名为鹏[3]。鹏之背，不知其几千里也。怒而飞[4]，其翼若垂天之云[5]。是鸟也，海运则将徙于南冥[6]。南冥者，天池也[7]。

[1] 冥：通"溟"，犹海也。

[2] 鲲（kūn）：古代传说中的大鱼。

[3] 鹏：传说中的大鸟。

[4] 怒：奋起的样子。

[5] 垂天：挂在天边，悬挂天空。

[6] 海运：海动。

[7] 天池：天然大池。

《齐谐》者[1]，志怪者也[2]。《谐》之言曰："鹏之徙于南冥也，水击三千里[3]，抟扶摇而上者九万里[4]。去以六月息者也[5]。"野马也[6]，尘埃也[7]，生物之以息相吹也[8]。天之苍苍[9]，其正色邪[10]？其远而无所至极邪？其视下也，亦若是则已矣[11]。

[1]《齐谐》：书名，简称《谐》。

[2] 志：记载。怪：怪异的事物。

[3] 水击三千里：指大鹏起飞时翅膀在水面上扇动，击起的水浪达三千里远。击，拍打。

[4] 抟（tuán）：回旋地向上飞。扶摇：又名"飙"，由地面急剧盘旋而上的暴风。

[5] 去：离开。以：凭借。六月息：六月风。

[6] 野马：春天野外山林沼泽中的雾气。因为蒸腾如奔马，所以叫野马。

[7] 尘埃：飞扬的细土。

[8] 息：气息，呼吸时进出的气。

[9] 苍苍：深青色。

[10] 其：表示推测的语气词。正色：本来的颜色，真正的颜色。

[11] 则已：而已。

且夫水之积也不厚[1]，则其负大舟也无力[2]。覆杯水于坳堂之上[3]，则芥为之舟[4]；置杯焉则胶[5]，水浅而舟大也。风之积也不厚，则其负大翼也无力。故九万里，则风斯在下矣[6]，而后乃今培风[7]；背负青天而莫之夭阏者[8]，而后乃今将图南[9]。

[1] 且夫：发语词，犹况且。积：蓄积。厚：深。

[2] 负：担负，承载。

[3] 覆：倾倒。坳（ào）堂：堂上低洼处。坳，低洼的地方。

[4] 芥：小草。为之舟：给它当船。

[5] 置：放。焉：于此。胶：粘住，指不能浮动。

[6] 斯：于是，就。

[7] 而后乃今：然后才。培：凭，乘。

[8] 莫之夭阏（è）：没有什么东西阻拦它。之，指大鹏，此为否定句中的前置宾语。夭阏，阻拦。

[9] 图南：计划着向南飞。

蜩与学鸠笑之曰[1]："我决起而飞[2]，抢榆枋[3]，时则不至而控于地而已矣[4]，奚以之九万里而南为[5]？"适莽苍者[6]，三飡而反[7]，腹犹果然[8]；适百里者，宿舂粮[9]；适千里者，三月聚粮[10]。之二虫又何知[11]？

[1] 蜩（tiáo）：蝉。学鸠：一种小鸟。

[2] 决（xuè）：迅疾的样子。

[3] 抢（qiāng）：触，碰上。榆：榆树。枋：檀树。

[4] 时：有时。则：若，如果。控：投，落下。

[5] "奚以"句：哪里用得着飞到九万里高再向南飞呢？

[6] 适：去，往。莽苍：郊野之色，这里指代郊野。

[7] 飡（cān），同"餐"。

[8] 果然：饱足貌，隆起貌。果，饱足、充实。

[9] 宿：头天夜晚，此处指一宿。舂（chōng）：用杵在臼中捣米。

[10] 三月聚粮：积聚三个月的粮食。

[11] 之：这。二虫：指蜩和学鸠。虫，古指含人在内的一切动物。《大戴礼记·易本命》："有羽之虫三百六十，而凤凰为之长；有毛之虫三百六十，而麒麟为之长；有甲之虫三百六十，而神龟为之长；有鳞之虫三百六十，而蛟龙为之长；倮之虫三百六十，而圣人为之长。"鸟类为羽虫，所以学鸠也可称为虫。何知：知道什么。

小知不及大知[1]，小年不及大年。奚以知其然也[2]？朝菌不知晦朔[3]，蟪蛄不知春秋[4]，此小年也。楚之南有冥灵者[5]，以五百岁为春[6]，五百岁为秋；上古有大椿者[7]，以八千岁为春，八千岁为秋，此大年也。而彭祖乃今以久特闻[8]，众人匹之[9]，不亦悲乎！

[1] "小知"二句：知识少的比不上知识多的，年寿短的比不上年寿长的。知（zhì），智慧，后来写作"智"。年，寿命。

[2] "奚以"句：根据什么知道这些是如此的呢？奚，疑问代词，犹何，什

么。

[3] 朝菌：一种生长期很短的菌类，朝生暮死，所以叫"朝菌"。晦朔：指早晚。晦，夜。朔，旦。

[4] 蟪（huì）蛄（gū）：蝉的一种，春生夏死，夏生秋死。

[5] 冥灵：神话中的树木名。

[6] "五百岁为春"二句：古代以春、秋对举时，春包括夏，秋包括冬，这里等于说以一千年作为一年。

[7] 大椿：树名。

[8] 彭祖：传说中长寿的人，据说活了八百岁，一说七百岁。乃今：而今，如今。久：长寿。特：独特。

[9] 众人：一般人。匹：比。之：指彭祖。

汤之问棘也是已[1]："穷发之北有冥海者[2]，天池也。有鱼焉[3]，其广数千里[4]，未有知其修者[5]，其名为鲲。有鸟焉，其名为鹏，背若太山[6]，翼若垂天之云，抟扶摇羊角而上者九万里[7]，绝云气[8]，负青天，然后图南，且适南冥也[9]。斥鷃笑之曰[10]：'彼且奚适也[11]？我腾跃而上[12]，不过数仞而下[13]，翱翔蓬蒿之间[14]，此亦飞之至也[15]。而彼且奚适也？'"此小大之辩也[16]。

[1] "汤之问"句：据闻一多《庄子内篇校释》，下应补"汤问棘曰：'上下四方有极乎？'棘曰：'无极之外，复无极也。'"汤：商王成汤，殷朝第一个帝王。棘：一作革，商汤的大夫。

[2] 穷发：不毛之地。发，指草木。冥海：深而呈黑色的海。

[3] 焉：于此。

[4] 广：宽。

[5] 修：长。

[6] 太山：大山。一说即今之"泰山"。

[7] 羊角：旋风。

[8] 绝：穿过。

[9] 且：将。

[10] 斥鹦（yàn）：池泽中的小雀。斥，池也。鹦，雀。

[11] 彼：指大鹏。奚适：到哪里去。

[12] 腾跃：跳跃。

[13] 仞：古代长度单位，八尺为一仞，或说七尺为一仞。

[14] 蓬蒿：飞蓬和青蒿。

[15] 至：极，顶点。

[16] 辩：通"辨"，分别。

故夫知效一官[1]，行比一乡[2]，德合一君而征一国者[3]，其自视也，亦若此矣。而宋荣子犹然笑之[4]。且举世而誉之而不加劝[5]，举世而非之而不加沮[6]。定乎内外之分[7]，辩乎荣辱之境[8]，斯已矣。彼其于世未数数然也[9]。虽然，犹有未树也[10]。夫列子御风而行[11]，泠然善也[12]，旬有五日而后反[13]。彼于致福者[14]，未数数然也。此虽免乎行[15]，犹有所待者也[16]。若夫乘天地之正[17]，而御六气之辩[18]，以游无穷者[19]，彼且恶乎待哉[20]！故曰：至人无己[21]，神人无功[22]，圣人无名[23]。

[1] 知：智慧。效：胜任。

[2] 行：品行。比：合。

[3] 征：信。

[4] 宋荣子：战国时思想家。犹然：笑的样子。

[5] 加：更。劝：勉励。

[6] 非：责难。沮：沮丧，灰心失望。

[7] 定：确定。内：指我。外：指物。分：分别。

[8] 辩：通"辨"，明辨，分辨。境：境界，界限。

[9] 彼其：同义词连用，犹"彼"，指宋荣子。世：世俗。数（shuò）数然：拼命追求的样子。数数，犹汲汲，迫切貌。

[10] 未树：未能树立的东西，此谓没有树立"无己"的至德。

[11] 列子：名御寇，战国时郑国人。御风：驾着风。

[12] 泠然：轻妙的样子。善：美。

[13] 旬：十天。有：同"又"。上古称数，在两位数中间常加"有"字。反：同"返"。

[14] 彼：指列子。致：求得，求取。

[15] 免乎行：免于步行。

[16] 所待者：依靠的东西，即需要依靠风。

[17] 若夫：至于。乘：义同下文"御"，驾驭。以驾车为喻，与上文"御风"相应。正：指正气。

[18] 六气：阴、阳、风、雨、晦、明。辩：通"变"，变化。

[19] 以：而。无穷：指时间的无始无终，空间的无边无际。

[20] 恶（wū）：疑问代词，何。

[21] 至人：道行达到最高峰的人。无己：没有我。谓与天地合一，物我不分。

[22] 无功：指顺自然而不立功。

[23] 无名：指不立名。

尧让天下于许由[1]，曰："日月出矣，而爝火不息[2]，其于光也[3]，不亦难乎！时雨降矣[4]，而犹浸灌[5]，其于泽也，不亦劳乎[6]！夫子立而天下治[7]，而我犹尸之[8]，吾自视缺然[9]。请致天下[10]。"许由曰："子治天下，天下既已治也[11]。而我犹代子，吾将为名乎？名者，实之宾也[12]，吾将为宾乎？鹪鹩巢于深林[13]，不过一枝；偃鼠饮河[14]，不过满腹。归休乎君[15]，予无所用天下为[16]！庖人虽不治庖[17]，尸祝不越樽俎而代之矣。"

[1] 许由：传说中的隐士。相传尧让以天下而不受，遁居于颍水之阳箕山之下。尧又召为九州长，其不愿闻，洗耳于颍水之滨。

[2] 爝（jué）火：炬火，一说烛火，都是小火。息：熄灭。

[3] "其于"二句：意谓爝火要与日月比光，不是很难吗？尧以爝火自喻，以日月喻许由。

[4] 时雨：应时的雨水。喻许由。

[5] 浸灌：灌溉，指人工浇灌。尧自喻。

[6] 泽：润泽。劳：徒劳。

[7] 夫子：对男子的尊称。

[8] 尸：神主，神像。古代祭祀时代表死者受祭的人（一般以臣下或死者的晚辈充任）也称尸。喻坐享禄位，不干实事。之：指天下。

[9] 缺然：不足的样子。

[10] 致：给予，让给。

[11] 治：太平、安定。

[12] 宾：指依附在"实"上的次要的东西，从属物。

[13] 鹪（jiāo）鹩（liáo）：小鸟名。巢：筑巢。

[14] 偃鼠：一作鼹鼠，常穿地而行。河：黄河。

[15] 归休乎君：您回去休息吧。"君归休乎"的倒装，以加强语气。

[16] 无所用天下为：意谓天下对我来说毫无用处。

[17] "庖人"二句：意谓尽管厨师人不尽职，尸祝也不必超越自己的职权范围代他行事。庖人，厨师。祝，太庙中负责祭祀的官，因其执祭版对神主（尸）而祝，故称"尸祝"。樽，酒器。俎，肉器。樽俎，这里指陈列祭品的职责。

肩吾问于连叔曰[1]："吾闻言于接舆[2]，大而无当[3]，往而不返[4]。吾惊怖其言，犹河汉而无极也[5]；大有迳庭[6]，不近人情焉。"连叔曰："其言谓何哉？""曰：'藐姑射之山[7]，有神人居焉，肌肤若冰雪，绰约若处子[8]，不食五谷，吸风饮露，乘云气，御飞龙，而游乎四海之外。其神凝[9]，使物不疵疠而年谷熟[10]。'吾以是狂而不信也[11]。"连叔曰："然！瞽者无以与乎文章之观[12]，聋者无以与乎钟鼓之声。岂惟形骸有聋盲哉[13]？夫知亦有之。是其言也，犹时女也[14]。之人也[15]，之德也，将旁礴万物以为一[16]。世蕲乎乱[17]，孰弊弊焉以天下为事[18]？之人也，物莫之伤，大浸稽天而不溺[19]，大旱金石流、土山焦而不热。是其尘垢秕穅[20]，将犹陶铸尧舜者也，孰肯以物为事[21]？"宋人资章甫适诸越[22]，越人断发文身，无所用之。尧治天下之民，平海内之政，往见四子藐姑射之山[23]，汾水之阳[24]，窅然丧其天下焉[25]。

[1] 肩吾、连叔：传说中的神仙。

[2] 接舆：春秋楚国隐士，佯狂不仕。亦以代指隐士。

[3] 大而无当：意谓接舆的话夸大而不合情理。

[4] 往而不返：意谓接舆只管直谏，而不知回头。

[5] 河汉：银河。极：尽头。

[6] "大有迳庭"二句：意谓接舆的话与常人之言相去甚远，到了不近人情的地步。迳，门外路。庭，堂外地。

[7] 藐姑射（yè）：神山名。

[8] 绰约若处子：意谓神人像处女那样柔美。绰约，柔弱的样子。处子，处女。

[9] 其神凝：他的精神凝聚专一。

[10] 疵疠（lì）：恶病，指遭受灾害。

[11] 狂：通"诳"，欺骗，谎话。

[12] 瞽者：盲人。与：参与。文章：谓文采。《考工记》："青与赤谓之文，赤与白谓之章。"观：观赏，美观。

[13] 形骸：人的身体。

[14] 时：通"是"，这。女：汝。

[15] 之：这。

[16] 旁礡（bó）：犹混同。旁，又作"磅"。

[17] 世蕲（qí）乎乱：意谓世人纷纷扰扰争名夺利。蕲，通"祈"，祈求。

[18] 弊弊焉：辛苦疲惫的样子。

[19] "大浸"句：洪水滔天，也淹没不了神人。大浸，大水。稽，至。

[20] "尘垢秕（bǐ）穅"二句：意谓神人以其身上的尘垢糟粕，也能造就尧舜。秕，谷不熟为秕。穅，谷皮曰穅。陶铸，制作陶范并用以铸造金属器物，比喻造就、培养。

[21] 物：外物。事：事业。

[22] 资：贩卖。章甫：殷代的一种礼帽。宋人为殷后代，故戴这种礼帽。适：往。诸越：春秋时越国。诸，助词。

[23] 四子：指王倪、啮缺、被衣、许由。

[24] 汾水：黄河的支流，在今山西省境内。

[25] 窅（yǎo）然丧其天下焉：怅然自失，忘记了天下。窅然，犹怅然。丧，忘记。

　　惠子谓庄子曰[1]："魏王贻我大瓠之种[2]，我树之成[3]，而实五石[4]。以盛水浆，其坚不能自举也[5]；剖之以为瓢[6]，则瓠落无所容[7]。非不呺然大也[8]，吾为其无用而掊之[9]。"庄子曰："夫子固拙于用大矣[10]。宋人有善为不龟手之药者[11]，世世以洴澼絖为事[12]。客闻之，请买其方以百金[13]。聚族而谋曰：'我世世为洴澼絖，不过数金；今一朝而鬻技百金[14]，请与之。'客得之以说吴王[15]。越有难[16]，吴王使之将，冬与越人水战，大败越人，裂地而封之[17]。能不龟手，一也，或以封[18]，或不免于洴澼絖，则所用之异也。今子有五石之瓠，何不虑以为大樽而浮于江湖[19]，而忧其瓠落无所容？则夫子犹有蓬之心也夫[20]！"

[1] 惠子：姓惠名施，庄子的好友，宋人，曾为梁惠王相，是"名家"的代表人物。

[2] 魏王：即梁惠王，因魏都迁大梁，所以称梁惠王。贻：赠送。瓠（hú）：葫芦。

[3] 树：种植。成：成熟。

[4] 实：容纳。石：容量单位，十斗为一石（dàn）。

[5] 其坚不能自举：它的坚固程度不能自然地举起来。自，自然、自如。

[6] 瓢：以老熟的葫芦对半剖开制成的舀水或盛取工具。

[7] 瓠落无所容：太大而无处可容。瓠落，犹廓落，大。

[8] 呺（xiāo）然：空虚巨大的样子。

[9] 掊（pǒu）：打破。

[10] 固：确实，实在。

[11] 龟（jūn）：同"皲"，皮肤因天冷而冻裂。

[12] 洴（píng）澼（pì）絖（kuàng）：漂洗丝絮。洴，浮。澼，漂。絖，古

"纩"字，絮。

[13] 方：药方。金：古代计量货币的单位。或以一镒（yì）为一金，或以一斤为一金，因时而异。

[14] 鬻（yù）：卖。技：指制造不龟手之药的技能。

[15] 说（shuì）：游说，劝说。

[16] 越有难（nàn）：指越国对吴国有军事行动。

[17] 裂地而封之：（吴王）划分土地，分封给带兵之客。

[18] 或以封：有的人依靠它得到封地。

[19] 虑：用绳子结缀。樽：本为盛酒器，此谓水上漂浮用具。成玄英《疏》："樽者，漆之如酒罇，以绳结系，用渡江湖，南人所谓腰舟也。"

[20] 蓬之心：喻心灵茅塞不通。

惠子谓庄子曰："吾有大树，人谓之樗[1]。其大本拥肿而不中绳墨[2]，其小枝卷曲而不中规矩[3]。立之涂[4]，匠者不顾[5]。今子之言，大而无用，众所同去也[6]。"庄子曰："子独不见狸狌乎[7]？卑身而伏[8]，以候敖者[9]，东西跳梁[10]，不辟高下[11]，中于机辟[12]，死于罔罟[13]。今夫斄牛[14]，其大若垂天之云，此能为大矣，而不能执鼠。今子有大树，患其无用，何不树之于无何有之乡[15]，广莫之野[16]，彷徨乎无为其侧[17]，逍遥乎寝卧其下。不夭斤斧[18]，物无害者。无所可用，安所困苦哉[19]！"

[1] 樗（chū）：臭椿，木质粗劣松脆，不可做器具。

[2] 大本：主干。拥肿：即"臃肿"，指木瘤盘结。中（zhòng）：符合。绳墨：木工画直线用的工具。

[3] 规矩：校正圆形和方形的两种工具。

[4] 之：犹"于"，在。涂：同"途"。

[5] 匠者：木匠。

[6] 众所同去：大家所共同抛弃。去，抛弃、丢弃。

[7] 狸：同"貍"，野猫。狌（shēng），同"鼪"，黄鼠狼。

[8] 卑身而伏：低下身子伏在地上。

[9] 敖者：遨游的东西，指鸡、鼠之类。敖，游玩、游逛。

[10] 跳梁：即"跳踉"，跳跃。

[11] 辟：躲避，后来写作"避"。

[12] 中（zhòng）：伤害。机辟：捕兽器。

[13] 罔：同"网"。罟（gǔ）：网的总称。

[14] 犛（lí）：即牦牛，身躯庞大。

[15] 无何有：即无有何，什么也没有。

[16] 广莫：即"广漠"，辽阔空旷。

[17] 彷徨：犹"遨翔"。

[18] 不夭斤斧：不被斧子砍伐。夭，夭折。斤，砍伐树木的工具，似斧而小。

[19] 安所：何处。

二、齐物论

南郭子綦隐机而坐[1]，仰天而嘘[2]，荅焉似丧其耦[3]。颜成子游立侍乎前[4]，曰："何居乎[5]？形固可使如槁木，而心固可使如死灰乎？今之隐机者[6]，非昔之隐机者也。"子綦曰："偃，不亦善乎[7]，而问之也！今者吾丧我[8]，汝知之乎？女闻人籁而未闻地籁[9]，女闻地籁而未闻天籁夫[10]！"子游曰："敢问其方[11]。"子綦曰："夫大块噫气[12]，其名为风。是唯无作，作则万窍怒呺[13]。而独不闻之翏翏乎[14]？山林之畏佳[15]，大木百围之窍穴，似鼻，似口，似耳，似枅[16]，似圈，似臼，似洼者[17]，似污者[18]；激者[19]，謞者[20]，叱者，吸者，叫者，譹者，宎者[21]，咬者[22]。前者唱于而随者唱喁[23]。泠风则小和[24]，飘风则大和[25]，厉风济则众窍为虚[26]。而独不见之调调之刁刁乎[27]？"子游曰："地籁则众窍是已，人籁则比竹是已[28]。敢问天籁。"子綦曰："夫吹万不同[29]，而使其自已也[30]，咸其自取[31]，怒者其谁邪[32]！"

[1] 南郭子綦（qí）：成玄英《疏》认为是楚昭王的庶弟，楚庄王的司马，字子綦，居住在城南，所以取号"南郭"。隐：凭、依靠。机：通"几"，几案。

[2] 嘘：轻轻地呼气。

[3] 荅（tà）焉：相忘貌。丧：丧失，忘记。耦（ǒu）：躯体，犹今称"躯壳""皮囊"。

[4] 颜成子游：南郭子綦的弟子，复姓颜成，名偃，字子游。

[5] 居：踞坐，坐。

[6] "今之"二句：意谓南郭子綦今天的隐机，已达身心两忘的境界，是他昔日的隐机所远不能比的。

[7] "不亦"二句：你这样问，不是很好吗？而，通"尔"，你。

[8] 吾丧我：意谓忘记了自己的形体。

[9] 女：即"汝"。人籁：人吹箫所发出的音响。籁，古代管乐器。地籁：风吹大地的孔穴而发出的声响。

[10] 天籁：天地间万物的自鸣之声。

[11] 方：道理。

[12] 大块：大地。噫气：吐气出声。

[13] 呺（háo）：通"号"，吼。

[14] 而：你。独：副词，难道。翏（lù）翏：远远袭来的风声。

[15] 山林：当作"山陵"。畏佳（cuī）：即"崔嵬"，形容山势高下不平。

[16] 枅（jī）：柱上方木。

[17] 洼：深池。

[18] 污：小池。

[19] 激：水流湍激声。

[20] 譹（xiào）：若箭去之呼啸声。

[21] 突（yǎo）：风入孔穴发出的声响。

[22] 咬（jiǎo）：凄切声。

[23] 于、喁（yú）：风吹树动前后相和的声音。

[24] 泠风：小风。

[25] 飘风：大风。

[26] 厉风：烈风。济：过。

[27] 调调：树枝摇动的样子。刁刁：树枝微动的样子。

[28] 比竹：竹管并列而成的乐器，如箫、笙之类。

[29] 吹万不同：意谓风在天空中吹拂所发出的声音千差万别。

[30] 已：停止。

[31] 咸其自取：都是它们自取的。咸，皆、都。

[32] 怒者其谁邪：发动者还有谁呢？怒，发动。

大知闲闲[1]，小知间间[2]；大言炎炎[3]，小言詹詹[4]。其寐也魂交[5]，其觉也形开[6]，与接为构[7]，日以心斗。缦者[8]，窖者[9]，密者[10]。小恐惴惴[11]，大恐缦缦[12]。其发若机栝[13]，其司是非之谓也[14]；其留如诅盟[15]，其守胜之谓也[16]；其杀若秋冬[17]，以言其日消也[18]；其溺之所为之[19]，不可使复之也；其厌也如缄[20]，以言其老洫也[21]；近死之心，莫使复阳也[22]。喜怒哀乐，虑叹变慹[23]，姚佚启态[24]；乐出虚[25]，蒸成菌。日夜相代乎前，而莫知其所萌。已乎[26]，已乎！旦暮得此[27]，其所由以生乎！

[1] 闲闲：广博的样子。

[2] 间间：琐细分别的样子。

[3] 炎炎：言语美盛的样子。

[4] 詹詹：言词烦琐、喋喋不休的样子。

[5] 魂交：精神交错。

[6] 形开：指形体不宁。

[7] 与接：与外界交接。构：联结，交合。

[8] 缦：通"慢"，缓慢，疏慢。

[9] 窖：设下陷阱。

[10] 密：谓心机绵密。

[11] 惴惴：忧惧不安的样子。

[12] 缦缦：神思迷惘、丢魂失魄的样子。

[13] 其发若机栝（kuò）：意谓辩者出言急速，就像飞箭一般。机栝，弩上发矢的机件。机，弩牙。栝，箭栝。

[14] "其司"句：意谓这就是说他们是在窥伺别人的是非。司，通"伺"，窥伺。

[15] 其留如诅盟：意谓辩者或心藏主见不肯吐露，好像有盟誓一样。诅盟，誓约。

[16] 守胜：以守取胜。

[17] 杀（shài）：衰微。

[18] 日消：意谓天真一天天丧失。

[19] "其溺"二句：意谓沉溺于所为，无法恢复真性。

[20] 其厌也如缄：意谓辩者心灵闭塞，如同缄绳捆住一般。厌，闭塞。缄，捆箱箧的绳索。

[21] 老洫（xù）：衰老昏惑。洫，昏惑、迷乱。

[22] 复阳：恢复生气。

[23] 虑：忧虑。叹：嗟叹。变：反复。慹（zhí）：恐惧。

[24] 姚：焦躁。佚：纵逸。启：狂放。态：作态。

[25] "乐出虚"二句：意谓乐声从虚器中发出来，菌类在潮湿的环境中产生。

[26] 已乎：算了吧。

[27] "旦暮"二句：意谓若能领悟到这种种心态、情态是从哪儿发生出来的，那么就可以进而明白它们之所以会产生的根由了。

非彼无我[1]，非我无所取[2]。是亦近矣[3]，而不知其所为使。若有真宰[4]，而特不得其眹[5]。可行已信[6]，而不见其形，有情而无形[7]。百骸、九窍、六藏[8]，赅而存焉[9]，吾谁与为亲[10]？汝皆说之乎[11]？其有私焉[12]？如是皆有为臣妾乎[13]？其臣妾不足以相治乎[14]？其递相为君臣乎[15]？其有真君存焉[16]？如求得其情与不得[17]，无益损乎其真。一受其成形[18]，不亡以待尽。与物相刃相靡[19]，其行尽如驰[20]，而莫之能止，不亦悲乎！终身役役而不见其成功[21]，苶然疲役而不知其所归[22]，可不哀邪！人谓之不死，奚益？其形化，其心与之然，可不谓大哀乎？人之生也，固若是芒乎[23]？其我独芒，而人亦有不芒者乎？

[1] 非彼无我：意谓没有上述种种心态、情态，就没有我自己。

[2] 非我无所取：意谓没有我，它们就无从显现。

[3] "是亦"二句：这样来说它和我十分接近了，但不知道主使它的又是谁。

[4] 真宰：即真心（身的主宰），亦即真我。

[5] 特：只。眹（zhèn）：通"朕"，征兆，迹象。

[6] 可行己信：可以去实践并得到验证。

[7] 有情而无形：有真实存在而不见其形。

[8] 百骸：指身上的各种骨骼。骸，骨骼。九窍：指耳、目、口、鼻及尿道、肛门的九个孔道。六藏：指心、肝、脾、肺、左肾、右肾。藏，内脏。

[9] 赅：完备。

[10] 谁与：即"与谁"。

[11] 说（yuè）：后作"悦"。

[12] 私：偏爱。焉：于此。

[13] "如是"句：意谓既然这样，就把它们都当作奴仆吗？

[14] "其臣妾"句：意谓大概奴仆谁也不能统治谁吧？

[15] "其递相"句：意谓还是让它们轮流着作君臣呢？

[16] 真君：即上文所说的"真宰"。

[17] "如求得"二句：意谓不管是否能找到"真君"，对于它的本来面目来说，都是无损也无益的。

[18] "一受其"二句：意谓一旦禀受它而成为形体，就不知变化而等待形体耗尽。亡，《田子方篇》作"化"。

[19] 刃：刀口，这里指针锋相对。靡：通"磨"。

[20] 行尽：走向死亡。尽，尽头、终点。驰：迅速奔跑。

[21] 役役：劳苦不息的样子。

[22] 苶（nié）然：疲倦的样子。疲役：疲于所役。

[23] 芒：昏昧无知。

夫随其成心而师之[1]，谁独且无师乎？奚必知代而心自取者有之[2]？

愚者与有焉。未成乎心而有是非[3]，是今日适越而昔至也[4]。是以无有为有[5]。无有为有，虽有神禹且不能知[6]，吾独且奈何哉？

[1]"夫随其"二句：意谓若以"不芒者"已经形成的见解为师法对象，那么谁尚无老师呢？

[2]"奚必"二句：意谓哪里是一定要懂得事物变化之理的聪明人才有这种见解呢？愚笨的人也可以拥有。代，即自然变化相代之理。心自取，言其心有所见也。

[3]"未成"句：意谓心中尚未形成一个见解，却有一个是非标准存在。

[4]"今日"句：意谓今天（打算）到越国去，昨天却已经到了。庄子认为这是不可能的事情，即没有"成心"是不会有是非标准的。

[5]"是以"句：意谓这是把不存在的事情看作存在。

[6]神禹：神明的大禹，对夏禹的尊称。

夫言非吹也[1]，言者有言[2]，其所言者特未定也。果有言邪[3]？其未尝有言邪？其以为异于鷇音[4]，亦有辩乎[5]，其无辩乎？道恶乎隐而有真伪[6]？言恶乎隐而有是非？道恶乎往而不存？言恶乎存而不可？道隐于小成[7]，言隐于荣华[8]。故有儒墨之是非[9]，以是其所非，而非其所是。欲是其所非而非其所是，则莫若以明[10]。

[1]言非吹：言论和风吹不同。意谓言论出于成见，风吹发于自然。

[2]"言者"二句：意谓辩者各有所说，但其所谈论的对象并没有确定的答案。特，只是、不过。

[3]"果有"二句：（他们）到底是说了话呢，还是没有说话呢？果，到底、究竟。

[4]鷇（kòu）：刚出壳的小鸟。

[5]辩：通"辨"，分别。

[6]恶（wū）：疑问代词，何。乎：介词，于。隐：隐藏，蒙蔽。

[7]小成：片面的成就。

[8]荣华：指浮夸不实之词。

[9] "故有"三句：所以有儒墨各家的是非争论，以别人认为错误的东西为正确，以别人认为正确的东西为错误。是，正确。非，错误。

[10] 莫若以明：不如用明静之心去观照。

　　物无非彼[1]，物无非是。自彼则不见[2]，自知则知之。故曰：彼出于是，是亦因彼，彼是方生之说也[3]。虽然，方生方死[4]，方死方生；方可方不可[5]，方不可方可。因是因非[6]，因非因是。是以圣人不由[7]，而照之于天，亦因是也[8]。是亦彼也，彼亦是也。彼亦一是非[9]，此亦一是非。果且有彼是乎哉？果且无彼是乎哉？彼是莫得其偶[10]，谓之道枢。枢始得其环中[11]，以应无穷。是亦一无穷[12]，非亦一无穷也。故曰莫若以明。

　　[1] "物无"二句：天下万物，没有不可以说是"彼"的，也没有不可以说是"此"的，意谓天下万物没有彼此之分。

　　[2] "自彼"二句：意谓自彼方则不见此方之是，自此方则知此方之是。自知，当作"自是"。

　　[3] 方生：并生。方，并。

　　[4] "方生"二句：刚刚产生随即便是死亡，刚刚死亡随即便会复生。

　　[5] "方可"二句：刚刚肯定随即就是否定，刚刚否定随即便又肯定。

　　[6] "因是"二句：意谓是非相因而生，有是即有非，有非即有是。

　　[7] "圣人"二句：圣人不走是非对立的路子，而是观照于事物的本然。由，行。

　　[8] 是：指上文所述相对之理。

　　[9] "彼亦"二句：彼有彼的是非，此有此的是非。

　　[10] "彼是"二句：不要把彼此对立起来看，此乃"道"的枢纽。偶，对立面。枢，枢纽、关键。

　　[11] "枢始"二句：意谓掌握了道的枢纽，就好像进入了环的中心，可以应付无穷的是非。环中，圆环的中心，喻无是非之境地。

　　[12] "是亦"二句："是"是无穷尽的，"非"也是无穷尽的。

以指喻指之非指[1]，不若以非指喻指之非指也；以马喻马之非马[2]，不若以非马喻马之非马也。天地一指也[3]，万物一马也。可乎可[4]，不可乎不可。道行之而成[5]，物谓之而然[6]。恶乎然[7]？然于然。恶乎不然？不然于不然。恶乎可？可于可。恶乎不可？不可于不可。物固有所然[8]，物固有所可。无物不然[9]，无物不可。故为是举莛与楹[10]，厉与西施[11]，恢恑憰怪[12]，道通为一[13]。其分也[14]，成也；其成也，毁也。凡物无成与毁[15]，复通为一。唯达者知通为一[16]，为是不用[17]，而寓诸庸。庸也者[18]，用也；用也者[19]，通也；通也者，得也[20]；适得而几已[21]。因是已[22]，已而不知其然[23]，谓之道。

[1] "以指"二句：意谓用手指来说明某一手指不是手指，不如拿不是手指的东西来说明某一手指不是手指。

[2] "以马"二句：意谓拿马来说明某一匹马不是马，不如用不是马的东西来说明某一匹马不是马。

[3] "天地"二句：意谓天地无非一指，万物无非一马，天地与一指，万物与一马，都是没有区别的，即天地万物都有它们的共同性。

[4] "可乎"二句：人家认为可，我也跟着认为可；人家认为不可，我也跟着认为不可。

[5] 道行之而成：道路是人走出来的。

[6] 物谓之而然：事物的名称是人叫出来的。

[7] "恶乎"二句：为什么认为这样？人家认为这样，我就认为这样。

[8] "物固"二句：一切事物本来都有它是的地方，一切事物本来都有它可的地方。

[9] "无物"二句：天下没有什么事物是不是的，没有什么事物是不可的。

[10] 莛（tíng）：草茎。楹：厅堂的前柱。

[11] 厉（lài）：病癞，此谓丑女。

[12] 恢：宏大。恑（guǐ）：通"诡"，怪异。憰（jué）：通"谲"，欺诈。

[13] 道通为一：从道的观点来看都可以通而为一。

[14] "其分"二句：意谓事物有所分别，亦各有所成。

[15] 无：无论。

[16] 达者：通达大道的人。

[17] "为是"二句：因此他不会运用自己的聪明巧智，而只是依据众人的意见罢了。寓，寄托。庸，常人、众人。

[18] "庸也"二句：所谓庸，就是依据众人的好恶。

[19] "用也"二句：依据众人的好恶而不固执己见，就能通达于大道。

[20] 得：无往而不自得。

[21] 适得：达到无往而不自得的地步。几：接近。

[22] 因是已：这不过是依据"不用而寓诸庸"罢了。

[23] "已而"二句：虽然依据"不用而寓诸庸"，却不知其为什么这样，叫作"道"。

劳神明为一[1]，而不知其同也，谓之朝三。何谓朝三？狙公赋芧曰[2]："朝三而暮四。"众狙皆怒。曰："然则朝四而暮三。"众狙皆悦。名实未亏而喜怒为用[3]，亦因是也[4]。是以圣人和之以是非而休乎天钧[5]，是之谓两行[6]。

[1] "劳神"二句：竭尽心智去追求"一致"，而不知道它本来就是相同的。神明，精神、心智。

[2] 狙（jū）公：养猴子的人。狙，猕猴。赋：分给。芧（xù）：橡子。

[3] "名实"句：名和实都没有改变而猴子的喜怒却因而不同。

[4] 亦因是也：也是顺着众猴的意思。

[5] 和之以是非：混同是非，不分彼此。和，调和。休：指悠游自得地生活。天钧：自然均衡的道理。《寓言》篇作"天均"。钧，通"均"。

[6] 两行：两端都可行。

古之人，其知有所至矣[1]。恶乎至[2]？有以为未始有物者[3]，至矣，尽矣，不可以加矣。其次，以为有物矣，而未始有封也[4]。其次，以为有封也焉，而未始有是非也。是非之彰也，道之所以亏也[5]。道之所以亏，爱之所以成[6]。果且有成与亏乎哉？果且无成与亏乎哉？有成与亏，故昭氏之鼓琴也[7]；无成与亏，故昭氏之不鼓琴也。昭文之鼓琴也，师旷之枝策也[8]，惠子之据梧也[9]。三子之知几乎[10]，皆其盛者也，故载之末年[11]。唯其好之也，以异于彼[12]；其好之也，欲以明之。彼非所明而明之[13]，故以坚白之昧终[14]。而其子又以文之纶终[15]，终身无成。若是而可谓成乎？虽我亦成也。若是而不可谓成乎？物与我无成也。是故滑疑之耀[16]，圣人之所图也。为是不用而寓诸庸，此之谓以明。

[1] 至：至极，极限。

[2] 恶（wū）：疑问代词，何。

[3] 未始有物：宇宙一开始不曾有万物。

[4] 封：疆界。

[5] 亏：亏损。

[6] 爱：偏私，偏爱。

[7] 昭氏：姓昭名文，善于弹琴。

[8] 师旷：春秋时晋平公的乐师，善音律。枝策：持策（以击乐器）。枝，犹"持"。策，击乐器之物。

[9] 据梧：靠着梧桐树。

[10] "三子"二句：三个人的技艺都算得上登峰造极了。几，尽，达到顶点。

[11] 载之末年：载誉于晚年。载，指载誉。末年，晚年。

[12] 异：不同。彼：他人。

[13] "彼非"句：那并不是别人一定要弄明白的，却强要其弄明白。

[14] 以坚白之昧终：谓惠子终生迷于坚白之说。昧，偏蔽。坚白，指《公孙龙子·坚白论》。《坚白论》认为，一块白色石头的白色和坚硬性是完全可以互相分离而各自独立存在着的，因为"视不得其所坚而得其所白"，"拊不得其所白而得其所坚"。

[15] 其子：指昭文的儿子。纶：绪，这里指继承昭文的事业。

[16] "滑疑"二句：谓迷乱疑惑人心而炫耀于世的做法，是圣人所不取的。滑（gǔ），扰乱。疑，使人心疑惑。图，设法对付。

今且有言于此[1]，不知其与是类乎？其与是不类乎？类与不类，相与为类，则与彼无以异矣。虽然[2]，请尝言之。有始也者[3]，有未始有始也者，有未始有夫未始有始也者。有有也者[4]，有无也者，有未始有无也者，有未始有夫未始有无也者。俄而有无矣[5]，而未知有无之果孰有孰无也。今我则已有谓矣[6]，而未知吾所谓之果有谓乎，其果无谓乎？天下莫大于秋毫之末[7]，而大山为小；莫寿于殇子，而彭祖为夭。天地与我并生，而万物与我为一。既已为一矣，且得有言乎？既已谓之一矣，且得无言乎？一与言为二，二与一为三。自此以往，巧历不能得[8]，而况其凡乎[9]！故自无适有以至于三[10]，而况自有适有乎？无适焉[11]，因是已。

[1] "今且"六句：意谓现在我想在此说几句话，不知道其他辩者的话和我这些话是同类呢，还是不同类呢？无论是同一类，还是不同类，但既然要开口说话，也就和他们所说的为同一类而没有什么区别了。

[2] "虽然"二句：即使如此，还是让我试着说说。

[3] "有始"三句：意谓（宇宙）有一个开始，有一个未曾开始的开始，还有一个未曾开始其未曾开始的开始。

[4] "有有"四句：意谓（宇宙）有"有"，有"无"，有未曾有的"无"，还有一个未曾有其未曾有的"无"。

[5] "俄而"二句：意谓一会儿为有，一会儿为无，也就无法说清到底哪一个是有哪一个是无。俄而，短暂的时间、不久。果，究竟、终究。

[6] "今我"三句：意谓现在我固然已有说明，但却不知道我的说法是真的说明白了，还是并没有说明白。则，固然、本来。谓，言论。

[7] "天下"四句：天下没有比秋天毫毛的末端更大的东西，而泰山却是小的；没有比夭折的婴儿更长寿的，而彭祖却是短命的。殇子，未成年而死者，短命的人。彭祖，传说中的高寿者。因封于彭，故称。

[8] 巧历：善于历算的人。

[9] 凡：凡人，普通人。

[10] 适：到。

[11] "无适"二句：意谓不必再往下说了，因任自然就是了。

夫道未始有封[1]，言未始有常[2]，为是而有畛也[3]，请言其畛：有左有右[4]，有伦有义，有分有辩，有竞有争，此之谓八德。六合之外[5]，圣人存而不论；六合之内，圣人论而不议[6]；春秋经世先王之志[7]，圣人议而不辩[8]。故分也者[9]，有不分也；辩也者，有不辩也。曰：何也？圣人怀之[10]，众人辩之以相示也[11]。故曰：辩也者，有不见也[12]。夫大道不称[13]，大辩不言，大仁不仁[14]，大廉不嗛[15]，大勇不忮[16]。道昭而不道[17]，言辩而不及[18]，仁常而不成[19]，廉清而不信[20]，勇忮而不成[21]：五者园而几向方矣[22]。故知止其所不知[23]，至矣。孰知不言之辩[24]，不道之道[25]？若有能知，此之谓天府[26]。注焉而不满，酌焉而不竭[27]，而不知其所由来，此之谓葆光[28]。

[1] 封：疆界。

[2] 常：定说。

[3] 为是而有畛（zhěn）：只是为了一个"是"字而划出界限。畛，畛域、界限。

[4] "有左有右"五句：指儒、墨等派所执持争辩的八种畛域。"左"谓卑下，"右"谓尊上，"伦"谓亲疏，"义"谓贵贱，此四者乃儒家所述人类关系。"分"谓分析万物，"辩"谓辩其所是，"竞"谓竞说不休，"争"谓争得胜利，此四者乃墨家及其他各派辩士之术。

[5] 六合：指天地和东西南北四方。

[6] 论而不议：研究而不评议。论，研究。

[7] "春秋"句：即"春秋先王经世之志"，意谓一切古史，都是先王治理世事的记载。春秋，泛指古代历史。经，治理。志，记载。

[8] 议而不辩：评议而不争辩。

[9] "分也"四句：（天下的事理）凡是能分别的，其中必定有不能分别的；凡是能辩论的，其中必定有不能辩论的。

[10] 怀：怀藏，包藏。

[11] 相示：相互夸示。

[12] 有不见：有所不见。

[13] 称：称说。

[14] 大仁不仁：大仁是没有偏爱的。

[15] 嗛（qiān）：通"谦"，谦虚。

[16] 不忮（zhì）：不逞血气之勇。忮，强悍、凶狠。

[17] 道昭而不道：道一经说明，便不是真道。昭，昭著、显露。

[18] 言辩而不及：言语过于辩察，便有所不及。

[19] 仁常而不成：仁常守滞一处，便不能周遍。成，当为"周"字之误。

[20] 廉清而不信：廉洁过分就不真实。

[21] 勇忮而不成：若逞血气之勇，就不成其为大勇。

[22] 五者：指上述道、言、仁、廉、勇。园而几向方：意谓求圆却近似于方，比喻事与愿违。园，通"圆"。

[23] "知止"句：即"知止于其所不知"。

[24] 不言之辩：不用言语的辩论。

[25] 不道之道：不可称说的大道。

[26] 天府：自然的府库，此谓涵容大道的心胸。府，储存财物的地方。

[27] 酌：挹取，舀。

[28] 葆光：隐蔽其光辉，比喻才智不外露。葆，藏。

中华优秀传统文化读本

故昔者尧问于舜曰："我欲伐宗、脍、胥敖[1]，南面而不释然[2]。其故何也？"舜曰："夫三子者，犹存乎蓬艾之间[3]。若不释然，何哉？昔者十日并出，万物皆照，而况德之进乎日者乎[4]！"

[1] 宗、脍（kuài）、胥敖：三个小国名，为庄子虚构。

[2] 南面：指临朝听政。释然：愉快的样子。释，通"怿"。

[3] "存乎"句：意谓处于卑微褊小之地。蓬，蓬蒿。艾，艾草。

[4] 进：胜过，超过。

啮缺问乎王倪曰[1]："子知物之所同是乎[2]？"曰："吾恶乎知之[3]？""子知子之所不知邪[4]？"曰："吾恶乎知之？""然则物无知邪[5]？"曰："吾恶乎知之？虽然，尝试言之！庸讵知吾所谓知之非不知邪[6]？庸讵知吾所谓不知之非知邪？且吾尝试问乎汝。民湿寝则腰疾偏死[7]，鳅然乎哉[8]？木处则惴慄恂惧[9]，猨猴然乎哉[10]？三者孰知正处[11]？民食刍豢[12]，麋鹿食荐[13]，蝍蛆甘带[14]，鸱鸦耆鼠[15]，四者孰知正味？猨，猵狙以为雌[16]；麋与鹿交，鳅与鱼游。毛嫱、丽姬[17]，人之所美也；鱼见之深入，鸟见之高飞，麋鹿见之决骤[18]。四者孰知天下之正色哉？自我观之，仁义之端，是非之途，樊然殽乱[19]。吾恶能知其辩[20]！"啮缺曰："子不知利害，则至人固不知利害乎？"王倪曰："至人神矣[21]！大泽焚而不能热[22]，河汉冱而不能寒[23]，疾雷破山、飘风振海而不能惊[24]。若然者[25]，乘云气，骑日月，而游乎四海之外，死生无变于己[26]，而况利害之端乎！"

[1] 啮（niè）缺、王倪：庄子杜撰的人名。

[2] "子知"句：意谓你知道天下万物有共同的认可标准吗？

[3] 恶（wū）：疑问代词，相当于"何""安""怎么"。

[4] "子知"句：意谓你知道自己何以不知的原因吗？

[5] "然则"句：既然这样天下万物就无法知道吗？

[6] 庸讵（jù）：岂，何以。

[7] 湿寝：在潮湿之处睡觉。偏死：偏瘫，半身不遂。

[8] 鳅（qiū）：泥鳅。然：这样。

[9] 木处：在树上居住。惴慄恂（xún）惧：恐惧害怕。

[10] 猨（yuán）：同"猿"。

[11] "三者"句：民、泥鳅、猿猴三者，谁知道哪里是真正合适的处所？

[12] 刍（chú）豢（huàn）：用草喂的家畜叫刍，指牛羊之类；用谷物喂的家畜叫豢，指猪狗之类。

[13] 荐：美草。

[14] 蝍（jí）蛆（jū）：蜈蚣。带：蛇。

[15] 鸱（chī）：鹞鹰。耆：通"嗜"。

[16] 猵（piàn）狙（jū）：兽名，其雄性喜与雌猿交配。

[17] 毛嫱（qiáng）、丽姬：古代美人。

[18] 决骤：快速奔走。

[19] 樊然：纷乱的样子。殽（xiáo）乱：混乱。殽，同"淆"。

[20] 辩：通"辨"，分别。

[21] 神：神妙不测。

[22] 焚：干。

[23] 河：黄河。汉：汉水。沍（hù）：冻。

[24] 飘风：旋风，暴风。

[25] 若然者：像这样的人。

[26] 无变：无所改变。

瞿鹊子问乎长梧子曰[1]："吾闻诸夫子[2]：'圣人不从事于务[3]，不就利[4]，不违害，不喜求[5]，不缘道[6]；无谓有谓[7]，有谓无谓，而游乎尘垢之外[8]。'夫子以为孟浪之言[9]，而我以为妙道之行也。吾子以为奚若[10]？"长梧子曰："是黄帝之所听荧也[11]，而丘也何足以知之！且女亦大早计[12]，见卵而求时夜[13]，见弹而求鸮炙[14]。予尝为女妄言之[15]，女以妄听之。奚旁日月[16]、挟宇宙，为其吻合[17]，置其滑涽[18]，以隶相尊[19]？众人役役[20]，圣人愚芚[21]，参万岁而一成纯[22]，万物尽然而以是相蕴[23]。予恶乎知说生之非惑邪[24]？予恶乎知恶死之非弱丧而不知归者邪[25]？丽之姬[26]，艾封人之子也[27]。晋国之始得之也，涕泣沾襟；及其至于王所，与王同筐床[28]，食刍豢，而后悔其泣也。予恶乎知夫死者不悔其始之蕲生乎[29]？梦饮酒者，旦而哭泣；梦哭泣者，旦而田猎。方其梦也，不知其梦也。梦之中又占其梦焉，觉而后知其梦也，且有大觉而后知此其大梦也[30]。而愚者自以为觉，窃窃然知之[31]。君乎，牧乎[32]，固哉[33]！丘也与汝，皆梦也；予谓汝梦，亦梦也。是其言也[34]，其名为吊诡。万世之后而一遇大圣，知其解者，是旦暮遇之也。即使我与若辩矣[35]，若胜我，我不若胜，若果是也，我果非也邪？我胜若，若不吾胜，我果是也，而果非也邪[36]？其或是也，其或非也邪？其俱是也，其俱非也邪？我与若不能相知也，则人固受其黮暗[37]，吾谁使正之？使同乎若者正之？既与若同矣，恶能正之！使同乎我者正之？既同乎我矣，恶能正之！使异乎我与若者正之？既异乎我与若矣，恶能正之！使同乎我与若者正之？既同乎我与若矣，恶能正之！然则我与若与人俱不能相知也，而待彼也邪[38]？化声之相待[39]，若其不相待，和之以天倪[40]，因之以曼衍[41]，所以穷年也。何谓和之以天倪？曰：是不是，然不然。是若果是也，则是之异乎不是也亦无辩；然若果然也，则然之异乎不然也亦无辩。忘年忘义[42]，振于无竟[43]，故寓诸无竟。"

[1] 瞿鹊子、长梧子：均为杜撰人名。

[2] 夫子：指孔子。

[3] 务：事务。

[4] "不就利"二句：不贪图利益，不躲避祸害。违，避。

[5] 求：贪求。

[6] 不缘道：不拘泥于道。

[7] "无谓"二句：意谓没有说话，却好像说了话；说了话，却好像没有说话。

[8] 尘垢：谓世俗，尘世。

[9] 孟浪：疏阔而不精要，荒诞而无边际。

[10] 奚若：何如，如何。

[11] 听荧（yíng）：惶惑。

[12] 大早计：考虑得太早。大，通"太"。计，考虑。

[13] 时夜：司夜，指鸡叫。

[14] 鸮（xiāo）炙：鸮鸟的烤肉。

[15] "予尝"句：妙道不可言说耳听，故谓"妄言之""妄听之"。妄，胡乱、随意。

[16] 奚：何，什么。旁：通"傍"，凭依，靠近。

[17] 为其吻合：和宇宙万物合为一体。吻合，相符合、和谐。

[18] 置其滑（gǔ）涽（hūn）：任其纷乱而不顾。滑，通"汩"，淆乱。涽，

乱。

[19] 以隶相尊：把卑贱与尊贵看作一样。隶，奴隶，地位低下的人。相，视。

[20] 役役：劳苦不息的样子。

[21] 愚芚（chūn）：浑然无知的样子。

[22] "参万岁"句：糅合古今无数变异而成一精纯之体。参，糅合。万岁，年代久远。

[23] 相蕴：互相蕴含。

[24] "予恶乎"句：意谓我怎么知道贪生就不是糊涂呢？说，同"悦"。

[25] "予恶乎"句：意谓我怎么知道怕死就不像小孩子迷路而不知回家呢？

[26] 丽之姬：即骊姬，晋献公夫人。

[27] 艾：地名。封人：封疆守土的人。

[28] 筐床：匡床，方正而安适的床。

[29] 蕲（qí）：通"祈"，求。

[30] 大觉：大梦觉醒，比喻了悟大道。

[31] 窃窃然：明察的样子。

[32] 牧：臣仆。

[33] 固：固陋，浅陋。

[34] "是其"二句：这番道理，可以算作奇异非常之谈。吊诡，奇特、怪异。

[35] 若：你。

[36] 而：通"尔"，你。

[37] 黮（dǎn）暗：暗昧不明，所见偏蔽。

[38] 彼：他人。

[39] 化声：指各种论辩是非的言论。相待：互相对待，互相对立。

[40] 和：调和。天倪：天然的分际。

[41] 因：顺应。曼衍：散漫流衍，延伸变化。

[42] 忘年忘义：谓忘记生死是非。年，指生死。义，指是非。

[43] "振于"二句：谓能逍遥于无我忘我之境，也就能寓居于无穷无尽之境。振，畅达。竟，通"境"。

罔两问景曰[1]："曩子行[2]，今子止；曩子坐，今子起：何其无特操与[3]？"景曰："吾有待而然者邪[4]？吾所待又有待而然者邪？吾待蛇蚹蜩翼邪[5]？恶识所以然[6]！恶识所以不然！"

[1] 罔两：影子边缘的淡薄阴影。景：后作"影"。

[2] 曩（nǎng）：先时，以前。

[3] 无特操：没有独立的操守。特，独特、独立。

[4] "吾有"二句：意谓我因为有所依赖才这样的吧？我所依赖的东西又有所依赖才这样的吧？待，依靠、依凭。

[5] 蛇蚹（fù）：蛇脱下的皮。蚹，蛇腹下的横鳞。蜩（tiáo）翼：蝉蜕壳。

[6] "恶识"二句：怎么知道这样的原因呢？又怎么知道不这样的原因呢？

昔者庄周梦为胡蝶[1]，栩栩然胡蝶也[2]，自喻适志与[3]！不知周也。俄然觉，则蘧蘧然周也[4]。不知周之梦为胡蝶与，胡蝶之梦为周与？周与胡蝶，则必有分矣。此之谓物化[5]。

[1] 昔者：夜间。昔，通"夕"。胡：通"蝴"。

[2] 栩栩然：蝴蝶飞舞轻快自如的样子。

[3] 自喻适志与：自己觉得快乐极了。喻，通"愉"，适志，快意。

[4] 蘧（qú）蘧然：悠然自得的样子。

[5] 化：融合，融化。

【阅读书目】

《庄子注疏》，[晋]郭象注，[唐]成玄英疏，中华书局。

《庄子集解》，[清]王先谦，中华书局。

《庄子集释》，[清]郭庆藩，中华书局。

《庄子今注今译》，陈鼓应，中华书局。

《庄子哲学》，王博，北京大学出版社。

第五章　孟子的修养

第一节　孟子与《孟子》

春秋战国是中国历史上的大变革时期，社会政治、经济、文化等发生剧烈动荡。这一时期，周王室衰落，各诸侯国之间互相征伐，弱小的诸侯国被吞并，到了战国中期，逐渐形成七国争霸的局面。社会的剧烈变动，引起了新旧势力和各阶级、阶层之间的复杂而又激烈的斗争。当时代表各阶级、各阶层的学者或思想家，都希望按照本阶级、阶层或本集团的利益和要求，对社会提出不同的政治主张。他们著书立说，广收门徒，去各国游说、讲学，于是逐渐在思想领域形成"百家争鸣"的局面。儒、道、墨、法、兵、纵横诸家都竭力宣扬自己的一套政治主张，希望各国君主能够采纳。孟子继承孔子"仁"的思想，并进一步形成了"仁政""王道"的思想学说，这也成为他一生的追求和游说各国君主的主要内容。

孟子（约公元前372—约公元前289年），名轲，字子舆，又字子车、子居，邹（今山东邹县）人，是中国古代著名的思想家、教育家、政治家，战国时期儒家思想的重要代表人物，被后世尊为"亚圣"。关于他的生卒之年，由于缺乏相关历史资料，历来有不同说法，至今尚无定论。据说孟子是鲁国贵族孟孙氏的后裔。鲁桓公的三位庶子被称为"三桓"（孟孙、叔孙、季孙），孟孙嫡系被称为孟孙氏，其余支子改称孟氏。这个孟氏就是孟子姓氏的由来。《春秋演孔图》《阙里志》等书记载孟子父亲名激，字公宜，母亲为仇氏，其说难以证实。孟子幼年失父，由母亲精心教育。关于孟母教子的故事，在韩婴《韩诗外传》、刘向《列女传》等古书中有不少记载，历史上也流传着"孟母三迁""杀豚不欺子""断织劝学"等脍炙人口的故事。

孔子去世一百多年后，孟子才出生。孟子受业于何人，至今亦尚无定论。司马迁写《史记》，为孟子作了篇一百多字的传记：

> 孟轲，邹人也。受业子思之门人。道既通，游事齐宣王，宣王不能用。适梁，梁惠王不果所言，则见以为迂远而阔于事情。当是之时，秦用商君，富国强兵；楚、魏用吴起，战胜弱敌；齐威王、宣王用孙子、田忌之徒，而诸侯东面朝齐。天下方务于合从连横，以攻伐为贤，而孟轲乃述唐、虞、三代之德，是以所如者不合。退而与万章之徒序《诗》《书》，述仲尼之意，作《孟子》七篇。

这里记载孟子"受业子思之门人"，也就是受业于孔子的嫡孙子思的门人。虽然孟子没有直接受业于子思，但是孟子确实受到子思思想的很大影响，而子思又是孔子门人曾子的弟子，所以孟子思想与孔子一脉相承。

孟子在三十多岁的时候，开始在邹国开办私塾，收徒讲学。公孙丑、万章、徐辟等都是他的学生。四十多岁时，开始周游列国，宣传他的"仁政"等思想主张。他曾去过宋、齐、魏、鲁、滕等国。孟子周游列国的第一站是齐国。齐国是当时东方最强大的国家，在国都临淄（今山东省淄博市临淄区）设立稷下学宫，汇集了天下有识之士，成为战国时期文化的中心。孟子曾两次到齐国，第一次正值齐威王执政，可能由于当时孟子的影响还不够大，思想还未成熟，因而没有得到重视。于是孟子离开齐国前往宋国。在宋国活动未果后，孟子回到了邹国。鲁平公即位后，重用孟子的学生乐正克，于是孟子动身前往鲁国。然而由于臧仓的破坏，孟子的政治抱负依然没能在鲁国得以实现。滕文公嗣位以后，孟子又出游到滕国，滕文公向他请教治国良策，孟子向滕王宣讲了自己的"性善"说。这时他的仁政思想已产生较大影响。五十多岁的时候，孟子率领弟子来到魏国，受到梁惠王的接见，并趁机宣扬了"仁政"思想。梁惠王接受了孟子的重民之道和仁义主张，施行仁政，受到了百姓的拥戴。孟子第二次到齐国时，正值齐宣王执政，被任用为齐国卿相。尽管孟子曾受到各国诸侯的尊敬和礼遇，然而，他的政治主张不符合当时的社会形势，各国间都以武力相争，他却提倡仁义而不言利，因此其学说得不到执政者的支持，其主张最终很少被采纳。

孟子结束周游列国之旅以后，晚年回到家乡，集中精力著书立说，教授门徒，并和弟子万章、公孙丑等人把他的政治主张、哲学理论、教育纲领等整理成书，著有《孟子》七篇，奠定了其"亚圣"地位。关于《孟子》一书的作者，历来有三种不同的看法：一是认为由孟子本人著述，是孟子生前写成的。持有这种观点的主要有东汉赵岐、南宋朱熹等。二是认为孟子死后由他的门徒万章、公孙丑等人共同记述。持有这种观点的主要有唐代的韩愈、张籍，宋代的苏辙、晁公武等。三是认为孟子与万章、公孙丑师徒一起记述，主要作者是孟子本人。持有这种观点的主要是太史公司马迁。目前学术界较多采取司马迁的说法。现在流传的《孟子》共有七篇，约三万五千余字，篇目依次是：梁惠王、公孙丑、滕文公、离娄、万章、告子、尽心。每篇各分上下，篇名取自各篇开头的几个字，与其内容没有必然联系。

《孟子》是记录孟子言行的一本书，包括孟子与其他诸家思想的争辩、对弟子的言传身教、游说诸侯的内容等，属语录体散文集。与《论语》一样都是采用对话体，但是《孟子》以驳论为主要论证方法，使得文章更有文采和气势。《孟子》一书记载了关于孟子的详细资料，为后世研究孟子思想以及先秦政治、历史、文化等提供了确切的历史依据。

《孟子》原来只是一部儒家的一般性著作，不属于儒家经典。班固《汉书·艺文志》把《论语》列为经类，而把《孟子》列为诸子类。当时学术界只有"周孔"和"孔颜"的说法，没有"孔孟"之说。这说明，汉代时孟子的地位在一般读书人心目中并不高。初唐时孟子地位没有明显的提升，直到韩愈《原道》提出儒家"道统"说，孟子的地位逐渐提高。周予同先生认为：从唐代中叶到宋代四百年间出现了一场"孟子升格运动"，孟子地位得到明显的提升。宋代庆历年间以后，学界开始大力尊孟。宋神宗熙宁四年（1071），《孟子》首次被列入科举考试科目之中。元丰六年（1083），孟子受封为"邹国公"，第二年被允配享孔庙。宣和年间（1119—1125），《孟子》首次被刻石，成为最后一部列入"十三经"的典籍。南宋孝宗时，朱熹将《孟子》列为"四书"之一。《孟子》的经典地位得到巩固。

　　《孟子》一书在中国思想史和文学史上具有无可替代的地位，对于中国人的思想和后世散文创作都有重大的影响。就中国思想史而言，孟子继承孔子"仁"的思想，并对之作了进一步的发展。孟子思想非常丰富，主要有仁义论、性善论、养气论、义利论、王霸论等。但是，由于《孟子》一书为对话体，书中对于孟子某一思想的论述并不是集中在一章，而是分散在各章，所以我们阅读《孟子》时，要注意梳理思想线索，在通读《孟子》的基础上，根据某一思想主题将分散在各章的论述融会贯通。我们认为，孟子的主要思想是仁政和王道思想，它的理论基础是"性善论"，因此"性善论"可以说是孟子思想体系的核心。

　　人性问题是中国传统人文思想中一个被大家普遍关注的问题。探索"人"自身的内在性、社会性及其与自然性的关系，很早便成为思想家的主题，自然也是儒学研究中非常重要的问题。孔子是第一个讲人性的人，即"性相近也，习相远也"（《论语·阳货》），认为人的"天性"都是基本相近的，之所以各有差别，乃是由于人之所"习"的不同。孔子之后，战国时流行的人性理论不下十余种，如性自然说、性善说、性恶说、性自利自爱说、性无善无不善说等。而孟子对当时的大多数人性理论都不认可，他主张性善论。

　　孟子的性善论是在批驳告子提出的"生之谓性"（《告子上》）等论点的基础上提出的。他说："人性之善也，犹水之就下也。"（《告子上》）性善的核心是"人皆有不忍人之心"，即人人都有不伤害他人之心。这种不忍人之心又称为"恻隐之心"，即表达对他人不幸的同情之心。围绕"不忍人之心"，孟子还提出了"羞恶之心""辞让之心""是非之心"，合之称为"四心"。

为了论证人性为善，孟子举了一个"孺子将入于井"的例子："今人乍见孺子将入于井，皆有怵惕恻隐之心，非所以内交于孺子之父母也，非所以要誉于乡党朋友也，非恶其声而然也。由是观之，无恻隐之心，非人也；无羞恶之心，非人也；无辞让之心，非人也；无是非之心，非人也。恻隐之心，仁之端也；羞恶之心，义之端也；辞让之心，礼之端也；是非之心，智之端也。人之有是四端也，犹其有四体也。"（《公孙丑上》）救人不过是出于纯粹的内在本能，这种本能是以"不忍人之心"为根柢的，本质上是善的。

孟子又从人与动物的区别上去推断人性为善，认为人与动物的区别就那么一点点，即"人之所以异于禽兽者几希"（《离娄下》），也就是说人不同于动物的地方就只有"不忍人之心"那么一点了。因此，恻隐之心、羞恶之心、辞让之心、是非之心这"四端"，本身就具有道德价值，同时也是评判道德和实践道德的标准，因此成为人们实现道德的动力。这"四端"说明人不同于禽兽，人性本善。

孟子还从人的共同性论证人性善。"口之于味也，有同耆焉；耳之于声也，有同听焉；目之于色也，有同美焉。至于心，独无所同然乎？心之所同然者，何也？谓理也，义也。"（《告子上》）由此推言，人心有相同之处，即"理""义"。人同此心，心同此理，人心莫不好道理、仁义，因而人性本善。

此外，孟子还从亲情的角度论证人性善。"人之所不学而能者，其良能也；所不虑而知者，其良知也。孩提之童无不知爱其亲者，及其长也，无不知敬其兄也。亲亲，仁也；敬长，义也。"（《尽心上》）这种家庭伦理说明父母儿女之情是本能，这种本能表现在道德上便是仁义，因此人性本善。

当然，孟子认为人性受后天环境的影响。人虽然具有仁义礼智的善的本性，但还必须通过教育，加强道德修养，尽量去扩充这些善，保存其"浩然之气"，达到"成德"的境界，只有这样才能"人皆可以为尧舜"，在道德上实践"性善"。

孟子论性善不是通过形式逻辑来证明性善论成立，而是通过不同的论述来强调一种生命的体验，从而启发人们对于自己善良之心的体悟。性善论归根到底是建立在孟子主观唯心主义世界观基础上的，人要按照"天命"行事，必须知道"天命"，这就要求人不断地去扩充发展仁、义、礼、智等固有的"善端"，只有这样才能完整地把握、认知人的本性。这种"万物皆备于我"，"天人合一"的世界观正是孟子"仁政"学说的理论根据。

孟子的"仁政"思想是一种朴素的民本思想。孟子说："人皆有不忍人之心。先王有不忍人之心，斯有不忍人之政矣。以不忍人之心，行不忍人之政，治天下可运之掌上。……人之有是四端也，犹其有四体也。有是四端而自谓不能者，自贼者也；谓其君不能者，贼其君者也。"（《公孙丑上》）"不忍人之政"就是"仁政"。

孟子的"仁政"思想内容广泛，包括政治、经济、教育、民生等。"民为贵，社稷次之，君为轻"体现了他最朴素的民本思想。他说："夫仁政，必自经界始。"实行仁政首先要解决土地问题。孟子认为，"民之为道也，有恒产者有恒心，无恒产者无恒心"，提出"制民恒产"的主张，使人民生活有保障，从而安居乐业。

以今天的眼光来看，孟子的思想具有重要的价值和影响，但结合战国时期的时代特点考虑，不可否认，孟子的某些思想显得过于理想化而缺乏实际的可行性。比如孟子建议滕文公实行井田制，就是不符合当时的历史条件的，自然也并没有为滕国所采纳。另外，孟子最重要的政治主张"仁政"说，虽然有其不可磨灭的进步意义，但也应当认识到，在群雄并起的战国时代，无论是出于主动争霸的野心，还是迫于防御自保的无奈，富国强兵都是各大小诸侯国的第一诉求和目标。在这种现实形势之下，孟子所谓"善战者服上刑，连诸侯者次之，辟草莱、任土地者次之"（《离娄上》）的思想，难免显得有些不合时宜，也难怪司马迁说他"迂远而阔于事情"了。

第二节　《孟子》选读

一、梁惠王

梁惠王曰[1]："寡人之于国也[2]，尽心焉耳矣。河内凶[3]，则移其民于河东[4]，移其粟于河内。河东凶亦然。察邻国之政，无如寡人之用心者。邻国之民不加少[5]，寡人之民不加多，何也？"

孟子对曰："王好战，请以战喻。填然鼓之[6]，兵刃既接，弃甲曳兵而走[7]。或百步而后止[8]，或五十步而后止。以五十步笑百步，则何如？"

曰："不可，直不百步耳[9]，是亦走也。"

曰："王如知此，则无望民之多于邻国也。不违农时，谷不可胜食也[10]；数罟不入洿池[11]，鱼鳖不可胜食也；斧斤以时入山林[12]，材木不可胜用也。谷与鱼鳖不可胜食，材木不可胜用，是使民养生丧死无憾也。养生丧死无憾，王道之始也。五亩之宅，树之以桑，五十者可以衣帛矣[13]；鸡豚狗彘之畜，无失其时[14]，七十者可以食肉矣；百亩之田，勿夺其时，数口之家可以无饥矣；谨庠序之教[15]，申之以孝悌之义[16]，颁白者不负戴于道路矣[17]。七十者衣帛食肉，黎民不饥不寒[18]，然而不王者，未之有也。"

[1] 梁惠王：即魏惠王，"惠"为其谥号。公元前362年，魏国将都城从安邑

（今山西夏县西北）迁到大梁（今河南开封），因而它也被称为梁。

[2] 寡人：古代诸侯对下的自称。朱熹《集注》云："诸侯自称，言寡德之人也。"

[3] 河内：指黄河以北地区，在今河南济源一带。凶：谓荒年。《墨子·七患》："三谷不收谓之凶。"

[4] 河东：指今山西安邑一带，黄河经此作北南流向，该地区位于黄河以东。

[5] 加：增益，更加。

[6] 填然：形容声势宏大。填，象声词。

[7] 曳（yè）兵：拖着兵器。走：疾趋，奔跑，此谓逃跑。

[8] 或：有的人。

[9] 直：只是，不过。

[10] 胜（shēng）：尽，完。朱熹《集注》云："不可胜食，言多也。"

[11] 数（cù）：细密，稠密。罟（gǔ）：网。洿（wū）池：水塘。洿，低下、低洼。

[12] 斤：斧头的一种，古代常斤、斧连称。以时：按一定的季节。

[13] 衣（yì）：用作动词，穿。

[14] 豚：小猪。彘（zhì）：大猪。无失其时：不耽误养育的时节。

[15] 庠（xiáng）序：古代的学校。殷代叫庠，周代叫序。

[16] 申：重复。孝悌：善事父母为孝，善事兄长为悌。

[17] 颁白：同"斑白"，头发半白。负戴：负指背在背上，戴指顶在头上。

[18] 黎民：指老百姓。黎，众、众多。

曰："不为者与不能者之形何以异？"

曰："挟泰山以超北海[1]，语人曰：'我不能。'是诚不能也。为长者折枝[2]，语人曰：'我不能。'是不为也，非不能也。故王之不王，非挟泰山以超北海之类也；王之不王，是折枝之类也。老吾老，以及人之老；幼吾幼，以及人之幼。天下可运于掌[3]。《诗》云：'刑于寡妻[4]，至于兄弟，以御于家邦。'言举斯心加诸彼而已。故推恩足以保四海，不推恩无以保妻子。古之人所以大过人者，无他焉，善推其所为而已矣。今恩足以及禽兽，而功不至于百姓者，独何与？权[5]，然后知轻重；度[6]，然后知长短。物皆然，心为甚。王请度之！抑王兴甲兵[7]，危士臣，构怨于诸侯[8]，然后快于心与？"

[1] 超：越过。北海：齐北邻于海，此泛指齐北境的大海。

[2] 折枝：有三种解释：折取树枝，弯腰行礼，按摩肢体。朱熹《集注》云："为长者折枝，以长者之命折草木之枝，言不难也。"

[3] "天下"句：赵岐注云："天下可转之掌上，言其易也。"

[4] "刑于"三句：引自《诗·大雅·思齐》。刑，通"型"，法式，楷模，这里指示范，以身作则。寡妻，国君的正妻，称之为"寡"，犹如国君自称寡人。家邦，指国家。

[5] 权：称量，权衡。

[6] 度（duó）：丈量，计算。

[7] 抑：难道。

[8] 构怨：结成仇恨。

王曰："吾惛[1]，不能进于是矣。愿夫子辅吾志，明以教我。我虽不敏，请尝试之。"

曰："无恒产而有恒心者[2]，惟士为能。若民，则无恒产，因无恒心。苟无恒心，放辟邪侈[3]，无不为已。及陷于罪，然后从而刑之[4]，是罔民也[5]。焉有仁人在位，罔民而可为也？是故明君制民之产[6]，必使仰足以事父母，俯足以畜妻子，乐岁终身饱，凶年免于死亡。然后驱而之善，故民之从之也轻[7]。今也制民之产，仰不足以事父母，俯不足以畜妻子，乐岁终身苦，凶年不免于死亡。此惟救死而恐不赡[8]，奚暇治礼义哉[9]？王欲行之，则盍反其本矣[10]！五亩之宅，树之以桑，五十者可以衣帛矣；鸡豚狗彘之畜，无失其时，七十者可以食肉矣；百亩之田，勿夺其时，八口之家可以无饥矣；谨庠序之教，申之以孝悌之义，颁白者不负戴于道路矣。老者衣帛食肉，黎民不饥不寒，然而不王者，未之有也。"

[1] 惛（hūn）：通"昏"，糊涂、愚昧。

[2] 恒产：谓固定的产业，指土地、田园、房屋等不动产。恒心：常存的善心。

[3] 放辟邪侈：谓放荡胡来，恣意妄为。

[4] 刑：惩罚，处罚。

[5] 罔：欺罔，网罗，陷害。

[6] 制：约制，规定。

[7] 轻：轻易，容易。

[8] 赡：足够。

[9] 奚：何。

[10] 盍：何不。

二、公孙丑

"敢问夫子恶乎长？"[1]曰："我知言，我善养吾浩然之气[2]。"

"敢问何谓浩然之气？"曰："难言也。其为气也，至大至刚，以直养而无害[3]，则塞于天地之间。其为气也，配义与道；无是，馁也[4]。是集义所生者[5]，非义袭而取之也。行有不慊于心[6]，则馁矣。我故曰，告子未尝知义[7]，以其外之也。必有事焉而勿正[8]，心勿忘，勿助长也。无若宋人然。宋人有闵其苗之不长而揠之者[9]，芒芒然归[10]，谓其人曰[11]：'今日病矣[12]！予助苗长矣！'其子趋而往视之，苗则槁矣！天下之不助苗长者寡矣。以为无益而舍之者，不耘苗者也[13]；助之长者，揠苗者也，非徒无益[14]，而又害之。"

[1] "敢问"句：孟子学生公孙丑的问话。恶（wū）乎：疑问代词，犹言何所。

[2] 浩然之气：正大刚直之气。

[3] 直：正，正义。害：损害，妨碍。

[4] 馁：空虚，贫乏。

[5] "集义"二句：谓"气"乃通过正义的培养而产生，并非从堆积的道义中去拾取。袭，重叠，堆积。

[6] 慊（qiè）：同"惬"，满足，满意。

[7] 告子：名不害，墨子的弟子。

[8] 事：事务。正：止，制止。

[9] 闵：忧愁。揠：拔起。

[10] 芒芒然：疲惫的样子。

[11] 其人：其家人。

[12] 病：累，疲倦。

[13] 耘：除草。

[14] 徒：副词，但，仅，只是。

孟子曰："以力假仁者霸[1]，霸必有大国，以德行仁者王，王不待大[2]。汤以七十里[3]，文王以百里[4]。以力服人者，非心服也，力不赡也[5]；以德服人者，中心悦而诚服也，如七十子之服孔子也[6]。《诗》云：'自西自东[7]，自南自北，无思不服。'此之谓也。"

[1] 假：假托，假借。

[2] 待：依靠，依恃。

[3] 汤：商朝的开国之君，又称成汤、武汤、武王等。

[4] 文王：周文王。

[5] 赡：足够。

[6] 七十子：指孔子的弟子。《史记·孔子世家》云："孔子以诗书礼乐教弟子，盖三千焉，身通六艺者七十有二人。"这七十余人通称"七十子"。

[7] "自西"三句：引自《诗·大雅·文王有声》。思，助词。

孟子曰："人皆有不忍人之心。先王有不忍人之心，斯有不忍人之政矣。以不忍人之心，行不忍人之政，治天下可运之掌上。所以谓人皆有不忍人之心者，今人乍见孺子将入于井[1]，皆有怵惕恻隐之心[2]。非所以内交于孺子之父母也[3]，非所以要誉于乡党朋友也[4]，非恶其声而然也。由是观之，无恻隐之心，非人也；无羞恶之心，非人也；无辞让之心，非人也；无是非之心，非人也。恻隐之心，仁之端也[5]；羞恶之心，义之端也；辞让之心，礼之端也；是非之心，智之端也。人之有是四端也，犹其有四体也。有是四端而自谓不能者，自贼者也[6]；谓其君不能者，贼其君者也。凡有四端于我者[7]，知皆扩而充之矣，若火之始然[8]，泉之始达。苟能充之，足以保四海；苟不充之，不足以事父母。"

[1] 乍：忽然。

[2] 怵（chù）惕（tì）：惊恐的样子。恻隐：同情，不忍。

[3] 内：同"纳"，接纳，结交。

[4] 要：通"邀"，探求，求取。

[5] 端：发端，开头。

[6] 贼：害。

[7] 我：自己，自身。

[8] 然：同"燃"，燃烧。

孟子曰："子路，人告之以有过则喜。禹闻善言则拜[1]。大舜有大焉[2]，善与人同[3]。舍己从人，乐取于人以为善[4]。自耕、稼、陶、渔以至为帝[5]，无非取于人者。取诸人以为善，是与人为善者也[6]。故君子莫大乎与人为善。"

[1] 禹：夏朝的第一位天子，相传因治水有功，受舜禅让而继承帝位。

[2] 有：同"又"。大：谓更进一步，超过。

[3] 善与人同：谓美德与人共有而不私藏。

[4] 乐取于人：谓乐于吸取别人优长。

[5] 耕：种田，播种。稼：种植五谷。陶：制作瓦器。

[6] 与：助，帮助。

三、滕文公

滕文公问为国[1]。

孟子曰："民事不可缓也[2]。《诗》云：'昼尔于茅[3]，宵尔索绹；亟其乘屋，其始播百谷。'民之为道也，有恒产者有恒心，无恒产者无恒心。苟无恒心，放辟邪侈，无不为已。及陷乎罪，然后从而刑之，是罔民也[4]。焉有仁人在位，罔民而可为也？是故贤君必恭俭礼下，取于民有制[5]。阳虎曰[6]：'为富不仁矣，为仁不富矣。'"

[1] 滕文公：滕国国君。滕是西周初年所分封的诸侯国，位于今山东滕县西南。

[2] 民事：指与民众有关的事务，朱熹释为"农事"。

[3] "昼尔"四句：引自《诗·豳风·七月》。于，往、去。朱熹《集注》云："往取也。"茅，茅草，用来盖屋顶。宵，晚上。索绹（táo），即制绳索。绹，绳索。亟，疾速。乘屋，即修盖房屋。乘，治理、修葺。百谷，泛指各种粮食作物。

[4] 罔民：欺骗陷害百姓。

[5] 制：制度，法制。

[6] 阳虎：即阳货，鲁国执政大夫季氏的家臣。

景春曰[1]："公孙衍、张仪岂不诚大丈夫哉[2]？一怒而诸侯惧，安居而天下熄[3]。"

孟子曰："是焉得为大丈夫乎？子未学礼乎？丈夫之冠也[4]，父命之[5]；女子之嫁也，母命之，往送之门，戒之曰：'往之女家，必敬必戒[6]，无违夫子[7]！'以顺为正者[8]，妾妇之道也。居天下之广居[9]，立天下之正位[10]，行天下之大道[11]。得志，与民由之[12]；不得志，独行其道。富贵不能淫[13]，贫贱不能移[14]，威武不能屈[15]，此之谓大丈夫。"

[1] 景春：与孟子同时的纵横家。

[2] 公孙衍、张仪：皆为魏国人，战国中期著名的纵横家。

[3] 熄：火灭，此指烽火熄。

[4] 冠：古代男子到了二十岁，要行冠礼，以示成年。

[5] 命：告诫、训示的意思。

[6] 戒：戒慎，谨慎。

[7] 夫子：此指丈夫。

[8] 正：标准，准则。

[9] 广居：宽大的住所，儒家用以喻仁。朱熹《集注》云："广居，仁也。"

[10] 正位：中正之位。朱熹《集注》云："正位，礼也。"

[11] 大道：正道、常理，指最高的治世原则、伦理纲常。朱熹《集注》云："大道，义也。"

[12] 由：为，从事。

[13] 淫：惑乱，迷惑。

[14] 移：动摇，改变。

[15] 屈：屈服，折节。

四、离娄[1]

孟子曰："君子所以异于人者，以其存心也[2]。君子以仁存心，以礼存心。仁者爱人，有礼者敬人。爱人者，人恒爱之；敬人者，人恒敬之。有人于此，其待我以横逆[3]，则君子必自反也[4]：我必不仁也，必无礼也，此物奚宜至哉[5]？其自反而仁矣，自反而有礼矣，其横逆由是也[6]，君子必自反也：我必不忠。自反而忠矣，其横逆由是也，君子曰：'此亦妄人也已矣[7]。如此，则与禽兽奚择哉[8]？于禽兽又何难焉[9]？'是故君子有终身之忧，无一朝之患也[10]。乃若所忧则有之[11]：舜，人也；我，亦人也。舜为法于天下[12]，可传于后世，我由未免为乡人也[13]，是则可忧也。忧之如何？如舜而已矣。若夫君子所患[14]，则亡矣[15]。非仁无为也，非礼无行也，如有一朝之患，则君子不患矣。"

[1] 离娄：亦称"离朱"，相传为黄帝时人，目力极强。

[2] 存心：犹居心，指心里怀有的意念。

[3] 横逆：强暴无理的行为。

[4] 自反：反躬自问，自己反省。

[5] 物：事，事情。

[6] 由是：犹言依然如此。

[7] 妄人：无知妄为的人。

[8] 奚择：谓何异也。择，区别。

[9] 难（nàn）：责难。

[10] 一朝：一时。患：祸患，灾难。

[11] 乃若：至于。

[12] 法：楷模、规范。

[13] 由：同"犹"，还，仍。乡人：乡下人，或谓俗人。

[14] 患：担心，忧虑。

[15] 亡（wú）：无，没有。

五、万章

万章问曰[1]："敢问友。"

孟子曰："不挟长[2]，不挟贵，不挟兄弟而友。友也者，友其德也，不可以有挟也。孟献子[3]，百乘之家也[4]，有友五人焉：乐正裘、牧仲[5]，其三人，则予忘之矣。献子之与此五人者友也，无献子之家者也[6]。此五人者，亦有献子之家，则不与之友矣。非惟百乘之家为然也，虽小国之君亦有之。费惠公曰[7]：'吾于子思[8]，则师之矣；吾于颜般[9]，则友之矣；王顺、长息则事我者也[10]。'非惟小国之君为然也，虽大国之君亦有之。晋平公之于亥唐也[11]，入云则入[12]，坐云则坐，食云则食；虽蔬食菜羹[13]，未尝不饱，盖不敢不饱也。然终于此而已矣。弗与共天位也[14]，弗与治天职也，弗与食天禄也[15]。士之尊贤者也，非王公之尊贤也。舜尚见帝[16]，帝馆甥于贰室[17]，亦飨舜[18]，迭为宾主[19]，是天子而友匹夫也。用下敬上[20]，谓之贵贵；用上敬下，谓之尊贤。贵贵尊贤，其义一也。"

[1] 万章：齐人，孟子弟子。

[2] 挟：依恃，倚仗。长（zhǎng）：年高，年纪大。

[3] 孟献子：即鲁国大夫仲孙蔑，"献"为其谥号。

[4] 百乘（shèng）之家：即大夫之家。百乘，兵车一百辆。乘，量词，用以计算车子。

[5] 乐正裘、牧仲：均为春秋鲁国人，并为孟献子友。

[6] 家：指其大夫之家。

[7] 费（bì）惠公：费邑之君。费，古地名，春秋鲁邑，约在今山东费县西北。

[8] 子思：孔子的孙子。

[9] 颜般（bān）：颜回之子，或作颜敢。

[10] 王顺：或作王慎，据传曾师子思。长息：公明高弟子。公明高，曾子弟子。

[11] 晋平公：春秋时晋国国君。亥唐：晋贤人也，隐居陋巷。

[12] 入云：即"云入"，下文"云坐""云食"亦同。

[13] 蔬食：即"疏食"，粗粝的饭食。

[14] 天位：天赐之职位、官位。

[15] 天禄：天赐的福禄，此谓俸禄。

[16] 尚：同"上"。舜时为平民，故其见尧帝称"上"。

[17] 馆：寓居，留宿。甥：即今所谓女婿。贰室：副宫也。

[18] 飨：以隆重的礼仪宴请宾客，此谓招待。

[19] 迭：更迭，轮流。

[20] 用：以。

六、告子

告子曰："性犹湍水也[1]，决诸东方则东流[2]，决诸西方则西流。人性之无分于善不善也，犹水之无分于东西也。"

孟子曰："水信无分于东西[3]，无分于上下乎？人性之善也，犹水之就下也。人无有不善，水无有不下。今夫水，搏而跃之[4]，可使过颡[5]；激而行之[6]，可使在山。是岂水之性哉？其势则然也。人之可使为不善，其性亦犹是也。"

[1] 湍水：急流的水。

[2] 决：排除壅塞，疏通水道。

[3] 信：果真，确实。

[4] 搏：击打。跃：使跳跃。

[5] 颡（sǎng）：额头。

[6] 激：阻挡水流。

公都子曰[1]："告子曰：'性无善无不善也。'或曰：'性可以为善，可以为不善。是故文、武兴[2]，则民好善；幽、厉兴[3]，则民好暴。'或曰：'有性善，有性不善。是故以尧为君而有象[4]，以瞽瞍为父而有舜[5]；以纣为兄之子[6]，且以为君，而有微子启、王子比干[7]。'今曰'性善'，然则彼皆非与？"

孟子曰："乃若其情[8]，则可以为善矣，乃所谓善也。若夫为不善，非才之罪也[9]。恻隐之心，人皆有之；羞恶之心，人皆有之；恭敬之心，人皆有之；是非之心，人皆有之。恻隐之心，仁也；羞恶之心，义也；恭敬之心，礼也；是非之心，智也。仁义礼智，非由外铄我也[10]，我固有之也，弗思耳矣。故曰：'求则得之，舍则失之。'或相倍蓰而无算者[11]，不能尽其才者也。《诗》曰：'天生蒸民[12]，有物有则。民之秉夷，好是懿德。'孔子曰：'为此诗者，其知道乎！故有物必有则，民之秉夷也，故好是懿德。'"

[1] 公都子：孟子弟子。

[2] 文、武：周文王与周武王。

[3] 幽、厉：周代昏乱之君幽王与厉王的并称。

[4] 象：舜的同父异母弟弟，品行不善。

[5] 瞽（gǔ）瞍（sǒu）：舜的父亲，品行不善。

[6] 纣：商代最后一个君主的谥号，相传是个暴君。

[7] 微子：周代宋国的始祖，名启，殷纣王的庶兄，封于微（今山东梁山西北）。比干：商纣王的叔父，因屡次进谏，被剖心而死。

[8] 乃若：至于。情：指人的本质，天性。

[9] 才：本质，天性。

[10] 铄（shuò）：渗入。一说授与。

[11] 倍蓰（xǐ）：谓数倍。倍，一倍。蓰，五倍。无算：无法计算，意为相差无数倍。

[12] "天生"四句：引自《诗经·大雅·烝民》。蒸：众，多。物，事。则，法则、准则。秉夷，持执常道。懿，美好。

孟子曰："富岁，子弟多赖[1]；凶岁，子弟多暴，非天之降才尔殊也[2]，其所以陷溺其心者然也[3]。今夫麰麦[4]，播种而耰之[5]，其地同，树之时又同，浡然而生[6]，至于日至之时[7]，皆熟矣。虽有不同，则地有肥硗[8]，雨露之养，人事之不齐也。故凡同类者，举相似也，何独至于人而疑之？圣人与我同类者。故龙子曰[9]：'不知足而为屦[10]，我知其不为蒉也[11]。'屦之相似，天下之足同也。口之于味，有同耆也[12]。易牙先得我口之所耆者也[13]。如使口之于味也，其性与人殊，若犬马之与我不同类也，则天下何耆皆从易牙之于味也？至于味，天下期于易牙，是天下之口相似也。惟耳亦然。至于声，天下期于师旷[14]，是天下之耳相似也。惟目亦然。至于子都[15]，天下莫不知其姣也[16]。不知子都之姣者，无目者也。故曰：口之于味也，有同耆焉；耳之于声也，有同听焉；目之于色也，有同美焉。至于心，独无所同然乎？心之所同然者何也？谓理也，义也。圣人先得我心之所同然耳。故理义之悦我心，犹刍豢之悦我口[17]。"

[1] 赖：通"懒"，懒惰。一说依赖、凭借。

[2] 才：天性，本质。尔殊：如此不同。

第五章 孟子的修养

[3] 陷溺：浸润，影响；使变坏。

[4] 辫（móu）麦：大麦。

[5] 耰（yōu）：农具名，用以击碎土块，平整土地和覆种。此作动词。

[6] 浡（bó）：兴起，事物自始生而发展起来，由小而大或由少而多。

[7] 日至：此指夏至。

[8] 硗（qiāo）：土地坚硬而瘠薄。

[9] 龙子：古代贤人。

[10] 屦（jù）：单底鞋。多以麻、葛、皮等制成。后亦泛指鞋。

[11] 蒉（kuì）：草编的筐子。

[12] 耆：同"嗜"。

[13] 易牙：春秋时代一位著名的厨师，是齐桓公的宠臣，擅长调味。

[14] 师旷：春秋晋国乐师，善于辨音。

[15] 子都：古代的美男子。

[16] 姣：谓容貌美丽，体态健美。

[17] 刍（chú）豢（huàn）：指牛羊猪狗等牲畜。刍，吃草的牲口。豢，食谷的牲口。

孟子曰："牛山之木尝美矣[1]，以其郊于大国也[2]，斧斤伐之，可以为美乎？是其日夜之所息[3]，雨露之所润，非无萌蘖之生焉[4]，牛羊又从而牧之，是以若彼濯濯也[5]。人见其濯濯也，以为未尝有材焉，此岂山之性也哉？虽存乎人者，岂无仁义之心哉？其所以放其良心者[6]，亦犹斧斤之于木也，旦旦而伐之，可以为美乎？其日夜之所息，平旦之气[7]，其好恶与人相近也者几希[8]，则其旦昼之所为[9]，有梏亡之矣[10]。梏之反覆，则其夜气不足以存[11]；夜气不足以存，则其违禽兽不远矣[12]。人见其禽兽也，而以为未尝有才焉者[13]，是岂人之情也哉[14]？故苟得其养，无物不长；苟失其养，无物不消。孔子曰：'操则存[15]，舍则亡；出入无时，莫知其乡[16]。'惟心之谓与？"

[1] 牛山：山名，在齐国国都（今山东临淄）东南。

[2] 郊：居其郊，指长在大都市之郊。大国：指临淄，不但是齐国首都，也是当时的大都市之一。国，国都、都市。

[3] 息：滋息，生长。

[4] 萌蘖（niè）：植物的萌芽。蘖，草木砍伐后长出的新芽。

[5] 濯（zhuó）濯：光洁，形容山上没有草木。

[6] 放：放纵、放荡，引申为任由损害。良心：人天生本然的善心，仁义之心。

[7] 平旦之气：指没有与万物接触之时的清明之气。平旦，天亮的时候。古人根据天色把夜半以后分为鸡鸣、昧旦、平旦三阶段，昧旦指天将亮而未亮的时候。

[8] 几希：一点。

[9] 旦昼：明天，第二天。

[10] 有：同"又"。梏（gù）：拘禁，束缚。亡：消亡，消灭。

[11] 夜气：指夜间心中所发出的善念、善良之气。

[12] 违：相距，距离。

[13] 才：善良的本质。

[14] 情：本性。

[15] 操：掌握，控制。

[16] 乡（xiàng）：方向，方位；趋向。

孟子曰："鱼，我所欲也；熊掌，亦我所欲也，二者不可得兼，舍鱼而取熊掌者也。生，亦我所欲也；义，亦我所欲也，二者不可得兼，舍生而取义者也。生亦我所欲，所欲有甚于生者，故不为苟得也；死亦我所恶，所恶有甚于死者，故患有所不辟也[1]。如使人之所欲莫甚于生，则凡可以得生者，何不用也？使人之所恶莫甚于死者，则凡可以辟患者，何不为也？由是则生而有不用也，由是则可以辟患而有不为也。是故所欲有甚于生者，所恶有甚于死者，非独贤者有是心也，人皆有之，贤者能勿丧耳。一箪食，一豆羹[2]，得之则生，弗得则死。嘑尔而与之[3]，行道之人弗受；蹴尔而与之[4]，乞人不屑也。万钟则不辨礼义而受之[5]。万钟于我何加焉[6]？为宫室之美、妻妾之奉、所识穷乏者得我与[7]？乡为身死而不受[8]，今为宫室之美为之；乡为身死而不受，今为妻妾之奉为之；乡为身死而不受，今为所识穷乏者得我而为之，是亦不可以已乎？此之谓失其本心。"

[1] 辟（bì）：躲避，避免。

[2] 箪（dān）：古代用来盛饭食的盛器。以竹或苇编成，圆形，有盖。豆：古代一种盛食物的器具。形似高足盘，大多有盖。多为陶质，也有用青铜、木、竹制成的。

[3] 嘑（hù）尔：大声呼叱的样子。

[4] 蹴（cù）：踩，踏。

[5] 万钟：此谓俸禄之多。钟，古容量单位。

[6] 加：好处。

[7] 得：感激。

[8] 乡（xiàng）：从前，原先。

曹交问曰[1]："人皆可以为尧舜，有诸？"孟子曰："然。""交闻文王十尺，汤九尺，今交九尺四寸以长，食粟而已，如何则可？"

曰："奚有于是[2]？亦为之而已矣。有人于此，力不能胜一匹雏[3]，则为无力人矣；今曰举百钧[4]，则为有力人矣。然则举乌获之任[5]，是亦为乌获而已矣。夫人岂以不胜为患哉？弗为耳。徐行后长者谓之弟[6]，疾行先长者谓之不弟。夫徐行者，岂人所不能哉？所不为也。尧舜之道，孝弟而已矣。子服尧之服，诵尧之言，行尧之行，是尧而已矣；子服桀之服[7]，诵桀之言，行桀之行，是桀而已矣。"

[1] 曹交：一说为曹国国君之弟，一说乃邻君之族人。

[2] 奚：疑问词，犹何，什么。

[3] 胜：胜任，此谓拿得动。一匹雏：一只小鸡。

[4] 钧：古代重量单位，三十斤为钧。

[5] 乌获：战国时秦国的大力士，据说能举千钧之重。

[6] 徐行：缓慢前行。弟：通"悌"，顺从和敬爱兄长。

[7] 桀：夏代最后一个君主，名履癸。相传为暴君。

孟子曰："舜发于畎亩之中[1]，傅说举于版筑之间[2]，胶鬲举于鱼盐之中[3]，管夷吾举于士[4]，孙叔敖举于海[5]，百里奚举于市[6]。故天将降大任于斯人也，必先苦其心志，劳其筋骨，饿其体肤，空乏其身，行拂乱其所为[7]，所以动心忍性[8]，曾益其所不能[9]。人恒过[10]，然后能改；困于心，衡于虑[11]，而后作[12]；征于色[13]，发于声，而后喻[14]。入则无法家拂士[15]，出则无敌国外患者[16]，国恒亡。然后知生于忧患，而死于安乐也。"

[1] 畎（quǎn）亩：田地、田野，引申指民间。

[2] 傅说：商王武丁的大臣，相传他原是在傅岩从事版筑的工匠。版筑：即筑墙。古时以两版相夹，实土其中，夯筑而成。

[3] 胶鬲（gé）：殷纣时贤人，曾贩卖鱼盐。

[4] 管夷吾：管仲，名夷吾，曾囚于士官，后被桓公释放任用。士：指士师，即狱官。

[5] 孙叔敖：春秋楚国人。海：指僻远之地。

[6] 百里奚：复姓百里，名奚，春秋时人，原为虞国大夫，虞灭后被转卖到楚国，后为秦穆公以五张羊皮的代价将其赎出，并任命为大夫。市：买卖，交易。

[7] 拂：逆，违背。

[8] 忍性：谓坚忍其性，使其性坚忍。

[9] 曾：通"增"。

[10] 恒：副词，常常，经常。

[11] 衡：通"横"，不顺。

[12] 作：振作，激发。

[13] 征：表现。

[14] 喻：知晓，明白。

[15] 入：指国内。法家：守法度的世臣。拂（bì）士：辅佐的贤士。拂，通"弼"。

[16] 出：指国外。

七、尽心

孟子曰："尽其心者，知其性也[1]。知其性，则知天矣[2]。存其心[3]，养其性[4]，所以事天也[5]。夭寿不贰[6]，修身以俟之[7]，所以立命也。"

[1] 性：本性。

[2] 天：天命。

[3] 存：保存，保全。

[4] 养：培养。

[5] 事：奉承而不违背。

[6] 夭（yǎo）寿：短命与长寿。夭，短命而死，亦作"殀"。不贰：一律，没有差异。

[7] 俟：等待。之：这里指天命。

孟子曰："人之所不学而能者，其良能也[1]；所不虑而知者，其良知也[2]。孩提之童[3]，无不知爱其亲者[4]；及其长也，无不知敬其兄也。亲亲，仁也；敬长，义也。无他，达之天下也。"

[1] 良能：天生的本能。朱熹《集注》云："良者，本然之善也。"

[2] 良知：天赋的道德观念。

[3] 孩提：幼小，幼年。

[4] 亲：父母。

孟子曰："君子有三乐，而王天下不与存焉。父母俱存，兄弟无故[1]，一乐也；仰不愧于天，俯不怍于人[2]，二乐也；得天下英才而教育之，三乐也。君子有三乐，而王天下不与存焉。"

[1] 故：意外或不幸的事变。

[2] 怍（zuò）：羞愧，惭愧。

孟子曰："广土众民，君子欲之，所乐不存焉[1]。中天下而立，定四海之民，君子乐之，所性不存焉[2]。君子所性，虽大行不加焉[3]，虽穷居不损焉[4]，分定故也[5]。君子所性，仁义礼智根于心。其生色也睟然[6]，见于面[7]，盎于背[8]，施于四体[9]，四体不言而喻。"

[1] 焉：相当于"于此""于是"，在这里。

[2] 性：本性。

[3] 虽：即使，纵然。大行：指理想通行于天下。加：增加。

[4] 穷居：隐居不仕。

[5] 分：本分。

[6] 色：脸色，神色。睟（suì）然：润泽的样子。朱熹《集注》云："清和润泽之貌。""睟然"二字或断为下句，作"睟然见于面"。

[7] 见：通"现"，显现，显露。

[8] 盎：洋溢，充溢。

[9] 施：延及。四体：手足四肢。

孟子曰："孔子登东山而小鲁[1]，登泰山而小天下。故观于海者难为水，游于圣人之门者难为言。观水有术，必观其澜[2]。日月有明[3]，容光必照焉[4]。流水之为物也，不盈科不行[5]；君子之志于道也，不成章不达[6]。"

[1] 东山：一说鲁城东之高山，一说即今蒙山（在山东蒙阴之南）。

[2] 澜：大波浪。

[3] 明：指日月的光亮。

[4] 容光：指幽微的空隙。

[5] 科：坑，洼地。

[6] 成章：古称乐曲终结为一章，此谓事物达到一定阶段，具有一定规模。

孟子曰："君子之所以教者五：有如时雨化之者[1]，有成德者[2]，有达财者[3]，有答问者，有私淑艾者[4]。此五者，君子之所以教也。"

[1] 时雨：及时之雨。

[2] 成德：成就品德。

[3] 财：通"才"，资质，才能。

[4] 私淑艾：谓取人之善以自治其身。朱熹《集注》云："人或不能及门受业，但闻君子之道于人，而窃以善治其身，是亦君子之教诲之所及。"淑艾，拾取，引申为得益。淑，通"叔"。

孟子曰："君子之于物也，爱之而弗仁[1]；于民也，仁之而弗亲[2]。亲亲而仁民[3]，仁民而爱物。"

[1] 爱：怜惜，爱惜。仁：仁爱，仁慈。

[2] 亲：亲爱，亲密。

[3] 亲亲：谓亲爱亲人。

孟子曰："民为贵，社稷次之[1]，君为轻。是故得乎丘民而为天子[2]，得乎天子为诸侯，得乎诸侯为大夫。诸侯危社稷，则变置[3]。牺牲既成[4]，粢盛既洁[5]，祭祀以时，然而旱干水溢，则变置社稷。"

[1] 社稷：古代帝王、诸侯所祭的土神和谷神。

[2] 丘民：泛指百姓。

[3] 变置：改立，另行设立。

[4] 牺牲：供祭祀用的纯色全体牲畜。

[5] 粢（zī）盛（chéng）：古代盛在祭器内以供祭祀的谷物。粢，谷物，此特指祭祀用的谷物。

孟子曰："口之于味也[1]，目之于色也[2]，耳之于声也[3]，鼻之于臭也[4]，四肢之于安佚也[5]，性也[6]，有命焉，君子不谓性也。仁之于父子也，义之于君臣也，礼之于宾主也，智之于贤者也，圣人之于天道也，命也[7]，有性焉，君子不谓命也。"

[1] 味：味道，这里专指美味。

[2] 色：这里专指美色。

[3] 声：这里专指乐声。

[4] 臭：同"嗅"，气味，这里专指芬香之气。

[5] 安佚：安乐舒适。

[6] "性也"三句：意谓前面所说的味、色、声、臭、安佚等爱好都是天性，但能否得到，是由命运来决定的，所以君子不认为它们是必然的天性（所以不去强求）。

[7] "命也"三句：意谓上面所说能否实现，既由命运决定，又有其必然的天性，所以君子不把它们归于命运（所以要努力实现）。

浩生不害问曰[1]："乐正子[2]，何人也？"

孟子曰："善人也，信人也。""何谓善？何谓信？"

曰："可欲之谓善[3]，有诸己之谓信[4]。充实之谓美[5]，充实而有光辉之谓大，大而化之之谓圣[6]，圣而不可知之之谓神。乐正子，二之中[7]，四之下也[8]。"

[1] 浩生不害：战国时齐人，复姓浩生。

[2] 乐正子：名克，孟子弟子，曾在鲁国任职。

[3] 可欲：值得喜欢。

[4] 有诸己：意为好处实际存在于他本身。

[5] 充实：指好处充满全身。

[6] 化：融合，融化贯通。

[7] 二：指善、信。

[8] 四：指美、大、圣、神。

孟子曰："人皆有所不忍，达之于其所忍，仁也；人皆有所不为，达之于其所为，义也。人能充无欲害人之心[1]，而仁不可胜用也；人能充无穿逾之心[2]，而义不可胜用也；人能充无受尔汝之实[3]，无所往而不为义也。士未可以言而言，是以言餂之也[4]；可以言而不言，是以不言餂之也，是皆穿逾之类也。"

　　[1] 充：充实，扩充。

　　[2] 穿逾：挖洞跳墙的行为。朱熹《集注》云："皆为盗之事也。"

　　[3] 受尔汝之实：谓让人轻贱的品行。尔汝，古代尊长对卑幼者的称呼，引申为轻贱之称。

　　[4] 餂（tiǎn）：取，诱取。

【阅读书目】

　　《四书章句集注》（孟子集注），[宋]朱熹，中华书局。

　　《孟子正义》，[清]焦循，中华书局。

　　《孟子译注》，杨伯峻，中华书局。

　　《孟子译注》，金良年，上海古籍出版社。

　　《孟子评传》，杨泽波，南京大学出版社。

　　《孟子研究》，董洪利，江苏古籍出版社。

第六章 学不可以已

第一节　荀子与《荀子》

荀子（约公元前313—公元前238年），名况，字卿，世尊称荀卿，汉代避汉宣帝刘询讳，改称孙卿，战国后期赵国（今山西南部）人。荀子是先秦儒家思想的集大成者，是继孔子、孟子之后，儒家又一重要代表人物。根据《史记·孟子荀卿列传》的记载，荀子五十岁到了齐国，在齐襄王的稷下学宫讲学，在诸先生中"最为老师"，"三为祭酒"（指被尊为主讲），后来因为谗言被罢官，于是到了楚国。在楚国被春申君相中，委任而做兰陵令。春申君去世后，荀子被免官，定居在兰陵。著书数万言而卒，葬于兰陵。荀子一生有两个著名门徒，却都成了法家思想的代表人物，一位是秦丞相李斯，一位是《韩非子》的作者韩非。

荀子一生的言论和思想主要被整理在《荀子》一书中。《汉书·艺文志》著录《荀子》三十三篇。唐代杨倞为之作注，分为二十卷，三十二篇，即今之《荀子》。到清代，谢墉、卢文弨、王念孙、刘台拱、郝懿行、汪中、顾广圻、陈奂、俞樾、王引之等学者都对《荀子》一书作了校释。后王先谦汇集清代学者的训诂考订成就，作《荀子集解》，内容丰富详实。近人梁启雄又在清代诸家校释成果的基础上，作《荀子简释》，尤重简洁扼要。

《荀子》既是春秋战国时期非常重要的思想著作，也是一部著名的散文集。后人根据书中内容将其分为三大部分：第一部分是荀子亲手撰写的文章，有《劝学》《修身》《不苟》《荣辱》《非相》《非十二子》《王制》《富国》《王霸》《君道》《臣道》《致士》《天论》《正论》《礼论》《乐论》《解蔽》《正名》《性恶》《君子》《成相》《赋》等二十二篇。第二部分是荀子弟子根据荀子生平言论所记载的文章，有《儒效》《议兵》《强国》《大略》《仲尼》等五篇。第三部分是荀子所整理、纂集的一些资料，其中也包括其弟子的文章，有《宥坐》《子道》《法行》《哀公》《尧问》等五篇。

荀子将战国时期道家、墨家、法家、名家等诸家思想成分提取融合，对儒学思想进行了创造性发展，其思想中最有创造性的是他有关人性、礼法、名实关系等的学说。其中，有关人性的思想最具特色，是荀子整个思想体系的基础。与儒家另一代表人物孟子的"性善论"有所不同，荀子认为人从出生就有自己的本性，有好利之心、嫉妒之情、耳目之欲等，这都属于人之本性。"今人之性，生而有好利焉，顺是，故争夺生而辞让亡焉；生而有疾恶焉，顺是，故残贼生而忠信亡焉；生而有耳目之欲，有好声色焉，顺是，故淫乱生而礼义文理亡焉。"在荀子眼中，人性非但不善，反而是恶的："人之性恶明矣，其善者伪也。"（《性恶》）荀子认为，人一出生就是"恶"的，人所表现出来的"善"，是后天"伪"的表现，这就是著名的"性恶论"。在其理论体系当中，人生而"好利而欲得"，人之性"固无礼义"。人在道德层面所应当具备的仁、义、礼、智、信等品质，都需要后天"学而求有之"，"思虑而求知之"（《性恶》）。

荀子"性恶论"的核心理论命题是"性伪之分"，即"人之性恶，其善者伪也"。人天性好利欲、喜声色，但是这种本性是完全可以通过后天的教育和学习来改造的。人性本恶，但人性又完全可以向善。教育就是一个"化性起伪"的过程。这就强调了后天的教育和环境对人的成长的重要影响，使人们认识到教化的重要性和必要性，在一定程度上促进了教育的发展。

荀子的"性恶论"有其独有的意义和价值。但也应当认识到，在荀子的理论中，关于人性之"恶"的佐证，如"饥而欲食，寒而欲暖，劳而欲息，好利而恶害"（《荣辱》），这其实都是人作为生物的自然本能，无关对错，不应该在不设前提和条件的情况下一概被当成需要批判和鄙弃的"恶"。而荀子"性恶论"的直接目的也是为当时社会统治阶级礼乐教化的施行提供一个更为坚实的内在人性理论依据。从这一点上来说，荀子的"性恶论"具有一定的阶级局限性。

荀子提倡"礼"，即"贵贱有等，长幼有差，贫富轻重皆有称者"（《礼论》）。荀子认为，人一出生就有一定的欲望，人们为了实现欲望会去奋力追求，在实现欲望的过程中，可能会引起混乱与争夺。因此，荀子认为，应该遵循"礼"来实现社会的秩序。这种"礼"，就像古代先王为了避免混乱而建立的"师法之化、礼仪之道"（《性恶》），是为了维护社会秩序与稳定。这就是荀子对"礼"的看法。荀子所强调的"礼"，不同于孔子的复礼，荀子之礼主张打破世袭、出身的等级贵贱，所谓"虽王公士大夫之子孙也，不能属于礼义，则归之庶人；虽庶人之子孙也，积文学，正身行，能属于礼义，则归之卿相士大夫"（《王制》）。

荀子对"礼"的追求，主要体现在政治方面，主张以礼治为主，兼行法治的治国方针。在荀子看来，"礼"对于一个国家的长治久安尤其重要。"天下从之者治，不从者乱；从之者安，不从者危；从之者存，不从者亡。"（《礼论》）"人无礼不生，事无礼不成，国家无礼不宁。""礼者，政之挽也。为政不以礼，政不行矣。"（《大略》）当然，荀子的"礼"也融入了更加丰富的内容，包括封建等级制度、道德规范以及礼节仪式等。另外，荀子还提出"礼"为"法之大分"，也就是说，"礼"是"法"的基本条件和基本纲领。这就把"礼"和"法"从理论上紧密联系了起来，使它们成为治国安邦政策中不可或缺而又相辅相成的两条主线。

荀子政治思想中的另一重要内容是"王道""霸道"之说。春秋战国时期，战乱频起，在动荡的社会形势下，统治阶级越来越意识到人民的支持和拥护对于国家发展和强盛的重要性。这一时期的许多思想家更是对人民的力量极为重视而在其政治思想体系中反复强调。荀子也不例外。他指出："君者，舟也；庶人者，水也。水则载舟，水则覆舟。"（《王制》）基于这种对君民关系的正确认识，荀子自然提出要重"王道"。不过，与此同时，荀子也认为在统治过程中应当兼采"霸道"。传统观念一般认为，"王道"以文德服人，"霸道"以威力服人。荀子在认同这一基本观点的同时，也看到了"霸道"所包含的其他内容。在荀子看来，"霸道"的一大内容即是"信"："义立而王，信立而霸。"（《王霸》）这种认识也体现在他对春秋五霸的评价当中："德虽未至也，义虽未济也，然而天下之理略奏矣，刑赏已诺信乎天下矣，臣下晓然皆知其可要也。政令已陈，虽睹利败，不欺其民；约结已定，虽睹利败，不欺其与。如是，则兵劲城固，敌国畏之；国一綦明，与国信之。"（《王霸》）此外，荀子还指出，法治、爱才、惠民等也都是"霸道"的内容。以当时的社会实际情况而言，荀子这种重"王道"而兼采"霸道"的政治思想是具有很强的现实意义和可操作性的。

另外，根据儒家"仁""仁爱"的思想，荀子还提出了"天道自然""天行有常""天人相分""制天命而用之"等著名的言论。

《荀子》一书不仅具有丰富的思想，在古代思想史上占据重要的地位，而且从散文角度讲，它在古代文学史上也很重要，反映出散文艺术新的发展特征。从文章体裁上看，除《成相》《赋篇》以及六篇语录外，《荀子》其他的二十四篇，基本上属于专题性质的说理、议论散文。《荀子》的散文，多有一个明确的主旨、中心，而且多用一个概括性的标题点明主旨。如《劝学》论述学习，《修身》论述道德修养，《非十二子》评论诸家之说，《王制》《王霸》阐述政治观点和治国方略，《君道》《臣道》阐说君臣纲纪，《议兵》议论军事，《性恶》谈论性恶问题。以极为简明的两个字揭示、概括每篇的中心、主题，让人一目了然，反映出作者对于议论性散文篇题与内容之间的关系已经有了自觉的认识。

本书所选《劝学》是《荀子》这部著作的开篇之作，也是先秦文学作品中非常重要的一篇。《劝学》篇的主旨非常明确，即劝勉人们努力学习。作为鼓励学生学习的优秀作品，《劝学》对学生的教育意义也是非常深远的。文中出现了许多名句，广为流传，这些看似浅显的句子中其实蕴含着非常深刻的哲理："积土成山，风雨兴焉；积水成渊，蛟龙生焉；积善成德，而神明自得，圣心备焉。""骐骥一跃，不能十步；驽马十驾，功在不舍。锲而舍之，朽木不折；锲而不舍，金石可镂。""学不可以已。青，取之于蓝，而青于蓝；冰，水为之，而寒于水。""木受绳则直，金就砺则利，君子博学而日参省乎己，则知明而行无过矣。"《劝学》中的这些句子，千古流传，成为激励学生们前进的不竭动力。文章运用了大量的修辞手法，辞藻华美，比喻的运用使得文章更加润泽。《劝学》指出后天学习的重要性，提出了后天学习贵在"锲而不舍""长期积累""用心专一"等观点。同时，也提出了学习的根本目的在于积善成德，培养良好的道德操守。在今天看来，《劝学》当中提出的思想观点依然具有重要意义，其中的治学态度和原则依然应当为新时代的学子所接受和坚守。另一方面，我们也应当将《劝学》中的理论思想与现代科学的学习方法结合起来，使之迸发出新的活力。

　　《修身》也是《荀子》一书中非常重要的一篇，专门论述修身之道。该篇强调了进行道德修养的重要性，强调了如何培养道德情操。在文章开始，先写到了修身养性的重要性，修身养性不仅与个人的生活以及安危息息相关，也关系到国家的前途命运。然后，文章提出了"礼"的重要性。君子有所谓"遍善之度"，即无往而不善之道，用此可以治气养心，可修身自强。此处所说的"遍善之度"就是"礼"。文章谈到了一些修养的方法，指出修身养心之术，"莫径由礼，莫要得师，莫神一好"，强调礼的正身作用，强调师的正礼作用。同时，《修身》篇也强调坚持不懈、用心专一的重要作用。最后指出，具备了道德修养的人，就能够做到骄富贵、重道义、轻王公，走遍天下而受人尊重，并获得上天的福佑。在多元文化相互碰撞、相互博弈的今天，重新审视和理解荀子《修身》篇的理论内涵，可以说更具现实性和迫切性。

第二节　《荀子》选读

一、劝学

君子曰：学不可以已[1]。青[2]，取之于蓝，而青于蓝；冰，水为之，而寒于水。木直中绳[3]，𫐓以为轮[4]，其曲中规[5]。虽有槁暴[6]，不复挺者[7]，𫐓使之然也。故木受绳则直[8]，金就砺则利[9]，君子博学而日参省乎己[10]，则知明而行无过矣[11]。

[1] 已：停止。

[2] "青"三句：靛青，是从蓝草中提取的，可是比蓝草的颜色更深。青，靛青，一种蓝色的染料。蓝，蓝草，也叫蓼（liǎo）蓝，叶子可用于制蓝色染料。

[3] 木直中（zhòng）绳：木材笔直得合乎拉直的墨线。中，符合。绳，墨线，木工用拉直的墨线来衡量木材的曲直。

[4] 𫐓（róu）：通"煣"，以火烘木，使之弯曲。

[5] 规：圆规，测圆的工具。

[6] 虽有（yòu）槁暴（pù）：即使又被风吹日晒而干枯了。有，通"又"。槁暴，晒干。槁，枯槁、干枯。暴，晒。

[7] 挺：直。

[8] 受绳：经墨线丈量校正过。

[9] 金：指金属制的刀剑等。就砺：拿到磨刀石上去磨。就，动词，接近，靠近。砺，磨刀石。

[10] 参省乎己：对自己进行检验省察。参，检验，检查。一释为同"叁"，多次。省，反省、省察。

[11] 知：通"智"。

故不登高山，不知天之高也；不临深溪，不知地之厚也；不闻先王之遗言，不知学问之大也。干、越、夷、貉之子[1]，生而同声，长而异俗，教使之然也。《诗》曰[2]："嗟尔君子，无恒安息[3]。靖共尔位[4]，好是正直[5]。神之听之[6]，介尔景福[7]。"神莫大于化道[8]，福莫长于无祸。

[1] 干、越：春秋时的吴国和越国。干，亦作"邗（hán）"，本为国名，后为吴所灭，故用以称吴。夷、貉（mò）：古代对东方和北方民族的称呼。亦泛指各少数民族。子：这里指人。

[2] 《诗》：这里指《诗经·小雅·小明》。

[3] 无恒安息：不要总是贪图安逸。

[4] 靖共：恭谨地奉守。

[5] 好是正直：爱好正直的德行。

[6] 神之听之：神灵知道这些、了解这一切。神，神灵。

[7] 介：助。景：大。

[8] "神莫"二句：精神修养没有比受道的熏陶感染更大的了，福分没有比无灾无祸更长远的了。神，这里指最高的精神境界。化道，指受道的教化。

吾尝终日而思矣，不如须臾之所学也[1]；吾尝跂而望矣[2]，不如登高之博见也[3]。登高而招，臂非加长也，而见者远；顺风而呼，声非加疾也[4]，而闻者彰[5]。假舆马者[6]，非利足也[7]，而致千里；假舟楫者[8]，非能水也[9]，而绝江河[10]。君子生非异也[11]，善假于物也。

[1] 须臾：片刻，一会儿。

[2] 跂（qǐ）：踮起脚跟。

[3] 博见：看见的范围广，见得广。

[4] 疾：快，速，这里指声音洪亮。

[5] 彰：清楚。

[6] 假舆马者：借助车马的人。假，借助、利用。

[7] 利足：善于行走，善于奔走，意为脚步快。

[8] 楫：船桨。

[9] 能水：耐水，指善游泳，水性好。

[10] 绝：渡过。

[11] 生（xìng）非异：本性（同一般人）没有差别。生，通"性"，天赋，资质。

南方有鸟焉，名曰蒙鸠[1]，以羽为巢，而编之以发[2]，系之苇苕[3]。风至苕折，卵破子死。巢非不完也，所系者然也。西方有木焉，名曰射干[4]，茎长四寸，生于高山之上，而临百仞之渊[5]。木茎非能长也，所立者然也。蓬生麻中[6]，不扶而直；白沙在涅[7]，与之俱黑。兰槐之根是为芷[8]，其渐之滫[9]，君子不近，庶人不服[10]。其质非不美也，所渐者然也。故君子居必择乡，游必就士[11]，所以防邪僻而近中正也[12]。

[1] 蒙鸠：即鹪（jiāo）鹩（liáo），一种小鸟，常将自己的巢建在芦苇上。

[2] 编之以发：用毛发编结起来。

[3] 苇苕（tiáo）：芦苇。苕，字本作"苖（tiáo）"，芦苇的花，苕秆可为帚。

[4] 射干：一种草，可入药。

[5] 仞：古代长度单位，八尺或七尺为一仞。

[6] 蓬：一种草，秋天干枯后，随风飘飞，故又称飞蓬。

[7] 涅：黑泥。"白沙在涅，与之俱黑"一句原无，据《尚书·洪范》正义引文补。

[8] 兰槐：香草名，即白芷。开白花，气味香，古人称其苗为"兰"，根为

"芷"。

[9] 其：如果。渐：浸泡。滫（xiǔ）：已酸臭的淘米水。也泛指污臭之水。

[10] 服：使用，引申为佩戴。

[11] 游：交游，交往。士：有知识、有地位的人。

[12] 中正：恰当正确的东西，正道。

物类之起[1]，必有所始[2]；荣辱之来，必象其德[3]。肉腐出虫，鱼枯生蠹[4]。怠慢忘身[5]，祸灾乃作。强自取柱[6]，柔自取束。邪秽在身，怨之所构[7]。施薪若一[8]，火就燥也；平地若一，水就湿也。草木畴生[9]，禽兽群焉，物各从其类也。是故质的张而弓矢至焉[10]，林木茂而斧斤至焉，树成阴而众鸟息焉，醯酸而蜹聚焉[11]。故言有召祸也，行有招辱也，君子慎其所立乎[12]！

[1] 起：发生。

[2] 始：起因。

[3] 必象其德：意谓为善可以获福，为恶则遇祸，祸福荣辱与品德相应。象：相随，相应。

[4] 枯：此谓腐烂。蠹（dù）：蛀虫。

[5] 怠慢忘身：懈怠疏懒忘记了做人准则。

[6] "强自取柱"二句：意谓质地坚硬的东西自然会被人们用作支柱，质地柔软的材料自然会被人们用来捆东西。

[7] 构：结，造成。

[8] "施薪若一"四句：堆放的柴草看起来是一样的，但燃烧起来火势总是往干燥的方向走；地看起来是平的，但水流过来总往低处走。湿：潮湿，此谓低洼之地。

[9] 畴：种类，同类。后作"俦"。

[10] 质的：箭靶。质，四寸的箭靶，泛指箭靶。的，箭靶的中心。张：张设。

[11] 醯（xī）：醋。蜹（ruì）：蚊类害虫，体形似蝇而小，吸人畜血液。

[12] "君子"句：谓君子谨慎地对待自己言论和行动的立足点。

积土成山，风雨兴焉[1]；积水成渊，蛟龙生焉；积善成德[2]，而神明自得，圣心备焉。故不积跬步[3]，无以至千里；不积小流，无以成江海。骐骥一跃[4]，不能十步；驽马十驾[5]，功在不舍。锲而舍之[6]，朽木不折；锲而不舍，金石可镂[7]。螾无爪牙之利[8]，筋骨之强，上食埃土，下饮黄泉，用心一也[9]；蟹六跪而二螯[10]，非蛇、鳝之穴无可寄托者[11]，用心躁也[12]。是故无冥冥之志者[13]，无昭昭之明[14]；无惛惛之事者[15]，无赫赫之功。行衢道者不至[16]，事两君者不容。目不能两视而明，耳不能两听而聪[17]。螣蛇无足而飞[18]，鼫鼠五技而穷[19]。《诗》曰："鸤鸠在桑[20]，其子七兮。淑人君子，其仪一兮。其仪一兮，心如结兮。"故君子结于一也。

[1] 风雨兴焉：风雨从这里兴起。古代有山吐云纳雾的说法。兴，起。焉，于此。

[2] "积善成德"三句：意谓积累善行而养成高尚的品德，自然就会拥有高度的智慧，圣人的心境也就由此具备。神明，指最高的智慧。

[3] 跬（kuǐ）：同"蹞"，半步。古时称人行走，举足一次为"蹞"，举足两次为"步"。

[4] 骐骥：骏马。

[5] "驽（nú）马"二句：意谓劣马拉车连走十天，（也能走得很远），它的成功在于不停止。驽马，劣马。驾，马拉车一天所走的路程叫"一驾"。

[6] 锲：用刀雕刻。

[7] 镂：原指在金属上雕刻，泛指雕刻。

[8] 螾：同"蚓"，蚯蚓。

[9] 用心一也：（这是）因为用心专一（的缘故）。用，因为。

[10] 六跪：六条腿，蟹实际上是八条腿。一说"六"为虚指。跪，蟹足。螯：蟹钳。

[11] 鳝：通"鳝"，鳝鱼。

[12] 躁：浮躁，不专心。

[13] 冥冥：专心致志貌。

[14] 昭昭：显著。

[15] 惛（hūn）惛：专一，专心致志。

[16] 衢道：歧路，岔路。

[17] 聪：听觉灵敏。

[18] 螣（téng）蛇：古代传说中的一种能飞的蛇。

[19] 鼫（shí）鼠：一种危害农作物的鼠，状似兔。五技：能飞但不能上屋，能爬树但不能爬到树梢，能游泳但不能渡过山涧，能挖洞但不能藏身，能走但追不过别的动物。穷：处境困难。

[20]"鸤鸠"六句：出自《诗经·曹风·鸤鸠》。传说鸤鸠哺育幼子，早上从上而下喂，傍晚从下而上喂，平均如一。用鸤鸠起兴，表示君子执义当如鸤鸠待七子如一，如一则用心坚固。鸤鸠，布谷鸟。淑人，善人。仪，仪表、举止，这里指行动。一，专一。结，凝结不变，这里意为坚定。

昔者瓠巴鼓瑟而流鱼出听[1]，伯牙鼓琴而六马仰秣[2]。故声无小而不闻，行无隐而不形[3]。玉在山而草木润，渊生珠而崖不枯[4]。为善不积邪[5]，安有不闻者乎？

[1] 瓠（hù）巴：古代传说中善于弹瑟的人，春秋时楚国的著名琴师。流鱼：《大戴礼记》引作"沉鱼"。

[2] 伯牙：古代传说中善于弹琴的人。六马：古代天子的车驾用六匹马拉，这里指拉车之马。仰秣（mò）：指马听见美妙的音乐，竟反常地昂起头吃饲料。秣，牲口的饲料。

[3] 隐：隐蔽。形：有形可见。

[4] 不枯：这里指有色彩，有光彩。

[5] 邪：不正，不正派。

学恶乎始[1]？恶乎终？曰：其数则始乎诵经[2]，终乎读礼；其义则始乎为士[3]，终乎为圣人。真积力久则入，学至乎没而后止也[4]。故学数有终，若其义则不可须臾舍也。为之，人也；舍之，禽兽也。故《书》者，政事之纪也[5]；《诗》者，中声之所止也[6]；《礼》者，法之大分[7]，类之纲纪也[8]。故学至乎《礼》而止矣。夫是之谓道德之极。《礼》之敬文也[9]，《乐》之中和也[10]，《诗》《书》之博也，《春秋》之微也[11]，在天地之间者毕矣[12]。

[1] 恶（wū）：疑问代词，何，哪里。

[2] 数：这里指课程程序、顺序。经：指《诗》《书》等儒家经典。

[3] 义：原则。士：志道之士。荀书中分为"士、君子、圣人"三等。

[4] 没：通"殁（mò）"，死。

[5] 纪：通"记"，记载。

[6] 中声：中和之声，指和谐的音乐。《诗》本是入乐的，故有中声之说。止：存。

[7] 大分：要领，总纲。

[8] 类：类比，指以法类推出来的条例、具体准则。

[9] 文：礼仪。所谓"周旋揖让之节，车服等级之文"。

[10] 中和：和谐。

[11] 微：微隐精深，这里指微言大义的《春秋》笔法。

[12] 毕：完全，完备。

君子之学也，入乎耳，箸乎心[1]，布乎四体[2]，形乎动静[3]；端而言[4]，蠕而动[5]，一可以为法则[6]。小人之学也，入乎耳，出乎口。口耳之间则四寸耳[7]，曷足以美七尺之躯哉[8]？古之学者为己，今之学者为人。君子之学也，以美其身；小人之学也，以为禽犊[9]。故不问而告谓之傲[10]，问一而告二谓之囋[11]。傲，非也；囋，非也；君子如向矣[12]。

[1] 箸（zhù）：显明。

[2] 布：分布，这里指体现。四体：四肢，引申为身体所表现出来的仪态举止。

[3] 形：表现。动静：指行为。

[4] 端：通"喘"，小声说话。

[5] 蝡（rú）：通"蠕"，微动貌。

[6] 一：都。

[7] 则：副词，只，仅。

[8] 曷：代词，表示疑问，相当于"何""什么"。

[9] 禽犊：家禽和小牛，古代用作馈赠的礼品，因以喻干禄进身之物。这里比喻小人学了一点东西就到处卖弄。

[10] 傲：急躁。

[11] 嚼（zá）：多言，语声繁碎的样子。

[12] 向：通"响"，回响。即所谓"善待问者如撞钟，小叩小鸣，大叩大鸣，不叩不鸣"。

学莫便乎近其人[1]。《礼》《乐》法而不说[2]，《诗》《书》故而不切[3]，《春秋》约而不速[4]。方其人之习君子之说[5]，则尊以遍矣[6]，周于世矣[7]。故曰：学莫便乎近其人。

[1] 其人：指通经之士，泛指良师益友。

[2] 法：法度。不说：没有说明、解说。

[3] 故：过去的典故、事情。不切：不切合于时世。

[4] 约：简约。速：迅速，这里指很快理解。

[5] 方：通"仿"，效仿。之习：而学习。

[6] 尊以遍：谓养成崇高的品格，得到全面的知识。尊，崇高。以，而。遍，全面。

[7] 周：周到，通达。

学之经莫速乎好其人[1]，隆礼次之[2]。上不能好其人，下不能隆礼，安特将学杂识志[3]，顺《诗》《书》而已耳[4]，则末世穷年，不免为陋儒而已！将原先王[5]，本仁义[6]，则礼正其经纬蹊径也[7]。若挈裘领[8]，诎五指而顿之[9]，顺者不可胜数也。不道礼宪[10]，以《诗》《书》为之，譬之犹以指测河也，以戈春黍也[11]，以锥餐壶也[12]，不可以得之矣。故隆礼，虽未明，法士也[13]；不隆礼，虽察辩[14]，散儒也[15]。

[1] 经：通"径"，道路，途径。

[2] 隆礼：崇尚礼仪。

[3] 特：只。识：记，了解。一说"识"字为衍文，"杂志"指各家的书籍。

[4] 顺：通"训"，解释。

[5] 原：推究，考究，研究。

[6] 本：寻求根本。

[7] 经纬：纵横的道路，南北向的叫经，东西向的叫纬，这里指四通八达。蹊径：门径，路子。

[8] 挈（qiè）：用手提起。裘：用毛皮制成的衣服。

[9] 诎（qū）：卷曲，弯曲。顿：上下抖动使整齐。

[10] 道：遵行，实行。宪：法令。

[11] 戈：古代的兵器，有尖。春：把谷物的皮壳捣掉。

[12] 餐：吃。壶：古代盛食物的器具，这里指壶中的食物。

[13] 法士：守礼法之士。

[14] 察辩：明察善变。

[15] 散儒：不守礼法的儒士。

问楛者[1]，勿告也；告楛者，勿问也；说楛者，勿听也；有争气者[2]，勿与辩也。故必由其道至[3]，然后接之，非其道则避之。故礼恭，而后可与言道之方[4]；辞顺，而后可与言道之理[5]；色从，而后可与言道之致[6]。故未可与言而言谓之傲[7]，可与言而不言谓之隐[8]，不观气色而言谓之瞽[9]。故君子不傲，不隐，不瞽，谨顺其身。《诗》曰："匪交匪舒[10]，天子所予。"此之谓也。

[1] 楛（kǔ）：恶劣，不正当，这里指不合礼法。

[2] 争气：态度蛮横，不讲道理。

[3] 由：顺从，按照。

[4] 方：方向。

[5] 理：条理，这里指内容。

[6] 致：极，尽。

[7] 傲：急躁。

[8] 隐：隐瞒。

[9] 瞽（gǔ）：盲人。

[10] "匪交"两句：出自《诗经·小雅·采菽》，为天子答诸侯诗。匪，非、不。交，急迫。舒，急慢。予，赞许、称誉。

百发失一，不足谓善射；千里蹞步不至，不足谓善御[1]；伦类不通[2]，仁义不一[3]，不足谓善学。学也者，固学一之也[4]。一出焉，一入焉，涂巷之人也[5]；其善者少，不善者多，桀、纣、盗跖也[6]；全之尽之[7]，然后学者也。

[1] 御：驾驭车马。

[2] 伦类：泛指各类事物。

[3] 一：纯一，专一。

[4] 固：本来，原来。

[5] 涂巷之人：指普通人。涂，同"途"，道路。

[6] 桀：夏朝最后一个君主。纣：商朝最后一个君主。跖：传说为春秋末年的一个大盗。

[7] 全、尽：完全，彻底。

君子知夫不全不粹之不足以为美也[1]，故诵数以贯之[2]，思索以通之，为其人以处之[3]，除其害者以持养之。使目非是无欲见也[4]，使耳非是无欲闻也，使口非是无欲言也，使心非是无欲虑也。及至其致好之也[5]，目好之五色[6]，耳好之五声[7]，口好之五味[8]，心利之有天下[9]。是故权利不能倾也[10]，群众不能移也，天下不能荡也[11]。生乎由是，死乎由是，夫是之谓德操[12]。德操然后能定[13]，能定然后能应[14]。能定能应，夫是之谓成人[15]。天见其明[16]，地见其光[17]，君子贵其全也。

[1] 全、粹：完全、纯粹。

[2] 诵数：诵说，反复诵读。贯：贯通。

[3] 其人：指良师益友。

[4] 是：代指上文所说的全面纯粹的学识。

[5] 致：极。好（hào）：喜爱，爱好。

[6] 五色：指青、黄、赤、白、黑。

[7] 五声：指宫、商、角（jué）、徵（zhǐ）、羽。

[8] 五味：指酸、甜、苦、辣、咸。

[9] 利：贪爱，喜好。

[10] 倾：倾倒，这里指使之屈服。

[11] 荡：动摇。

[12] 德操：守道不变之情操。

[13] 定：坚定。

[14] 应：应变，指应付各种事变。

[15] 成人：即前文所言"全之尽之"之学者。

[16] 见：同"现"，显现。

[17] 光：通"广"。

二、修身

见善，修然必以自存也[1]；见不善，愀然必以自省也[2]；善在身，介然必以自好也[3]；不善在身，菑然必以自恶也[4]。故非我而当者，吾师也；是我而当者，吾友也；谄谀我者[5]，吾贼也[6]。故君子隆师而亲友[7]，以致恶其贼[8]。好善无厌[9]，受谏而能诫，虽欲无进，得乎哉？小人反是，致乱[10]，而恶人之非己也；致不肖，而欲人之贤己也；心如虎狼，行如禽兽，而又恶人之贼己也。谄谀者亲，谏争者疏，修正为笑[11]，至忠为贼，虽欲无灭亡，得乎哉？《诗》曰："噏噏呰呰[12]，亦孔之哀。谋之其臧，则具是违；谋之不臧，则具是依。"此之谓也。

[1] 修然：整饬貌，严正貌。存：省察，检查。

[2] 愀（qiǎo）然：忧惧的样子。

[3] 介然：意志坚定的样子。好（hào）：爱护，珍惜。

[4] 菑（zī）：通"缁"，黑色，引申为污染。或读zāi，同"灾"，意为如同有灾害在身。恶（wù）：厌弃。

[5] 谄（chǎn）谀：谄媚阿谀。

[6] 吾贼也：害我的人。贼，害。

[7] 隆：尊崇。

[8] 致：极，最。

[9] 厌：满足。

[10] 乱：这里指胡作非为。

[11] "修正"二句：意谓把纠正自己错误的话当作讥笑自己，把极其忠诚的规劝当作害自己。

[12] "嗡嗡"六句：出自《诗经·小雅·小旻（mín）》。嗡（xī）嗡，形容众口附和。訿（zǐ）訿，诋毁。訿，通"訾"。孔，甚、很。谋，主意、意见。臧，好、善。具，同"俱"，都。

扁善之度[1]，以治气养生[2]，则身后彭祖[3]；以修身自强[4]，则名配尧禹。宜于时通[5]，利以处穷[6]，礼信是也。凡用血气、志意、知虑，由礼则治通[7]，不由礼则勃乱提僈[8]；食饮、衣服、居处、动静，由礼则和节[9]，不由礼则触陷生疾[10]；容貌、态度、进退、趋行，由礼则雅，不由礼则夷固僻违[11]、庸众而野[12]。故人无礼则不生，事无礼则不成，国家无礼则不宁。《诗》曰："礼仪卒度[13]，笑语卒获。"此之谓也。

[1] 扁善：无所往而不善。扁，通"遍"，普遍，全面。度：法度，法则。

[2] 治气：调理血气。

[3] 身后彭祖：寿命追随于彭祖之后。"身"字原无，据《韩诗外传》引文补。彭祖，传说中的老寿星。

[4] "以修身"二句：原为"以修身自名，则配尧禹"，据《韩诗外传》引文

中华优秀传统文化读本

改。

[5] 时：处，处于。通：顺境。

[6] 穷：困境。

[7] 由：遵循。

[8] 勃乱：违背事理，举止错乱。勃，通"悖"，谬误、荒谬。提：松弛，弛缓。僈：通"慢"，怠慢。

[9] 和节：合适，协调。

[10] 触陷生疾：意谓一举一动都会发生毛病。

[11] 夷固：傲慢。僻违：偏邪不正。

[12] 庸众而野：庸俗粗野。

[13] "礼仪"二句：出自《诗经·小雅·楚茨（cí）》。卒，尽、完全。获，得当。

以善先人者谓之教[1]，以善和人者谓之顺[2]；以不善先人者谓之谄，以不善和人者谓之谀。是是、非非谓之知[3]，非是、是非谓之愚。伤良曰谗[4]，害良曰贼。是谓是、非谓非曰直。窃货曰盗，匿行曰诈，易言曰诞[5]。趣舍无定谓之无常[6]，保利弃义谓之至贼。多闻曰博，少闻曰浅；多见曰闲[7]，少见曰陋。难进曰偍[8]，易忘曰漏。少而理曰治，多而乱曰秏[9]。

[1] 先：引导。

[2] 和：附和，响应。

[3] 知：同"智"。

[4] 谗：用言语陷害人、攻击人。

[5] 易言：轻易说话，指说话轻率，不诚实。诞：指言论虚妄夸诞。

[6] 趣舍：取舍。趣，通"取"。

[7] 闲：大，博大。

[8] 偍（tí）：迟缓。

[9] 秏（mào）：通"眊"，昏昧不明，昏乱。

治气养心之术：血气刚强，则柔之以调和[1]；知虑渐深[2]，则一之以易良[3]；勇胆猛戾[4]，则辅之以道顺[5]；齐给便利[6]，则节之以动止[7]；狭隘褊小[8]，则廓之以广大[9]；卑湿重迟贪利[10]，则抗之以高志[11]；庸众驽散[12]，则劫之以师友[13]；怠慢僄弃[14]，则炤之以祸灾[15]；愚款端悫[16]，则合之以礼乐，通之以思索[17]。凡治气养心之术，莫径由礼[18]，莫要得师，莫神一好[19]。夫是之谓治气养心之术也。

[1] 调和：折中，中和。

[2] 渐深：指思想深沉而不明朗。渐，通"潜"。

[3] 易良：平易良善。易：平易，引申为坦直，坦率。

[4] 猛戾（lì）：凶暴乖张。

[5] 道顺：训导。道，通"导"，引导。顺，通"训"。

[6] 齐给便利：敏捷轻快，这里指行动不慎重。齐、给、便、利，都是敏捷快速的意思。

[7] 节：节制。动止：指该动时动，该止时止。

[8] 褊（biǎn）小：心胸狭小。

[9] 廓：开阔。

[10] 卑湿：意志低下消沉。重迟：迟钝，迟缓。

[11] 抗：抗拒，抵御。

[12] 驽散：低劣不成材。

[13] 劫：夺去，引申为改造。

[14] 僄（piào）：轻薄，轻忽。弃：自暴自弃。

[15] 炤（zhāo）：通"昭"，明，显，明白告之的意思。

[16] 愚款：单纯朴实。款，直诚、诚恳。端悫（què）：正直诚谨。悫，朴实、恭谨。

[17] 通：开导，疏导。

[18] 莫：谓莫过于。径：直路，指捷径。

[19] 一：专心一志。在荀子的思想中，"一"通常指专一好礼，认为专一好礼

则可以通于神明，达到神化之境。

　　志意修则骄富贵[1]，道义重则轻王公[2]，内省而外物轻矣。传曰[3]："君子役物，小人役于物。"此之谓矣。身劳而心安，为之；利少而义多，为之；事乱君而通[4]，不如事穷君而顺焉[5]。故良农不为水旱不耕，良贾不为折阅不市[6]，士君子不为贫穷怠乎道[7]。

[1] 志意：志向。修：荀子书中常用语，表示修正、修炼、美好。骄：傲视。

[2] 轻：藐视。

[3] 传：古书所传之言。先秦典籍中常用"传曰"表示引用古代的话。

[4] 乱君：大国暴乱之君。通：通达，意为得到显赫的地位。

[5] 穷君：小国窘迫之君。顺：顺利，这里指顺行道义。

[6] 折（shé）阅：商品减价销售。折，亏损。阅，卖。市：做买卖。

[7] 怠：懈怠，松弛。

　　体恭敬而心忠信[1]，术礼义而情爱人[2]，横行天下[3]，虽困四夷[4]，人莫不贵。劳苦之事则争先，饶乐之事则能让[5]，端悫诚信，拘守而详[6]，横行天下，虽困四夷，人莫不任[7]。体倨固而心势诈[8]，术顺、墨而精杂污[9]，横行天下，虽达四方，人莫不贱。劳苦之事则偷儒转脱[10]，饶乐之事则佞兑而不曲[11]，辟违而不悫[12]，程役而不录[13]，横行天下，虽达四方，人莫不弃。

[1] 体：指身体力行。

[2] 术：法，遵行。情爱人：性情仁爱。人，通"仁"。

[3] 横行：广行，走遍。

[4] 四夷：泛指四方边远地区。

[5] 饶乐：富足，享乐。

[6] 拘守而详：谨守法度，明察事理。

[7] 任：信任。

[8] 倨（jù）固：傲慢固执。

[9] 顺：当作"慎"，即慎到，战国思想家，其学说本黄老，归刑名，"尚法"，"重势"。墨：墨翟，战国时墨家学派创始人，提倡"节用""节葬"，反对礼乐。精：通"情"，性情。杂污：肮脏。

[10] 偷儒：苟且懒惰。儒，通"懦"。转脱：取巧逃避。

[11] 佞兑：谓谄谀取悦。不曲：直取之，指毫不谦让。

[12] 辟违：邪僻背理。

[13] 程役：通"逞欲"。录：检束。

行而供翼[1]，非渍淖也[2]；行而俯项[3]，非击戾也[4]；偶视而先俯[5]，非恐惧也。然夫士欲独修其身，不以得罪于比俗之人也[6]。

[1] 供：同"恭"，恭敬，引申为小心。翼：敬。

[2] 渍淖（nào）：陷在烂泥里。淖，烂泥。

[3] 俯项：低头。

[4] 击戾：碰撞着东西。

[5] 偶视：两人对视，指见面。

[6] 比俗之人：普通人。

夫骥一日而千里，驽马十驾则亦及之矣。将以穷无穷，逐无极与？其折骨绝筋，终身不可以相及也。将有所止之[1]，则千里虽远，亦或迟、或速、或先、或后，胡为乎其不可以相及也！不识步道者[2]，将以穷无穷，逐无极与？意亦有所止之与[3]？夫"坚白""同异""有厚无厚"之察[4]，非不察也，然而君子不辩，止之也。倚魁之行[5]，非不难也[6]，然而君子不行，止之也。故学曰[7]："迟，彼止而待我[8]，我行而就之[9]，则亦或迟、或速、或先、或后，胡为乎其不可以同至也？"故跬步而不休，跛鳖千里；累土而不辍，丘山崇成[10]。厌其源[11]，开其渎[12]，江河可竭；一进一退，一左一右，六骥不致。彼人之才性之相县也[13]，岂若跛鳖之与六骥足哉？然而跛鳖致之，六骥不致，是无他故焉，或为之，或不为尔！道虽迩，不行不至；事虽小，不为不成。其为人也多暇日者[14]，其出入不远矣[15]。

[1] 止：终点，止境。在儒家经典中，"止"字有特别的含义，指全身心专注追求的目标，比如射箭，其所射的箭靶就是"止"。所谓"止于至善""学之止"等都可从这一意义上理解。

[2] 步道者：指行路的人。步道，道路。

[3] 意：通"抑"，抑或。

[4] 坚白：指战国时名家公孙龙的"离坚白"之说。对"坚白石"这一命题，公孙龙认为"坚""白"是脱离"石"而独立存在的实体。同异：指战国时名家惠施的"合同异"之说。该学说认为一切事物的差别、对立是相对的，强调差异之中的同一，从而合异于同。有厚无厚：公孙龙、惠施等人辩论的题目，讲空间上的无限性问题。

[5] 倚（jī）魁：怪僻，独特而不合于俗。倚，怪僻而不合于俗。魁，通"傀"，怪异。

[6] 难：责难。

[7] 学：学者。

[8] 彼止而待我：意为别人停下来等待我。

[9] 就：这里指赶上。

[10] 崇：通"终"，最终，终究。

[11] 厌：堵塞。

[12] 渎：沟渠。

[13] 县：同"悬"，悬殊。

[14] 多暇日：指怠惰。

[15] 出入不远：谓相差不大，指和"六骥不致"的情况不会相差太大。

好法而行[1]，士也；笃志而体[2]，君子也；齐明而不竭[3]，圣人也。人无法，则伥伥然[4]；有法而无志其义[5]，则渠渠然[6]；依乎法而又深其类[7]，然后温温然[8]。

[1] 法：礼法。

[2] 笃：坚定。体：施行，实行。

[3] 齐明：敏捷明智。齐，疾，这里指思虑敏捷。

[4] 伥（chāng）伥然：无所适从的样子。

[5] 志：同"识"。

[6] 渠渠然：局促不安的样子。

[7] 深：深知，精通。类：统类，指能按礼法的规定去类推，掌握各种事物。

[8] 温温然：润泽之貌。这里指优游不迫、得心应手的样子。

礼者，所以正身也；师者，所以正礼也[1]。无礼，何以正身？无师，吾安知礼之为是也[2]？礼然而然，则是情安礼也[3]；师云而云，则是知若师也[4]。情安礼，知若师，则是圣人也。故非礼[5]，是无法也；非师，是无师也。不是师法而好自用，譬之是犹以盲辨色，以聋辨声也，舍乱妄无为也[6]。故学也者，礼法也。夫师以身为正仪[7]，而贵自安者也[8]。《诗》云："不识不知[9]，顺帝之则。"此之谓也。

[1] 正礼：正确阐释礼的各项规定。

[2] 为是：是这个样子。

[3] 情安礼：性情习惯于按照礼的要求去做。意谓如天性所安而非后天所学。

[4] 知：同"智"，理智。若：顺从。

[5] 非：违背。

[6] 舍：除了。乱妄：悖谬。

[7] 正仪：正确的标准，即典范，表率。

[8] 自安：自己安心于此。

[9] "不识"二句：出自《诗经·大雅·皇矣》。帝，老天爷。

端悫顺弟[1]，则可谓善少者矣[2]；加好学逊敏焉[3]，则有钧无上[4]，可以为君子者矣。偷儒惮事[5]，无廉耻而嗜乎饮食，则可谓恶少者矣；加惕悍而不顺[6]，险贼而不弟焉，则可谓不详少者矣[7]，虽陷刑戮可也。

[1] 顺弟：逊顺孝悌，即尊敬长者。弟，同"悌"。

[2] 善少：好少年。

[3] 逊敏：谦逊敏捷。

[4] 有钧无上：只有能和他均等的人，没有能超过他的人。钧，通"均"，相等。

[5] 惮：畏难，畏惧。

[6] 惕（dàng）悍：放荡凶悍。惕，同"荡"。

[7] 详：通"祥"，吉利。

老老[1]，而壮者归焉；不穷穷[2]，而通者积焉[3]；行乎冥冥而施乎无报[4]，而贤、不肖一焉[5]。人有此三行，虽有大过[6]，天其不遂乎[7]！

[1] 老老：敬重老人。

[2] 穷穷：轻视、侮辱处于困境的人。

[3] 通者：贤能的人。

[4] 行乎冥冥：意谓做好事不务求人知。冥冥，暗。

[5] 一：归于一处。

[6] 过：通"祸"，灾祸。

[7] 遂：成。

君子之求利也略[1]，其远害也早，其避辱也惧[2]，其行道理也勇。君子贫穷而志广，富贵而体恭，安燕而血气不惰[3]，劳勤而容貌不枯[4]，怒不过夺[5]，喜不过予[6]。君子贫穷而志广，隆仁也[7]；富贵而体恭，杀势也[8]；安燕而血气不惰，柬理也[9]；劳勤而容貌不枯，好交也[10]；怒不过夺，喜不过予，是法胜私也。《书》曰："无有作好[11]，遵王之道。无有作恶，遵王之路。"此言君子之能以公义胜私欲也。

[1] 略：疏略，指不斤斤计较。

[2] 惧：警惧，指警惕性高。

[3] 安燕：安逸，安闲，指休息。

[4] 勤（juàn）：疲劳，疲倦。

[5] 过夺：过分夺取，指惩罚过分。

[6] 过予：过分给予，指奖赏过分。

[7] 隆：尊崇，尊重。

[8] 杀势：不以势欺人。杀，减弱。

[9] 柬：挑选，选择。理：礼义。

[10] 交：疑当作"文"，指礼仪。

[11] "无有"四句：出自《尚书·洪范》。作好，个人的喜好。作恶，个人的憎恶。路，道，这里指先王制定的礼仪。

【阅读书目】

《荀子集解》，[清]王先谦，中华书局。

《荀子简释》，梁启雄，中华书局。

《荀子校释》，王天海，上海古籍出版社。

《荀子译注》，张觉，上海古籍出版社。

《荀子评传》，孔繁，南京大学出版社。

第七章 中庸与大学

第一节 《礼记》概说

　　《礼记》是一部先秦至两汉时期儒家关于各种礼仪的论著以及礼学文献汇编。它的内容庞杂、繁富，综合了儒家传统礼学的各个方面，既阐释了各种礼仪制度的意义，也点滴记述了夏、商、周三代所传之礼，其中还记载了孔子及弟子关于礼的问答、阐释，是研究中国古代礼学的重要资料，也是研究孔子及早期儒家礼学思想的重要资料。《礼记》与《仪礼》《周礼》合称"三礼"，是对后世产生重大影响的儒家礼学文献，对于研究中国两千多年以来的礼仪制度、礼学思想、礼教学说、礼法道德乃至人们的行为规范等都具有重要意义。

　　今本《礼记》，也称《小戴记》或《小戴礼记》。《礼记》中的"礼"，指的是《仪礼》（即《礼》或《士礼》）；"记"是指对经文所作的解释、说明或补充。《礼记》与《仪礼》在名称上曾有纠葛。在汉代，被称为《礼》的，乃是今天的《仪礼》。因其作为五经之一，被称作《礼经》，又因其中含有解释正文的"记"，所以也被称为《礼记》。之后《礼记》之名被四十九篇的《礼记》所夺，而用《仪礼》来称呼《礼经》。这是关于《礼记》名称的一个值得注意的问题。

　　关于《礼记》一书的编选者，东汉郑玄的《六艺论》《隋书·经籍志》

和近代陈邵的《周礼论叙》都认为此书乃西汉戴圣所辑。戴圣的叔父戴德纂辑有关于礼的传记的《大戴礼记》八十五篇。《汉书·艺文志》云："《记》百三十一篇。七十子后学者所记也。"经考证，关于《礼记》的来源应当包括"《记》百三十一篇"及其他论礼的文献。目前可以确信的是，至晚在东汉中期时已有《礼记》四十九篇之传本。它是"孔子门徒共撰所闻"，"七十子后学"所记，是一部出自于从先秦至汉代诸儒之手的著作，广泛汇集了研究礼学、传讲礼经的诸多儒者的思想观点或主张。

《礼记》四十九篇，记载了夏、商、周三代特别是周王朝的典章制度以及冠婚丧祭燕射朝聘等礼仪，当然也夹杂了汉代初期的礼仪制度。它广泛地阐述了儒家关于礼制的精神以及构建礼制的意义，集中地反映了儒家礼治的思想和主张。从西汉到明清这一漫长的历史时期，《礼记》越来越受重视，而作为三礼之一的《仪礼》越来越被漠视，大约是因为《仪礼》记的是一大堆礼仪单子，枯燥乏味，又远离现实生活，社会的发展使其日渐憔悴，从而丧失了吸引力。而《礼记》不仅记载了许多生活中实用性较大的细枝末节，而且详细论述了各种典礼的意义及制礼的精神，相当透彻地宣扬了儒家的礼治思想。历史和现实的经验使统治阶级越来越深切地认识到，在强化国家机器的同时，利用礼治的儒家思想，吸引广大知识阶层，规范世人的思想和行为，是维护统治秩序从而获得长治久安的不容忽视的大政方针。这就是《礼记》受到历代帝王的青睐，以至被推上经典地位的根本原因。

《礼记》的内容非常庞杂，有的篇章内容相对集中，阐述某一方面；有的篇章则杂乱无序，每节内容又相互独立，毫不相涉。西汉刘向、近代学者梁启超都曾对《礼记》内容进行分类，现在被广泛认可的是今人王文锦的划分方式，他将《礼记》划分为八类：一是对某项礼节予以专述。如《奔丧》《投壶》，其体裁与《仪礼》相近，是对《仪礼》的补充。二是直接解释、说明《仪礼》。如《冠义》《昏义》《乡饮酒义》《射义》《燕义》《聘义》《丧服四制》。它们分别解释、说明《仪礼》中的《士冠礼》《士昏礼》《乡饮酒礼》《乡射礼》《大射礼》《燕礼》《丧服》诸篇，跟《仪礼》关系最为密切。三是杂记丧服丧事。如《檀弓》《曾子问》《丧服小记》《杂记》《丧大记》《奔丧》《问丧》《服问》《间传》《三年问》《丧服四制》等。四是记述专项礼制。如《王制》《礼器》《郊特牲》《玉藻》《明堂位》《大传》《祭法》《祭统》《深衣》等。五是记述日常生活礼节和守则。如《曲礼》《内则》《少仪》等。六是记述孔子言论。如《坊记》《表记》《缁衣》《仲尼燕居》《孔子闲居》《哀公问》《儒行》等。不过，据后人考证，它们多为战国末或秦汉间儒生假托孔子答问之作，《礼运》等也属此托名之作。七是结构比较完整的儒家论文。如《礼运》《学记》《祭义》《经解》《大学》《中庸》。八是具有专门目的的篇章。如用于授时颁政的《月令》，意在为王子示范的《文王世子》。王文锦的划分撷采众人之说，有利于对《礼记》驳杂内容的理解和把握。（参见中华书局《经书浅谈》一书中的相关文章）。

　　《礼记》最早只是作为《礼》的附属出现，但后来却蔚为大观，取代了《仪礼》的经典地位。这种结果正是由于《礼记》内容的丰富性决定的。《礼记》作为一部富于人文色彩的儒家经典，它阐释论述了儒家的社会政治思想、天道人伦思想、心性修养的途径和原则，对中华民族精神的形成和发展产生了深远的影响。清代学者焦循说："《周礼》《仪礼》，一代之书也；《礼记》，万世之书也。……《记》之言曰：'礼以时为大。'此一言也，以蔽千万世制礼之法可矣！"道出了其跨越千年的生命力之所在。《礼记》所蕴涵的"中庸之道"的修身处世思想，"修身、齐家、治国、平天下"的人生追求，"天下为公"的社会政治思想以及许多深刻的思想观念，可谓历久弥新。

　　在当今社会，人如何认识自己，如何与世界相处？《礼记》给我们提供了古人的智慧和借鉴。"今人而无礼，虽能言，不亦禽兽之心乎"，"敖不可长，欲不可从，志不可满，乐不可极"（《曲礼上》），"正己而不求于人，则无怨。上不怨天，下不尤人"（《中庸》），从中可以明白如何与自我相处；"夫为人子者，出必告，反必面，所游必有常，所习必有业，恒言不称老"，"正尔容，听必恭，毋剿说，毋雷同"（《曲礼上》），从中可学习如何与父母长辈相处；"博闻强识而让，敦善行而不怠，谓之君子。君子不尽人之欢，不竭人之忠，以全交也"，从中可体味与他人相处的道理；"唯天下至诚，为能尽其性；能尽其性，则能尽人之性；能尽人之性，则能尽物之性；能尽物之性，则可以赞天地之化育；可以赞天地之化育，则可以与天地参矣"（《中庸》），从中可思索古人与天地万物相联系的世界观。可以说，文辞简洁典雅、雍容大方的《礼记》在今天的人文建设中仍具有不可磨灭的价值。

本书选录的是对后世影响深远甚至对现代社会人们的人生观、价值观的形成仍具有重大影响和教育意义的篇章——《学记》《中庸》和《大学》。其中《学记》主要论述的是教育教学方法，是我国第一篇教育学专论；《中庸》是儒家论述人生修养境界的一部道德哲学，在儒学发展史上有着重要的作用和影响；《大学》是一部以"德治"为指导思想的政治哲学。在中国教育史上，《中庸》《大学》曾被单独拿出来进行研究学习，与《论语》《孟子》合称"四书"，产生了长久的影响。

《学记》是《礼记》中的第十八篇，是中国教育史、也是世界教育史上第一篇教育学专论。其成书年代大约为公元前四世纪至前三世纪，据郭沫若先生考证，其作者可能是孟子的学生乐正克。《学记》全文共20节，1229个字，其篇幅短小精悍，内容丰富、精辟而深刻，是我国先秦时期教育思想和教育实践的概括和总结。

《学记》主要论述了教育作用与目的、学校管理和教育教学的原则、方法以及教师问题等有关教育的理论与实践问题。"发虑宪，求善良，足以谀闻，不足以动众。就贤体远，足以动众，不足以化民。君子如欲化民成俗，其必由学乎。"强调了学习的重要性。"古之教者，家有塾，党有庠，术有序，国有学。"家、党、术、国是从地方到中央的行政区划。这一提议对中国封建社会教育体制的形成影响极大，汉代以后，逐渐形成了中央官学和地方官学并立的教育体制。"师严然后道尊，道尊然后民知敬学"，体现了尊师重教思想；"大学之礼，虽诏于天子，无北面，所以尊师也"，则赋予了老师以至高无上的地位，从而形成了中国尊师的风俗。

《学记》的作者提倡大学必须建立严格的成绩考核制度，平时的小考要经常进行，大的成绩考核要每隔一年进行一次，每次考核必须有明确的标准。"比年入学，中年考校。一年视离经辨志，三年视敬业乐群，五年视博习亲师，七年视论学取友，谓之小成。九年知类通达，强立而不反，谓之大成。"《学记》对中国教育史、也是对世界教育史的最大贡献还在于它首次提出了长善救失、藏息相辅的教学原则，继承和发展了孔子以来倡导的启发诱导，即善喻的教学原则。"教也者，长善而救其失者也。""君子之于学也，藏焉，修焉，息焉，游焉。""故君子之教喻也：道而弗牵，强而弗抑，开而弗达。道而弗牵则和，强而弗抑则易，开而弗达则思。和易以思，可谓善喻矣。"这些思想至今仍有重要的参考价值，值得认真地研究、借鉴。

《中庸》是《礼记》的第三十一篇。关于《中庸》的作者，历来说法不一，传统上认为，其为子思所作。《中庸》是被宋代学人提到突出地位上来的，从北宋的范仲淹、司马光等人开始，到宋明理学的开山祖师周敦颐、张载、程颢、程颐，都极为重视《中庸》。而到了南宋，朱熹正式将《论语》《孟子》《大学》《中庸》编在一起，写了一本《四书章句集注》，从此便有了"四书"之名。元代以后，朝廷正式将朱熹的《四书章句集注》作为官方科举考试的标准教科书。自此，元、明、清三代约六百年时间里，《中庸》以及朱熹的注释，就成了所有读书人的必读书，并对古代教育产生了极大的影响。

《中庸》乃是阐述"中庸"之道的书，全书仅有数千言，言简意赅。朱熹在整理此书时，将它分为三十三章。清代学者张岱又将每章的前几个字用作章名。全书集中讲述以"仁"为指导，以"诚"为基础，以"中庸"为方法的人生哲学，肯定"中庸"是道德行为的最高准则，"至诚无息"，将"诚"看作是世界的本体，并提出"博学之，审问之，慎思之，明辨之，笃行之"的学习过程和认识方法。

《中庸》一书极大地发展了孔子的"中庸"思想。一是率性之谓道。《中庸》开头三句话："天命之谓性，率性之谓道，修道之谓教。"对儒家提出的性、道、教作了解说。二是君子诚之为贵。"诚"是指真心实意地履行道德的信念。《中庸》把"诚"看成是道德行为的根本，认为性、道、教三者依靠诚的信念才能发扬光大。所以，"诚"被视为最高的道德境界和道德实践的动力。"诚"所以为贵，主要有五条：诚能尽性，诚则能化，诚可以前知，诚能成己成物，至诚无息。《中庸》把"诚"推崇到无以复加的地步，强调道德行为的自觉性。三是君子慎其独。这是说在别人看不见、听不到的时候，在闲居独处的情况下，使自己的行为符合于道。四是尊德性道问学。这也是讲修养方法问题，从天性至诚到明白了解是基于人的本性，从明白了解到达诚的境界谓之后天的教化。五是极高明而道中庸。以中庸为道德行为的最高准则。

在当代中国，在一般人的心目中，"中庸"似乎是一个充满了负面价值的词汇。一提到"中庸"，很多人理解成"平庸无为、折中调和、见风使舵"，但这却是对儒家"中庸"思想的极大的曲解。事实上，《中庸》所倡导的儒家"中""时"的思想是积极的立身行事、合乎时宜的儒家实践的辩证原则，而非孔孟所痛斥的"乡愿"式的人。故而，在当下反"中庸"时代重温"中庸"之义，便显得更为迫切。毫无疑问，"中庸"是儒家思想与中国文化中非常重要的一个概念，可以说是儒学与中国文化的基本品格之一。它既是一种伦理学说，同时也代表了一种思想方法，这样一种思维方式使中华民族形成了一种稳健笃实的民族性格，对我们几千年的文明产生了深远的影响。

《大学》原为《礼记》第四十二篇，传统的说法认为是曾参所作。北宋学者程颢、程颐兄弟把它从《礼记》中抽出，编次章句。程颐认为，《大学》为"初学入德之门也"。朱熹重新修订了《大学》，并将其放在《四书》之首，从而《大学》的地位在历史的流传中越来越高，影响也越来越大。《大学》提出了明明德、亲民、止于至善三条纲领，格物、致知、诚意、正心、修身、齐家、治国、平天下八个条目，八个条目是实现三条纲领的途径。齐家、治国、平天下是人生的外行阶段，即功名阶段。应特别注意的是，先秦、秦汉所说的"家"不同于今天所说的"家"。先秦、秦汉一般是家与大夫对称，国与诸侯对称，天下与天子对称，所以大夫曰"家"，诸侯曰"国"，天子曰"天下"。在中国古代，由于特定的生产方式和社会结构，中国汉语所指称的家、国、天下是一体的，天下是国的扩展，国又是家的扩展。国家实质上是衍化了的家，天下又是家国一体的世界。

《大学》典型地体现了儒家学派"内圣外王"的思想。"内圣外王"最早出现于《庄子·天下篇》。简而言之，"内圣"就是修身养德，要求做一个有德性的人；"外王"就是齐家、治国、平天下。"内圣外王"的统一是儒家学者们追求的最高境界，打通了个人与社会、道德与政治之间的关系，带有强烈的道德理想主义色彩。经宋明理学的大力提倡，对以后的中国社会和文化产生了极为深远的影响。

《大学》的三纲八目表达的既是道德意义上的人生追求与图式，又是政治意义上的人生理想与境界。这种德政合一、内圣外王的人生图式，是其影响中国人最核心的内容。这种人生图式，通过文化教育，通过科举取士等，深刻地影响了古代中国士人、读书人的人格理想、人生精神乃至生命理念；这种人生图式通过社会文化的教育、熏陶、积淀和传承，千百年来深深地渗透进了中国人尤其是中国文化精英的血液中。

第二节 《礼记》选读

一、学记

发虑宪[1]，求善良，足以谀闻[2]，不足以动众[3]；就贤体远[4]，足以动众，未足以化民[5]。君子如欲化民成俗[6]，其必由学乎！

[1] 宪：思虑。

[2] 谀（xiǎo）闻：小有声名。谀，小。

[3] 动众：劳动众人。郑玄注曰："动众，谓师役之事。"

[4] 就：接近。体：亲近。远：偏僻之地，远方。

[5] 化民：教化百姓。

[6] 君子：对统治者和贵族男子的通称，常与"小人"或"野人"对举，有时指才德出众的人。此处指前者。成俗：形成良好的风俗。

玉不琢，不成器；人不学，不知义。是故古之王者建国君民[1]，教学为先。《兑命》[2]曰："念终始典于学[3]。"其此之谓乎！

[1] 君：统治。

[2] 《兑（yuè）命》：即《说（yuè）命》，为《尚书》中的一篇。

[3] 念终始典于学：意谓要始终想着经常学习。典，经常从事。

虽有佳肴[1]，弗食不知其旨也[2]；虽有至道，弗学不知其善也。是故学然后知不足，教然后知困。知不足，然后能自反也[3]，知困，然后能自强也。故曰：教学相长也[4]。《兑命》曰："学学半[5]。"其此之谓乎！

[1] 佳肴：味美的菜肴。肴，熟肉，亦泛指鱼肉之类的荤菜。

[2] 旨：味美。

[3] 自反：反躬自问，自己反省。

[4] 教学相长（zhǎng）：指教和学的相互促进。

[5] 学（xiào）学半：《尚书》作"敩（xiào）学半"，教和学各占一半，意谓教人的同时也是自己学习。敩，教导。

古之教者，家有塾[1]，党有庠[2]，术有序[3]，国有学[4]。比年入学[5]，中年考校[6]。一年视离经辨志[7]，三年视敬业乐群[8]，五年视博习亲师[9]，七年视论学取友[10]，谓之小成。九年知类通达[11]，强立而不反[12]，谓之大成。夫然后足以化民易俗，近者说服而远者怀之[13]，此大学之道也。《记》曰："蛾子时术之[14]。"其此之谓乎！

[1] 家：这里实际上是指二十五家的闾。孔颖达说："《周礼》：百里之内，二十五家为闾，同共一巷，巷首有门，门边有塾。"同闾之民，就学于塾。塾：与下文"庠（xiáng）""序""学"皆学校名。根据周制，离都城百里以内的行政区划为：每五家为一比，五比为一闾（二十五家），四闾为一族（一百家），五族为一党（五百家），五党为一州（二千五百家），五州为一乡（一万二千五百家）。离都城百里以外（远郊）的行政区划则为：五家为一邻，五邻为一里（二十五家），四里为一酂（zàn，一百家），五酂为一鄙（五百家），五鄙为一县（二千五百家），五县为一遂（一万二千五百家）。

[2] 党：据《周礼》，五百家为一党。

[3] 术：当为"遂"，据《周礼》，一万二千五百家为一遂。

[4] 国：国都。

[5] 比年：每年。

[6] 中年：隔年。考校（jiào）：考核。

[7] 视：考察。离经辨志：分析经籍义理，读断文句，辨别学习之意向。离，分析。

[8] 敬业：谓专心学业。乐群：谓与友朋相处无违失。

[9] 博习：广博学习。亲师：亲近师长。

[10] 论学：论说学问。取友：选取朋友，交友。

[11] 知类通达：意谓触类旁通。知类，谓懂得事物间类比的关系，依类推理。通达，通晓、洞达。

[12] 强立：遇事能明辨不疑。不反：指不违反师教。

[13] 说（yuè）：同"悦"。服：顺从，服从。怀：归顺。

[14] 蛾（yǐ）子时术之：小蚂蚁时时学着衔土（也能堆成土堆）。蛾，蚁的古字，蚂蚁。术，学习，效法。

大学始教，皮弁祭菜[1]，示敬道也。《宵雅》肄三[2]，官其始也[3]。入学鼓箧[4]，孙其业也[5]。夏、楚二物[6]，收其威也。未卜禘[7]，不视学[8]，游其志也[9]。时观而弗语[10]，存其心也。幼者听而弗问[11]，学不躐等也。此七者，教之大伦也[12]。《记》曰："凡学，官先事[13]，士先志[14]。"其此之谓乎！

[1] 皮弁（biàn）：古冠名，用白鹿皮制成。这里指配合皮弁穿的整套礼服。祭菜：用芹、藻等祭祀先圣先师。

[2] 《宵雅》肄三：习唱《诗经·小雅》中的《鹿鸣》《四牡》《皇皇者华》三篇。《宵雅》：即《诗经》的《小雅》。宵，同"小"。肄（yì），学习、练习。

[3] 官其始也：意谓一开始就使学生树立做官入仕的志向。

[4] 鼓箧（qiè）：击鼓开箧。先击鼓警众，再打开书箱。箧，竹箱。

[5] 孙（xùn）：通"逊"，谦顺，恭顺。

[6] 夏（jiǎ）：同"榎"，木名，即楸树，这里指榎木做的教鞭。楚：这里指

用荆条做的教鞭。

[7] 卜禘（dì）：夏祭叫禘，禘前要卜问，故称卜禘。

[8] 视学：天子亲往或派有司到国学对学子进行考试。

[9] 游：优游，逍遥。

[10] "时观"二句：（教师）时时观察而不轻易解说，使学生存有自己的思考。

[11] "幼者"二句：年幼的学生听讲而不随意发问，教学不可逾越等级。学（xiào），教。躐（liè）等，逾越等级，不按次序。躐，逾越、超越。

[12] 大伦：犹大端，大原则。

[13] 官先事：对于当官的先教以事。

[14] 士先志：对于学子先教以志。

大学之教也时[1]。教必有正业[2]，退息必有居[3]。学不学操缦[4]，不能安弦[5]；不学博依[6]，不能安诗；不学杂服[7]，不能安礼；不兴其艺[8]，不能乐学。故君子之于学也，藏焉[9]，修焉[10]，息焉[11]，游焉[12]。夫然，故安其学而亲其师，乐其友而信其道，是以虽离师辅而不反也[13]。《兑命》曰："敬孙务时敏[14]，厥修乃来[15]。"其此之谓乎！

[1] 时：适时，合于时宜。《礼记·王制》："春秋教以《礼》《乐》，冬夏教以《诗》《书》。"

[2] 正业：谓先王正典。

[3] 退息：事罢休息。有居：有固定的居处。

[4] 操缦（màn）：操弄琴弦。

[5] 安：善于。

[6] 博依：广为比喻，指诗的比兴而言。

[7] 杂服：古代所规定的各色服制。

[8] 兴：喜欢。艺：指六艺，即指礼、乐、射、御、书、数。

[9] 藏：积累。

[10] 修：学习。

[11] 息：休息。

[12] 游：游憩。

[13] 师辅：师友。

[14] 敬：恭敬。孙：通"逊"，谦逊。敏：勤勉。

[15] 厥修乃来：他所修的学业就会有成就。厥，代词，其。修，所修之学业。

今之教者，呻其占毕[1]，多其讯言[2]，及于数进而不顾其安[3]，使人不由其诚[4]，教人不尽其材。其施之也悖[5]，其求之也佛[6]。夫然，故隐其学而疾其师[7]，苦其难而不知其益也。虽终其业，其去之必速。教之不刑[8]，其此之由乎！

[1] 呻其占（chān）毕：吟诵他看着的竹简。呻，吟诵。占，视。毕，竹简。

[2] 讯：告诉。

[3] 数：通"速"，快。

[4] 使人：谓教人。

[5] 施：教。悖：违背。

[6] 佛（fú）：通"拂"，违背，乖逆。

[7] 隐：痛恶。疾：厌恶，憎恨。

[8] 刑：成功。

大学之法：禁于未发之谓豫[1]，当其可之谓时[2]，不陵节而施之谓孙[3]，相观而善之谓摩[4]。此四者，教之所由兴也[5]。

[1] 发：发生。豫：预防。

[2] 时：适时，合于时宜。

[3] 陵节：超越制度规定之范围。孙（xùn）：通"逊"，顺应，合乎规律。

[4] 摩：切磋，研究。

[5] 兴：成功，成就。

发然后禁，则扞格而不胜[1]；时过然后学，则勤苦而难成；杂施而不孙，则坏乱而不修；独学而无友，则孤陋而寡闻[2]；燕朋逆其师[3]；燕辟废其学[4]。此六者，教之所由废也。

[1] 扞（hàn）格：抵触，格格不入。

[2] 孤陋：见闻少，学识浅陋。

[3] 燕朋：轻慢朋友。燕，亵渎、轻慢。

[4] 燕辟：轻慢老师为讲解深义而作的浅近比喻。一说指燕游邪辟。

君子既知教之所由兴，又知教之所由废，然后可以为人师也。故君子之教喻也[1]，道而弗牵[2]，强而弗抑[3]，开而弗达[4]。道而弗牵则和[5]，强而弗抑则易，开而弗达则思[6]。和易以思，可谓善喻矣[7]。

[1] 教喻：犹教导。

[2] 道（dǎo）：开导，教导。

[3] 强（qiǎng）：劝勉，勉励。抑：强迫。

[4] 开：启发，开导。

[5] 和：和谐，和睦。指师生关系。

[6] 思：思考。

[7] 善喻：善于教喻。喻，晓谕、告知、开导。

学者有四失[1]，教者必知之。人之学也，或失则多[2]，或失则寡，或失则易[3]，或失则止[4]。此四者，心之莫同也[5]。知其心，然后能救其失也。教也者，长善而救其失者也[6]。

[1] 失：错误。

[2] 或：代词，指有的人。则：语助词，犹"之"。多：指贪多。

[3] 易：孔颖达说："此是'学而不思则罔'。"

[4] 止：孔颖达说："此是'思而不学则殆'。"

[5] 心：本性，性情。

[6] 长（zhǎng）：助长。救：纠正。

善歌者，使人继其声[1]；善教者，使人继其志。其言也，约而达，微而臧[2]，罕譬而喻[3]，可谓继志矣。

[1] 继：承接。

[2] 微：精深，奥妙。臧：善，好。

[3] 罕：少。譬：比喻，比方。喻：明白。

君子知至学之难易[1]，而知其美恶[2]，然后能博喻[3]，能博喻然后能为师，能为师然后能为长[4]，能为长然后能为君。故师也者，所以学为君也[5]，是故择师不可不慎也。《记》曰："三王、四代唯其师[6]。"其此之谓乎！

[1] 至学之难易：孙希旦说："谓学者入道之深浅次第。"

[2] 美恶：是非。

[3] 博喻：谓对各种知识能广泛而深入地理解。

[4] 长：官长。

[5] 学（xiào）：教。

[6] 三王：夏、商、周三朝的开国君主禹、汤、文王和武王。四代：虞、夏、商、周。

凡学之道，严师为难[1]。师严然后道尊，道尊然后民知敬学。是故君之所不臣于其臣者二[2]：当其为尸[3]，则弗臣也；当其为师，则弗臣也。大学之礼，虽诏于天子[4]，无北面[5]，所以尊师也。

[1] 严：尊敬。

[2] 不臣于其臣：不以其臣为臣。

[3] 尸：古代祭祀时代死者受祭的人。

[4] 诏：教导，告诫。

[5] 无北面：古时天子上朝面南而坐，臣子北面而朝。若天子到大学向老师请教，则面东，教师面西，不以臣子相待，以表示尊师重道。

善学者，师逸而功倍，又从而庸之[1]。不善学者，师勤而功半，又从而怨之[2]。善问者如攻坚木，先其易者，后其节目[3]，及其久也，相说以解[4]。不善问者反此[5]。善待问者如撞钟[6]，叩之以小者则小鸣，叩之以大者则大鸣，待其从容，然后尽其声。不善答问者反此。此皆进学之道也[7]。

[1] 庸之：指归功于老师。庸，归功。

[2] 怨之：指埋怨老师。

[3] 节目：树木枝干交接处的坚硬而纹理纠结不顺部分。此处比喻难懂的问题。

[4] 说（tuō）：通"脱"，脱离。

[5] 反此：与此相反。

[6] 待问：回答问题。

[7] 进学：使学业有进步。

记问之学[1]，不足以为人师，必也其听语乎[2]！力不能问[3]，然后语之，语之而不知，虽舍之可也[4]。

[1] 记问之学：指背诵一些书本知识，并无心得。

[2] 听语：听到学生的提问后再解答。

[3] "力不能问"二句：意谓学生能力不足以应对提问，再加以解说。

[4] 舍之：郑玄注曰："舍之，须后。"谓以后再说。

良冶之子[1]，必学为裘[2]；良弓之子，必学为箕[3]；始驾马者反之[4]，车在马前。君子察于此三者，可以有志于学矣。

[1] 冶：铸造金属器物的工人。

[2] 为裘：制作皮袄。裘：用毛皮制成的御寒衣服。

[3] 箕：畚箕。

[4] "始驾马者"二句：意谓刚开始学习驾车的小马，先将它系在马车之后。（使其观察驾车的老马。）

古之学者，比物丑类[1]。鼓无当于五声[2]，五声弗得不和[3]；水无当于五色[4]，五色弗得不章[5]；学无当于五官[6]，五官弗得不治[7]；师无当于五服[8]，五服弗得不亲。

[1] 比物：谓连缀同类事物，进行排比归纳。丑：相同。

[2] 无当：不合乎，不符合。五声：宫、商、角、徵、羽。

[3] 和：和谐。

[4] 五色：青、赤、黄、白、黑。

[5] 章：明显，显著。

[6] 五官：《礼记·曲礼下》："天子之五官，曰司徒、司马、司空、司士、司寇。"

[7] 治：治理。

[8] "师无当"二句：意谓老师虽然不属于五服亲属，但若无师教，五服亲属就不能相亲和。五服：表示血统亲属中亲疏等级关系的五种丧服；即斩衰（cuī）、齐（zī）衰、大功、小功和缌麻。

君子曰："大德不官[1]，大道不器[2]，大信不约[3]，大时不齐[4]。"察于此四者，可以有志于本矣。三王之祭川也，皆先河而后海，或源也，或委也[5]，此之谓务本。

[1] 大德不官：具有最高道德的人不拘于某一具体的官职。

[2] 大道不器：指事物的根本道理并不局限于说明一种事物。大道，事物的共同规律。不器，不像器皿一般，意谓用途不局限于一个方面。

[3] 大信不约：最大的诚信不需要盟约。

[4] 大时不齐：天时并不齐一。大时，天时。

[5] 委：水的聚汇之所，下游。

二、中庸

天命之谓性[1]，率性之谓道[2]，修道之谓教[3]。道也者，不可须臾离也[4]，可离非道也。是故君子戒慎乎其所不睹[5]，恐惧乎其所不闻[6]。莫见乎隐[7]，莫显乎微，故君子慎其独也[8]。喜怒哀乐之未发，谓之中[9]；发而皆中节[10]，谓之和。中也者，天下之大本也[11]；和也者，天下之达道也[12]。致中和[13]，天地位焉[14]，万物育焉。

[1] 天命：天赋，上天赋予。谓：称作。

[2] 率性：遵循本性。率，遵行，遵循。

[3] 修：遵循。

[4] 须臾：片刻，短时间。

[5] "君子"句：君子在不被看见的地方也警惕谨慎。戒慎，警惕谨慎。

[6] "恐惧"句：在不被听见的地方也小心畏惧。

[7] "莫见（xiàn）"二句：（罪过愆失）不出现于幽隐之处，不显露于细微之处。见，显现、出现。隐，暗处。微，小事。

[8] 慎其独：在独处中谨慎不苟。

[9] 中：朱熹注曰："喜、怒、哀、乐，情也。其未发，则性也，无所偏倚，故谓之中。"

[10] 中节：合乎礼义法度。

[11] 大本：根本，事物的基础。

[12] 达道：公认的准则。

[13] 致：达到。

[14] 位：使占据其应有的位置。

仲尼曰[1]："君子中庸[2]，小人反中庸。君子之中庸也，君子而时中[3]。小人之反中庸也，小人而无忌惮也[4]。"子曰："中庸其至矣乎[5]！民鲜能久矣[6]！"

[1] 仲尼：即孔子，名丘，字仲尼。

[2] 中庸：不偏不倚，无过无不及。

[3] 时中：谓立身行事，合乎时宜，无过与不及。

[4] 忌惮：顾虑、畏惧。

[5] 至：达到极点。

[6] 鲜：少。久：持久。

子曰："道之不行也[1]，我知之矣：知者过之[2]，愚者不及也。道之不明也[3]，我知之矣：贤者过之，不肖者不及也[4]。人莫不饮食也，鲜能知味也。"子曰："道其不行矣夫！"

[1] 道：即中庸之道。不行：不施行。

[2] 知者：即智者，与愚者相对，指有智慧的人。知，同"智"。

[3] 不明：不彰明。

[4] 不肖者：与贤者相对，指不贤的人。

子曰："舜其大知也与[1]！舜好问而好察迩言[2]，隐恶而扬善，执其两端[3]，用其中于民[4]。其斯以为舜乎[5]！"子曰："人皆曰'予知'[6]，驱而纳诸罟擭陷阱之中[7]，而莫之知辟也[8]。人皆曰'予知'，择乎中庸而不能期月守也[9]。"子曰："回之为人也[10]，择乎中庸，得一善，则拳拳服膺而弗失之矣[11]。"子曰："天下国家可均也[12]，爵禄可辞也[13]，白刃可蹈也[14]，中庸不可能也。"

[1] 大知：有大智慧的人。

[2] 迩言：浅近的话。迩，近。

[3] 执其两端：指掌握了过与不及两个极端。

[4] 用其中：即折中，使用中庸之道。

[5] "其斯"句：这就是舜之所以为舜的地方吧！按"舜"为谥号，其本义是仁义盛明，所以孔子有此感叹。

[6] "人皆曰"句：人们都说："我聪明"。予，我。

[7] 罟（gǔ）：网。擭（huò）：装有机关的捕兽木笼。

[8] 辟（bì）：躲避。

[9] 期（jī）月：一整月。守：遵守。

[10] 回：指颜回，孔子的学生。

[11] 拳拳服膺：诚恳信奉，衷心信服。拳拳，奉持之貌，引申为恳切。服膺，铭记在心，衷心信奉。

[12] 均：即平，指治理。

[13] 爵：爵位，官位。禄：官吏的薪俸。辞：放弃。

[14] 白刃：锋利的刀。蹈：踏。

　　子路问强[1]。子曰："南方之强与？北方之强与？抑而强与[2]？宽柔以教，不报无道[3]，南方之强也，君子居之[4]。衽金革[5]，死而不厌[6]，北方之强也，而强者居之。故君子和而不流[7]，强哉矫[8]！中立而不倚[9]，强哉矫！国有道，不变塞焉[10]，强哉矫！国无道，至死不变[11]，强哉矫！"

　　[1] 子路：名仲由，孔子的学生。子路好勇，故问强。

　　[2] 抑：连词，表示选择，意为"还是"。而：代词，你，指子路。与：疑问语气词。

　　[3] 报：报复。

　　[4] 君子居之：朱熹注曰："南方风气柔弱，故以含忍之力胜人为强，君子之道也。"居，处。

　　[5] 衽（rèn）：卧席，指床褥，这里意为寝宿。金革：谓军械和军装。金，指铁制的兵器。革，指皮革制成的甲盾。

　　[6] 不厌：不嫌，不加以排斥。

　　[7] 和而不流：性情平和又不随波逐流。

　　[8] 强哉矫：是真正的强啊！矫，强健、雄健。

　　[9] 倚：不正，偏侧。

　　[10] 不变塞：朱熹注曰："塞，未达也。国有道，不变未达之所守。"

　　[11] 至死不变：朱熹注曰："国无道，不变平生之所守也。"

　　子曰："素隐行怪[1]，后世有述焉[2]，吾弗为之矣。君子遵道而行，半途而废，吾弗能已矣[3]。君子依乎中庸，遁世不见知而不悔[4]，唯圣者能之。君子之道费而隐[5]。夫妇之愚[6]，可以与知焉[7]。及其至也[8]，虽圣人亦有所不知焉。夫妇之不肖，可以能行焉，及其至也，虽圣人亦有所不能焉。天地之大也，人犹有所憾。故君子语大，天下莫能载焉；语小，天下莫能破焉[9]。《诗》云：'鸢飞戾天[10]，鱼跃于渊。'言其上下察也[11]。君子之道，造端乎夫妇[12]；及其至也，察乎天地。"

[1] 素隐行怪：探索隐晦的哲理，故作怪异的行为。素，《汉书·艺文志》引孔子此语时作"索"。隐，隐僻。怪，怪异。

[2] 述：记述。

[3] 已：止，停止。

[4] 遁世：避世隐居。见知：被知，为人所知。

[5] 费：显著。隐：精深，微妙。

[6] 夫妇：匹夫匹妇，指普通男女。

[7] 与（yù）：参与。

[8] 及其至也：指君子之道的最高境界。

[9] 破：分开。

[10] "鸢飞"二句：见《诗经·大雅·旱麓》。鸢，老鹰。戾，至、到达。渊，深潭。

[11] "言其"句：谓君子之道上至于天，下至于地。察，至。

[12] 造端：开始。

子曰："道不远人[1]。人之为道而远人，不可以为道。《诗》云：'伐柯伐柯[2]，其则不远'。执柯以伐柯，睨而视之[3]，犹以为远。故君子以人治人[4]，改而止。忠恕违道不远[5]，施诸己而不愿，亦勿施于人。君子之道四，丘未能一焉[6]：所求乎子[7]，以事父，未能也；所求乎臣，以事君，未能也；所求乎弟，以事兄，未能也；所求乎朋友，先施之[8]，未能也。庸德之行[9]，庸言之谨。有所不足，不敢不勉，有余不敢尽[10]。言顾行，行顾言，君子胡不慥慥尔[11]？君子素其位而行[12]，不愿乎其外。素富贵，行乎富贵；素贫贱，行乎贫贱；素夷狄[13]，行乎夷狄；素患难，行乎患难：君子无入而不自得焉[14]。在上位不陵下[15]，在下位不援上[16]，正己而不求于人，则无怨。上不怨天，下不尤人[17]。故君子居易以俟命[18]，小人行险以徼幸[19]。"

[1] 道不远人：道是人性情的体现，是众人能知能行的，所以说"道不远人"。

[2] "伐柯"二句：见《诗经·豳风·伐柯》。伐柯，砍斫作斧柄的木材。柯，斧柄。则，法则，这里指斧柄的式样。

[3] 睨：斜视。之：指手中之柯。

[4] "君子"二句：意谓君子用人道治理人事，直到人们改正前非为止。

[5] 违：相距，距离。

[6] 未能一焉：未能做到一项。

[7] "所求"三句：意谓要求儿子做到的事，我还没有对父亲做到。求，责求。

[8] 施：施加。

[9] 庸德之行：即"行庸德"。下文"庸言之谨"同此。庸德，常德，一般的道德规范。庸，平常。

[10] 有余不敢尽：指做得有余的地方，不敢认为就达到了尽头。

[11] 胡：何、怎么。慥（zào）慥：忠厚老实的样子。

[12] 素其位：安于现在所处的地位。素，现在。

[13] 夷狄：古称东方部族为夷，北方部族为狄。常用以泛称除华夏族以外的各族。

[14] 无入：无论处于什么情况下。入，处于。

[15] 陵：侵犯，欺侮。

[16] 援：谓依附权势往上爬。

[17] 尤：责备，怪罪。

[18] 居易：犹平安，平易。俟（sì）命：等待天命。

[19] 徼（jiǎo）幸：作非分企求。徼，通"侥"。

子曰："射有似乎君子[1]，失诸正鹄[2]，反求诸其身。君子之道，辟如行远必自迩[3]，辟如登高必自卑[4]。《诗》曰：'妻子好合[5]，如鼓瑟琴。兄弟既翕，和乐且耽。宜尔室家，乐尔妻帑。'"子曰："父母其顺矣乎！"

[1] 射：指射箭。

[2] 正（zhēng）鹄（gǔ）：箭靶的中心。正、鹄，均指箭靶子，画在布上的叫正，画在皮上的叫鹄。

[3] 辟：通"譬"。迩：近。

[4] 卑：低处。

[5] "妻子"六句：见《诗经·小雅·常棣》。妻子，妻。好合，情投意合。鼓，弹奏。翕（xī），和合、聚合。和乐，和睦欢乐。耽，《诗经》作"湛"，喜乐。宜，使和顺、亲善。室家，泛指家庭或家庭中的人。帑（nú），通"孥"，儿女的通称。

子曰："鬼神之为德，其盛矣乎[1]！视之而弗见，听之而弗闻，体物而不可遗[2]。使天下之人，齐明盛服[3]，以承祭祀。洋洋乎[4]！如在其上，如在其左右。《诗》曰：'神之格思，不可度思，矧可射思。'[5]夫微之显[6]，诚之不可揜[7]，如此夫！"

[1] 盛：大，盛大。

[2] 体物：生成万物。可：犹所。遗：遗漏。

[3] 齐（zhāi）明：谓在祭祀前斋戒沐浴，静心洁身。齐，通"斋"，斋戒。明，洁净。盛服：即盛装。

[4] 洋洋：流动充满的样子。

[5] "神之"三句：见《诗经·大雅·抑》。格，来、至。思，语气词。度，揣度。矧（shěn），况且。射（yì），同"斁（yì）"，厌弃。

[6] 微之显：幽微而又显著。

[7] 揜（yǎn）：同"掩"，掩盖。

子曰："舜其大孝也与！德为圣人，尊为天子，富有四海之内。宗庙飨之[1]，子孙保之[2]。故大德必得其位，必得其禄，必得其名，必得其寿。故天之生物，必因其材而笃焉[3]。故栽者培之[4]，倾者覆之[5]。《诗》曰："嘉乐君子[6]，宪宪令德。宜民宜人，受禄于天。保佑命之，自天申之。"故大德者必受命。"

[1] 宗庙：古代帝王、诸侯祭祀祖宗的庙宇。飨（xiǎng）：一种祭祀形式，祭先王。之：代词，指舜。

[2] 保：保持。

[3] 材：资质，本性。笃：加厚，增厚。

[4] 栽：种植。培：培育。

[5] 倾：偏斜，倾斜。覆：倾覆，摧败。

[6] "嘉乐"六句：见《诗经·大雅·假乐》。嘉乐，嘉美喜乐，《诗经》作"假乐"，假为嘉、美之意。宪宪，《诗经》作"显显"，盛明貌。令，美好。申之，指一再赐福于舜。申，重复、一再。

子曰："无忧者，其惟文王乎[1]！以王季为父[2]，以武王为子[3]，父作之[4]，子述之[5]。武王缵大王、王季、文王之绪[6]，壹戎衣而有天下[7]，身不失天下之显名[8]，尊为天子，富有四海之内。宗庙飨之，子孙保之。武王末受命[9]，周公成文、武之德[10]，追王大王、王季[11]，上祀先公以天子之礼。斯礼也[12]，达乎诸侯、大大及士、庶人。父为大夫，子为士，葬以大夫，祭以士。父为士，子为大夫，葬以士，祭以大夫。期之丧[13]，达乎大夫。三年之丧，达乎天子[14]。父母之丧，无贵贱，一也[15]。"

[1] 文王：指周文王，姓姬，名昌。

[2] 王季：周文王的父亲，名季历。王季是追王以后的称呼。

[3] 武王：指周武王，周文王之子，姓姬，名发。

[4] 作：这里指创业。

[5] 述：继承。

[6] 缵（zuǎn）：继承。大王：即太王，指王季的父亲古公亶父，周武王时追尊为太王。绪：基业。

[7] 壹戎衣：一用兵伐殷。衣，郑玄注曰：“衣读如殷，声之误也。”

[8] 显明：光明高尚，贤明。

[9] 末：指老年，晚年。

[10] 周公：姬姓，名旦，为周武王之弟，辅佐武王伐纣。武王死后，其子成王年幼，由周公摄政。成：完成，成就。德：德业。

[11] 追王：谓给死者追加王号。

[12] 斯礼：指“上祀”先祖之礼。郑玄注曰：“斯礼达于诸侯、大夫、士、庶人者，谓葬之从死者之爵，祭之以生者之禄也。”

[13] “期（jī）之丧”二句：服丧一周年的丧制，通行到大夫。

[14] “三年之丧”二句：三年的守丧，通行到天子。

[15] 一：一样。指为父母服三年之丧不分贵贱都是一样的。

子曰：“武王、周公，其达孝矣乎[1]！夫孝者，善继人之志[2]，善述人之事者也[3]。春秋修其祖庙[4]，陈其宗器[5]，设其裳衣[6]，荐其时食[7]。宗庙之礼，所以序昭穆也[8]。序爵[9]，所以辨贵贱也。序事[10]，所以辨贤也。旅酬下为上[11]，所以逮贱也[12]。燕毛[13]，所以序齿也[14]。践其位[15]，行其礼，奏其乐，敬其所尊，爱其所亲，事死如事生[16]，事亡如事存，孝之至也。郊社之礼[17]，所以事上帝也[18]。宗庙之礼，所以祀乎其先也。明乎郊社之礼、禘尝之义[19]，治国其如示诸掌乎[20]！”

[1] 达：通“大”。

[2] 人：指先祖。

[3] 述：继承。

[4] 修：修缮。

[5] 陈：陈列，摆放。宗器：宗庙祭器。

[6] 设：陈设，即准备给所祭祀之象征的“尸”穿用。裳衣：裳与衣，亦泛指衣服。这里指先祖遗留下来的衣服。

[7] 荐：进献。时食：四季应时的食品。

[8] 所以：用来。序：按顺序排列。昭穆：宗庙中神主的排列次序，始祖居

中，以下父子（祖、父）递为昭穆。左为昭，右为穆。

[9] 序爵：依爵位排列座次。

[10] 序事：按照祭祀中担任的职事来排序。事，朱熹注曰："宗祝有司之职事也。"

[11] 旅酬：谓祭礼完毕后众亲宾一起宴饮，相互敬酒。下为上：旅酬时卑下者先饮，再向尊者敬酒。

[12] 逮贱：谓恩惠及于卑下者。逮，到、及。

[13] 燕毛：祭祀后宴饮时，以须发的颜色别长幼的座次，须发白年长者居上位。毛，须发。

[14] 序齿：根据年龄大小来安排座次。齿，人的年龄。

[15] 践其位：就先王所就之位。其，指先王。

[16] "事死"二句：意谓侍奉死者就如同其活着一样，侍奉亡者就如同其在世一样。朱熹曰："始死谓之死，既葬则曰反而亡焉。"指出了"死"和"亡"的区别。

[17] 郊社：祭祀天地。周代冬至祭天称郊，夏至祭地称社。

[18] 上帝：天帝。

[19] 禘（dì）尝之义：禘礼和尝礼所包含的意义。禘尝，周礼，夏祭曰禘，秋祭曰尝。古代常用以指天子诸侯岁时祭祖的大典。

[20] 示诸掌：看着自己的手掌。示，通"视"。

哀公问政[1]。子曰："文、武之政[2]，布在方策[3]。其人存[4]，则其政举；其人亡，则其政息[5]。人道敏政[6]，地道敏树。夫政也者，蒲卢也[7]。故为政在人[8]，取人以身[9]，修身以道，修道以仁。仁者，人也，亲亲为大[10]。义者，宜也，尊贤为大。亲亲之杀[11]，尊贤之等[12]，礼所生也。故君子不可以不修身；思修身，不可以不事亲；思事亲，不可以不知人；思知人，不可以不知天。天下之达道五，所以行之者三[13]。曰：君臣也，父子也，夫妇也，昆弟也[14]，朋友之交也。五者，天下之达道也。知、仁、勇三者[15]，天下之达德也。所以行之者一也。或生而知之，或学而知之，或困而知之[16]，及其知之，一也。或安而行之，或利而行之[17]，或勉强而行之，及其成功，一也。"

[1] 哀公：春秋时鲁国国君。姓姬，名蒋。问政：咨询或讨论为政之道。

[2] 文、武：指周文王、周武王。

[3] 布：陈列。方：书写用的木板。策：书写用的竹简。

[4] 其人：指贤人。

[5] 息：灭绝，消失。

[6] 敏：勤勉。

[7] 蒲卢：郑玄认为是土蜂，其云："蒲卢取桑虫之子去而变化之，以成为己子。政之于百姓，若蒲卢之于桑虫然。"朱熹取沈括的说法，认为是蒲苇，其云："以人立政，犹以地种树，其成速矣，而蒲苇又易生之物，其成尤速也。"

[8] 人：指贤人。

[9] 取人以身：获得贤人取决于国君自身。

[10] 亲亲：爱自己的亲属。

[11] 杀（shài）：等差。

[12] 等：等级。

[13] 行之者三：实行这五项大道的有三种。即下文的"知、仁、勇"。

[14] 昆弟：兄弟。

[15] 知：同"智"。

[16] 困而知之：经历了困难才知道。

[17] 利而行之：为利益而去实行。

子曰："好学近乎知，力行近乎仁[1]，知耻近乎勇[2]。知斯三者，则知所以修身；知所以修身，则知所以治人；知所以治人，则知所以治天下国家矣。

[1] 力行：努力实践。

[2] 知耻：谓有羞恶之心。

"凡为天下国家有九经[1]。曰：修身也，尊贤也，亲亲也，敬大臣也，体群臣也[2]，子庶民也[3]，来百工也[4]，柔远人也[5]，怀诸侯也[6]。修身则道立，尊贤则不惑，亲亲则诸父昆弟不怨，敬大臣则不眩[7]，体群臣则士之报礼重，子庶民则百姓劝[8]，来百工则财用足，柔远人则四方归之，怀诸侯则天下畏之。齐明盛服，非礼不动，所以修身也；去谗远色[9]，贱货而贵德[10]，所以劝贤也[11]；尊其位，重其禄，同其好恶，所以劝亲亲也；官盛任使[12]，所以劝大臣也；忠信重禄，所以劝士也；时使薄敛[13]，所以劝百姓也；日省月试[14]，既禀称事[15]，所以劝百工也；送往迎来，嘉善而矜不能[16]，所以柔远人也；继绝世[17]，举废国[18]，治乱持危[19]，朝聘以时[20]，厚往而薄来[21]，所以怀诸侯也。

[1] 为：治理。九经：九条准则。经，准则。

[2] 体：体察，体恤。

[3] 子庶民：爱护庶民。子，待如己子，慈爱。庶民，平民。

[4] 来（lài）：慰劳，劝勉。百工：各种工匠。

[5] 柔远人：安抚边远的人。柔，怀柔、安抚。

[6] 怀：安抚。

[7] 眩：迷惑，迷乱。

[8] 劝：勤勉，努力。

[9] 谗：指说坏话的人。

[10] 贱：轻视。

[11] 劝贤：鼓励贤臣。

[12] 盛：多。任使：足够使用。

[13] 时使：指使用百姓劳役有一定时间，不误农时。薄敛：减轻赋税。

[14] 省（xǐng）：视察。试：考核。

[15] 既（xì）禀：古代官府发给的作为月薪的粮食。亦泛指薪俸。称：符合。

[16] 嘉：嘉许，表彰。矜：怜悯，同情。

[17] 继绝世：延续已经中断的家族世系。

[18] 举废国：振兴已经衰亡的邦国。

中华优秀传统文化读本

[19] 持危：扶持危局。

[20] 朝聘：古代诸侯亲自或派使臣按期朝见天子。这里指天子接受朝聘。

[21] 厚往：指对诸侯厚礼相送。薄来：薄收诸侯来朝时的贡品。

　　"凡为天下国家有九经，所以行之者一也。凡事预则立[1]，不预则废。言前定，则不跲[2]；事前定，则不困[3]；行前定，则不疚[4]；道前定，则不穷[5]。在下位不获乎上[6]，民不可得而治矣。获乎上有道，不信乎朋友，不获乎上矣；信乎朋友有道，不顺乎亲，不信乎朋友矣；顺乎亲有道，反诸身不诚[7]，不顺乎亲矣；诚身有道[8]，不明乎善[9]，不诚乎身矣。诚者，天之道也；诚之者[10]，人之道也。诚者不勉而中[11]，不思而得，从容中道，圣人也。诚之者，择善而固执之者也[12]。

[1] 预：预备，先事准备。

[2] 跲（jiá）：窒碍。

[3] 困：窘迫。

[4] 疚：困惑。

[5] 穷：困窘。

[6] 获：得到信任。

[7] 反诸身不诚：反省自身，如果不真诚。

[8] 诚身：谓以至诚立身行事。

[9] 明：明白。

[10] 诚之：使之诚，做到诚。

[11] 中（zhòng）：得到。

[12] 固执：坚持。

　　"博学之，审问之[1]，慎思之，明辨之[2]，笃行之[3]。有弗学，学之弗能，弗措也[4]；有弗问，问之弗知，弗措也；有弗思，思之弗得，弗措也；有弗辨，辨之弗明，弗措也；有弗行，行之弗笃，弗措也。人一能之己百之[5]，人十能之己千之。果能此道矣，虽愚必明，虽柔必强。

[1] 审问：详细地问。谓在学问的探究上，深入追求。

[2] 明辨：明确地分辨，辨别清楚。

[3] 笃行：切实履行，专心实行。

[4] 弗措：不罢休。措，弃置，搁置。

[5] "人一"句：意谓别人一次能做到的，自己就用百倍功夫。

"自诚明[1]，谓之性；自明诚[2]，谓之教。诚则明矣，明则诚矣。唯天下至诚，为能尽其性[3]；能尽其性，则能尽人之性[4]；能尽人之性，则能尽物之性；能尽物之性，则可以赞天地之化育[5]；可以赞天地之化育，则可以与天地参矣[6]。其次致曲[7]。曲能有诚，诚则形[8]，形则著[9]，著则明[10]，明则动[11]，动则变，变则化[12]。唯天下至诚为能化。

[1] 自诚明：由至诚而明白道理。

[2] 自明诚：由明白道理而达到至诚。

[3] 尽其性：充分发挥本性。

[4] 尽人之性：充分发挥他人的本性。

[5] 赞：辅佐，帮助。化育：化生长育。

[6] 天地参：与天地并列。参，罗列、并立。

[7] 其次：指"自明诚"者，次于"自诚明"的圣人。致曲：致力于某一方面。曲，局部、部分。

[8] 形：显露，表现。

[9] 著：显著。

[10] 明：光明。

[11] 动：感动，触动。

[12] 化：改变人心风俗，教化，教育。

"至诚之道，可以前知[1]。国家将兴，必有祯祥[2]；国家将亡，必有妖孽[3]。见乎蓍龟[4]，动乎四体[5]。祸福将至：善，必先知之；不善，必先知之。故至诚如神。

[1] 前知：预知，事先知道。

[2] 祯祥：吉祥的征兆。

[3] 妖孽：物类反常的现象。草木之类称妖，虫豸之类称孽。

[4] 见（xiàn）：呈现。蓍（shī）龟：古人以蓍草与龟甲占卜凶吉，因以指占卜。

[5] 四体：郑玄注曰："谓龟之四足。春占后左，夏占前左，秋占前右，冬占后右。"

"诚者，自成也[1]；而道，自道也[2]。诚者，物之终始[3]，不诚无物[4]。是故君子诚之为贵。诚者，非自成己而已也[5]，所以成物也[6]。成己，仁也；成物，知也。性之德也，合外内之道也[7]，故时措之宜也[8]。

[1] 自成：自我成全，也就是自我完善的意思。

[2] 自道（dǎo）：自我引导。道，引导。

[3] 终始：从开头到结局，事物发生演变的全过程。

[4] 不诚无物：没有诚就没有万物。

[5] 成己：自我完善。已：停止。

[6] 成物：成就万物。

[7] 外：指上文的"成物"。内：指上文的"成己"。

[8] 时措：得其时而用。

"故至诚无息[1]，不息则久，久则征[2]，征则悠远，悠远则博厚，博厚则高明。博厚，所以载物也；高明，所以覆物也；悠久，所以成物也[3]。博厚配地[4]，高明配天，悠久无疆[5]。如此者，不见而章[6]，不动而变，无为而成。天地之道，可一言而尽也[7]，其为物不贰[8]，则其生物不测[9]。天地之道，博也，厚也，高也，明也，悠也，久也。今夫天，斯昭昭之多[10]，及其无穷也，日月星辰系焉，万物覆焉。今夫地，一撮土之多，及其广厚，载华岳而不重[11]，振河海而不泄[12]，万物载焉。今夫山，一卷石之多[13]，及其广大，草木生之，禽兽居之，宝藏兴焉。今夫水，一勺之多，及其不测，鼋鼍、蛟龙、鱼鳖生焉[14]，货财殖焉。《诗》云：'维天之命[15]，於穆不已！'盖曰天之所以为天也。'於乎不显[16]，文王之德之纯！'盖曰文王之所以为文也，纯亦不已。"

[1] 息：停止，停息。

[2] 征：证验。

[3] 成：养育。

[4] 配：匹配。

[5] 无疆：无穷，永远。

[6] 见（xiàn）：显现。章：显示，彰明。

[7] 一言：即一字，指"诚"。

[8] 不贰：一律，没有差异。

[9] 不测：不可测量。

[10] 斯：此。昭昭：孔颖达说："狭小之貌。"

[11] 华（huà）岳：指西岳华山。

[12] 振：收取，约束。

[13] 一卷（quán）石：一块拳头大的石头。卷，通"拳"。

[14] 鼋（yuán）鼍（tuó）：大鳖和猪婆龙（鳄的一种）。蛟龙：古代传说的两种动物，居深水中。相传蛟能发洪水，龙能兴云雨。

[15] "维天之命"二句：见《诗经·周颂·维天之命》。於（wū），语气词。穆，美。不已，无穷。

[16] "於乎不显"二句：见《诗经·周颂·维天之命》。不显，盛大貌。不，通"丕"，即大。显，明、光明。

大哉圣人之道！洋洋乎[1]！发育万物[2]，峻极于天[3]。优优大哉[4]！礼仪三百[5]，威仪三千[6]，待其人而后行[7]。故曰：苟不至德[8]，至道不凝焉[9]。故君子尊德性而道问学，致广大而尽精微，极高明而道中庸。温故而知新，敦厚以崇礼。是故居上不骄，为下不倍[10]。国有道，其言足以兴；国无道，其默足以容[11]。《诗》曰："既明且哲[12]，以保其身。"其此之谓与？

[1] 洋洋：充满貌。

[2] 发育：指使萌发、生长。

[3] 峻：高。极：至。

[4] 优优：丰多美盛貌。

[5] 礼仪：古代礼节的主要规则，又称经礼。

[6] 威仪：古代典礼中的动作规范及待人接物的礼节，又称曲礼。

[7] 其人：指圣人。

[8] 苟不至德：如果没有极高的德行。苟，如果。

[9] 凝：成。

[10] 倍：通“背”，背弃、背叛。

[11] 容：容身，指保全自己。

[12] “既明且哲”二句：见《诗经·大雅·烝民》。哲，明智、有智慧。

子曰："愚而好自用[1]，贱而好自专[2]，生乎今之世，反古之道[3]。如此者，灾及其身者也。"非天子，不议礼，不制度[4]，不考文[5]。今天下车同轨[6]，书同文，行同伦。虽有其位，苟无其德，不敢作礼乐焉；虽有其德，苟无其位，亦不敢作礼乐焉。

[1] 自用：自行其是，不接受别人的意见。

[2] 自专：一任己意，独断独行。

[3] 反：复返。

[4] 制度：制定法规。

[5] 考文：指考正书名。

[6] “车同轨”三句：分别指车子的轮距一致、字体统一、伦理道德相同。这种情况是秦始皇统一六国后才出现的，据此可知《中庸》有些章节的确是秦代儒者所增加的。

子曰："吾说夏礼[1]，杞不足征也[2]。吾学殷礼[3]，有宋存焉[4]。吾学周礼[5]，今用之，吾从周。王天下有三重焉[6]，其寡过矣乎！上焉者[7]，虽善无征[8]，无征不信，不信，民弗从。下焉者[9]，虽善不尊，不尊不信，不信，民弗从。故君子之道，本诸身[10]，征诸庶民，考诸三王而不缪[11]，建诸天地而不悖[12]，质诸鬼神而无疑[13]，百世以俟圣人而不惑[14]。质诸鬼神而无疑，知天也；百世以俟圣人而不惑，知人也。是故君子动而世为天下道[15]，行而世为天下法，言而世为天下则。远之则有望[16]，近之则不厌。《诗》曰：'在彼无恶[17]，在此无射。庶几夙夜，以永终誉。'君子未有不如此而蚤有誉于天下者也[18]。"

[1] 夏礼：夏朝的礼制。

[2] 杞：国名，传说是周武王封夏禹的后代于此。征：证明，证验。

[3] 殷礼：殷朝的礼制。

[4] 宋：国名，商汤的后代居此。

[5] 周礼：周朝的礼制。

[6] 王（wàng）：统治，称王。三重：或谓"三王之礼"，或谓前文提及的"议礼、制度、考文"。

[7] 上焉者：指在上位的人，即君王。

[8] 征：证明，证验。

[9] 下焉者：指在下位的人，即臣下。

[10] 本诸身：意谓从自身做起。诸，"之于"的合音。

[11] 考：省察，察考。缪（miù）：错误，乖误。

[12] 建：建立。

[13] 质：质询，询问，

[14] 俟：等待。

[15] 世：世代，累代。道（dǎo）：先导。

[16] 望：希望，期待。

[17] "在彼无恶"四句：见《诗经·周颂·振鹭》。恶，厌恶。射（yì），《诗经》作"斁"，厌弃的意思。庶几，差不多、近似。夙夜，朝夕、日夜。永，长。终，通"众"，众人。

[18] 蚤：通"早"。

仲尼祖述尧、舜[1]，宪章文、武[2]；上律天时[3]，下袭水土[4]。辟如大地之无不持载，无不覆帱[5]；辟如四时之错行[6]，如日月之代明[7]。万物并育而不相害，道并行而不相悖。小德川流[8]，大德敦化[9]。此天地之所以为大也。

[1] 祖述：效法，仿效。

[2] 宪章：遵从，效法。文、武：指周文王、周武王。

[3] 律：遵循，取法。

[4] 袭：沿袭。

[5] 覆帱（dào）：覆盖。

[6] 错行：谓交替运行。

[7] 代明：谓轮流照耀。

[8] 川流：喻层见叠出，盛行不衰。

[9] 敦化：谓仁爱敦厚，化生万物。

唯天下至圣为能。聪明睿知[1]，足以有临也[2]；宽裕温柔[3]，足以有容也；发强刚毅[4]，足以有执也[5]；齐庄中正[6]，足以有敬也；文理密察[7]，足以有别也[8]。溥博渊泉[9]，而时出之。溥博如天，渊泉如渊。见而民莫不敬[10]，言而民莫不信，行而民莫不说[11]。是以声名洋溢乎中国，施及蛮貊[12]。舟车所至，人力所通[13]，天之所覆，地之所载，日月所照，霜露所队[14]，凡有血气者[15]，莫不尊亲[16]，故曰配天[17]。

[1] 睿知：睿智，聪慧，明智。

[2] 临：照耀。

[3] 宽裕：宽大，宽容。

[4] 发强：刚强。

[5] 执：判断。

[6] 齐（zhāi）庄：严肃诚敬。中正：正直，忠直。

[7] 文理：犹条理。密查：缜密明晰。

[8] 别：区分，辨别。

[9] 溥（pǔ）博：周遍广远。渊：深。

[10] 见（xiàn）："现"的古字，出现。

[11] 说：通"悦"，高兴。

[12] 施（yì）：延续，延伸。蛮貊（mò）：古代称南方和北方部族。

[13] 通：到达，通到。

[14] 队（zhuì）：通"坠"，坠落。

[15] 血气：血液和气息。指代生命。

[16] 尊亲：尊仰而亲附。

[17] 配天：与天相比并。

唯天下至诚，为能经纶天下之大经[1]，立天下之大本[2]，知天地之化育。夫焉有所倚[3]？肫肫其仁[4]！渊渊其渊[5]！浩浩其天[6]！苟不固聪明圣知达天德者[7]，其孰能知之？

[1] 经纶：本意为整理丝线，引申为筹划治理国家大事。大经：常道，常规。

[2] 大本：根本，事物的基础。

[3] 倚：偏倚。

[4] 肫（zhūn）肫：诚恳的样子。

[5] 渊渊：深广，深邃。

[6] 浩浩：广大无际貌。

[7] 固：副词，原来、本来。

《诗》曰："衣锦尚䌹[1]。"恶其文之著也[2]。故君子之道，暗然而日章[3]；小人之道，的然而日亡[4]。君子之道：淡而不厌，简而文，温而理，知远之近[5]，知风之自，知微之显，可与入德矣[6]。《诗》云："潜虽伏矣[7]，亦孔之昭！"故君子内省不疚[8]，无恶于志[9]。君子之所不可及者，其唯人之所不见乎！《诗》云："相在尔室[10]，尚不愧于屋漏。"故君子不动而敬，不言而信。《诗》曰："奏假无言[11]，时靡有争。"是故君子不赏而民劝，不怒而民威于铁钺[12]。《诗》曰："不显惟德[13]，百辟其刑之。"是故君子笃恭而天下平[14]。《诗》云："予怀明德[15]，不大声以色。"子曰："声色之于以化民[16]，末也。"《诗》曰："德輶如毛[17]。"毛犹有伦[18]，"上天之载[19]，无声无臭"，至矣！

[1] 衣锦尚䌹（jiǒng）：见《诗经·卫风·硕人》，《诗经》作"衣锦褧衣"。衣，穿。锦，指色彩鲜艳的衣服。尚，加。䌹，同"褧"，用麻布制的罩衣。

[2] 文：纹理，花纹。

[3] 暗然：隐藏不露。章：明显，显著。

[4] 的（dì）然：明显貌。

[5] "知远之近"三句：意谓知道如何由近及远，知道风从哪里来，知道微小的事变为显著的事。说明君子具有探末知本、察微知著的能力。自，由来。

[6] 入德：入圣人之德，进入圣人品德修养的境域。

[7] "潜虽伏矣"二句：见《诗经·小雅·正月》。意谓鱼虽深藏在水中，却被看得分明。孔，副词，甚，很。昭，明显。

[8] 不疚：不愧。

[9] 恶：罪过。

[10] "相（xiàng）在尔室"二句：见《诗经·大雅·抑》。相，看、观察。屋漏，古代室内西北隅施设小帐，安藏神主，为人所不见之地。

[11] "奏假无言"二句：见《诗经·商颂·烈祖》。奏假，举奏升堂之乐。靡（mǐ）争，没有争吵的声音。

[12] 威：震慑，使知畏惧而服从。铁（fū）钺（yuè）：铡刀和大斧，刑具。

[13] "不显惟德"二句：见《诗经·周颂·烈文》。不显，即大显。不，通"丕"，大。辟（bì），诸侯。刑，效法。

[14] 笃恭：纯厚恭敬。

[15] "予怀明德"二句：引自《诗经·大雅·皇矣》。怀，怀念、思念。明德：品德高尚的人，指文王。大声，高声。以，与。色，作色，生气貌。

[16] 声色：指疾言厉色。

[17] 德輶（yóu）如毛：见《诗经·大雅·烝民》。輶，古代一种轻便车，引申

为轻。

[18] 伦：比。

[19] “上天之载”二句：见《诗经·大雅·文王》。载，事。臭（xiù），气味。

三、大学[1]

大学之道[2]，在明明德[3]，在亲民[4]，在止于至善[5]。知止而后有定[6]，定而后能静，静而后能安，安而后能虑，虑而后能得[7]。物有本末，事有终始。知所先后，则近道矣。

[1]大学：汉代郑玄云：“名曰《大学》者，以其记博学可以为政也。”朱熹认为：“《大学》之书，古之大学所以教人之法也。”“大学者，大人之学也。”周代贵族子弟八岁入小学，学习“洒扫应对进退、礼乐射御书数”等文化基础知识和礼节；十五岁入大学，学习伦理、政治、哲学等“穷理正心，修己治人”的学问。朱熹重新修订了《礼记·大学》，并将其收入《四书》。今从《礼记》。

[2] 大学之道：大学的宗旨。

[3] 明明德：前一个“明”作动词，使彰明，也就是发扬、弘扬的意思；后一个“明”作形容词。明德，谓光明正大的品德。

[4] 亲：程颐认为“亲”当作“新”，朱熹从之。新即革新、弃旧图新。

[5] 止：至、到。

[6] 知止：知道目标所在。

[7] 得：指达到至善的境界。

古之欲明明德于天下者，先治其国。欲治其国者，先齐其家[1]。欲齐其家者，先修其身[2]。欲修其身者，先正其心。欲正其心者，先诚其意。欲诚其意者，先致其知[3]。致知在格物[4]。物格而后知至，知至而后意诚，意诚而后心正，心正而后身修，身修而后家齐，家齐而后国治，国治而后天下平。自天子以至于庶人[5]，壹是皆以修身为本[6]。其本乱而末治者[7]，否矣。其所厚者薄[8]，而其所薄者厚[9]，未之有也[10]。此谓知本，此谓知之至也。

[1] 齐其家：管理好自己的家庭或家族，使家庭或家族和美兴旺。齐，整治、治理。

[2] 修其身：修养自身的品性。

[3] 致其知：使自己获得知识。致，获得。

[4] 格物：认识、研究万事万物。格，推究。

[5] 庶人：指平民百姓。

[6] 壹：一律、都。

[7] 本乱而末治：修身为本，齐家、治国、平天下为末。

[8] 厚者薄：该重视的不重视。

[9] 薄者厚：不该重视的却加以重视。

[10] 未之有也：即未有之也，谓没有这样的道理。

所谓诚其意者[1]，毋自欺也[2]。如恶恶臭[3]，如好好色[4]，此之谓自谦[5]。故君子必慎其独也[6]。小人闲居为不善[7]，无所不至，见君子而后厌然[8]，掩其不善而著其善[9]。人之视己，如见其肺肝，然则何益矣？此谓诚于中[10]，形于外[11]，故君子必慎其独也。曾子曰："十目所视，十手所指，其严乎[12]！"富润屋[13]，德润身[14]，心广体胖[15]。故君子必诚其意。

[1] 诚其意：使意念真诚。

[2] 毋（wú）：莫、不要。

[3] 恶（wù）恶（è）臭（xiù）：厌恶难闻的气味。臭，气味。

[4] 好（hào）好（hǎo）色：喜爱美丽的女子。好色，美好的容颜，美色。

[5] 谦：通"慊（qiè）"，满足，快意。

[6] 慎其独：在独自一人时也谨慎不苟。

[7] 闲居：即独处。

[8] 厌（yǎn）然：闭藏貌，遮遮掩掩的样子。厌，掩蔽、掩藏。

[9] 掩：遮掩，掩盖。著：显明。

[10] 中：指内心。

[11] 外：指外表。

[12] 严：畏惧。

[13] 润屋：装饰房屋。

[14] 润身：修养自身。

[15] 心广体胖（pán）：心胸宽广，从而身体舒泰安康。胖，舒适。

《诗》云："瞻彼淇澳[1]，菉竹猗猗。有斐君子，如切如磋，如琢如磨。瑟兮僩兮，赫兮喧兮。有斐君子，终不可喧兮！""如切如磋"者，道学也[2]。"如琢如磨"者，自修也。"瑟兮僩兮"者，恂慄也[3]。"赫兮喧兮"者，威仪也。"有斐君子，终不可諠兮"者，道盛德至善，民之不能忘也。《诗》云："於戏[4]！前王不忘。"君子贤其贤而亲其亲[5]，小人乐其乐而利其利[6]，此以没世不忘也[7]。

[1] "瞻彼淇奥"九句：见《诗经·卫风·淇澳》。淇（qí），指淇水，在今河南省北部。澳，水边弯曲处。菉（lù），《诗经》作"绿"。菉竹，荩草的别名。猗（yī）猗，美盛貌。斐，有文采貌。瑟，庄严貌。僩（xiàn），勇猛貌。赫，显耀。喧，显赫。喧（xuān），《诗经》作"谖（xuān）"，遗忘。

[2] 道：说、言的意思。

[3] 恂（xún）慄（lì）：恐惧，戒惧。

[4] "於戏"二句：见《诗经·周颂·烈文》。於（wū）戏（hū），叹词。前王不忘，谓先王的美德令人难忘。

[5] "君子"句：谓执政者从先王那里尊重贤人而亲睦亲族。

[6] "小人"句：谓平民从先王那里享受安乐并获得利益。小人，平民百姓，指被统治者。

[7] 此以：因此。没世：终身，永远。

《康诰》曰[1]："克明德[2]。"《大甲》曰[3]："顾諟天之明命[4]。"《帝典》曰[5]："克明峻德[6]。"皆自明也[7]。汤之《盘铭》曰[8]："苟日新[9]，日日新，又日新。"《康诰》曰："作新民[10]。"《诗》曰："周虽旧邦[11]，其命惟新。"是故君子无所不用其极[12]。

[1]《康诰》：《尚书·周书》中的一篇。《尚书》是上古历史文献和追述古代事迹的一些文章的汇编。全书分为《虞书》《夏书》《商书》《周书》四部分。

[2] 克：能够。明：彰明。

[3]《大甲》：即《太甲》，《尚书·商书》中的一篇。

[4] 顾：郑玄注："顾，念也。"諟（shì）：是，校正。明命：光明的禀性。

[5] 帝典：即《尧典》，《尚书·虞书》中的一篇。

[6] 克明峻德：《尧典》作"克明俊德"。峻德：大德，高尚的品德。

[7] 皆自明也：意谓以上三句都在讲彰明自己的品德。

[8] 汤：即成汤，商朝的开国君主。盘：用于沐浴盥洗的器皿。铭：刻在器皿上用来警戒自己的文辞。

[9] 新：指洗澡除去身体上的污垢，使身体焕然一新，又引申为精神上的弃旧图新。

[10] 作：振作，激励。新民：使民自新。

[11] "周虽旧邦"二句：见《诗经·大雅·文王》。周，周朝。旧邦，古老的国家。其命，指周朝所禀受的天命。

[12] "是故"句：所以君子无处不竭力自新。极，穷尽、竭尽。

《诗》云："邦畿千里[1]，惟民所止。"《诗》云："缗蛮黄鸟[2]，止于丘隅。"子曰："于止[3]，知其所止，可以人而不如鸟乎？"《诗》云："穆穆文王[4]，於缉熙敬止！"为人君，止于仁[5]；为人臣，止于敬；为人子，止于孝；为人父，止于慈；与国人交，止于信。子曰："听讼[6]，吾犹人也，必也使无讼乎！"无情者不得尽其辞[7]，大畏民志[8]。此谓知本[9]。

[1] "邦畿千里"二句：见《诗经·商颂·玄鸟》。邦畿（jī）：都城及其周围的地区。止，居住。

[2]"缗蛮黄鸟"二句：见《诗经·小雅·绵蛮》。缗（mián）蛮，即绵蛮，鸟鸣声。止，栖息。隅，角落。

[3]"于止"二句：关于栖止，鸟还知道其栖息的地方。

[4]"穆穆文王"二句：见《诗经·大雅·文王》。穆穆：仪表美好的样子。於（wū），叹词。缉熙，光明。止，《诗》之本义为语助词，但郑玄、朱熹解说《大学》时不将其作语气词，郑玄说："此美文王之德光明，敬其所以自止处。"朱熹说："敬止，言其无不敬而安所止也。引此而言圣人之止，无非至善。"

[5]止于仁：意谓处于仁的境界。

[6]"听讼"三句：见《论语·颜渊》。听讼：听理诉讼，审案。犹人，与别人一样。无讼，意谓没有人打官司。

[7]"无情者"句：使不诚实的人不能够花言巧语。情，诚、真实。

[8]大畏民志：使民心大为敬服。畏，敬重、心服。民志，民心、人心。

[9]知本：意谓知道事情的根本。

所谓修身在正其心者：身有所忿懥[1]，则不得其正；有所恐惧，则不得其正；有所好乐，则不得其正；有所忧患，则不得其正。心不在焉[2]，视而不见，听而不闻，食而不知其味。此谓修身在正其心。

[1]身：程颐认为应为"心"。忿懥（zhì）：愤怒。

[2]心不在焉：意谓心不得其正。

所谓齐其家在修其身者：人之其所亲爱而辟焉[1]，之其所贱恶而辟焉，之其所畏敬而辟焉，之其所哀矜而辟焉[2]，之其所敖惰而辟焉[3]。故好而知其恶，恶而知其美者，天下鲜矣[4]。故谚有之曰："人莫知其子之恶[5]，莫知其苗之硕。"此谓身不修不可以齐其家。

[1]之：犹"于"，对于。辟：偏向。

[2]哀矜：同情，怜悯。

[3]敖（ào）：骄傲。惰：怠慢。

[4]鲜（xiǎn）：少的意思。

中华优秀传统文化读本

[5]"人莫知"二句：意谓人没有知道自己孩子短处的，没有知道自己的庄稼长得足够好了的。孔颖达说："人之爱子其意至甚，子虽有恶不自觉知，犹好而不知其恶也。农夫种田，恒欲其盛，苗虽硕大，犹嫌其恶，以贪心过甚，故不知其苗之硕。"硕，大。

所谓治国必先齐其家者，其家不可教而能教人者，无之。故君子不出家而成教于国[1]：孝者，所以事君也；弟者[2]，所以事长也；慈者[3]，所以使众也。《康诰》曰："如保赤子[4]。"心诚求之，虽不中[5]，不远矣。未有学养子而后嫁者也[6]！一家仁[7]，一国兴仁；一家让，一国兴让；一人贪戾[8]，一国作乱。其机如此[9]。此谓一言偾事[10]，一人定国。尧、舜率天下以仁[11]，而民从之；桀、纣率天下以暴[12]，而民从之。其所令反其所好[13]，而民不从。是故君子有诸己而后求诸人[14]，无诸己而后非诸人。所藏乎身不恕[15]，而能喻诸人者[16]，未之有也。故治国在齐其家。《诗》云："桃之夭夭[17]，其叶蓁蓁。之子于归，宜其家人。"宜其家人，而后可以教国人。《诗》云："宜兄宜弟[18]。"宜兄宜弟，而后可以教国人。《诗》云："其仪不忒[19]，正是四国。"其为父子兄弟足法[20]，而后民法之也。此谓治国在齐其家。

[1] 成：完成，实现。教：教化。

[2] 弟：通"悌（tì）"，敬爱兄长，亦泛指敬重长上。

[3] 慈：上爱下，父母爱子女。

[4] 如保赤子：《尚书·康诰》作"若保赤子。"这是周成王告诫康叔的话，意谓（爱护百姓）如同养护婴儿一样。赤子，婴儿。

[5] 中（zhòng）：及，到达。

[6] 养子：生育子女。

[7] 一家：指国君一家。

[8] 一人：指国君。贪戾：贪婪暴戾。

[9] 机：本指弩箭上的发动机关，引申指事物的关键。

[10] 一言偾（fèn）事：指国君的一句话可以败事。偾，败坏。

[11] 尧、舜：传说中父系氏族社会后期部落联盟的两位领袖，即尧帝和舜帝，历来被认为是圣君的代表。率：作为表率。

[12] 桀：夏代最后一位君主。纣：即殷纣王，商代最后一位君主。二人历来被认为是暴君的代表。

[13] "其所令"二句：意谓君主的政令与其喜好相反，人民就不会遵从。

[14] "有诸己"二句：意谓自己具备的（优点）才能要求他人做到，自己没有的（错误）才能责备他人改正。

[15] "所藏"句：意谓藏在自身的思想里没有恕道。恕，推己及人的品德。

[16] 喻：使别人明白。

[17] "桃之夭夭"四句：见《诗经·周南·桃夭》。夭夭，美盛貌。蓁蓁，草木茂盛貌。之子，即是子，指出嫁的女子。归，谓女子出嫁。宜，使和顺，亲善。

[18] 宜兄宜弟：见《诗经·小雅·蓼萧》。意为与兄弟和睦相处。

[19] "其仪不忒"二句：见《诗经·曹风·鸤鸠》。仪，仪表、仪容。忒（tè），差错。正是四国，谓四方各国的表率。正，准则、标准。

[20] "其为"句：指国君作为父亲、作为儿子、作为兄长、作为弟弟都值得效法。法，仿效、效法。

所谓平天下在治其国者，上老老而民兴孝[1]，上长长而民兴弟[2]，上恤孤而民不倍[3]。是以君子有絜矩之道也[4]。所恶于上[5]，毋以使下；所恶于下，毋以事上；所恶于前，毋以先后；所恶于后，毋以从前；所恶于右，毋以交于左；所恶于左，毋以交于右。此之谓絜矩之道。《诗》云："乐只君子[6]，民之父母。"民之所好，好之；民之所恶，恶之。此之谓民之父母。《诗》云："节彼南山[7]，维石岩岩。赫赫师尹，民具尔瞻。"有国者不可以不慎。辟[8]，则为天下僇矣[9]。《诗》云："殷之未丧师[10]，克配上帝。仪监于殷，峻命不易。"道得众则得国，失众则失国[11]。

[1] 老老：把老人当老人看待，尊敬老人。

[2] 长长：把长者当作长者看待，尊重长辈。弟：通"悌"。

[3] 恤：体恤，周济。孤：孤儿，幼年丧父为孤。倍：通"背"，背弃。

[4] 絜（xié）矩之道：儒家伦理思想之一，指君子的一言一行要有示范作用。絜，度量。矩，画方形的用具，引申为法度。

[5] "所恶（wù）"二句：意谓所厌恶的上级的行为，就不用来对待下级。

[6] "乐只"二句：见《诗经·小雅·南山有台》。只，语助词。

[7] "节彼南山"四句：见《诗经·小雅·节南山》。节，高峻貌。岩岩，积石貌。赫赫，显赫盛大貌。师尹，西周太师尹氏，太师是周代的三公之一。民具尔瞻，人民都在注视你。具，通"俱"。瞻，尊仰、敬视。

[8] 辟：邪僻。

[9] 为天下僇（lù）：为天下人所诛讨。僇，通"戮"，杀戮。

[10] "殷之"四句：见《诗经·大雅·文王》。师，民众。克配上帝，古人认为德高望重的最高统治者死后灵魂升天，能够做天帝的配角，享受后人的祭祀。克，能够。配，配享。上帝，天帝。仪监，《诗经》作"宜鉴"。鉴，鉴戒。峻命不易：郑玄注曰："天之大命，得之诚不易。"峻，《诗经》作"骏"，大的意思。不易，指不容易保有。

[11] 道：言，谓。

是故君子先慎乎德。有德此有人[1]，有人此有土，有土此有财，有财此有用[2]。德者，本也；财者，末也。外本内末[3]，争民施夺[4]。是故财聚则民散，财散则民聚。是故言悖而出者[5]，亦悖而入；货悖而入者[6]，亦悖而出。《康诰》曰："惟命不于常[7]。"道善则得之，不善则失之矣。《楚书》曰[8]："楚国无以为宝[9]，惟善以为宝。"舅犯曰[10]："亡人无以为宝[11]，仁亲以为宝。"《秦誓》[12]曰："若有一个臣，断断兮无他技[13]，其心休休焉[14]，其如有容焉[15]。人之有技，若己有之；人之彦圣[16]，其心好之，不啻若自其口出[17]。寔能容之[18]，以能保我子孙黎民，尚亦有利哉[19]！人之有技，媢嫉以恶之[20]；人之彦圣，而违之俾不通[21]。寔不能容，以不能保我子孙黎民，亦曰殆哉[22]！"唯仁人放流之[23]，迸诸四夷[24]，不与同中国[25]。此谓唯仁人为能爱人，能恶人。见贤而不能举[26]，举而不能先[27]，命也[28]；见不善而不能退[29]，退而不能远，过也。好人之所恶，恶人之所好，是谓拂人之性^[30]，灾必逮夫身^[31]。是故君子有大道，必忠信以得之，骄泰以失之^[32]。

[1] 此：乃，则。

[2] 用：谓国用，国家的费用或经费。

[3] 外：疏远，排斥。内：亲近。

[4] 争民：与民争利。施夺：施行劫夺。

[5] "言悖"二句：意谓在上者政令违背民心，则下民百姓必然发表违背君命的意见。言，政令、号令。悖，逆、违背。

[6] "货悖"二句：意谓在上者悖逆民心而厚敛的财货，也会因逆背民心而失去。

[7] 惟命不于常：意谓天命是不会始终如一的。

[8] 《楚书》：郑玄注曰："楚昭王时书也。"

[9] "楚国"二句：《国语·楚语》载，楚昭王派王孙围出使晋国，晋国赵简子问楚国珍宝美玉之事。王孙围答道：楚国从来没有把美玉当作珍宝，只是把善人如观射父（人名）这样的大臣看作珍宝。

[10] 舅犯：晋文公重耳的舅舅狐偃，字子犯。

[11] "亡人"二句：《礼记·檀弓下》载，晋僖公四年十二月，晋献公因受骊姬的谗言，逼迫太子申生自缢而死，重耳避难逃亡。在狄国时，晋献公逝世，秦穆公派人劝重耳归国掌政。重耳将此事告子犯，子犯以为不可，对重耳说了这几句话。亡人，流亡的人，指重耳。

[12] 《秦誓》：《尚书·周书》中的一篇，记录的是秦穆公在崤之战秦军大败后的讲话。

[13] 断断：专诚守一。技：才能，技巧。

[14] 休休：形容宽容，气魄大。

[15] 有容：能够容人。

[16] 彦圣：善美明达。彦，美。圣，聪明睿智。

[17] "不啻"句：意谓不仅只是在口头表达。不啻，不仅。

[18] 寔（shí）：通"是"。

中华优秀传统文化读本

[19] 尚：副词，庶几，犹言也许可以。

[20] 媢（mào）嫉：嫉妒。

[21] 违：阻抑。俾（bǐ）：使。不通：谓不通于君。

[22] 殆：危亡，危险。

[23] 放流：流放。之：指上述不能容人的人。

[24] 迸：通"屏"，驱逐。四夷：古代华夏族对四方少数民族的统称。

[25] 中国：上古时代，我国华夏族建国于黄河流域一带，以为居天下之中，故称中国，而把周围其他地区称为四方。后泛指中原地区。

[26] 举：推荐，选用。

[27] 先：尊崇，重视。

[28] 命：郑玄认为是"慢"字之误，慢即轻慢。

[29] 退：罢黜，贬退。

[30] 拂：逆，违背。

[31] 逮：及，到。

[32] 骄泰：骄横放纵。

生财有大道[1]：生之者众，食之者寡，为之者疾[2]，用之者舒[3]，则财恒足矣。仁者以财发身[4]，不仁者以身发财。未有上好仁而下不好义者也，未有好义其事不终者也，未有府库财非其财者也[5]。孟献子[6]曰："畜马乘[7]，不察于鸡豚；伐冰之家[8]，不畜牛羊；百乘之家[9]，不畜聚敛之臣。与其有聚敛之臣，宁有盗臣[10]。"此谓国不以利为利，以义为利也。长国家而务财用者[11]，必自小人矣。彼为善之[12]，小人之使为国家，灾害并至。虽有善者，亦无如之何矣[13]！此谓国不以利为利，以义为利也。

[1] 生财：增加财富。

[2] 疾：迅速。

[3] 舒：缓慢。

[4] "仁者"二句：谓仁爱的人用财富成就令名，不仁的人用生命去积累财富。发身，成名、起家。

[5] 府库：国家收藏财物的地方。

[6] 孟献子：鲁国大夫仲孙蔑。

[7] "畜（xù）马乘（shèng）"二句：意谓蓄养四匹马拉车的人就不必计较养鸡养猪的财利。畜马乘，指初由士升为大夫的人。畜，养。乘，指用四匹马拉的车。察，关注。豚（tún），小猪，亦泛指猪。

[8] "伐冰"二句：意谓丧祭用冰的人家就不必饲养牛羊。伐冰之家，指丧祭时能用冰保存遗体的人家，这是卿大夫以上的待遇。

[9] "百乘"二句：意谓有百辆兵车之家，就不要养聚敛财富的家臣。百乘之家，拥有一百辆车的人家，指有封地的诸侯王。

[10] 盗臣：谓盗窃府库财物的官吏。盗臣只害财，而聚敛之臣则害义，故曰"宁有盗臣"。

[11] 长（zhǎng）：统治，统率。务：从事，致力。

[12] 彼为善之：朱熹怀疑此句上下有"阙文误字"。

[13] 无如之何：没有办法。

【阅读书目】

《四书章句集注》（大学章句、中庸章句），[宋]朱熹，中华书局。

《大学中庸译注》，王文锦，中华书局。

《礼记校注》，陈戍国，岳麓书社。

《礼记译注》，杨天宇，上海古籍出版社。

《礼记今注今译》，王梦鸥，新世界出版社。

第八章 文章千古事

第一节　刘勰与《文心雕龙》

位于齐鲁大地东南部的莒县，春秋时期为莒子国；西汉时置县，属于城阳郡，东汉时属于琅邪郡。晋武帝时分琅邪而立东莞郡，后又以东莞合归琅邪。至太康年间再立东莞郡，并将莒县划归东莞。这里便是以《文心雕龙》著称于世的文论家刘勰的故乡。

西晋末年"永嘉之乱"以后，百姓流亡，中原萧条，大批士人纷纷南迁，以躲避连年的战乱和疾疫。也正是在此时，刘勰的先祖随着南迁的士人从东莞莒县移居京口（今江苏镇江市）。京口本来就是交通方便、经济发达的名都；大量的北方士人汇聚于此，更使其成为人才济济、人文荟萃之所。至少从刘勰的曾祖父开始，刘氏一族便生于京口、长于京口了。

刘勰，字彦和，大约生于南朝宋明帝泰始三年（公元467年）。《梁书·刘勰传》说："勰早孤，笃志好学，家贫不婚娶。"大约二十多岁的时候，刘勰进入南京钟山名刹定林寺，"依沙门僧祐，与之居处，积十余年，遂博通经论"。三十多岁的时候，刘勰开始撰写《文心雕龙》。书成以后，得到当时文坛领袖沈约的赏识，《梁书·刘勰传》称其"大重之，谓为深得文理，常陈诸几案"。

刘勰先后做过临川王萧宏（梁武帝之弟）的记室、太末（今浙江龙游）

令、仁威南康王萧绩（梁武帝之子）的记室，以及昭明太子萧统的东宫通事舍人、步兵校尉等职。后奉梁武帝之命，与慧震和尚一起，回定林寺编纂经藏。撰经任务完成后，出家为僧，不到一年后去世，其卒年史无明文。

《文心雕龙》全书五十篇，其结构经过精心安排而部伍严整，其理论观点之间讲究次序而回环照应、互相补充而逻辑严密，形成一个完整、精密的系统。在中国文论史上，具有如此完整、系统而庞大的理论体系的著作，可以说是独一无二的。

《文心雕龙》五十篇如下：

原道第一、征圣第二、宗经第三、正纬第四、辨骚第五；

明诗第六、乐府第七、铨赋第八、颂赞第九、祝盟第十、铭箴第十一、诔碑第十二、哀吊第十三、杂文第十四、谐讔第十五、史传第十六、诸子第十七、论说第十八、诏策第十九、檄移第二十、封禅第二十一、章表第二十二、奏启第二十三、议对第二十四、书记第二十五；

神思第二十六、体性第二十七、风骨第二十八、通变第二十九、定势第三十、情采第三十一、熔裁第三十二、声律第三十三、章句第三十四、丽辞第三十五、比兴第三十六、夸饰第三十七、事类第三十八、练字第三十九、隐秀第四十、指瑕第四十一、养气第四十二、附会第四十三、总术第四十四；

时序第四十五、物色第四十六、才略第四十七、知音第四十八、程器第四十九、序志第五十。

最后一篇《序志》相当于全书"序言"，对《文心雕龙》的书名含义、写作缘起、指导思想、结构体系以及著述态度等方面作了说明，是阅读和理解全书的一把钥匙。"文心雕龙"是什么意思？刘勰说："夫'文心'者，言为文之用心也。"所谓"为文之用心"，其意甚明，但也用意甚深；所谓"心哉美矣，故用之焉"，这个"美矣"并非仅仅指"心"这个词很美，更意味着心生之文是美的，也就是《原道》所谓"心生而言立，言立而文明"的道理。所以，"为文之用心"并非仅仅指如何写文章，更是说如何把文章写得美；而写得美的关键在于"用心"，这才是所谓"文心"的含义。也因此，"文心"之后又有了"雕龙"二字。刘勰解释说："古来文章，以雕缛成体，岂取驺奭之群言'雕龙'也？"虽然前人曾有"雕龙奭"之称，但刘勰以为，更重要的是"古来文章"皆"以雕缛成体"；也就是说，要写出美的文章必须经过精雕细琢，像雕刻龙纹那样。所以，"文心雕龙"者，"文心"如"雕龙"也。

在谈到《文心雕龙》的理论结构和安排时，刘勰指出，《文心雕龙》分为上、下两篇，各包括二十五篇，合为五十篇，正好符合"大易之数"。"易"者，变也，变化、演变之意。所谓"大易之数"，亦即《周易》所谓"大衍之数"，也就是天地演变之数。《周易》说："大衍之数五十，其用四十有九。"东汉著名经学家马融认为，"大衍之数"包括太极、两仪（天地）、日月、四时、五行（水火木金土）、十二月和二十四气，合为五十之数。古人认为，"太极"乃产生天地万物的根本，所以成为后天之用者，便是除"太极"之外的"四十有九"了。《文心雕龙》真正论文的篇章，当然不包括《序志》一篇，这便是所谓"其为文用，四十九篇而已"。刘勰以自己的著作篇目符合"大衍之数"，既表明其乃精心结撰、自成系统之作，也包含着这样的意思：一部《文心雕龙》，可以说概括了文章的千变万化，论述了写作的全部问题，也就是《序志》所谓"按辔文雅之场，环络藻绘之府，亦几乎备矣"；确如清代纪昀评《文心雕龙》所说，刘勰是"自负不浅"的。

按照刘勰的说明，《文心雕龙》上篇又可分为两个部分。第一部分为前五篇。《序志》说："盖《文心》之作也，本乎道，师乎圣，体乎经，酌乎纬，变乎骚；文之枢纽，亦云极矣。"这段话包含了两层意思：一是就《文心雕龙》的理论体系而言，乃是以道为根本、以圣人为老师、以儒家经典为主体、以纬书为参考、以《离骚》为变化，从而体现出刘勰论文的基本思想；二是就文章写作而言，"为文"的根本问题，也都包含其中了。正因如此，研究者通常将这五篇称之为《文心雕龙》的总论。上篇的第二部分，刘勰称之为"论文叙笔"，包括从《明诗》至《书记》的二十篇。当时有所谓有韵为"文"、无韵为"笔"的说法，刘勰便搜罗几乎所有的"文"和"笔"，逐一从四个方面进行考察，所谓"原始以表末，释名以章义，选文以定篇，敷理以举统"，也就是考察文体的源流演变而知本知末，解释文体的名称而明确其含义，选择各体文章的代表作品而予以评定，敷陈各体文章的写作之理而总结共同的文章之道。所以，研究者通常将这一部分称之为《文心雕龙》的文体论。

《文心雕龙》的下篇，除《序志》为全书序言外，也可以分成两个部分。第一部分包括从《神思》至《总术》的十九篇，刘勰谓之"剖情析采"，也就是探讨具体的"为文之用心"，研究者通常称之为《文心雕龙》的创作论。第二部分包括《时序》《物色》《才略》《知音》和《程器》五篇；除了《物色》一篇外，刘勰对另外四篇一一作了说明。他说，《时序》总结历代文章盛衰兴亡的规律，《才略》褒贬历代文人或高或低的才能，《知音》表达自古以来文章难于理解的怅惘，《程器》寄托刘勰对文人成就事业的希望。研究者通常将这一部分称之为批评论。可以说，这一部分的中心乃是《知音》篇；或者说，"知音"乃是刘勰贯穿这几篇的一个共同的视点。《时序》对历代文章盛衰兴亡之规律的考察，固然涉及很多方面的内容，但其中心问题在于统治者能否成为作家的"知音"。《才略》对历代文人创作才能的褒贬，可以说是刘勰具体的"知音"之举；其虽云"褒贬"，但实际上几乎都是"褒"而很少"贬"，正体现出刘勰的一番苦心。《程器》寄托着对文人成就一番事业的殷切期望，则体现出刘勰乃是千古文人之真正的"知音"。至于《知音》一篇，当然更集中论述了"知音"之于文章的重要性；所谓"怊怅于知音"，其中显然包含着"文章千古事，得失寸心知"（杜甫）的感慨。所以，援"文之枢纽"之例，我们可以将这部分称之为"文之知音"，或借用刘勰的话，谓之"知音君子"。

综上所述，《文心雕龙》的理论结构体系可列表如下：

文心雕龙	上篇	文之枢纽	本乎道
			师乎圣
			体乎经
			酌乎纬
			变乎骚
		论文叙笔	原始以表末
			释名以章义
			选文以定篇
			敷理以举统
	下篇	剖情析采	摛神性
			图风势
			苞会通
			阅声字
		知音君子	崇替于《时序》
			褒贬于《才略》
			怊怅于《知音》
			耿介于《程器》
			长怀于《序志》

　　刘勰是中国文论史上的一位伟人，《文心雕龙》则是中国文论史上的一部巨典。悠悠三千年中国文艺理论史，名家灿若星辰，著作汗牛充栋，学说五花八门，流派异彩纷呈，然而，真正称得上体大思精、能够建设一个庞大理论体系的著作，《文心雕龙》可以说绝无仅有。清人谭献在其《复堂日记》中谈到《文心雕龙》时说："并世则《诗品》让能，后来则《史通》失隽；文苑之学，寡二少双。"作为"文苑之学"，《文心雕龙》之"寡二少双"的地位确乎是不可动摇的。现代文学大师鲁迅先生则概括了《文心雕

龙》在世界文艺理论史上的地位，其《题记一篇》有云："篇章既富，评骘遂生，东则有刘彦和之《文心》，西则有亚里士多德之《诗学》，解析神质，包举洪纤，开源发流，为世楷式。"作为世界上为数不多的文论"元典"，《文心雕龙》的巨大价值和意义，确乎是一般文论著作所难以比拟的。已故当代著名文艺理论家周扬先生更从现代文艺理论和美学的高度，对《文心雕龙》在中国文论史和世界文论史以及美学史上的典型意义作了极为精炼的概括。他在《关于建设有中国民族特点的马克思主义文艺理论问题》一文中说："特别是《文心雕龙》，在古文论中占有首屈一指的地位，它是中国古文论中内容最丰富、最有系统、最早的一部著作，在中国没有其他的文论著作可以与之相比……这样的著作在世界上是很稀有的。《文心雕龙》是一个典型，古代的典型，也可以说是世界各国研究文学、美学理论最早的一个典型，它是世界水平的，是一部伟大的文艺、美学理论著作。"

早在二十世纪初年，国学大师黄侃便将《文心雕龙》搬上北京大学的讲坛，开始了《文心雕龙》研究的现代征程。一百多年来，国内外已出版《文心雕龙》专著、专书600余种，发表各类研究文章上万篇，《文心雕龙》研究已经发展成一门显赫的学问——"龙学"。实际上，中国的"文论"不仅是"文艺学"或者"文学概论"，而是关乎所有政治、经济以及社会领域的人生通识，是通向人生自由境界的文化能力。因此，刘勰的《文心雕龙》，既是一部中国文章写作之实用宝典，又是一部中国人文精神培育的教科书；既是中国文艺学和美学之枢纽，也是中国文章宝库开启之锁钥。刘勰说，"安有丈夫学文，而不达于政事哉"，大丈夫学文不仅仅是为了写诗作文，而是出人头地、建功立业的一个手段，更是说"文"与"政"原本是密不可分的，所谓"文武之术，左右惟宜"，学文和学政是一致的，学文必然通向学政，因为"文"的能力也就关乎"政"的能力，这才是刘勰的认识和初衷，这才是《文心雕龙》一书的出发点。从这个角度去认识刘勰及其《文心雕龙》一书，我们就可以明白，这部书既是文艺学的、文学概论的，因而对所谓"文学创作"有着重要的意义，同时又是"写作学""秘书学"乃至"新闻学"的，它着眼于一个人的文字、文化能力和修养，进而着眼于一个人的人文素养和基本能力，从而关乎一个人的人生境遇和全部事业。

因此，站在中国思想文化经典巨人之肩上的刘勰及其《文心雕龙》，可以说奉献了一部新的思想文化经典，这部经典述往知来、开学养正，为当时以及后来之人提供了一个人生文化修养的指南，也提供了一个可以具体操练的思路和程式。《文心雕龙》这部经典是贵族的、高傲的，立足于精英文化的，但也是具体、切实而富有实践意义的。它是从最基本和基础的"童子功"开始的。所谓"童子雕琢，必先雅制"。因此，无论在古代还是现代，《文心雕龙》都应该是一部提升我们文化修养的具有现实意义和指导意义的教科书。

第二节 《文心雕龙》选读

一、原道

文之为德也[1]，大矣！与天地并生者，何哉？

[1] 文之为德：犹文之德，即文章的意义。德，德性，引申为功用、意义。

夫玄黄色杂[1]，方圆体分[2]。日月叠璧[3]，以垂丽天之象[4]；山川焕绮[5]，以铺理地之形[6]：此盖道之文也。仰观吐曜[7]，俯察含章[8]；高卑定位[9]，故两仪既生矣[10]。惟人参之[11]，性灵所钟[12]，是谓三才[13]。为五行之秀[14]，实天地之心[15]。心生而言立，言立而文明，自然之道也。

[1] 玄黄色杂：谓天地混沌未分。玄，黑赤色。

[2] 方圆体分：即天地分判。

[3] 日月叠璧：即日月如叠璧。璧，圆形的玉。

[4] 垂：流布，表现。丽：附着。

[5] 焕绮：谓鲜明华丽。

[6] 铺：陈列，展示。理：条理。

[7] 曜（yào）：光耀，明亮。

[8] 章：文采，华美。

[9] 高卑：指天地。

[10] 两仪：谓天地。《易·系辞上》："是故易有太极，是生两仪。"

[11] 参之：即人配天地为三。参，三。

[12] 性灵：指人的智慧。钟：聚。

[13] 三才：指天、地、人。

[14] 五行：指木、火、土、金、水五种物质，中国古代以之为构成万物的元素。五行之秀，即万物之精华。

[15] 天地之心：天地之中心。

傍及万品[1]，动植皆文。龙凤以藻绘呈瑞[2]，虎豹以炳蔚凝姿[3]。云霞雕色，有逾画工之妙；草木贲华[4]，无待锦匠之奇：夫岂外饰？盖自然耳！至于林籁结响[5]，调如竽瑟[6]；泉石激韵，和若球锽[7]。故形立则章成矣，声发则文生矣。夫以无识之物，郁然有彩[8]；有心之器，其无文欤？

[1] 傍：通"旁"，广。

[2] 藻：文采，这里指龙鳞之美。绘：五彩之绣，这里指凤羽之美。

[3] 炳：光明，这里指虎色之美。蔚：文采华丽，这里指豹色之美。

[4] 贲（bì）：文饰。华：同"花"。

[5] 籁（lài）：从孔窍中发出的声音。

[6] 竽（yú）：古簧管乐器。瑟：拨弦乐器。

[7] 球：玉磬，古代石制乐器。锽（huáng）：钟声。

[8] 郁：繁盛。

人文之元[1]，肇自太极[2]。幽赞神明[3]，《易》象惟先[4]。庖牺画其始[5]，仲尼翼其终[6]；而《乾》《坤》两位[7]，独制《文言》[8]。言之文也，天地之心哉[9]！若乃河图孕乎八卦[10]，洛书韫乎九畴[11]；玉版金镂之实[12]，丹文绿牒之华[13]：谁其尸之[14]？亦神理而已[15]。

[1] 元：始。

[2]肇：开始。太极：中国古代用以指天地混沌、蒙昧未分之时。

[3]幽：指深暗不明之事物。赞：明。神：指微妙难言之事物。

[4]《易》象：《易经》之卦象，是一套具有象征意义的符号，以阳爻（—）和阴爻（--）相配合而成。

[5]庖牺：指伏羲，传说中的三皇之一。

[6]翼：辅助。《周易》有经传之分，《易传》有《象辞》上下、《象辞》上下、《系辞》上下、《文言》《说卦》《序卦》和《杂卦》，共十篇，称"十翼"，相传为孔子所作。

[7]《乾》《坤》：《易经》之前两卦。

[8]《文言》："十翼"之一，是对《乾》《坤》二卦的解释。

[9]天地之心：即天地的意志，与上文"天地之心"不同。

[10]河图孕乎八卦：相传伏羲时黄河中有龙献出图来，伏羲仿之而作八卦。

[11]洛书韫（yùn）乎九畴：相传大禹时洛水中有龟献出书来，大禹依法而作《洪范》。韫，蕴藏。九畴，九类。

[12]玉版：刻有象征意义的图形或文字之玉片。相传尧在水边得之，方尺，图天地之形。镂：雕刻。

[13]丹文绿牒（dié）：朱书绿字的图版。纬书中有"河龙出图""赤文绿字"之语。牒，古代的书版。

[14]尸：主持。

[15]神理：神妙之理，即自然之道。

自鸟迹代绳[1]，文字始炳[2]。炎、皥遗事[3]，纪在《三坟》[4]；而年世渺邈[5]，声采靡追[6]。唐、虞文章[7]，则焕乎始盛[8]。元首载歌[9]，既发吟咏之志；益、稷陈谟[10]，亦垂敷奏之风[11]。夏后氏兴[12]，业峻鸿绩[13]；九序惟歌[14]，勋德弥缛[15]。

[1]鸟迹代绳：相传太古之时，结绳而治，后仓颉受鸟兽足迹之启发而创造文字。

[2]炳：明，彰显。

[3] 炎：指炎帝神农氏。皞（hào）：指太皞伏羲氏。

[4] 《三坟》：古书名。

[5] 渺邈：久远。

[6] 声采：音节文采，指文章面貌。靡追：无从考索。

[7] 唐、虞：唐尧、虞舜。

[8] 始：宋本《太平御览》引作"为"。

[9] 元首：君主，此谓舜。载：开始。

[10] 益、稷：伯益、后稷，乃舜之二臣。谟（mó）：计谋，谋略。

[11] 敷奏：指臣下向君主进言。敷，陈。

[12] 夏后氏：指禹，其国号夏后。

[13] 业峻鸿绩：即业峻绩鸿或峻业鸿绩，指业高功伟、成就巨大。

[14] 九序惟歌：指治理天下的九种功业皆有其序，亦皆有其诗歌。

[15] 缛：繁密的采饰。

逮及商周[1]，文胜其质[2]；《雅》《颂》所被[3]，英华日新[4]。文王患忧[5]，繇辞炳曜[6]；符采复隐[7]，精义坚深。重以公旦多材[8]，振其徽烈[9]，剬诗缉《颂》[10]，斧藻群言[11]。

[1] 逮及：及至，等到。

[2] 文胜其质：即文质相称、文质彬彬。文，指语言形式。胜，胜任。质，指文章内容。

[3] 被：加，及。

[4] 英华：即"英花"，喻语言文辞之美。

[5] 文王：指周文王。患忧：周文王为西伯时，曾被殷纣王囚于羑里（今河南汤阴）。

[6] 繇（zhòu）辞：占卜之辞，指《易经》的卦、爻辞，传为周文王被囚羑里时所作。曜：宋本《太平御览》引作"耀"。

[7] 符采：玉的横纹，喻作品的文采。复：繁复，多重。隐：隐藏，深奥。

[8] 公旦：周公名旦。材：宋本《太平御览》引作"才"。

[9] 振：振兴，发扬。徽：美。烈：功业。

[10] 劂：宋本《太平御览》引作"制"。缉：通"辑"。

[11] 斧藻：谓删改修饰。斧，斫削。

至夫子继圣，独秀前哲[1]。镕钧"六经"[2]，必金声而玉振[3]；雕琢情性[4]，组织辞令；木铎起而千里应[5]，席珍流而万世响[6]；写天地之辉光，晓生民之耳目矣。

[1] 秀：出众，卓异。

[2] 镕钧：熔铸金属的模具和制作陶器的转轮，喻整理、编定。六经：六种儒家经典，即《诗》《书》《礼》《乐》《易》《春秋》。

[3] 金声玉振：演奏音乐时以钟发声，以磬收韵，集音之大成，此喻孔子集一切圣贤之大成。金，指钟。玉，指磬。

[4] 情性：元至正本作"性情"。

[5] 木铎：木舌金铃，古代施政教时用以警众。

[6] 席珍：席位上的珍宝，谓儒者从容席上，有珍贵的道德学问以供请教。席，座席。

爰自风姓[1]，暨于孔氏[2]；玄圣创典[3]，素王述训[4]：莫不原道心以敷章[5]，研神理而设教。取象乎河洛[6]，问数乎蓍龟[7]，观天文以极变[8]，察人文以成化[9]；然后能经纬区宇[10]，弥纶彝宪[11]，发辉事业[12]，彪炳辞义[13]。故知道沿圣以垂文[14]，圣因文而明道；旁通而无滞，日用而不匮[15]。《易》曰："鼓天下之动者，存乎辞[16]。"辞之所以能鼓天下者，乃道之文也。

[1] 爰：语首助词。风姓：指伏羲。风，伏羲之姓。

[2] 暨：至，到。

[3] 玄圣：指伏羲。

[4] 素王：指孔子。素，虚位。

[5] 道心：道之心，即自然之道的精神。

[6] 象：图像，形象。河洛：河图和洛书。

[7] 数：气数，命运。蓍（shī）龟：蓍草和龟甲，占卜用的工具。

[8] 极：穷尽。

[9] 成化：完成教化。

[10] 经纬：治理。区宇：疆域，天下。

[11] 弥纶：包括，统摄。彝：常理。宪：法度。

[12] 辉：宋本《太平御览》引作"挥"。

[13] 彪炳：文采焕发。彪，虎纹。

[14] 沿：顺流而下，引申为通过。

[15] 匮：缺乏，穷尽。

[16] 辞：指爻辞，泛指一般文辞。

赞曰[1]：道心惟微[2]，神理设教。光采玄圣，炳耀仁孝。龙图献体，龟书呈貌；天文斯观，民胥以效[3]。

[1] 赞：明。《文心雕龙》五十篇均以四言八句赞语结束，以总括每篇大意。

[2] 微：神妙。

[3] 胥（xū）：全，都。

二、征圣

夫作者曰圣[1]，述者曰明[2]。陶铸性情[3]，功在上哲[4]。"夫子文章，可得而闻"[5]，则圣人之情，见乎文辞矣[6]。

[1] 作者：有所创造者。

[2] 述者：明辨其义者。

[3] 陶铸：谓陶冶、教化、培养。陶，烧制瓦器。铸，熔炼金属而浇制成器。

[4] 上哲：指古代圣贤。

[5] "夫子文章"二句：《论语·公冶长》："子贡曰：夫子之文章，可得而闻也。"

[6] 见乎文辞：唐写本无"文"字。

先王圣化[1]，布在方册[2]；夫子风采，溢于格言[3]。是以远称唐世[4]，则焕乎为盛[5]；近褒周代，则郁哉可从[6]：此政化贵文之征也。郑伯入陈[7]，以文辞为功[8]；宋置折俎[9]，以多文举礼[10]：此事迹贵文之征也[11]。褒美子产[12]，则云"言以足志，文以足言"[13]；泛论君子，则云"情欲信，辞欲巧"[14]：此修身贵文之征也。然则志足而言文[15]，情信而辞巧，乃含章之玉牒[16]，秉文之金科矣[17]。

[1] 圣化：唐写本作"声教"，即声威与教化。

[2] 方册：指书籍。方，木板。册，编起来的竹简。

[3] 格言：含有教育意义而可为准则之语。

[4] 唐：唐尧。

[5] 焕：鲜明，光亮。

[6] 郁：文采明盛貌。

[7] 郑伯：郑简公。入陈：公元前548年，郑国军队攻入陈国。

[8] 文：唐写本作"立"。立辞为功：郑伯伐陈，晋国为霸主，质问郑国；郑国大夫子产善为文辞，对答适当，为郑国争得了荣誉。

[9] 折俎（zǔ）：把煮熟的牛羊等折放于俎上，乃招待贵宾的隆重礼节。俎，古代祭祀、设宴时盛放肉类的礼器。

[10] 多文举礼：《左传·襄公二十七年》载，宋平公招待晋国赵文子，不仅礼节隆重，且宾主皆善于辞令，"仲尼使举是礼也，以为多文辞"。

[11] 迹：唐写本作"绩"。

[12] 子产：指公孙侨，字子产，春秋时郑国大夫。

[13] "言以足志"二句：《左传·襄公二十五年》载孔子语。

[14] "情欲信"二句：《礼记·表记》载孔子语。

[15] 而：唐写本作"以"。

[16] 含章：蕴藏着文采，此谓写作。玉牒：指重要文书。

[17] 秉文：谓写作。金科：指重要律例。

夫鉴周日月^[1]，妙极机神^[2]；文成规矩^[3]，思合符契^[4]。或简言以达旨，或博文以该情^[5]，或明理以立体^[6]，或隐义以藏用^[7]。

[1] 鉴：审察。周：全。日月：借指整个自然界。

[2] 妙：精微，此谓明察。极：穷尽。机神：微妙。

[3] 规矩：谓法则。规，画圆形用的器具。矩，画方形用的器具。

[4] 符：古代用以传令或征调的凭证，双方各执一半，合之以验真假。契：约券。

[5] 该：包容，包括。

[6] 体：主体，指文章的中心思想。

[7] 藏用：潜藏功用，指文章的含蓄之美。

故《春秋》一字以褒贬^[1]，丧服举轻以包重^[2]，此简言以达旨也。《邠诗》联章以积句^[3]，《儒行》缛说以繁辞^[4]，此博文以该情也。《书》契断决以象《夬》^[5]，文章昭晰以象《离》^[6]，此明理以立体也。"四象"精义以曲隐^[7]，"五例"微辞以婉晦^[8]，此隐义以藏用也。

[1] 一字以褒贬：用一个字即可表现爱憎之态度，指文章用语精炼。

[2] 包：唐写本作"苞"，包括之意。举轻以苞重：指《礼记》的《曾子问》和《檀弓》等篇谈到丧服之时用语的高度概括。

[3] 《邠（bīn）诗》：指《诗·豳风·七月》，全诗八章，每章十一句，是《国风》中最长的一首诗。邠，同豳，古都邑名，在今陕西旬邑西南。

[4] 《儒行》：《礼记》之篇。缛说以繁辞：指《儒行》篇把儒者分为十六种的做法，文辞繁复。缛，繁复。辞，唐写本作"词"。

[5] 契：指文字。断决：唐写本作"决断"。夬（guài）：决断，《夬》为《周易》六十四卦之一。

[6] 昭晰：唐写本作"昭晢（zhé）"，清楚明白。象：唐写本作"効"，即"效"。离：明亮，《离》为《周易》六十四卦之一。

[7] 四象：《易·系辞上》之语，其说不一，一说指四时。

[8] 五例：指《春秋》记事的五种体例，即《左传·成公十四年》所谓"微而

显，志而晦，婉而成章，尽而不污，惩恶而劝善"。以：唐写本作"而"。

故知繁略殊形[1]，隐显异术[2]，抑引随时[3]，变通会适[4]，征之周、孔[5]，则文有师矣。

[1] 形：唐写本作"制"。

[2] 术：方法。

[3] 抑：压制，指文字之略。引：延长，指文字之详。

[4] 会适：唐写本作"适会"，谓适应时机。

[5] 周、孔：指周公、孔子。

是以子政论文[1]，必征于圣；稚圭劝学[2]，必宗于经。《易》称："辨物正言[3]，断辞则备[4]。"《书》云："辞尚体要[5]，弗唯好异[6]。"故知正言所以立辩[7]，体要所以成辞，辞成无好异之尤[8]，辩立有断辞之义[9]。虽精义曲隐，无伤其正言；微辞婉晦，不害其体要。体要与微辞偕通，正言共精义并用；圣人之文章，亦可见也。

[1] 子政：西汉学者刘向之字，唐写本无"子政"二字。

[2] 稚圭劝学：唐写本作"窥圣"。稚圭，西汉学者匡衡之字。

[3] 正言：正直、准确、精要之言。

[4] 断辞：判断吉凶之辞。备：具备，完备。

[5] 体要：谓切实而简要。体，具体切实。

[6] 弗惟：唐写本作"不唯"。

[7] 辩：唐写本作"辨"。

[8] 无：唐写本作"则无"。尤：过失。

[9] 辩：唐写本作"辨"。有：唐写本作"则有"。义：唐写本作"美"。

颜阖以为[1]，仲尼"饰羽而画"[2]，徒事华辞。虽欲訾圣[3]，弗可得已[4]。然则圣文之雅丽[5]，固衔华而佩实者也[6]。天道难闻[7]，犹或钻仰[8]；文章可见，胡宁勿思[9]？若征圣立言，则文其庶矣[10]。

[1] 颜阖：战国时期鲁国隐士。

[2] "仲尼"二句：《庄子·列御寇》："仲尼方且饰羽而画，从事华辞。"

[3] 訾（zǐ）：毁谤非议。

[4] 弗：唐写本作"不"。已：唐写本作"也"。

[5] 雅丽：纯正而华美。"雅"指文章内容，"丽"指文章语言。

[6] 衔：含。佩：佩带。

[7] 天道：谓自然规律，亦即自然之道。

[8] 犹：唐写本作"且"。钻仰：谓深入研究。钻，钻研。仰，仰望。

[9] 胡宁：唐写本作"宁曰"。

[10] 庶：庶几，差不多。

赞曰：妙极生知[1]，睿哲惟宰[2]。精理为文[3]，秀气成采[4]。鉴悬日月[5]，辞富山海[6]。百龄影徂[7]，千载心在。

[1] 生知：生而知之者，即圣人。

[2] 睿哲：明智而神圣。

[3] 精理：精妙之理，犹自然之道。

[4] 秀气：灵秀之气。

[5] 鉴悬日月：犹上文之"鉴周日月"。

[6] 辞富山海：文辞之富如山海般取之不尽。

[7] 影徂（cú）：谓形影已逝。徂，逝去。

三、宗经

三极彝训[1]，其书言经[2]。经也者，恒久之至道[3]，不刊之鸿教也[4]。故象天地[5]，效鬼神[6]，参物序[7]，制人纪[8]；洞性灵之奥区[9]，极文章之骨髓者也[10]。

[1] 三极：指三才，即天、地、人；三才乃至极之道，故云。彝训：即常教。彝，常理。

[2] 言：唐写本作“曰”。

[3] 至道：至极之道，即终极之理。

[4] 不刊：即不可更改，永不磨灭。刊，删改修订。鸿：大。

[5] 象：取象，效法。

[6] 效：征验，验证。

[7] 参：参究，参与。序：秩序，引申为规律。

[8] 纪：纲纪。

[9] 洞：洞察，深入。奥：深。

[10] 极：穷尽。骨髓：指精华。

　　皇世《三坟》[1]，帝代《五典》[2]，重以《八索》[3]，申以《九丘》[4]；岁历绵暧[5]，条流纷糅[6]。自夫子删述[7]，而大宝咸耀[8]。于是《易》张十翼[9]，《书》标“七观”[10]，《诗》列“四始”[11]，《礼》正“五经”[12]，《春秋》“五例”[13]。义既极乎性情[14]，辞亦匠于文理[15]；故能开学养正[16]，昭明有融[17]。

　　[1] 皇：指三皇，为传说中的远古帝王，所指不一，如伏羲、女娲、神农。《三坟》：古书名，传为三皇之书。

　　[2] 帝：指五帝，为传说中的上古帝王，所指不一，如黄帝、颛顼、帝喾、唐尧、虞舜。《五典》：古书名，传为五帝之书。

　　[3] 重：加之。《八索》：古书名，传为关于八卦之书。

　　[4] 申：重，加之。《九丘》：古书名，传为关于九州之书。

　　[5] 岁历：年代。绵：久远。暧（ài）：昏暗不明。

　　[6] 条流：枝条、流派。纷糅：纷繁杂乱。

　　[7] 夫子删述：孔子删订阐发群经。

　　[8] 大宝：最为重要和宝贵的东西，指孔子所删述的经典。咸：唐写本作“启”，打开。耀：显，明。

　　[9] 张：发挥。翼：辅助。十翼：指《易传》十篇，参见《原道》注。

　　[10] 标：显出。七观：《尚书大传》载孔子之说，认为可从《尚书》中观义、

观仁、观诚、观度、观事、观治、观美。

[11] 列：陈述。四始：指《诗经》之《风》《小雅》《大雅》和《颂》。

[12] 正：正定，决定。五经：指五种常行之礼，即吉礼、凶礼、宾礼、军礼、嘉礼。

[13] 五例：指五种记事体例，参见《征圣》注。

[14] 极：宋本《太平御览》引作"埏（shān）"，和泥做瓦，喻陶冶、规范。

[15] 匠：宗匠、技艺，喻深入掌握。

[16] 开学：启发学者。养正：培养正道。

[17] 昭明：显明，光明。有：又。融：明朗，大明。

然而道心惟微[1]，圣谟卓绝[2]；墙宇重峻[3]，而吐纳自深[4]。譬万钧之洪钟[5]，无铮铮之细响矣[6]。

[1] 道心：道之心，即自然之道的精神。微：神妙。

[2] 谟（mó）：谋议。

[3] 墙宇：喻人的道德学问。宇，屋檐。重峻：重叠高峻。

[4] 而：唐写本无此字。吐纳：指言论。

[5] 钧：古代重量单位，三十斤。洪：大。

[6] 铮铮：金属相击声。

夫《易》惟谈天[1]，入神致用[2]，故《系》称[3]：旨远、辞文、言中、事隐[4]。韦编三绝[5]，固哲人之骊渊也[6]。

[1] 天：天道，即自然之理。

[2] 神：精妙。

[3] 《系》：指《周易·系辞》。

[4] 旨远：旨意深远。文：文饰。中（zhòng）：符合，恰当。隐：隐蔽，幽深。

[5] 韦编：用熟牛皮把竹简编连起来，为古代造纸术发明以前的著作装订方式。韦，熟牛皮。绝：断。

[6] 哲人：才智之士，指圣人。骊（lí）渊：喻真理深藏之处。骊，指骊龙，黑色的龙。渊，深潭。

《书》实记言，而训诂茫昧[1]；通乎《尔雅》[2]，则文意晓然。故子夏叹《书》[3]："昭昭若日月之明[4]，离离如星辰之行[5]。"言昭灼也[6]。

[1] 训诂：唐写本作"诂训"，即古代语言。茫：唐写本作"芒"，通"茫"，模糊不清。

[2] 《尔雅》：古代训诂之书。尔雅，谓可近而取正之意。

[3] 子夏：孔子的学生。

[4] 昭昭：光明，指明辨事理。明：唐写本作"代明"，谓轮流照耀。代，更替。

[5] 离离：罗列，指历历分明。行：唐写本作"错行"，谓交替运行。错，更迭。

[6] 昭：唐写本作"照"。灼：明亮。

《诗》主言志[1]，诂训同《书》；摛风裁兴[2]，藻辞谲喻[3]；温柔在诵[4]，故最附深衷矣[5]。

[1] 主：唐写本作"之"。

[2] 摛风裁兴：谓《国风》等作品的创作，常用比、兴等手法。

[3] 谲：变化莫测。

[4] 温柔：即温柔敦厚。诵：朗读。

[5] 故：唐写本无此字。附：接近。

《礼》以立体[1]，据事剒范[2]；章条纤曲[3]，执而后显[4]；采掇生言[5]，莫非宝也。

[1] 体：体制，准则。

[2] 据事剒范：谓根据事理制定规范。剒，唐写本作"制"。

[3] 章条：章程条例。纤曲：谓细致详尽。

[4] 执：执行。

[5] 掇：拾取。生：唐写本作"片"。

《春秋》辨理，一字见义[1]：五石六鹢[2]，以详略成文[3]；雉门两观[4]，以先后显旨[5]。其婉章志晦[6]，谅以邃矣[7]。

[1] 一字见义：一个字即可表现应有之义。

[2] 五石：《春秋·僖公十六年》："十有六年春，王正月戊申朔，陨石于宋五。"鹢（yì）：唐写本作"鶂"，即"鹢"，一种水鸟。《春秋·僖公十六年》："是月，六鹢退飞过宋都。"

[3] 以详略成文：《春秋·僖公十六年》关于"五石"的记载，具体到了正月初一（朔），而关于"六鹢"的记载只说到月份，详略不同。

[4] 雉门：古代天子宫所谓"五门"之一，诸侯宫亦有之，此即鲁宫的南门。两观：宫门双阙，即宫门外左右二台之楼。《春秋·定公二年》："雉门及两观灾。"灾，指火灾。

[5] 以先后显旨：以叙述的先后顺序来显示轻重或尊卑之意。失火的主要是两观，但先云雉门者，盖以门为其主，观为其饰。

[6] 婉章：即上文所谓"《春秋》五例"中的"婉而成章"。"志晦"：即"《春秋》五例"中的"志而晦"。婉章志晦，代指《春秋》五例。

[7] 谅：确实。以：唐写本作"已"。邃：深远。

《尚书》则览文如诡[1]，而寻理即畅；《春秋》则观辞立晓，而访义方隐。此圣人之殊致[2]，表里之异体者也[3]。至根柢槃深[4]，枝叶峻茂，辞约而旨丰，事近而喻远。是以往者虽旧[5]，余味日新[6]；后进追取而非晚，前修文用而未先[7]。可谓太山遍雨，河润千里者也。

[1] 诡：怪异。

[2] 人：唐写本作"文"。致：情致。

[3] 表里：指文章的语言形式和思想内容。体：谓文章风格。

[4] 至：唐写本作"至于"。柢（dǐ）：树根。槃（pán）深：唐写本作"盘

固"，谓纠结牢固。

[5] 虽：唐写本作"唯"。

[6] 余味：唐写本作"而余味"。

[7] 文：唐写本作"久"。久用而未先：意谓虽用之已久，但其内容丰富，取之不竭，因而亦不觉其先。

故论说辞序[1]，则《易》统其首[2]；诏策章奏[3]，则《书》发其源；赋颂歌赞[4]，则《诗》立其本；铭诔箴祝[5]，则《礼》总其端；纪传铭檄[6]，则《春秋》为根。并穷高以树表[7]，极远以启疆[8]；所以百家腾跃[9]，终入环内者也[10]。若禀经以制式[11]，酌《雅》以富言[12]，是仰山而铸铜[13]，煮海而为盐也[14]。

[1] 论说辞序：四种文体。分别在《论说》《书记》中论述。

[2] 统：统领，总束。

[3] 诏策章奏：四种文体。分别在《诏策》《章表》《奏启》中论述。

[4] 赋颂歌赞：四种文体。分别在《铨赋》《颂赞》《乐府》中论述。

[5] 铭诔箴祝：四种文体。分别在《铭箴》《诔碑》《祝盟》中论述。

[6] 纪：唐写本作"记"。铭：唐写本作"盟"。纪传铭檄：四种文体。分别在《书记》《史传》《祝盟》《檄移》中论述。

[7] 表：表率，标准。

[8] 启：开拓。疆：疆土，指文体领域。

[9] 腾跃：跳跃。

[10] 环：中间有孔的圆玉，泛指圈形物，此喻以经典为其源头的文体范围。者也：唐写本无此二字。

[11] 禀：领受。制式：指文章写作。式，文体形式。

[12] 酌：取。《雅》：指《尔雅》。

[13] 仰：唐写本作"即"，就。

[14] 也：唐写本作"者也"。

故文能宗经，体有"六义"[1]：一则情深而不诡[2]，二则风清而不杂[3]，三则事信而不诞[4]，四则义直而不回[5]，五则体约而不芜[6]，六则文丽而不淫[7]。扬子比雕玉以作器[8]，谓"五经"之含文也[9]。

[1] 体：主体，指文章本身。义：宜，适宜，指符合一定标准。

[2] 诡：虚假。

[3] 风：风化，教化。清：清爽，纯正。杂：谓驳杂、不纯粹。

[4] 诞：荒诞，虚妄。

[5] 义：道理，意义。直：唐写本作"贞"，正。回：邪僻。

[6] 体：文体。约：约束，规范。芜：繁杂。

[7] 淫：过分，奢侈。

[8] 扬子：指扬雄，西汉末年作家。唐写本作"故扬子"。比雕玉以作器：《法言·寡见》："玉不雕，玙璠不作器；言不文，典谟不作经。"玙（yú）璠（fán），美玉。

[9] 五经：指《易》《书》《诗》《礼》《春秋》。文：文采。

夫文以行立[1]，行以文传；"四教"所先[2]，符采相济[3]。励德树声[4]，莫不师圣；而建言修辞，鲜克宗经[5]。是以楚艳汉侈[6]，流弊不还。正末归本[7]，不其懿欤[8]！

[1] 文：文辞。行：德行。

[2] 四教：《论语·述而》："子以四教：文、行、忠、信。"

[3] 相济：即相辅相成。

[4] 励：唐写本作"迈"，通"励"，勤勉。

[5] 克：能够。

[6] 楚：指《楚辞》。侈：过分。

[7] 正末：唐写本作"极正"。极正归本，即"宗经"之旨。正、本，皆指经典。

[8] 懿：美。欤：唐写本作"哉"。

赞曰：三极彝道，训深稽古[1]。致化归一[2]，分教斯五[3]。性灵镕匠[4]，文章奥府[5]。渊哉铄乎[6]！群言之祖。

[1] 稽：查考。

[2] 致：达到。化：教化。归：唐写本作"惟"。

[3] 斯：则，就。五：指"五经"。

[4] 镕：熔铸，陶冶。

[5] 府：文书、财物收藏之所。

[6] 渊：深。铄（shuò）：通"烁"，光辉美盛。

四、知音

"知音"[1]，其难哉！音实难知，知实难逢[2]；逢其知音[3]，千载其一乎！

[1] 知音：语出《礼记·乐记》，原指懂得音乐，此喻文章之赏会。

[2] 知：谓知音者。

[3] 知音：谓知音者。

夫古来知音，多贱同而思古[1]，所谓"日进前而不御，遥闻声而相思"[2]也。昔《储说》始出[3]，《子虚》初成[4]，秦皇、汉武[5]，恨不同时；既同时矣，则韩囚而马轻[6]，岂不明鉴同时之贱哉[7]？

[1] 同：指同时代的人。古：谓古人。

[2] "日进前"二句：语出《鬼谷子·内楗（jiàn）》。御，用。

[3] 《储说》：《韩非子》有《内储说》《外储说》等篇。

[4] 《子虚》：指司马相如的《子虚赋》。

[5] "秦皇、汉武"二句：《史记·老庄申韩列传》载，秦始皇读了韩非的《孤愤》等篇曾说："寡人得见此人，与之游，死不恨矣！"《汉书·司马相如传》载：汉武帝读了司马相如的《子虚赋》曾说："朕独不得与此人同时哉！"

[6] 韩囚：韩非入秦后，被谗入狱而死。马轻：谓司马相如未被重视。

至于班固、傅毅[1]，文在伯仲[2]，而固嗤毅云"下笔不能自休"[3]。及陈思论才[4]，亦深排孔璋[5]；敬礼请润色[6]，叹以为"美谈"；季绪好诋诃[7]，方之于"田巴"[8]：意亦见矣。故魏文称"文人相轻"[9]，非虚谈也。

[1] 傅毅：字武仲，东汉初年作家。

[2] 伯仲：兄弟，喻不相上下。

[3] "下笔"句：引自《典论·论文》。

[4] 陈思：指曹植，下述其论均出自《与杨德祖书》。

[5] 孔璋：陈琳之字。

[6] 敬礼：丁廙（yì）之字，东汉末作家。

[7] 季绪：刘修之字，东汉末作家。诋诃（hē）：诋毁，指责。

[8] 方：比。田巴：战国时齐国辩士。

[9] 魏文：指魏文帝曹丕。文人相轻：语出《典论·论文》。

至如君卿唇舌[1]，而谬欲论文，乃称史迁著书[2]，谘东方朔[3]；于是桓谭之徒，相顾嗤笑。彼实博徒[4]，轻言负诮[5]；况乎文士，可妄谈哉？

[1] 君卿：楼护之字，西汉末年辩士，其论文之语已佚。唇舌：喻有口才。

[2] 史迁：即太史公司马迁。

[3] 谘（zī）：商议，征询。

[4] 博徒：赌徒，此谓地位低下之人。

[5] 诮（qiào）：嘲笑，讥刺。

故鉴照洞明[1]，而贵古贱今者，二主是也[2]；才实鸿懿[3]，而崇己抑人者，班、曹是也；学不逮文，而信伪迷真者，楼护是也。"酱瓿"之议[4]，岂多叹哉？

[1] 鉴照：鉴识照察。洞明：深明。

[2] 二主：指秦始皇与汉武帝。

[3] 鸿懿：博大完美。

[4] "酱瓿（bù）"之议：《汉书·扬雄传》载，刘歆谈到扬雄的《太玄》时说："吾恐后人用覆酱瓿也。"酱瓿，盛酱的小坛子。

夫麟凤与麕雉悬绝[1]，珠玉与砾石超殊[2]，白日垂其照[3]，青眸写其形[4]。然鲁臣以麟为麕[5]，楚人以雉为凤[6]，魏氏以夜光为怪石[7]，宋客以燕砾为宝珠[8]。形器易征[9]，谬乃若是；文情难鉴，谁曰易分？

[1] 麟：指麒麟，古代传说中的瑞兽。麕（jūn）：獐子，似鹿而小。雉：野鸡。悬绝：悬殊极大。

[2] 砾（lì）石：小石块，砂石。超殊：犹迥异。

[3] 垂：谓附射。

[4] 青眸：清亮的黑眼珠。

[5] "鲁臣"句：事见《公羊传·哀公十四年》。

[6] "楚人"句：事见《尹文子·大道上》。

[7] 氏：杨升庵批点曹学佺评《文心雕龙》作"民"。"魏民"句：事见《尹文子·大道上》。夜光：珠名。

[8] "宋客"句：事见《阚（kàn）子》。燕砾，燕山之砾石。

[9] 征：证验。

夫篇章杂沓[1]，质文交加；知多偏好[2]，人莫圆该[3]。慷慨者逆声而击节[4]，酝藉者见密而高蹈[5]，浮慧者观绮而跃心[6]，爱奇者闻诡而惊听[7]。会己则嗟讽[8]，异我则沮弃[9]；各执一隅之解[10]，欲拟万端之变[11]：所谓"东向而望，不见西墙"[12]也。

[1] 杂沓：纷杂繁多貌。

[2] 知：谓读者。

[3] 圆该：谓完备。

[4] 逆：迎。击节：犹击节称赏。

[5] 籍：元至正本作"藉"。酝籍：犹蕴藉，宽和有涵容。高蹈：举足顿地，喜悦貌。

[6] 浮慧：谓才智浮浅。绮：谓华美。

[7] 诡：怪异。

[8] 会：符合，相合。嗟：谓赞叹。讽：谓诵读。

[9] 沮：阻止，诋毁。

[10] 隅：角落，喻事物的一个方面。

[11] 拟：揣度，推测。

[12] "东向而望"二句：《淮南子·泛论训》："东面而望，不见西墙。"

凡操千曲而后晓声[1]，观千剑而后识器，故圆照之象[2]，务先博观。阅乔岳以形培塿[3]，酌沧波以喻畎浍[4]；无私于轻重，不偏于憎爱：然后能平理若衡[5]，照辞如镜矣。

[1] 操：谓弹奏。桓谭《新论·琴道》："音不通千曲以上，不足以为知音。"

[2] 圆照之象：谓全面理解和把握各种情况。

[3] 乔岳：谓高山。培（pǒu）塿（lǒu）：小土丘。

[4] 酌：挹取，舀。沧波：碧波，谓江海之波。畎（quǎn）浍（kuài）：田间小沟，泛指溪流、沟渠。

[5] 衡：秤。

是以将阅文情，先标"六观"：一观位体[1]，二观置辞，三观通变，四观奇正[2]，五观事义[3]，六观宫商[4]。斯术既形[5]，则优劣见矣。

[1] 位体：指体裁的运用。

[2] 奇正：代指写作风格。

[3] 事义：指作品的事类征引。

[4] 宫商：五音之二，代指音律。

[5] 术：方法。

夫缀文者情动而辞发[1]，观文者披文以入情[2]：沿波讨源，虽幽必显。世远莫见其面，觇文辄见其心[3]；岂成篇之足深？患识照之自浅耳[4]！

[1] 缀文：指写作。

[2] 披：翻阅。

[3] 觇（chān）：观看，观察。

[4] 识照：辨识鉴察。

夫志在山水[1]，琴表其情；况形之笔端，理将焉匿[2]？故心之照理，譬目之照形：目瞭则形无不分[3]，心敏则理无不达。然而俗监之迷者[4]，深废浅售[5]；此庄周所以笑《折杨》[6]，宋玉所以伤《白雪》也[7]。昔屈平有言[8]："文质疏内[9]，众不知余之异采。"见异，唯知音耳。扬雄自称"心好沉博绝丽之文"[10]，其事浮浅[11]，亦可知矣。

[1] "志在山水"二句：《吕氏春秋·本味》："伯牙鼓琴，钟子期听之。方鼓琴而志在太山，钟子期曰：'善哉乎鼓琴，巍巍乎若太山。'少选之间，而志在流水。钟子期又曰：'善哉乎鼓琴，汤汤乎若流水。'"伯牙，春秋时精于琴艺之人。钟子期，春秋时楚人，精音律。

[2] 匿：隐藏。

[3] 瞭：眼珠明亮。

[4] 监：通"鉴"，察看。

[5] 深废浅售：谓抛弃深刻之作而看好浅薄之作。

[6] 庄周：即庄子，其笑《折杨》事见《庄子·天地》。《折杨》，一种通俗歌曲。

[7] 《白雪》：一种高雅乐曲。宋玉《对楚王问》："客有歌于郢中者，其始曰《下里》《巴人》，国中属而和者数千人……其为《阳春》《白雪》，国中属而和者不过数十人……是其曲弥高，其和弥寡。"

[8] 屈平：即屈原，下引其语见于《楚辞·九章·怀沙》。

[9] 文质疏内：原文作"文质疏内兮"。文质：外表与内质，谓为人。疏：迂

阔，不切实际。内：通"讷"，木讷，不善言辞。

[10] "心好"句：见于扬雄《答刘歆书》。沉博，谓博大精深。绝丽，谓华美绝伦。

[11] 其：疑为"非"之误。

夫唯深识鉴奥[1]，必欢然内怿[2]，譬春台之熙众人[3]，乐饵之止过客[4]。盖闻兰为国香[5]，服媚弥芬；书亦国华[6]，玩泽方美[7]：知音君子，其垂意焉[8]。

[1] 鉴奥：察其微妙。

[2] 怿（yì）：喜悦，快乐。

[3] "春台"句：《老子》第二十章："众人熙熙，如春登台。"熙，和乐，和悦。

[4] "乐饵"句：《老子》第三十五章："乐与饵，止过客。"饵，食物。

[5] "兰为国香"二句：《左传·宣公三年》："以兰有国香，人服媚之如是。"国香：谓其香甲于一国，后以指兰花。服：佩带。媚：喜爱。

[6] 国华：即国花，谓国之精华。

[7] 玩泽：王惟俭《文心雕龙训故》作"玩绎"，谓玩味探析。

[8] 垂意：注意，留心。

赞曰："洪钟万钧"[1]，夔、旷所定[2]；良书盈箧[3]，妙鉴乃订[4]。流郑淫人[5]，无或失听[6]。独有此律[7]，不谬蹊径[8]。

[1] 洪钟万钧：语出张衡《西京赋》。钧，古代重量单位，三十斤。

[2] 夔：舜时乐官。旷：指师旷，春秋时晋国乐师。

[3] 箧（qiè）：小箱子，此谓书箱。

[4] 妙鉴：谓高明的鉴赏力。订：评议，评定。

[5] 流郑：谓流行小曲。郑，谓郑国的音乐，指与雅乐相对的俗乐。淫人：谓使人变得庸俗。

[6] 无或：不要。失听：谓听闻有误。

[7] 此律：谓上述"六观"。

[8] 蹊径：路径，方法。

五、程器[1]

《周书》论士[2]，方之"梓材"，盖贵器用而兼文采也。是以"朴斫"成而"丹雘"施[3]，"垣墉"立而雕杇附[4]。而近代辞人[5]，务华弃实，故魏文以为[6]："古今文人，类不护细行[7]。"韦诞所评[8]，又历诋群才[9]。后人雷同，混之一贯，吁可悲矣[10]！

[1] 程器：程其器能，谓衡量、品评士人之才能。

[2] "《周书》论士"二句：《尚书·周书》有《梓材》篇。方：比。梓材：谓优质的木材。

[3] "朴斫"句：《尚书·梓材》："若作梓材，既勤朴斫，惟其涂丹雘。"朴斫：谓削治。丹雘（wò）：红色涂漆。

[4] "垣墉"句：《尚书·梓材》："若作室家，既勤垣墉，惟其涂塈茨。"垣墉（yōng）：墙。雕杇（wū）：即塈（jì）茨（cí），谓墙壁之绘饰。

[5] 辞人：元至正本作"词人"。

[6] 魏文：指曹丕，下述引文见其《与吴质书》。

[7] 类：大多。不护细行：谓不拘小节。

[8] 韦诞：字仲将，三国时书法家。

[9] 诋：谓指责。群才：指建安文人王粲等。《三国志·魏书·王粲传》注引鱼豢《魏略》载有韦诞历诋群才之语。

[10] 吁：叹词。

略观文士之疵[1]：相如窃妻而受金[2]，扬雄嗜酒而少算[3]；敬通之不循廉隅[4]，杜笃之请求无厌[5]；班固谄窦以作威[6]，马融党梁而黩货[7]；文举傲诞以速诛[8]，正平狂憨以致戮[9]；仲宣轻脆以躁竞[10]，孔璋偬恫以粗疏[11]；丁仪贪婪以乞货[12]，路粹餔啜而无耻[13]；潘岳诡诪于愍怀[14]，陆机倾仄于贾、郭^[15]；傅玄刚隘而詈台^[16]，孙楚狠愎而讼府^[17]。诸有此类，并文士之瑕累^[18]。

[1] 疵：小病，引申为过失、缺点。

[2] 相如：指司马相如。窃妻而受金：《汉书·司马相如传》载，司马相如引诱寡妇卓文君并与其私奔。又载，有人上书言其使蜀时受金，相如因此失官。

[3] 少算：有两说，一为扬雄疏于精打细算而致家贫，一为扬雄作《剧秦美新》而美化王莽之新朝。

[4] 敬通：冯衍之字，东汉初年作家。不循廉隅：谓品行不够端正。廉隅，棱角，喻品行端方。

[5] 杜笃：东汉作家。请求无厌：《后汉书·文苑传》载，杜笃曾数次请托美阳县令。

[6] 谄（chǎn）：奉承，献媚。窦：指大将军窦宪。

[7] 党：谓结党阿附。梁：指大将军梁冀。黩（dú）货：贪污纳贿。

[8] 文举：孔融之字。速诛：招致杀戮。孔融被曹操杀害。

[9] 正平：祢衡之字。狂憨：狂放憨直。致戮：祢衡终为江夏太守黄祖所杀。

[10] 仲宣：王粲之字。轻脆：形容软弱。躁竞：谓急于仕进。

[11] 孔璋：陈琳之字。傯（zǒng）恫（dòng）：鲁莽貌。

[12] 丁仪：建安时文人。乞货：谓贪财。

[13] 路粹：建安时文人。饿（bù）啜（chuò）：谓吃喝。

[14] 诪（zhōu）：元至正本作"祷"。诡诪于愍（mǐn）怀：《晋书·愍怀太子传》载，贾后欲废愍怀太子，便命潘岳以太子口吻拟写一封要求晋惠帝"自了"的书信，"草若祷神之文"，使醉酒后的太子"依而写之"，此信呈上，太子随废。

[15] 倾仄：谓依附。贾、郭：指贾谧、郭彰，均为贾后亲信。

[16] 刚隘：刚愎褊狭。詈（lì）：骂。台：尚书台，尚书之官署，此谓尚书台之官员。

[17] 孙楚：西晋作家。狠愎：元至正本作"很（hěn）愎"，凶狠固执。讼府：谓控告军府。孙楚曾与骠骑将军石苞互相攻击。

[18] 瑕累：玉之斑痕，泛指缺点、毛病。

　　文既有之，武亦宜然；古之将相，疵咎实多[1]。至如管仲之盗窃[2]，吴起之贪淫[3]，陈平之污点[4]，绛、灌之谗嫉[5]：沿兹以下，不可胜数。孔光负衡据鼎[6]，而仄媚董贤[7]；况班、马之贱职[8]，潘岳之下位哉？王戎开国上秩[9]，而鬻官嚣俗[10]；况马、杜之磬悬[11]，丁、路之贫薄哉[12]？然子夏无亏于名儒[13]，浚冲不尘乎竹林者[14]，名崇而讥减也。若夫屈、贾之忠贞[15]，邹、枚之机觉[16]，黄香之淳孝[17]，徐干之沉默[18]：岂曰文士，必其玷欤[19]？

　　[1] 咎：罪过，过失。

　　[2] 管仲：春秋时政治家，相传曾为盗。

　　[3] 吴起：春秋时军事家。贪淫：贪财而好色。

　　[4] 陈平：西汉开国功臣。污点：《史记·陈丞相世家》载，周勃、灌婴等人曾谓陈平"盗其嫂"。

　　[5] 绛、灌：指周勃、灌婴，均为汉文帝时丞相。绛，地名（今属山西），周勃赐爵列侯，食邑于绛，故称"绛侯"。谗嫉：谗害嫉妒。

　　[6] 孔光：字子夏，西汉成帝、哀帝时为丞相。衡：喻权力中枢。鼎：喻重臣之位。

　　[7] 仄媚：以不正之道讨好奉承。董贤：汉哀帝之男宠。

　　[8] 班、马：指班固、马融。

　　[9] 王戎：字浚冲，魏末"竹林七贤"之一，西晋初因功封侯，惠帝时官至司徒、尚书令。上秩：谓高官。

　　[10] 嚣俗：为世人所喧嚷、叱骂。

　　[11] 马、杜：指司马相如、杜笃。磬悬：悬挂着的磬，形容空无所有，家徒四壁。磬，古代打击乐器。

　　[12] 丁、路：指丁仪、路粹。

　　[13] 名儒：孔光为孔子十四世孙，故称。

　　[14] 尘：污染。竹林：指魏末的"竹林七贤"。

　　[15] 屈：指屈原。贾：指贾谊。

[16] 邹、枚：指邹阳、枚乘。机觉：机敏警觉。吴王刘濞谋反，邹、枚俱上书以谏，不听而离去。

[17] 黄香：东汉文人。淳孝：犹至孝。

[18] 徐干：字伟长。沉默：犹沉静。曹丕《与吴质书》："伟长独怀文抱质，恬淡寡欲，有箕山之志，可谓彬彬君子者矣。"箕山，尧时隐士许由隐居之所，后以"箕山之志"谓隐居不仕之节。

[19] 玷：玉之斑点，喻缺点。

　　盖人禀五材[1]，修短殊用；自非上哲，难以求备。然将相以位隆特达，文士以职卑多诮[2]，此江河所以腾涌，涓流所以寸折者也。名之抑扬，既其然矣；位之通塞[3]，亦有以焉[4]。

[1] 五材：即五行，指金、木、水、火、土。

[2] 诮：责备。

[3] 通塞：谓顺逆、高低、贵贱。

[4] 以：原因。

　　盖士之登庸[1]，以成务为用[2]。鲁之敬姜[3]，妇人之聪明耳，然推其机综[4]，以方治国；安有丈夫学文，而不达于政事哉？彼扬、马之徒[5]，有文无质，所以终乎下位也。昔庾元规才华清英[6]，勋庸有声[7]，故文艺不称；若非台岳[8]，则正以文才也。文武之术，左右惟宜[9]。郤縠敦《书》[10]，故举为元帅[11]，岂以好文而不练武哉？孙武《兵经》[12]，辞如珠玉，岂以习武而不晓文也？

[1] 登庸：选拔任用。

[2] 成务：谓成就事业。

[3] 敬姜：春秋时鲁相文伯之母。

[4] 推：推论。机综（zèng）：织机之经纬相成的装置。

[5] 扬、马：指扬雄、司马相如。

[6] 庾元规：名亮，东晋成帝初为中书令，掌握朝政。

[7] 勋庸：功勋。

[8] 台岳：三台四岳，谓权力中枢。三台，星名，喻三公，乃古代中央三种最高官衔的合称。四岳，传为古代四方诸侯之长。

[9] 左右惟宜：谓文武兼备。《诗·小雅·裳裳者华》："左之左之，君子宜之；右之右之，君子有之。"

[10] 郤縠（hú）：春秋时晋国将帅。敦：崇尚，注重。

[11] 举为元帅：郤縠以崇尚《诗》《书》而被举为元帅，事见《左传·僖公二十七年》。

[12] 孙武：春秋时军事家。《兵经》：即《孙子兵法》。

是以"君子藏器"[1]，"待时而动"，发挥事业。固宜蓄素以弸中[2]，散采以彪外；梗楠其质[3]，豫章其干[4]。摛文必在纬军国[5]，负重必在任栋梁；穷则独善以垂文[6]，达则奉时以骋绩：若此文人，应"梓材"之士矣。

[1]"君子"二句：《周易·系辞下》："君子藏器于身，待时而动。"器：才能，能力。

[2]"蓄素以弸中"二句：语本《法言·君子》"弸中而彪外"之语。素：原始、根本，谓道德。弸（péng）：充满。彪：虎纹，喻文采。

[3] 梗（pián）楠：黄梗木与楠木，皆为大木，质地坚密。

[4] 豫章：枕木与樟木的并称，皆为大木。

[5] 纬：治理。

[6]"穷则"二句：语本《孟子·尽心上》："穷则独善其身，达则兼善天下。"

赞曰：瞻彼前修[1]，有懿文德[2]。声昭楚南[3]，采动梁北[4]。雕而不器[5]，贞干谁则[6]? 岂无华身[7]，亦有光国！

[1] 前修：犹前贤。

[2] 文德：谓文才和德行。

[3] 楚南：即南楚，南方的楚国。屈原乃楚国人，贾谊则曾为长沙王太傅。

[4] 梁北：即北梁，北方的梁国（今河南商丘一带），邹阳、枚乘曾去吴王而投梁孝王。

[5] 雕而不器：谓只有文采而没有实际的才干。

[6] 贞干：支柱、骨干，谓栋梁之材。

[7] "岂无华身"二句：谓岂能没有斐然的文采呢，那也是国家的光彩啊！

六、序志

夫"文心"者，言为文之用心也。昔涓子《琴心》[1]，王孙《巧心》[2]，心哉美矣[3]，故用之焉。古来文章，以雕缛成体[4]，岂取驺奭之群言"雕龙"也[5]？

[1] 涓子：齐人，传为得道成仙者，著《琴心》三篇。

[2] 王孙：姓，名不传。《汉书·艺文志》有《王孙子》一篇，一名《巧心》，属儒家。

[3] 矣：《梁书·刘勰传》引作"矣夫"。

[4] 雕缛：雕镂彩饰，谓精雕细琢而使文辞优美，犹雕龙。

[5] 驺奭（shì）：战国时齐国学者。群言"雕龙"：《史记·孟子荀卿列传》载，齐人称颂驺奭为"雕龙奭"。

夫宇宙绵邈[1]，黎献纷杂[2]；拔萃出类[3]，智术而已[4]。岁月飘忽，性灵不居[5]；腾声飞实[6]，制作而已[7]。夫有肖貌天地[8]，禀性五才，拟耳目于日月[9]，方声气乎风雷：其超出万物，亦已灵矣。形同草木之脆[10]，名逾金石之坚[11]，是以君子处世，树德建言[12]。岂好辩哉[13]？不得已也。

[1] 宇宙：谓天地。四方上下曰宇，古往今来曰宙。绵邈：长久，遥远。

[2] 黎：民众，百姓。献：贤者。

[3] 拔萃：谓出众。《孟子·公孙丑上》："出乎其类，拔乎其萃。"

[4] 智术：才智与计谋。

[5] 性灵：聪明才智，此谓人的生命。

[6] 腾声：谓传扬名声。飞实：谓流传业绩。

[7] 制作：创作，写作。

[8] 有：《梁书·刘勰传》引文无此字。肖貌：相像、貌似。裹性：谓天赋的品性资质。五才：即五行。

[9] "拟耳目"二句：《淮南子·精神训》："是故耳目者，日月也；血气者，风雨也。"

[10] 同：《梁书·刘勰传》引作"甚"。

[11] 逾：超过。

[12] 树德建言：《左传·襄公二十四年》："太上有立德，其次有立功，其次有立言：虽久不废，此之谓不朽。"

[13] "岂好辩"二句：《孟子·滕文公下》："予岂好辩哉，予不得已也。"

　　予生七龄，乃梦彩云若锦，则攀而采之。齿在逾立[1]，则尝夜梦执丹漆之礼器[2]，随仲尼而南行[3]；旦而寤[4]，乃怡然而喜：大哉，圣人之难见哉[5]，乃小子之垂梦欤！

[1] 逾立：过了三十岁。《论语·为政》："三十而立。"

[2] 礼器：祭器。

[3] 仲尼：孔子之字。

[4] 寤（wù）：醒。

[5] 哉：《梁书·刘勰传》引作"也"。

　　自生人以来[1]，未有如夫子者也。敷赞圣旨[2]，莫若注经；而马、郑诸儒[3]，弘之已精[4]，就有深解，未足立家。唯文章之用，实经典枝条[5]。五礼资之以成[6]，六典因之致用[7]；君臣所以炳焕[8]，军国所以昭明：详其本源，莫非经典。而去圣久远，文体解散[9]。辞人爱奇[10]，言贵浮诡[11]；饰羽尚画[12]，文绣鞶帨[13]：离本弥甚，将遂讹滥[14]。盖《周书》论辞[15]，贵乎"体要"；尼父陈训[16]，恶乎"异端"：辞、训之"异"[17]，宜体于要。于是搦笔和墨[18]，乃始论文。

[1] "自生人"二句:《孟子·公孙丑上》:"自生民以来,未有夫子也。"
杨明照《文心雕龙校注》:"'人'当作'民'。"

[2] 敷赞:陈述阐明。

[3] 马:指马融,曾遍注群经。郑:指郑玄,曾师事马融,亦遍注群经,成为
东汉末年经学大师。

[4] 弘:光大。

[5] 枝条:喻分支、支派。

[6] 五礼:古代用于祭丧朝觐等的五种礼制,即吉礼、凶礼、宾礼、军礼、嘉
礼。

[7] 六典:古代安邦治国之六种法典,包括治典、教典、礼典、政典、刑典、
事典。

[8] 炳焕:显明。

[9] 文体解散:指文章体制败坏。

[10] 辞人:辞赋家,泛指作家。

[11] 浮诡:谓虚华怪异。

[12] 饰羽尚画:谓彩饰羽毛,喻刻意追求文采。《庄子·列御寇》:"仲尼方
且饰羽而画,从事华辞。"

[13] 文绣鞶(pán)帨(shuì):刺绣腰带和佩巾,喻过分雕饰辞采。《法
言·寡见》:"今之学也,非独为之华藻也,又从而绣其鞶帨。"

[14] 讹滥:谓怪异虚妄。

[15] "《周书》论辞"二句:《尚书·周书·毕命》:"辞尚体要,不惟好
异。"体要:谓切实而简要。

[16] "尼父陈训"二句:《论语·为政》:"子曰:攻乎异端,斯害也已。"
尼父,指孔子。

[17] "辞训之异"二句:谓《周书》和孔子均言及"怪异"的问题,正说明文
章应该以切实简要为根本。

[18] 搦(nuò):握,持。

详观近代之论文者，多矣。至于魏文述典[1]，陈思序书[2]，应玚《文论》[3]，陆机《文赋》，仲洽《流别》[4]，宏范《翰林》[5]：各照隅隙[6]，鲜观衢路[7]。或臧否当时之才[8]，或铨品前修之文[9]；或泛举雅俗之旨，或撮题篇章之意[10]。魏典密而不周，陈书辩而无当；应论华而疏略，陆赋巧而碎乱；《流别》精而少巧[11]，《翰林》浅而寡要。又君山、公干之徒[12]，吉甫、士龙之辈[13]，泛议文意，"往往间出"[14]：并未能振叶以寻根，观澜而索源；不述先哲之诰[15]，无益后生之虑。

[1] 于：《梁书·刘勰传》引作"如"。魏文：指曹丕，著有《典论》，仅存《论文》《自序》等篇。

[2] 陈思：指曹植，有《与杨德祖书》。杨德祖，名修，东汉末作家。

[3] 《文论》：应玚有《文质论》一篇，虽并非专论文章，但论述颇为华丽，或即刘勰所指。

[4] 仲洽：王惟俭《文心雕龙训故》作"仲治"，挚虞之字。《流别》：挚虞有《文章流别集》，乃文章分类选集，其于所选文体各为之论，称《文章流别论》。

[5] 宏范：李充之字，东晋学者，有《翰林论》。

[6] 各照隅隙：语本《淮南子·说山训》"受光于隙，照一隅"，谓只论及次要方面。

[7] 衢：大路。

[8] 臧否（pǐ）：品评，褒贬。

[9] 铨品：衡量品评。

[10] 撮题：概括提要。

[11] 巧：《梁书·刘勰传》引作"功"，谓功用。

[12] 君山：桓谭之字。公干：刘桢之字，其论文之作已佚，《风骨》《定势》诸篇有所征引。

[13] 吉甫：应贞之字，西晋学者，其论文之作已佚。士龙：陆云之字，有《与兄平原书》三十五篇。

[14] 往往间出：语出《史记·太史公自序》，此谓偶有可取之说。

[15] 诰：告诫。

盖《文心》之作也，本乎道[1]，师乎圣，体乎经[2]，酌乎纬[3]，变乎骚[4]；文之枢纽[5]，亦云极矣。若乃论文叙笔[6]，则囿别区分[7]：原始以表末[8]，释名以章义[9]，选文以定篇[10]，敷理以举统[11]。上篇以上，纲领明矣。

[1] 道：天地自然之运行规律和法则。

[2] 体乎经：以经典为主体。

[3] 酌：择善而取。

[4] 变乎骚：以离骚为变体。

[5] "文之枢纽"二句：谓文章的关键问题，也就是这些了。

[6] 论文叙笔：指从《明诗》至《书记》的二十篇。文，谓有韵的文体。笔，谓无韵的文体。

[7] 囿别区分：谓分为几个方面。

[8] 原始以表末：犹"原始要终"，即探究各体文章发展的始末。

[9] 章：显示，表明。

[10] 选文以定篇：谓选取各体文章的代表作品而予以评定。

[11] 敷理以举统：谓概括各体文章的写作之理并总结共同的为文之道。

中华优秀传统文化读本

至于割情析采[1]，笼圈条贯[2]：摛神、性[3]，图风、势[4]，苞会、通[5]，阅声、字[6]。崇替于《时序》[7]，褒贬于《才略》，怊怅于《知音》[8]，耿介于《程器》[9]。长怀《序志》[10]，以驭群篇。下篇以下，毛目显矣[11]。位理定名，彰乎大《易》之数[12]：其为文用，四十九篇而已。

[1] 割：元至正本作"剖"。

[2] 笼圈：包举，概括。条贯：条理，系统。

[3] 摛（chī）：舒展，铺陈。神、性：指《神思》《体性》。

[4] 图：谓探讨。风、势：指《风骨》《定势》。

[5] 苞：汇聚。会、通：指《附会》《通变》。

[6] 声、字：指《声律》《练字》。

[7] 崇替：盛衰兴亡。

[8] 怊怅：犹惆怅。

[9] 耿介：谓正直不阿。

[10] 长怀：谓遐思抒怀。

[11] 毛目：谓细目。

[12] "大《易》之数"三句：《周易·系辞上》："大衍之数五十，其用四十有九。"衍，推演，即算卦。大衍之数五十：金景芳《易通》："当作'大衍之数五十有五'。"这一说法得到现代易学家的肯定，盖以《系辞上》之说为据："天数五，地数五，五位相得各有合。天数二十有五，地数三十，凡天地之数五十有五。"《周易》以一三五七九为"天数"，相加为二十五；以二四六八十为地数，相加为三十。算卦之时，备蓍草五十五策，但只用四十九策，其余六策象征六爻之数。故刘勰所谓"彰乎大《易》之数"云云，未必是说《文心雕龙》全书五十篇符合"大衍之数"，而主要是说"其为文用，四十九篇而已"，即除《序志》为全书序言外，论文部分共有四十九篇。

夫铨序一文为易[1]，弥纶群言为难[2]。虽复轻采毛发[3]，深极骨髓；或有曲意密源[4]，似近而远：辞所不载，亦不胜数矣。及其品列成文[5]，有同乎旧谈者，非雷同也，势自不可异也；有异乎前论者，非苟异也[6]，理自不可同也。同之与异，不屑古今[7]；"擘肌分理"[8]，唯务折衷[9]。按辔文雅之场[10]，环络藻绘之府[11]，亦几乎备矣。但"言不尽意"[12]，圣人所难；识在瓶管[13]，何能矩矱[14]？茫茫往代，既沉予闻[15]；眇眇来世[16]，倘尘彼观也[17]。

[1] 铨序：衡量论述。

[2] 弥纶：综括、贯通。

[3] "虽复"二句：犹牵一发而动全身，谓即使所论属于细枝末节，也可能牵涉根本性的问题。

[4] 曲意密源：谓曲折深藏之理。

[5] 品列：《梁书·刘勰传》引作"品评"。

[6] 苟：随便，不审慎。

[7] 不屑：不介意，不顾。

[8] 擘（bò）肌分理：语出张衡《西京赋》，谓进行精密分析。擘，分剖。

[9] 折衷：即折中，取正。

[10] 按辔：犹驾驭。文雅之场：谓文坛。

[11] 环络：犹按辔。络，马笼头。藻绘之府：犹文坛。

[12] 言不尽意：语出《周易·系辞上》。

[13] 瓶管：喻狭窄、短浅。

[14] 矩矱（yuē）：谓定为法度，以为法式。

[15] 沉：《梁书·刘勰传》引作"洗"。

[16] 眇眇：远望貌。

[17] 尘：污染，与"洗"相对，乃自谦之词。

赞曰："生也有涯"[1]，无涯惟智。逐物实难[2]，凭性良易[3]。傲岸泉石[4]，咀嚼文义。文果载心，余心有寄。

[1] "生也有涯"二句：《庄子·养生主》："吾生也有涯，而知也无涯。"知，同"智"。

[2] 逐物：谓追逐世俗的名利。

[3] 性：天性，本性。

[4] 傲岸：高傲。泉石：谓山水。

【阅读书目】

《文心雕龙注释》，周振甫，人民文学出版社。

《文心雕龙译注》，陆侃如、牟世金，齐鲁书社。

《文心雕龙校注通译》，戚良德，上海古籍出版社。

《文心雕龙研究》，王更生，台湾文史哲出版社。

《文心雕龙研究》，牟世金，人民文学出版社。

《文论巨典——〈文心雕龙〉与中国文化》，戚良德，河南大学出版社。

第九章　史家之通识

第一节　刘知几与《史通》

　　公元710年（唐中宗景龙四年），著名史学家刘知几撰成《史通》一书，这是中国古代第一部系统的史学评论著作。全书包括内篇三十九篇、外篇十三篇，其中内篇的《体统》《纰缪》《弛张》三篇在北宋欧阳修、宋祁撰《新唐书》前已佚，故现存四十九篇，约九万言。

　　刘知几（661—721），字子玄，彭城（今江苏徐州）人。他自幼潜心史籍，在《史通·自叙》篇里，曾忆及幼年读书时的情景，当父亲给他讲授《古文尚书》时，他"每苦其辞艰琐，难为讽读。虽屡逢捶挞，而其业不成"，而当父亲给他的兄长们讲授《春秋左氏传》时，他则表现出极大的兴趣，"每废《书》而听。逮讲毕，即为诸兄说之"，他的父亲于是顺应其意愿，"始授以《左氏》，期年而讲诵都毕"，之后他又读完了《史记》《汉书》及《三国志》等史籍。到十七岁时，"自汉中兴已降，迄乎皇家实录"，大都"窥览略周"，但为了应试举业，此时的刘知几并未专心于史书。唐高宗永隆元年，二十岁的刘知几考中进士，武则天长安二年（702）开始长期供职史馆，担任史官，撰起居注，历任著作佐郎、左史、著作郎、秘书少监、太子左庶子、左散骑常侍等职，兼修国史。长安三年与朱敬则等撰《唐书》八十卷，神龙（705—707）年间与徐坚等撰《武后实录》。玄宗先天元年（712），与谱学家柳冲等改修《氏族志》，至开元二年（714）撰成《姓族系录》二百卷，四年与吴兢撰成《睿宗实录》二十卷，重修《则天实录》三十卷、《中宗实录》二十卷。

刘知几供职史馆期间，因不满于当时史馆制度的混乱和监修贵臣对修史工作的横加干涉，于景龙二年（708）辞去史职，"退而私撰《史通》，以见其志"，即撰写《史通》抒发一己之见。其实早在刘知几担任史官之前，他就想效仿孔子修《春秋》，对历代史书"普加厘革"，著成不刊之典，"但以无夫子之名，而辄行夫子之事，将恐致惊末俗，取咎时人，徒有其劳，而莫之见赏。所以每握管叹息，迟回者久之。非欲之而不能，实能之而不欲也。"担任史官后本以为能达成所愿，却不料"而当时同作诸士及监修贵臣，每与其凿枘相违，龃龉难入。故其所载削，皆与俗浮沉。虽自谓依违苟从，然犹大为史官所嫉。嗟乎！虽任当其职，而吾道不行；见用于时，而美志不遂"（《自叙》）。刘知几请求退出史馆的经过记载在《忤时》篇，他向国史监修萧至忠呈交了求退书，并分析了史馆修史难以有成的种种原因，既然夙愿无法达成，不如请避贤路，也能专心创作他的《史通》。

《史通》成书之后，刘知几曾担忧这部呕心沥血之作会因难逢知己而"与粪土同捐，烟烬俱灭"，但事实证明他的担忧是多余的，就在他去世后不久，《史通》便得到唐玄宗的赞赏，可见《史通》的"识者"还是不乏其人的。后代的学者对《史通》的总体价值是予以肯定的，清代黄叔琳说："观其议论，如老吏断狱，难更平反；如夷人嗅金，暗识高下；如神医眼，照垣一方，洞见五藏症结。间有过执己见，以裁量往古，泥定体而少变通……然其荟萃搜择，钩铍排击，上下数千年，贯穿数万卷，心细而眼明，舌长而笔辣，虽马、班亦有不能自解免者，何况其余。书在文史类中，允与刘彦和之《雕龙》相匹。徐坚谓史氏宜置座右，信也。"《四库全书总目提要》也认为，《史通》"贯穿古今，洞悉利病，实非后人之所及"。梁启超的《中国历史研究法》也对其作了很高的评价："自有左氏、司马迁、班固、荀悦、杜佑、司马光、袁枢诸人，然后中国始有史；自有刘知几、郑樵、章学诚，然后中国始有史学矣。"

《史通》之名，刘知几在《史通原序》中解释说："昔汉世诸儒，集论经传，定之于白虎阁，因名《白虎通》。予既在史馆而成此书，故便以《史通》为目。且汉求司马迁后，封为史通子，是知史之称通，其来自久。博采众议，爰定兹名。"《史通》内篇为全书的主体，着重讲史书的体裁体例、史料采集、表述要点和作史原则，而以评论史书体裁为主，外篇论述史官制度、史籍源流并杂评史家得失。该书是中国史学史上最早的从理论和方法上阐述史书编纂体裁、体例的著作，是对中国唐初以前史书编纂的概括和梳理，是中国史学家从撰述历史发展到评论史家、史书和史学工作的开创性著作。

刘知几首先把史学的宗旨问题摆在首要的地位。《史通·自叙》说："若《史通》之为书也，盖伤当时载笔之士，其义不纯。思欲辨其旨归，殚其体统。"在刘知几看来，唐初以前的旧史存在的最大问题，就是在于许多史家不懂得史官的责任，不理解史学旨归，因而他们编纂史书的指导思想不够端正。因此《史通》给自己提出的任务，首先是要辨明史学的宗旨。刘知几认为，史学对一个国家不是可有可无的，而是一件非常重大的事情。他说："史之为用，其利甚博，乃生人之急务，为国家之要道。有国有家者，其可缺之哉！"（《史官建置》）他强调史学的社会功能，坚信史书记事载言能起到劝善惩恶的作用，也对史家的职责和任务提出了要求："史之为务，厥途有三焉。何则？彰善贬恶，不避强御，若晋之董狐，齐之南史，此其上也。编次勒成，郁为不朽，若鲁之丘明，汉之子长，此其次也。高才博学，名重一时，若周之史佚，楚之倚相，此其下也。苟三者并阙，复何为者哉？"（《辨职》）其中，"彰善贬恶，不避强御"又是刘知几最为看重的史家修养。

刘知几认为史学家须兼备才、学、识三长。据《旧唐书》记载，礼部尚书郑惟忠曾问刘知几为何自古以来文士多而史才少，其答曰："史才须有三长，世无其人，故史才少也。三长，谓才也、学也、识也。夫有学而无才，亦犹有良田百顷，黄金满籯，而使愚者营生，终不能致于货殖者矣。如有才而无学，亦犹思兼匠石，巧若公输，而家无楩柟斧斤，终不果成其宫室者矣。犹须好是正直，善恶必书，使骄主贼臣所以知惧。"他特别看重史识，"夫人识有通塞，神有晦明，毁誉以之不同，爱憎由其各异。"（《鉴识》）

正是在上述重要思想指导下，刘知几系统地考察了先秦以来中国史学的发展，并从历史观到方法论、从史书编纂到史学源流，第一次进行了全面的总结。这种总结，既肯定了历代史学的优良传统和丰富经验，又批判了传统史学中种种谎言谬论和陈规恶习，同时又提出了一系列有见地的改革旧史的积极主张。正如刘知几自己所说，《史通》对于前史"有与夺焉，有褒贬焉，有鉴诫焉，有讽刺焉。其为贯穿者深矣，其为网罗者密矣，其所商略者远矣，其所发明者多矣"（《自叙》）。因此，《史通》在中国史学史上占有崇高的地位，发挥着承前启后的重要作用。

刘知几是第一个全面地考察中国唐代以前史书的编纂体例问题的人，他认为"史之有例，犹国之有法。国无法，则上下靡定；史无例，则是非莫准"（《序例》）。《史通》是中国史学史上最早从理论和方法上着重阐述史书编纂体例的专书，它对纪传体史书的各部分体例，如本纪、世家、列传、表历、书志、论赞、序例、题目等，都作了非常全面而详尽的分析。《史通》又系统地总结了唐初以前编年体史书和纪传体史书在编纂上的得失，如论编年体，则曰："系日月而为次，列时岁以相续，中国外夷，同年共世，莫不备载其事，形于目前。理尽一言，语无重出，此其所以为长也"，"论其细也，则纤芥无遗；语其粗也，则丘山是弃，此其所以为短也"；论纪传体，则曰："纪以包举大端，传以委曲细事，表以谱列年爵，志以总括遗漏。逮于天文、地理、国典、朝章，显隐必该，洪纤靡失，此其所以为长也"，"又编次同类，不求年月，后生而擢居首帙，先辈而抑归末章……此其所以为短也"（《二体》），虽然编年体和纪传体各有长短，但刘知几认为这两种体裁不可偏废，而在此基础上的断代史将是今后史书编纂的主要形式。

关于编纂史书的原则，《史通》鲜明地提出应坚持直书，反对曲笔，赞赏史家忠于事实的实录精神和刚正不屈的气节，褒扬他们"宁为兰摧玉折，不作瓦砾长存。若南、董之仗气直书，不避强御；韦、崔之肆情奋笔，无所阿容。虽周身之防有所不足，而遗芳余烈，人到于今称之"（《史通·直书》），谴责那些曲笔隐晦、借撰史谋取名利的史官，认为他们是"记言之奸贼，载笔之凶人，虽肆诸市朝，投畀豺虎，可也"（《曲笔》）。《史通》中的《直书》和《曲笔》两篇，进一步发展了中国史学直笔的优良传统。

关于史书文辞和叙事上的要求，刘知几认为文与史"较然异辙"，写史者如果只追求辞藻华丽、文句对偶，就会"喻过其体，词没其义，繁华而失实，流宕而忘返"，因此他在《叙事》篇中提出在编撰史书时要"文约而事丰"，"省字约文，事溢于句外"，做到简要用晦，防止妄饰。

《史通》还批判了盲目崇古抑今、迷信经典的观念，《疑古》篇对《尚书》提出了十条疑问，特别对孔子以来儒家所美化的尧、舜、禹等古代帝王的禅让事迹提出质疑。刘知几曾称《尚书》为"七经之冠冕"，又列为史学"六家"之首，在尊重儒家经典的基础上又能大胆质疑，充分体现了作者严谨认真的治史态度。《惑经》篇则针对《春秋》提出了十二未谕、五虚美的批评意见，《五行志错误》《五行志杂驳》两篇则对史籍中广泛记载的五行灾异、祥瑞符命、神鬼迷信等加以驳斥，这都体现了刘知几忠于历史真相、不盲目崇古的批判精神和卓越的史学见解。

《史通》在唐代已经开始流传。今天已经看不到《史通》的宋刻本，流传至今最早的本子是明刻宋本，如万历五年（1577）的张之象刻本。明、清以来，《史通》流传渐广，注、释、评、续者往往有之，如万历三十年的张鼎思刻本，源于嘉靖十四年（1535）的陆深刻本，也是较早的本子。李维桢在张鼎思刻本的基础上进行评论，有《史通评释》刻本。此后又出现了郭孔延的《史通评释》、王维俭的《史通训诂》、清朝黄叔琳的《史通训诂补》等。清代浦起龙将明清各种版本梳理汇集，相互校正，撰写《史通通释》，刻于乾隆十七年（1752），流传相对广泛。

第二节 《史通》选读

一、叙事

夫史之称美者，以叙事为先。至若书功过，记善恶，文而不丽[1]，质而非野[2]，使人味其滋旨，怀其德音[3]，三复忘疲[4]，百遍无斁[5]，自非作者曰圣[6]，其孰能与于此乎？

[1] 文而不丽：出自扬雄《法言·君子》："文丽用寡，长卿也。"文，文采。丽，华丽，雕琢夸饰。

[2] 质而非野：出自《论语·庸也》："质胜文则野。"质，朴素。野，粗鄙。

[3] 德音：犹德言，指合乎仁德的言语、教令。《国语·楚语上》："忠信以发之，德音以扬之。"

[4] 三复：犹言三遍，谓反复诵读。

[5] 斁（yì）：厌倦，厌弃。

[6] 作者曰圣：语出《礼记·乐记》："作者之谓圣。"曰，为、是。

昔圣人之述作也，上自《尧典》[1]，下终获麟[2]，是为属词比事之言[3]，疏通知远之旨。子夏曰："《书》之论事也[4]，昭昭然若日月之代明。"扬雄有云："说事者莫辨乎《书》[5]，说理者莫辨乎《春秋》。"然则意复深奥[6]，训诰成义[7]，微显阐幽[8]，婉而成章，虽殊途异辙，亦各有美焉。谅以师范亿载[9]，规模万古，为述者之冠冕[10]，实后来之龟镜[11]。既而马迁《史记》，班固《汉书》，继圣而作，抑其次也。故世之学者，皆先曰"五经"，次云"三史"[12]。经史之目，于此分焉。

[1]《尧典》：《尚书·虞书》中的一篇。

[2] 获麟：代指《春秋》。《春秋·鲁哀公十四年》："春，西狩获麟。"杜预注："《春秋》止于获麟。"麟，相传为瑞兽。

[3] 比事：指排比史实。

[4]"《书》之"二句：出自《尚书·大传·略说》。昭昭，明亮、光明。代明，谓轮流照耀。

[5]"说事"二句：出自扬雄《法言·寡见篇》。辨，辨别，指分析透彻清晰。

[6] 复：繁复，复杂。

[7] 训诰：《尚书》六体中训与诰的并称。训乃教导之词，诰乃告诫之语。

[8]"微显阐幽"二句：出自《左传·成公十四年》："《春秋》之称，微而显，志而晦，婉而成章。"微显，谓不明者得以显示。

[9] 谅：确实，委实。

[10] 冠冕：古代帝王、官员所戴的帽子，比喻首位。

[11] 龟镜：龟可卜吉凶，镜能别美丑，因以比喻可供人对照学习的榜样或引以为戒的教训。镜，一作"鉴"。

[12] 三史：晋唐间指《史记》《汉书》和《东观汉记》。

尝试言之曰：经犹日也，史犹星也。夫杲日流景[1]，则列星寝耀[2]；桑榆既夕[3]，而辰象粲然。故《史》《汉》之文，当乎《尚书》《春秋》之世也，则其言浅俗，涉乎委巷[4]，垂翅不举，懋籥无闻[5]。逮于战国已降，去圣弥远，然后能露其锋颖，倜傥不羁[6]。故知人才有殊，相去若是，校其优劣，讵可同年[7]？自汉已降，几将千载，作者相继，非复一家，求其善者，盖亦几矣。夫班、马执简[8]，既"五经"之罪人。而《晋》《宋》杀青[9]，又"三史"之不若。譬夫王霸有别[10]，粹驳相悬[11]，才难不其甚乎[12]！

[1] 杲（gǎo）：明亮，光明。景（yǐng）："影"的古字。

[2] 寝：谓湮没不彰，隐蔽。

[3] 桑榆：日落时光照桑榆树端，因以指日暮。《太平御览》卷三引《淮南子》："日西垂，景在树端，谓之桑榆。"

[4] 委巷：谓僻陋曲折的小巷，借指民间。

[5] 滞（chì）箫（yuè）：不和谐的音乐，比喻难于流行的文章。滞，不流畅、不和谐。箫，古管乐器。

[6] 倜（tì）傥（tǎng）：谓豪爽洒脱而不受世俗礼法拘束。

[7] 讵（jù）可同年：谓怎可同日而语？讵：副词，表示反诘，相当于"岂""难道"。

[8] 执简：手持简册，指任史官、御史之职。

[9]《晋》《宋》：指《晋书》《宋书》等史书。杀青：古人校书，初书于竹简上，改定后再书于绢帛。后因泛称缮成定本或校刻付印为"杀青"。

[10] 王霸：王业与霸业，王道与霸道。

[11] 粹驳相悬：出自《荀子·王霸》篇："粹而王，驳而霸。"粹，纯美。驳，不纯。

[12]"才难"句：出自《论语·泰伯》篇："才难，不其然乎？"才难，人才难得。

然则人之著述，虽同自一手，其间则有善恶不均，精粗非类。若《史记》之《苏》《张》《蔡泽》等传[1]，是其美者。至于《三王本纪》《日者》《太仓公》《龟策传》[2]，固无所取焉。又《汉书》之帝纪，《陈》《项》诸篇[3]，是其最也。至于《淮南王》《司马相如》《东方朔》传，又安足道哉！岂绘事以丹素成妍[4]，帝京以山水为助[5]！故言媸者其史亦拙[6]，事美者其书亦工。必时乏异闻，世无奇事，英雄不作[7]，贤俊不生，区区碌碌，抑惟恒理；而责史臣显其良直之体，申其微婉之才，盖亦难矣。故扬子有云[8]："虞、夏之书[9]，浑浑尔[10]；商书[11]，灏灏尔[12]；周书[13]，噩噩尔[14]；下周者[15]，其书憔悴乎[16]？"观丘明之记事也[17]，当桓、文作霸[18]，晋、楚更盟[19]，则能饰彼词句，成其文雅。及王室大坏，事益纵横，则《春秋》美辞，几乎翳矣[20]。观子长之叙事也[21]，自周已往，言所不该[22]，其文阔略[23]，无复体统[24]。泊秦、汉已下[25]，条贯有伦[26]，则焕炳可观[27]，有足称者。至若荀悦《汉纪》[28]，其才尽于十帝[29]；陈寿《魏书》[30]，其美穷于三祖[31]。触类而长[32]，他皆若斯。

[1] 苏、张：指苏秦、张仪。

[2] "至于"句：司马迁撰《史记》未成而卒，其中有十篇只有篇名。其后褚少孙补《武帝纪》《三王世家》《龟策》《日者》等传，司马贞补《三王本纪》。

[3] 陈、项：指陈胜、项羽。

[4] "绘事"句：语本《论语·八佾》："绘事后素。"朱熹注云："谓先以粉地为质，而后施五彩，犹人有美质，然后可以文饰。"

[5] 帝京：帝都，京都。

[6] 媸（chī）：丑陋，此谓拙劣。

[7] 作：出现。

[8] 扬子：指扬雄，下引其语出自《法言·问神》篇。

[9] 虞、夏之书：指《尚书》中的《尧典》《皋陶谟》等篇目。

[10] 浑浑：盛大丰满的样子。

[11] 商书：指《汤誓》《盘庚》等篇目。

[12] 灏（hào）灏：广阔的样子。

[13] 周书：指《西伯戡黎》《牧誓》等篇。

[14] 噩噩尔：严肃的样子。

[15] 下周者：指《文侯之命》《秦誓》等篇目。

[16] 憔悴：萎靡不振的样子。

[17] 丘明：即左丘明，春秋时鲁国人，曾任鲁太史，相传其为《左传》的作者。

[18] 桓、文：即春秋五霸中的齐桓公与晋文公。

[19] 更：交替。盟：古代诸侯为释疑取信而对神立誓缔约的一种仪礼，多杀牲歃（shà）血。

[20] 翳（yì）：隐藏，绝迹。

[21] 子长：司马迁之字。

[22] 该：包容，包括。

[23] 阔略：宽简，简省。

[24] 体统：文章或著作的体裁、体例、条理。

[25] 洎（jì）：至，及。

[26] 伦：条理，顺序。

[27] 焕炳：昭彰。

[28] 荀悦：东汉史学家，奉汉献帝之命以《左传》体裁为《汉书》作《汉纪》30篇。

[29] 十帝：西汉高祖至哀帝，共十位帝王。

[30] 陈寿：三国时蜀汉及西晋时著名史学家，《三国志》的作者。

[31] 三祖：指太祖曹操、世祖曹丕、烈祖曹叡。

[32] 触类而长：语本《易·系辞上》："引而伸之，触类而长之，天下之能事毕矣。"孔颖达疏："谓触逢事类而增长之。"意谓掌握一类事物知识或规律，就能据此而增长同类事物之知识。

夫识宝者稀，知音盖寡。近有裴子野《宋略》[1]，王劭《齐志》[2]，此二家者，并长于叙事，无愧古人。而世人议者皆雷同[3]，誉裴而共诋王氏。夫江左事雅[4]，裴笔所以专工；中原迹秽[5]，王文由其屡鄙[6]。且几原务饰虚辞，君懋志存实录，此美恶所以为异也。设使丘明重出，子长再生，记言于贺六浑之朝[7]，书事于士尼干之代[8]，将恐辍毫栖牍[9]，无所施其德音。而作者安可以今方古，一概而论得失？

[1] 裴子野：字几原，仕齐、梁两朝，南朝著名史学家、文学家，曾著《宋略》。

[2] 王劭：字君懋，隋代历史学家，曾著《齐志》等史书。

[3] 雷同：随声附和。《礼记·曲礼上》："毋勦说，毋雷同。"郑玄注："雷之发声，物无不同时应者；人之言当各由己，不当然也。"

[4] 江左：江东，指长江下游以东地区。东晋及南朝宋、齐、梁、陈各代的基业都在江左，故当时人又称这五朝及其统治下的全部地区为江左，南朝人则专称东晋为江左。

[5] 秽：芜杂。

[6] 屡鄙：粗鄙，此谓文辞质朴。

[7] 贺六浑：北齐高祖高欢之字，其子高洋建立北齐政权。

[8] 士尼干：当作"侯尼于"。《北史·齐本纪》载："显祖文宣皇帝讳洋，字子进……武明太后初孕帝，每夜有赤光照室，太后私怪之。及产，命之曰侯尼于，鲜卑言有相子也。"

[9] 辍毫栖牍：意谓停笔，不再著述。

夫叙事之体，其流甚多，非复片言所能殚缕[1]。今辄区分类聚，定为三篇，列之于下。

[1] 殚（luó）缕：逐一详细陈述。殚，繁、琐细。

夫国史之美者，以叙事为工，而叙事之工者，以简要为主。简之时义大矣哉！历观自古，作者权舆[1]，《尚书》发踪[2]，所载务于寡事；《春秋》变体，其言贵于省文。斯盖浇淳殊致[3]，前后异迹。然则文约而事丰[4]，此述作之尤美者也。始自两汉，迄乎三国，国史之文，日伤烦富[5]。逮晋已降，流宕逾远[6]。寻其冗句，摘其烦词，一行之间，必谬增数字；尺纸之内，恒虚费数行[7]。夫聚蚊成雷[8]，群轻折轴[9]，况于章句不节，言词莫限，载之兼两[10]，曷足道哉？

[1] 权舆：起始，创始。

[2] 发踪：发端，最初。

[3] 浇淳殊致：指时代风尚厚薄不同。浇，薄。淳，厚。致，风格。

[4] 文约而事丰：谓文字简约而史事丰富。

[5] 烦富：繁多，庞杂。

[6] 流宕：远游，漂泊。

[7] 恒：常常。虚：白白地。

[8] 聚蚊成雷：语出《汉书·中山靖王传》："夫众煦漂山，聚蚊成雷。"指许多微弱声音可以汇聚成巨大的声响。

[9] 群轻折轴：语出《战国策·魏策一》："臣闻积羽沉舟，群轻折轴，众口铄金。"指汇聚大量轻的物件便会压断车轴。

[10] 兼两：谓不止一辆车。兼，倍。两，车辆。

盖叙事之体，其别有四：有直纪其才行者，有唯书其事迹者，有因言语而可知者，有假赞论而自见者。至如《古文尚书》称帝尧之德，标以"允恭克让"[1]；《春秋左传》言子太叔之状[2]，目以"美秀而文"[3]。所称如此，更无他说，所谓直纪其才行者。又如《左氏》载申生为骊姬所谮[4]，自缢而亡。班史称纪信为项籍所围[5]，代君而死。此则不言其节操，而忠孝自彰，所谓唯书其事迹者。又如《尚书》称武王之罪纣也[6]，其誓曰："焚炙忠良，刳剔孕妇[7]。"《左传》纪随会之论楚也[8]，其词曰："荜路蓝缕[9]，以启山林。"此则才行事迹，莫不阙如[10]；而言有关涉，事便显露，所谓因言语而可知者。又如《史记·卫青传》后，太史公曰[11]："苏建尝责大将军不荐贤待士[12]。"《汉书·孝文纪》末，其赞曰："吴王诈病不朝[13]，赐以几杖[14]。"此则传之与纪，并所不书，而史臣发言，别出其事，所谓假赞论而自见者。然则才行、事迹、言语、赞论，凡此四者，皆不相须[15]。若兼而毕书，则其费尤广。但自古经史，通多此类。能获免者，盖十无一二。

[1] 允恭克让：语出《尚书·尧典》。允，诚实。恭，恭谨。克，能够。让，谦虚。

[2] 子太叔：姓游名吉，春秋时郑国正卿，曾继子产执政，善于辞令。

[3] 美秀而文：语出《左传·襄公三十一年》，谓貌美而有才能。

[4] 申生：姬姓，春秋时晋国太子。骊姬：春秋时晋献公妃子，曾陷害申生，至其自缢而死。谮（zèn）：谗毁，诬陷。

[5] "班史"二句：楚汉相争时，刘邦被项羽围在荥阳，部将纪信献计，自己乘刘邦的车子请降，刘邦则趁机逃走。项羽发现受骗，就烧死了纪信。事见《汉书·高帝纪》。

[6] 武王之罪纣：谓周武王历数商纣王的罪行。

[7] 刳（kū）剔：剖杀，割剥。

[8] 随会：一称士会，史称范武子、随武子，士芳之孙，春秋时期晋国大夫。据下文引语，此处当为栾书，即栾武子，春秋中期晋国卿大夫。

[9] "荜路蓝缕"二句：出自《左传·宣公十二年》，此为晋大夫栾武子议论楚君开国之语。荜路蓝缕，形容创业的艰苦。

[10] 阙如：缺少，没有。

[11] 太史公：汉司马谈为太史令，其子司马迁继之，《史记》中皆称"太史公"。或以为官名，或以为司马迁尊其父而称之。后世多以"太史公"称司马迁。

[12] 苏建：西汉名将，从卫青击匈奴，以功封平陵侯，后为代郡太守。大将军：指卫青，汉武帝时名将，以击匈奴有功，拜大将军，封长平侯。

[13] 吴王：指刘濞，汉高祖刘邦之侄。

[14] 几杖：坐几和手杖，皆老者所用，古常用为敬老者之物。

[15] 相须：互相依存，互相配合。

又叙事之省，其流有二焉：一曰省句，二曰省字。如《左传》宋华耦来盟[1]，称其先人得罪于宋，鲁人以为敏。夫以钝者称敏[2]，则明贤达所嗤，此为省句也。《春秋经》曰："陨石于宋五。"夫闻之陨，视之石，数之五。加以一字太详，减其一字太略，求诸折中，简要合理，此为省字也。其有反于是者，若《公羊》称郤克眇[3]，季孙行父秃[4]，孙良夫跛[5]，齐使跛者逆跛者[6]，秃者逆秃者，眇者逆眇者。盖宜除"跛者"已下句，但云"各以其类逆"。必事加再述，则于文殊费，此为烦句也。《汉书·张苍传》云："年老，口中无齿。"盖于此一句之内去"年"及"口中"可矣。夫此六文成句，而三字妄加，此为烦字也。然则省句为易，省字为难，洞识此心，始可言史矣。苟句尽余剩[7]，字皆重复，史之烦芜[8]，职由于此[9]。

[1] "宋华耦（ǒu）"三句：《左传·文公十五年》载，宋国司马华耦来鲁国参加盟会，鲁文公要与他共宴，他辞谢说："你的旧臣华督，得罪了宋殇公，记载在诸侯的史书里。我是他的后裔，哪里敢屈辱您和我共宴。"鲁钝的人认为他聪敏。杜预注云："无故扬其先祖之罪，是不敏。鲁人以为敏，明君子所不与也。"鲁人，谓钝人也。

[2] 钝：愚钝。

[3] 《公羊》：指《春秋公羊传》，下文所称引，有些实出于《春秋谷梁传》。郤（xì）克：晋国大夫。郤，一作"郗"。眇：一目失明。

[4] 季孙行父：春秋时期鲁国的正卿，史称"季文子"。

[5] 孙良夫：卫国上卿，曾执政卫国。

[6] 逆：迎见，接见。

[7] 苟：假若。尽：全，都。余剩：谓多余。

[8] 烦芜：繁杂。

[9] 职：犹惟、只，表示主要由于某种原因。

盖饵巨鱼者，垂其千钧，而得之在于一筌[1]；捕高鸟者，张其万罝[2]，而获之由于一目[3]。夫叙事者，或虚益散辞，广加闲说，必取其所要，不过一言一句耳。苟能同夫猎者、渔者，既执而罝钓必收，其所留者唯一筌一目而已。则庶几胼胝尽去[4]，而尘垢都捐[5]，华逝而实存，滓去而渖在矣[6]。嗟乎！能损之又损[7]，而玄之又玄[8]，轮扁所不能语斤[9]，伊挚所不能言鼎也。

[1] 筌（quán）：捕鱼器具，常以竹或草编制而成。

[2] 罝（jū）：捕鸟或兽的网。

[3] 目：网孔。

[4] 胼（pián）胝（zhī）：足底老茧。

[5] 捐：清除。

[6] 滓（zǐ）：渣，沉淀的杂质。渖（shěn）：汁水。

[7] 损之又损：出自《老子》："为学日益，为道日损，损之又损，以至于无为。"

[8] 玄之又玄：出自《老子》："玄之又玄，众妙之门。"

[9] "轮扁"二句：语本《文心雕龙·神思》："伊挚不能言鼎，轮扁不能语斤。"轮扁，古代善于斫轮的工匠，名扁。《庄子·天道》载轮扁语云，斫轮之妙，"得之于手，而应于心，口不能言，有数存焉于其间"。伊挚，即伊尹，商汤之臣。《吕氏春秋·本味》载，伊尹曾借烹饪之理以喻治国之方，并说："鼎中之变，精妙微纤，口弗能言，志不能喻。"鼎，古代炊具。

夫饰言者为文，编文者为句，句积而章立，章积而篇成。篇目既分，而一家之言备矣。古者行人出境[1]，以词令为宗；大夫应对，以言文为主。况乎列以章句，刊之竹帛，安可不励精雕饰，传诸讽诵者哉？自圣贤述作，是曰经典，句皆《韶》《夏》[2]，言尽琳琅[3]，秩秩德音[4]，洋洋盈耳[5]。譬夫游沧海者，徒惊其浩旷[6]；登太山者，但嗟其峻极。必摘以尤最[7]，不知何者为先。然章句之言，有显有晦。显也者，繁词缛说[8]，理尽于篇中；晦也者，省字约文，事溢于句外。然则晦之将显[9]，优劣不同，较可知矣[10]。夫能略小存大，举重明轻，一言而巨细咸该[11]，片语而洪纤靡漏[12]，此皆用晦之道也。

[1] 行人：使者的通称。出境：离开国境，此谓出使别国。

[2] 《韶》《夏》：上古名曲，相传前者为虞舜时乐曲，后者为赞颂禹的乐曲。

[3] 琳琅：美玉，喻指言辞美妙。

[4] 秩秩德音：出自《诗·秦风·小戎》。秩秩，聪明多智貌。

[5] 洋洋盈耳：出自《论语·泰伯》篇。洋洋，丰富多彩。

[6] 浩旷：广大空阔。

[7] 尤最：犹言最甚。

[8] 缛：繁密，藻饰。

[9] 将：与，和。

[10] 较：明显。

[11] 咸：皆，都。该：包容，包括。

[12] 洪纤：大小，巨细。

昔古文义，务却浮词[1]。《虞书》云："帝乃殂落[2]，百姓如丧考妣。"《夏书》云："启呱呱而泣[3]，予不子。"《周书》称"前徒倒戈"[4]，"血流漂杵"。《虞书》云："四罪而天下咸服[5]。"此皆文如阔略，而语实周赡。故览之者初疑其易，而为之者方觉其难，固非雕虫小技所能斥非其说也[6]。既而丘明受《经》[7]，师范尼父[8]。夫《经》以数字包义，而《传》以一句成言[9]，虽繁约有殊，而隐晦无异。故其纲纪而言邦俗也，则有士会为政[10]，晋国之盗奔秦；邢迁如归[11]，卫国忘亡。其款曲而言人事也[12]，则有犀革裹之[13]，比及宋，手足皆见；三军之士[14]，皆如挟纩。斯皆言近而旨远，辞浅而义深；虽发语已殚[15]，而含意未尽。使夫读者望表而知里，扪毛而辨骨，睹一事于句中，反三隅于字外。晦之时义，不亦大哉！洎班、马二史，虽多谢"五经"，必求其所长，亦时值斯语[16]。至若高祖亡萧何[17]，如失左右手。汉兵败绩[18]，睢水为之不流；董生乘马[19]，三年不知牝牡；翟公之门[20]，可张雀罗，则其例也。

[1] 却：删减，去除。浮词：冗词冗字。

[2] "帝乃"二句：出自《尚书·尧典》。帝，指尧。殂（cú），死亡。考，子女称呼过世的父亲。妣（bǐ），子女称呼过世的母亲。

[3] "启呱呱"二句：出自《尚书·皋陶谟》。启，大禹的儿子。子，用为动词，谓抚育。

[4] "前徒"二句：出自《古文尚书·武成篇》。前徒，前线的军士。漂，染。杵（chǔ），舂捣谷物等用的棒槌。

[5] "四罪"句：出自《尚书·尧典》。四罪，谓舜治共工、驩（huān）兜、三苗、鲧（gǔn）等四凶之罪。

[6] 斥非：指责非议。

[7]《经》：指《春秋》。

[8]尼父：对孔子的尊称。

[9]《传》：指《左传》。

[10]"士会为政"二句：《左传》宣公十六年载，晋成公任命士会率领中军，为太傅。于是晋国的盗贼都逃奔到秦国去了。以此说明士会政纪严明。

[11]"刑迁"二句：《左传》僖公元年载，齐桓公将邢国迁至夷仪，后又封卫国于楚丘，从而保全了两国。其"如归""忘亡"者，没有亡国之痛也。

[12]款曲：谓周详。

[13]"犀革"三句：《左传》庄公十二年载，宋国大夫南宫长万杀了国君宋闵公，后来逃奔到陈国，宋国人请求归还。陈国人用犀牛皮把南宫长万包裹起来送还宋国，但由于其太勇猛，等到到了宋国，他的手脚都已挣破犀牛皮而露了出来。

[14]"三军"二句：《左传》宣公十二年载，楚国攻打萧国，萧国崩溃。当时楚国士兵感到寒冷，楚王便巡视三军，加以抚慰。将士受到感动，就像穿上了棉衣。纩（kuàng），古时指新丝棉絮，后泛指棉絮。

[15]殚：完毕，结束。

[16]值：遇上，发现。斯语：此类佳句。

[17]"至若"二句：《史记·淮阴侯列传》载，萧何听说韩信逃跑，来不及禀告刘邦，就连夜追赶。有人报告刘邦说丞相萧何跑了，"上大怒，如失左右手"。

[18]"汉兵"二句：《史记·项羽本纪》："汉军却，为楚所挤，多杀。汉卒十余万人，皆入睢（suī）水，睢水为之不流。"

[19]"董生"二句：据《太平御览》引《汉书》载，董仲舒勤学，"十年不窥园圃，乘马三年不知牝牡"。牝（pìn）牡，即雌性和雄性。

[20]"翟公"二句：《汉书·郑当时传》："先是，下邽（guī）翟公为廷尉，宾客亦填门；及废，门外可设爵罗。后复为廷尉，客欲往，翟公大署其门曰：'一死一生，乃知交情；一贫一富，乃知交态；一贵一贱，交情乃见。'"爵罗，捕雀的网。爵，通"雀"。

自兹已降，史道陵夷[1]，作者芜音累句，云蒸泉涌。其为文也，大抵编字不只，捶句皆双[2]，修短取均[3]，奇偶相配。故应以一言蔽之者，辄足为二言；应以三句成文者，必分为四句。弥漫重沓[4]，不知所裁。是以处道受责于少期[5]，子升取讥于君懋[6]，非不幸也。

[1] 史道：史学的优良传统。陵夷：由盛到衰。衰颓，衰落。

[2] 捶句：锤炼文句。

[3] 修短：指文句的长短。均：谓平衡对称。

[4] 弥漫：充满。重沓：重复，冗赘。

[5] 处道：晋王沈字，与荀觊、阮籍等共撰《魏书》四十八卷，已佚。少期：裴松之，字世期，刘知几为避唐太宗李世民讳改称。

[6] 子升：温子升，字鹏举，北魏著名文士。君懋：王劭字。

盖作者言虽简略，理皆要害，故能疏而不遗，俭而无阙。譬如用奇兵者，持一当百，能全克敌之功也。若才乏俊颖，思多昏滞[1]，费词既甚，叙事才周；亦犹售铁钱者[2]，以两当一，方成贸迁之价也[3]。然则《史》《汉》已前，省要如彼；《国》《晋》已降[4]，烦碎如此。必定其妍媸[5]，甄其善恶。夫读古史者，明其章句[6]，皆可咏歌；观近史者，悦其绪言[7]，直求事意而已[8]。是则一贵一贱，不言可知，无假权扬[9]，而其理自见矣。

[1] 昏滞：糊涂，昏聩。

[2] "售铁钱者"二句：《南史·到溉传》：溉"为建安太守，（任）昉以诗赠之，求二衫段，云：'铁钱两当一，百代易名实。为惠当及时，无待秋凉日。'"铁钱，古代用铁铸成的钱币。铁钱的铸造，标志货币贬值。

[3] 贸迁：指购买货物。

[4] 《国》：指《三国志》。《晋》：指《晋书》。

[5] 妍媸：美好和丑恶。陆机《文赋》："妍蚩好恶，可得而言。"

[6] 明：一作"阅"，清代浦起龙以为"明字胜"，实则未必。

[7] 悦：一作"得"，浦起龙注云："意无余蓄，惟言句可悦耳，悦字胜。"此对下文"绪言"理解不确。绪言：连绵不断之言，即上文"烦碎"之言。

[8] 直：副词，特，但，只不过。

[9] 榷扬：研讨。

昔文章既作[1]，比兴由生[2]；鸟兽以媲贤愚，草木以方男女：诗人骚客，言之备矣。洎乎中代，其体稍殊，或拟人必以其伦，或述事多比于古。当汉氏之临天下也，君实称帝，理异殷、周；子乃封王，名非鲁、卫。而作者犹谓帝家为王室[3]，公辅为王臣。盘石加建侯之言[4]，带河申俾侯之誓[5]。而史臣撰录，亦同彼文章，假托古词，翻易今语。润色之滥，萌于此矣。

[1] 作：兴起。

[2] 比兴：《诗》"六义"中的两种，为中国古典诗歌创作传统的两种主要表现手法。比，因物以为喻。兴，借物以起情。

[3] 王室：秦汉之前，王室指周室。汉代皇子封为王，但仍用"王室"称中央朝廷。

[4] "盘石"句：《史记·文帝纪》："高帝封王子弟，地犬牙相制，此所谓磐石之宗也。"盘石，即磐石，比喻稳定坚固。建侯，分封诸侯。

[5] "带河"句：《史记·高祖功臣侯者年表序》："使河如带，泰山若砺，国以永宁，爰及苗裔。"俾侯，封立诸侯国君。

降及近古，弥见其甚。至如诸子短书[1]，杂家小说，论逆臣则呼为问鼎[2]，称巨寇则目以长鲸[3]。邦国初基[4]，皆云草昧[5]；帝王兆迹[6]，必号龙飞。斯并理兼讽谕[7]，言非指斥，异乎游、夏措词[8]，南、董显书之义也[9]。如魏收《代史》[10]，吴均《齐录》[11]，或牢笼一世[12]，或苞举一家，自可申不刊之格言[13]，弘至公之正说。而收称刘氏纳贡[14]，则曰"来献百牢"；均叙元日临轩[15]，必云"朝会万国"。夫以吴征鲁赋[16]，禹计涂山[17]，持彼往事，用为今说，置于文章则可，施于简册则否矣。亦有方以类聚[18]，譬诸昔人。如王隐称诸葛亮挑战[19]，冀获曹咎之利；崔鸿称慕容冲见幸[20]，为有龙阳之姿。其事相符，言之谠矣[21]。而卢思道称邢邵丧子不恸[22]，自东门吴已来，未之有也；李百药称王琳雅得人心[23]，虽李将军恂恂善诱，无以加也。斯则虚引古事，妄足庸音[24]，苟矜其学[25]，必辨而非当者矣。……

[1] 短书：汉代凡经、律等官书用二尺四寸竹简书写。官书以外包括子书等，均以短于二尺四寸竹简写书，称为"短书"。后多指小说、杂记之类的书籍。

[2] 问鼎：指觊觎政权，图谋王位。

[3] 长鲸：大鲸，喻巨寇。

[4] 基：奠基，指创建政权。

[5] 草昧：犹创始，草创。

[6] 兆迹：发迹，指君主攘夺政权的开端。

[7] 讽谕：用委婉的言语进行劝说。讽，讽刺。谕，比喻。

[8] 游、夏：子游、子夏，二人为孔子弟子中擅长文学者。

[9] 南、董：指春秋时齐国的南史氏和晋国史官董狐，二人以秉笔直书著称。显书：明白，揭露。

[10] 魏收：北齐史学家，著有《魏书》。《代史》：即《魏书》，北魏的前身是十六国时期的代，故云。

[11] 吴均：南朝梁文学家、史学家，著有《齐春秋》，即所谓《齐录》。

[12] 牢笼一世：包括一朝的史事。牢笼，包罗、容纳。

[13] 不刊：谓不容更动和改变，引申为不可磨灭。

[14] "刘氏"二句：《魏书·世祖太武帝纪》："义隆使献百牢，贡其方物。"义隆，刘宋文帝名。牢，牛羊之类牲畜。

[15] "元日"二句：《齐春秋》已佚，原文不详。元日：正月初一，亦谓吉日。临轩：谓皇帝不坐正殿而御前殿。殿前堂陛之间近檐处两边有槛楯，如车之轩，故称。

[16] 吴征鲁赋：《左传·哀公七年》载，吴欲霸中国，召哀公会于鄫（zēng）。"吴来征百牢，乃与之。"

[17] 禹计涂山：《左传·哀公七年》："禹合诸侯于涂山，执玉帛者万国。"

[18] 方以类聚：语出《周易·系辞上》，谓同类事物相聚一处。

[19] "王隐"二句：王隐：东晋史学家，著有《晋书》，已佚。《世说新

语·方正篇》注及《魏志》注引《晋阳秋》均载，诸葛亮遗高祖（司马懿）巾帼，"欲以激怒，冀获曹咎之利"。《史记·项羽本纪》载，项羽命大司马曹咎谨守成皋，但其不能忍受汉兵挑战，遂渡汜水应战，被汉军击溃，成皋失守，曹咎自杀。

[20]"崔鸿"二句：崔鸿：北魏史学家，著有《十六国春秋》，已佚。《太平御览》引其书云："初，苻坚二十五年灭慕容，冲姊清河公主年十四，有姝色，坚纳之，宠冠后庭。冲时年十二，亦有龙阳之美，坚又幸之。姊弟专宠，宫人莫进。长安中歌之曰：'一雌与一雄，双飞入紫宫。'"龙阳，本为地名，战国时魏有宠臣食邑于此，号龙阳君。后遂以"龙阳"作为男宠的代称。

[21] 谠（dǎng）：确当。

[22]"卢思道"三句：卢思道：字子行，范阳（今河北涿州）人。曾师事邢劭，才学兼著。历仕北齐、北周、隋。邢劭：字子才，北齐文士。《北齐书·邢劭传》载："养孤子恕，慈爱特深。在兖州，有都信云恕疾，便忧之，颜色贬损。及卒，痛悼虽甚，不再哭。其高情达识，开遣滞累，东门吴以还所未有也。"东门吴，《战国策·秦策》载："梁人有东门吴者，其子死而不忧。"恸，极度悲伤。

[23]"李百药"三句：李百药：唐朝史学家、诗人，撰有《北齐书》。《北齐书·王琳传》载："王琳，字子珩，会稽山阴人也……刑罚不滥，轻财爱士，得将卒之心。"因此，当其镇守寿春而城破被杀之后，"当时田夫野老，知与不知，莫不为之歔欷流泣。观其诚信感物，虽李将军之恂恂善诱，殆无以加焉。"李将军，即汉代李广，以爱兵而著名。恂（xún）恂，恭顺的样子。

[24] 妄足庸音：出自陆机《文赋》："放庸音以足曲。"庸音，常音，喻指平庸的文辞和言论。

[25] 苟：随便，马虎，不审慎。矜：自夸，自恃。

昔夫子有云："文胜质则史[1]。"故知史之为务，必藉于文。自"五经"已降，"三史"而往，以文叙事，可得言焉。而今之所作，有异于是。其立言也，或虚加练饰，轻事雕彩；或体兼赋颂，词类俳优[2]。文非文，史非史，譬夫乌孙造室[3]，杂以汉仪，而刻鹄不成[4]，反类于鹜者也。

[1] 文胜质则史：出自《论语·庸也》："子曰：'质胜文则野，文胜质则

史。"

[2] 俳（pái）优：古代以乐舞谐戏为业的艺人。

[3] "乌孙"二句：《汉书·西域传》曾记载，龟兹王喜欢汉朝衣服制度，"归其国，治宫室，作徼道周卫，出入传呼，撞钟鼓，如汉家仪。外国胡人皆曰：'驴非驴，马非马，若龟兹王，所谓骡也。'"据此，"乌孙"当作"龟兹"。徼道，巡逻警戒的道路。

[4] "刻鹄"二句：语出《后汉书·马援传》。鹄，天鹅。鹜，野鸭。

二、自叙

予幼奉庭训[1]，早游文学[2]。年在纨绮[3]，便受《古文尚书》[4]。每苦其辞艰琐，难为讽读[5]。虽屡逢捶挞[6]，而其业不成。尝闻家君为诸兄讲《春秋左氏传》，每废《书》而听。逮讲毕，即为诸兄说之。因窃叹曰："若使书皆如此，吾不复怠矣。"先君奇其意，于是始授以《左氏》，期年而讲诵都毕[7]。于时年甫十有二矣[8]。所讲虽未能深解，而大义略举。父兄欲令博观义疏[9]，精此一经。辞以获麟已后[10]，未见其事，乞且观余部[11]，以广异闻。次又读《史》《汉》《三国志》。既欲知古今沿革，历数相承[12]。于是触类而观，不假师训。自汉中兴已降，迄乎皇家《实录》，年十有七，而窥览略周[13]。其所读书，多因假赁[14]。虽部帙残缺[15]，篇第有遗[16]，至于叙事之纪纲，立言之梗概，亦粗知之矣。

[1] 庭训：《论语·季氏》记孔子在庭，其子伯鱼趋而过之，孔子教以学《诗》《礼》。后因称父教为庭训。

[2] 文学：文化学术，文献典籍。

[3] 纨（wán）绮（qǐ）：指少年时期。《隋书·卢思道传》："纨绮之年，服膺教义。"纨，白色细绢。绮，织纹起花的丝织物。

[4] 《古文尚书》：《汉书·艺文志》云："《古文尚书》者，出孔子壁中。"其以古文即战国时文字书写。传世的《古文尚书》，明清人考定为伪作。

[5] 讽：背诵。

[6] 捶挞：鞭打。

[7] 期（jī）年：一周年。

[8] 甫：刚，才。

[9] 义疏：疏解经义的书。其名源于六朝佛家解释佛典，后泛指补充和解释旧注的疏证。

[10] 获麟：指春秋鲁哀公十四年猎获麒麟事，相传孔子作《春秋》至此而辍笔。亦泛指春秋末期。

[11] 乞：要求。

[12] 历数：指君主相继的顺序。

[13] 周：遍，遍及。

[14] 假赁：借，租借。

[15] 部帙（zhì）：书籍的部次卷帙。

[16] 篇第：谓篇章的顺序。

但于时将求仕进，兼习揣摩[1]，至于专心诸史，我则未暇。洎年登弱冠[2]，射策登朝[3]，于是思有余闲，获遂本愿。旋游京、洛[4]，颇积岁年，公私借书，恣情披阅。至如一代之史，分为数家，其间杂记小书，又竟为异说，莫不钻研穿凿[5]，尽其利害[6]。

[1] 揣摩：揣度对方，以相比合。此谓赏玩文字而加以仿效。

[2] 洎（jì）：等到。弱冠：古时男子年满二十，便须行冠礼，以示成人，称为弱冠。

[3] 射策：泛指应试。

[4] 旋：不久，立刻。一本作"旅"。京、洛：指长安、洛阳。

[5] 穿凿：深入探讨。

[6] 尽其利害：洞察其优劣得失。

加以自小观书，喜谈名理[1]，其所悟者，皆得之襟腑[2]，非由染习。故始在总角[3]，读班、谢两《汉》[4]，便怪前书不应有《古今人表》，后书宜为更始立纪[5]。当时闻者，共责以为童子何知，而敢轻议前哲。于是赧然自失[6]，无辞以对。其后见张衡、范晔集[7]，果以二史为非。其有暗合于古人者，盖不可胜纪。始知流俗之士，难与之言。凡有异同[8]，蓄诸方寸[9]。

[1] 名理：谓辨明推理。

[2] 襟腑：心胸，襟怀。

[3] 总角：古时儿童束发为两结，向上分开，形状如角，故称总角。此处借指童年。

[4] 谢：撰有《后汉书》者有两谢，一为三国史学家谢承，其《后汉书》无帝纪；一为晋代文学家谢沈，其《后汉书》不传。

[5] 更始：即汉光武帝前之更始帝刘玄。

[6] 赧（nǎn）然：因惭愧而脸红。

[7] 张衡、范晔集：《隋书·经籍志》著录有《张衡集》《范晔集》，皆已失传。

[8] 异同：不合，矛盾。

[9] 方寸：指心。

及年以过立[1]，言悟日多，常恨时无同好，可与言者。唯东海徐坚[2]，晚与之遇，相得甚欢，虽古者伯牙之识钟期[3]，管仲之知鲍叔[4]，不是过也，复有永城朱敬则、沛国刘允济、义兴薛谦光、河南元行冲、陈留吴兢、寿春裴怀古[5]，亦以言议见许[6]，道术相知。所有扬榷[7]，得尽怀抱。每云："德不孤[8]，必有邻，四海之内，知我者不过数子而已矣。"

[1] 立：而立。《论语·为政篇》："子曰：吾十有五而志于学，三十而立。"

[2] 东海：郡名。秦置，楚汉之际也称郯郡，治所在郯（今山东郯城北）。徐坚：字元固，湖州长城（今浙江长兴县东）人，少好学，遍览经史。曾与刘知几等人同修《三教珠英》。

[3] 伯牙：春秋时精于琴艺的人。钟期：即钟子期，春秋时楚人，精于音律。伯牙鼓琴，志在高山、流水，子期听而皆知之。子期死，伯牙绝弦破琴，终身不复

鼓琴。后世遂以"知音"称之。

[4] 管仲：名夷吾，春秋时政治家。鲍叔：春秋时齐国的鲍叔牙。因他善于知人，举贤让能，曾推荐管仲佐齐桓公成霸业，后因以代称能知人荐贤者。

[5] 朱敬则：字少连，亳州永城（今属河南）人。刘允济：洛州巩（今属河南）人，其先辈自沛国（今江苏沛县）徙焉。薛谦光：常州义兴（今江苏宜兴）人。元行冲：名澹，字行冲，河南（今河南洛阳）人。吴兢：陈留浚仪（今河南开封）人。裴怀古：寿州寿春（今安徽寿县）人。

[6] 许：赞同，赞许。

[7] 扬榷：商榷，评论。

[8] "德不孤"二句：语出《论语·子罕篇》。意谓有道德的人不会孤单，必定有人来和他为邻。

昔仲尼以睿圣明哲，天纵多能[1]，睹史籍之繁文，惧览者之不一，删《诗》为三百篇，约史记以修《春秋》[2]，赞《易》道以黜《八索》[3]，述职方以除《九丘》[4]，讨论坟、典[5]，断自唐、虞，以迄于周。其文不刊，为后王法。自兹厥后，史籍逾多，苟非命世大才[6]，孰能刊正其失？嗟予小子，敢当此任！其于史传也，尝欲自班、马已降，迄于姚、李、令狐、颜、孔诸书[7]，莫不因其旧义，普加厘革[8]。但以无夫子之名，而辄行夫子之事，将恐致惊末俗[9]，取咎时人，徒有其劳，而莫之见赏。所以每握管叹息，迟回者久之[10]。非欲之而不能，实能之而不敢也。

[1] 天纵多能：语出《论语·子罕篇》："固天纵之将圣，又多能也。"

[2] 史记：指《春秋》时期列国史书。

[3] 赞：显明，通晓。黜：摈弃，废除。《八索》：古书名。后代多以指称古代典籍或八卦。

[4] 职方：犹版图，泛指国家疆土。《九丘》：古书名。

[5] 坟、典：三坟、五典的并称，后转为古代典籍的通称。

[6] 命世：著名于当世，多用以称誉有治国之才者。

[7] 姚：指姚思廉，编著《梁书》《陈书》。李：指李百药，撰《北齐书》。

令狐：指令狐德棻，撰《周书》。颜、孔：指颜师古、孔颖达，二人编撰《隋书》。

[8] 厘革：斟酌修改。

[9] 末俗：世俗之人，平庸之人。

[10] 迟回：徘徊，迟疑不决。

　　既朝廷有知意者，遂以载笔见推[1]。由是三为史臣，再入东观[2]。每惟皇家受命，多历年所，史官所编，粗惟纪录。至于纪传及志，则皆未有其书。长安中年[3]，会奉诏预修《唐史》。及今上即位[4]，又敕撰《则天大圣皇后实录》。凡所著述，尝欲行其旧议。而当时同作诸士及监修贵臣，每与其凿枘相违[5]，龃龉难入。故其所载削，皆与俗浮沉。虽自谓依违苟从，然犹大为史官所嫉。嗟乎！虽任当其职，而吾道不行；见用于时，而美志不遂[6]。郁怏孤愤[7]，无以寄怀。必寝而不言，嘿而无述[8]，又恐没世之后，谁知予者。故退而私撰《史通》，以见其志。

[1] 载笔：借指史官。

[2] 东观：国史修撰之所。

[3] 长安：武则天年号，起701年，迄704年。

[4] 今上：指唐中宗。

[5] "凿枘（ruì）"二句：语本《楚辞·九辩》："圆凿而方枘兮，吾固知其龃龉而难入。"凿枘，卯眼和榫头。凿枘相应，用以喻彼此相合。龃（jǔ）龉（yǔ），上下牙齿不齐，比喻意见不合。

[6] 美志不遂：美好的志向不能实现。

[7] 郁怏：忧郁不得志。孤愤：孤独无援而愤懑不平。

[8] 嘿（mò）：同"默"，不作声。

　　昔汉世刘安著书[1]，号曰《淮南子》。其书牢笼天地，博极古今，上自太公[2]，下至商鞅[3]。其错综经纬，自谓兼于数家，无遗力矣。然自《淮南》已后，作者无绝[4]。必商榷而言，则其流又众。盖仲尼既殁[5]，微言不行；史公著书[6]，是非多谬。由是百家诸子，诡说异辞，务为小辨[7]，破彼大道，故扬雄《法言》生焉[8]。儒者之书，博而寡要[9]，得其糟粕，失其菁华。而流俗鄙夫，贵远贱近，传兹抵牾[10]，自相欺惑，故王充《论衡》生焉[11]。民者，冥也[12]，冥然罔知[13]，率彼愚蒙，墙面而视[14]。或讹音鄙句，莫究本源；或守株胶柱[15]，动多拘忌，故应劭《风俗通》生焉[16]。五常异禀[17]，百行殊执，能有兼偏，知有长短。苟随才而任使，则片善不遗；必求备而后用，则举世莫可，故刘劭《人物志》生焉[18]。夫开国承家，立身立事[19]，一文一武，或出或处[20]，虽贤愚壤隔[21]，善恶区分，苟时无品藻，则理难铨综[22]，故陆景《典语》生焉[23]。词人属文，其体非一，譬甘辛殊味，丹素异彩；后来祖述，识昧圆通，家有诋诃[24]，人相掎摭[25]，故刘勰《文心》生焉[26]。

[1] 刘安：汉淮南王，曾召集宾客方士数千人，编成《淮南子》一书。

[2] 太公：即太公望，俗称姜太公。姜姓，吕氏，名尚。相传钓于渭滨，周文王出猎相遇，与语大悦，同载以归，谓："吾太公望子久矣！"因号太公望，立为师。周武王即位，尊为师尚父，辅佐武王灭殷。周朝建立，封于齐，为齐国始祖。事见《史记·齐太公世家》。

[3] 商鞅：战国卫人，姓公孙，名鞅，以封于商，故又称商鞅、商君。先仕魏，后入秦，辅助秦孝公变法。孝公死，公子虔等诬陷其谋反，被车裂而死。

316

[4] 无绝：接续不断。

[5] "仲尼"二句：《汉书·艺文志》："昔仲尼殁而微言绝，七十子丧而大义乖。"微言，精深微妙的言辞。

[6] "史公"二句：《汉书·司马迁传赞》："又其是非颇谬于圣人。"史公，指太史公司马迁。

[7] "务为"二句：《大戴礼记·小辨》："小辨破言，小言破义，小义破道。"小辨，在小事上辨别是非。

[8] 扬雄：字子云，蜀郡成都人，西汉末年辞赋家。其仿《论语》所作《法言》共十三篇，尊圣人，谈王道，旨在捍卫和发扬儒家学说。

[9] 博而寡要：语出司马谈《论六家要旨》："博而寡要，劳而少功。"

[10] 抵（dǐ）牾（wǔ）：抵触，矛盾。

[11] 王充：字仲任，会稽上虞（今属浙江）人，东汉思想家，著有《论衡》。

[12] 冥：昏暗，愚昧。

[13] 罔知：无知。

[14] 墙面而视：语本《论语·阳货篇》："人而不为《周南》《召南》，其犹正墙面而立也与。"谓面对墙壁，目无所见，比喻不学无术或一无所知。

[15] 守株胶柱：即守株待兔、胶柱鼓瑟。

[16] 应劭：字仲瑗，汝南南顿（今河南项城）人，东汉学者，著有《风俗通义》等书。

[17] 五常：所指不一，此谓金、木、水、火、土五行。禀：天生的性情、气质。

[18] 刘劭：字孔才，广平邯郸（今属河北）人。著有《人物志》一书。

[19] 立身：处世、为人。

[20] 出：出仕，做官。处：隐居不仕。

[21] 壤隔：即天壤之隔。

[22] 铨综：综合衡量，做出选择。

[23] 陆景：字士仁，三国吴名将陆逊之孙，陆抗之子。《隋书·经籍志》著录其《典语》等书，已佚。

[24] 诋诃：诋毁，指责。

[25] 掎（jǐ）摭（zhí）：指摘，指责。

[26] 刘勰：字彦和，东莞莒（今山东莒县）人。有《文心雕龙》等著作。

若《史通》之为书也，盖伤当时载笔之士，其义不纯[1]，思欲辨其指归，殚其体统[2]。夫其书虽以史为主，而余波所及，上穷王道，下掞人伦[3]，总括万殊，包吞千有。自《法言》已降，迄于《文心》而往，固以纳诸胸中，曾不蒂芥者矣[4]。夫其为义也，有与夺焉[5]，有褒贬焉，有鉴诫焉，有讽刺焉。其为贯穿者深矣，其为网罗者密矣，其所商略者远矣，其所发明者多矣。盖谈经者恶闻服、杜之嗤[6]，论史者憎言班、马之失。而此书多讥往哲，喜述前非。获罪于时，固其宜矣。犹冀知音君子，时有观焉。尼父有云："罪我者《春秋》[7]，知我者《春秋》。"抑斯之谓也。

[1] 其义不纯：意谓他们的见解学说不纯粹。

[2] 殚：尽，竭尽。体统：文章或著作的体裁、体例、条理、体系。

[3] 掞（shàn）：发抒，铺排。

[4] 懘（dì）芥：同"蒂芥"，细小的梗塞物，喻嫌隙。此谓思想上的疙瘩。

[5] 与夺：谓取舍，裁决。

[6] 服：指服虔，字子慎，东汉经学家。杜：指杜预，字元凯，西晋军事家、文学家，有《春秋左氏经传集解》等著述。

[7] "罪我者"二句：出自《孟子·滕文公上》："孔子曰：'知我者其惟《春秋》乎，罪我者其惟《春秋》乎？'"

昔梁征士刘孝标作《叙传》[1]，其自比于冯敬通者有三[2]。而予辄不自揆[3]，亦窃比于扬子云者有四焉。何者？扬雄尝好雕虫小技[4]，老而悔其少作。余幼喜诗赋，而壮都不为，耻以文士得名，期以述者自命。其似一也。扬雄草《玄》[5]，累年不就，当时闻者，莫不哂其徒劳[6]。余撰《史通》，亦屡移寒暑。悠悠尘俗，共以为愚。其似二也。扬雄撰《法言》[7]，时人竞尤其妄，故作《解嘲》以酬之。余著《史通》，见者亦互言其短，故作《释蒙》以拒之。其似三也。扬雄少为范逡、刘歆所重[8]，及闻其撰《太玄经》，则嘲以恐盖酱瓿[9]。然刘、范之重雄者，盖贵其文彩若《长扬》、《羽猎》之流耳[10]。如《太玄》深奥，理难探赜[11]。既绝窥逾[12]，故加讥诮。余初好文笔，颇获誉于当时。晚谈史传，遂减价于知己。其似四也。夫才唯下劣，而迹类先贤[13]。是用铭之于心，持以自慰。

[1] 征士：应征辟之士。刘孝标：名峻，字孝标，平原（今属山东）人，南朝齐、梁曾任小官。为刘义庆《世说新语》作注，收录诸家小史，分释其义。《叙传》：指刘孝标所作自序。

[2] 冯敬通：名衍，字敬通，东汉初期辞赋家，京兆杜陵（今属西安市）人，有奇才，博通群书。有三：《梁书·刘峻传》："峻尝为《自序》，其略曰：'余

自比于冯敬通，而有同之者三，异之者四……"

[3] 揆（kuí）：度量，揣测。

[4] "扬雄"二句：扬雄《法言·吾子》："或问：吾子少而好赋？曰：然，童子雕虫篆刻。俄而曰：壮夫不为也。"

[5] 《玄》：指扬雄的《太玄经》。

[6] 哂（shěn）：讥笑。

[7] "扬雄"三句：《汉书·扬雄传》载，哀帝时，扬雄著《太玄》，有人不解而嘲笑之，故其作《解嘲》以释。《史通》误记。尤，责备、怪罪。酬（chóu），回答、应答。

[8] "扬雄"句：《汉书·扬雄传》赞："实好古而乐道，其意欲求文章成名于后世。以为经莫大于《易》，故作《太玄》；传莫大于《论语》，作《法言》……用心于内，不求于外，于时人皆忽之，唯刘歆、范逡敬焉。而桓谭以为绝伦。"逡（qūn），同"逡"。

[9] "嘲以"句：《汉书·扬雄传》赞："时有好事者载酒肴从游学，而巨鹿侯芭常从雄居，受其《太玄》《法言》焉。刘歆亦尝观之，谓雄曰：'空自苦！今学者有禄利，然尚不能明《易》，又如《玄》何？吾恐后人用覆酱瓿（bù）也。'雄笑而不应。"侯芭，扬雄弟子。瓿，小瓦罐。

[10] 《长扬》《羽猎》：扬雄的两篇赋，与其《甘泉》《河东》并称"四赋"。

[11] 探赜（zé）：探索奥秘。赜，幽深奥妙。

[12] 绝窥逾：谓难以探究。

[13] 迹：事迹，行迹。类：相似。

抑犹有遗恨，惧不似扬雄者有一焉。何者？雄之《玄经》始成，虽为当时所贱，而桓谭以为数百年外[1]，其书必传。其后张衡、陆绩果以为绝伦参圣[2]。夫以《史通》方诸《太玄》，今之君山[3]，即徐、朱等数君是也[4]。后来张、陆，则未之知耳。嗟乎！傥使平子不出[5]，公纪不生，将恐此书与粪土同捐[6]，烟烬俱灭。后之识者，无得而观。此予所以抚卷涟洏[7]，泪尽而继之以血也[8]。

　　[1] "桓谭"二句：桓谭《新论·闵友篇》："扬子云才智开通，能入圣道，卓绝于众。《玄经》数百年，其书必传。"

　　[2] "张衡"句：《后汉书·张衡传》曾记其推崇《太玄》之语。陆绩：字公纪，吴郡吴（今属江苏）人，博学多识，有《述玄》赞颂《太玄》。绝伦：没有能够并比的。参圣：列为圣人著述。

　　[3] 君山：桓谭之字。

　　[4] 徐：指徐坚。朱：指朱境则。

　　[5] 傥（tǎng）：倘若，假如。平子：张衡之字。

　　[6] 捐：抛弃，湮没。

　　[7] 涟洏（ér）：谓涕流交加、泪流不断的样子。

　　[8] "泪尽"句：出自《韩非子·和氏篇》："武王薨，文王即位，和乃抱其璞而哭之于楚山之下，三日三夜，泪尽而继之以血。……王乃使玉人理其璞而得宝焉，遂命曰'和氏之璧'。"

【阅读书目】

　　《史通通释》，[清]浦起龙，上海古籍出版社。

　　《史通笺记》，程千帆，武汉大学出版社。

　　《史通新校注》，赵吕甫，重庆出版社。

　　《史通全译》，姚松、朱恒夫，贵州人民出版社。

　　《史通》（国学新读本），李振宏注说，河南大学出版社。

第十章 切问而近思

第一节　《近思录》概说

　　《近思录》是南宋大儒朱熹于淳熙二年至三年（1175—1176），会同吕祖谦编纂的"北宋四子"周敦颐、程颢、程颐、张载的语录。起于"道体"，终于"圣贤"，共14卷622条。

　　朱熹是宋代理学的集大成者，其思想被视为儒家正统，支配中国思想界达六百年之久。《近思录》一书，在理学史上具有重要地位，为确立儒家道统、传播理学思想起过重要作用。国学大师钱穆说："后人治宋代理学，无不首读《近思录》。"（《宋代理学三书随劄》）直至中日甲午战争以前，《近思录》一书可以说是整个东亚文明圈经典中的经典，不仅在中国，而且在朝鲜、越南、日本，读书人基本都是人手一册。

　　周敦颐至朱熹五人，以往被称为"子"，不仅是尊称，而且标明了其思想学说在儒学思想谱系中的地位。孔子删订《六经》，而朱熹则集注《四书》，钱穆先生指出《四书》实际上是宋代的"新经"。朱熹不仅确立了新儒学的"经"，而且构建了新儒学的"统"，即由周敦颐开创，再由程颢、程颐、张载传承，最后到朱熹自己的正统之传。这一"道统"之确立，就是靠朱熹通过言行语录将五人串连为一体，这就是《近思录》。所以朱熹说："义理精微，《近思录》详之。"又说："四子，《六经》之阶梯；《近思录》，四子之阶梯。"（《朱子语类》）由此可见《近思录》的特殊地位。

《近思录》不仅形式近于《论语》，题名也出自《论语》，取子夏曰"博学而笃志，切问而近思，仁在其中矣"（《子张篇》）之言。儒家学问，讲究躬行日用，"近思"意谓关切、思量自身之德行，不滥问，不远思，不自外而求。故朱熹说："《近思录》一书，无不切人身、救人病者。"同时，"近思"也有"浅近""晚近"之意，故朱熹又说："《近思录》是近来人说话，便较切。"儒家之学讲究登高自卑，行远自迩，《近思录》体现了儒家"阶梯""次第"的治学理念。

儒家自孔子之后，"儒分为八"，孟子和荀子分别发展了孔子思想之一个侧面，汉代之"独尊儒术"实际上已经对儒家做了比较大的改造，掺入了阴阳五行、天人感应等内容，渐渐沦为专制统治的工具。汉末玄学兴起，佛学传入，直到隋唐五代，儒家在哲学思想层面面临道家特别是佛学的冲击，唐中期藩镇势力的强大，直接导致了五代十国混乱局面的形成，造成了儒家伦理价值体系的崩溃，人心浇漓，物欲横流，儒家需要返本开新，从形上学角度对玄学和佛学的冲击做出回应。宋明理学或谓宋代新儒学就是在这种背景下兴起的。周敦颐（濂学）、二程（洛学）、张载（关学）生当北宋盛时，以儒家伦理思想为核心，以三教归一为价值取向，初步创立了焕然一新、自成新格的理学。至南宋朱熹（闽学）理学始集大成，以《近思录》刊行于世为其形成标志，最终建立了完整的理学体系。

《近思录》以"道体"为首卷，堪称是统摄全书之篇章，而尤以篇首"太极图说"为全书的灵魂。周敦颐以《周易》的"太极"为宗，援引道教的无极、无欲、主静、阴阳等范畴，以寥寥250余字，勾画出一幅优美和谐的宇宙图式。"太极图说"结构严谨致密，精细而确切地展示了浩大宇宙的生成图式和人类社会发展的历史过程，为理学发展奠定了世界观和认识论的基础。

张载是与周敦颐齐名的理学奠基人物，其著作《西铭》和《正蒙》是理学的经典作品，具有极高的理论价值。《西铭》阐述了儒家的人伦主张，其"民胞物与"的道德理想哺育了一代又一代的中国知识分子。"民，吾同胞；物，吾与也”，这是儒家天人合一、物我无分的至高境界，是以天下为己任、废私而大公的儒家理性的彰显，是“为天地立心，为生民立命，为往圣继绝学，为万世开太平”的精神底蕴，必将在中华民族伟大复兴的进程中发挥拨云见日的积极作用。

程颢、程颐兄弟共同开创了宋明理学的重要学派——洛学，洛学的兴起标志着宏博精湛的理学已经正式形成。程颢和程颐都是理学的重要人物，但是二人的学术建树各有千秋，理学思想亦颇多歧异之处。程颢认为，“理”是自然而然的天道彰显，是事物发展的大势所趋和自然态势，“天者，理也”，“言天之自然者，谓之天道”。程颐则认为，“理”是天地万物之所以然，万物有一个共同的天理。二程的学术分歧是次要的，最主要的是他们把天理作为宇宙的本体，开创了宋明理学重内心体认、去物欲障蔽的崭新思想体系。

儒家之学以仁义为本，宋儒以“天理”解释“仁”，为儒家的仁义道德注入了形而上的超越内涵，这种超越价值不是外在的，而是内在于我们的心性之中，朱子说，“性即理”。统观《近思录》而言之，理学实际上是关于天道、人道和物道的义理规律，而知理明道与个人的认识和修为又具有本然的内在联系。“心性义理”是宋明理学的主题，它提出了如何认识外部客观、从而内化内部主观的问题，是以外养内、知理尽性的过程，具有物为我用、与入圣境的倾向。

宋明理学博大精深，浩繁阔远，但条分缕析，则不外乎道理、学理、性理、义理和心理五个方面。道理是宏观上关于天道、人道和物道的义理，对人而言就是要“知道”以明理；学理是如何体究天道、持守人道的方面，是“明道”以成德的过程；性理是如何认识人性、超越自我的问题，是“修道”以归善的方面；义理则是格物致知、通晓天地的学问，是“悟道”而率性的境界；心理则是万物一体、天同我心的至则，是“成道”证临圣境的体验。

因此，宋明理学的纲脉，若以道理、学理、性理、义理和心理之细目析之，则正好契合了理性宗教循序修行的基本方面，即知道、学道、修道、悟道、成道。这是理学援佛引道而入儒、终致三教合一的必然结果，是理学以修身养性、明体达用为急务的客观反映。

《近思录》高揭天理之大公，而深以人欲横流为戒备，是针对当时流弊而发。《近思录》认为"人欲横流"是社会文明的大敌，谓"人于天理昏者，是只为嗜欲乱着他"。人类生存当然需要物质基础，但物质需求一定要有限度，弟子问："'饥食渴饮，冬裘夏葛'，何以谓之天职？"朱熹说："这是天教我如此，饥便食，渴便饮，只得顺他。穷口腹之欲，便不是！盖天只教我饥则食，渴则饮，何曾教我穷口腹之欲？"总之社会的秩序、万物的平衡是天理，个人的私欲绝非天理。

在为学之道方面，《近思录》指出"古之学者为己，今之学者为人"。"为己"意谓向内修养自身，"为人"意谓向外随人所好。学者为己，故治学的目的在于成德，践履而行之，因心以会道；学者为人，只能追随他人所需，空有其言，其结果只是暂有名利。所以二程说："古之学者为己，其终至于成物；今之学者为物，其终至于丧己。"

在治学之方法上，《近思录》指出学者要"先疑后通"，不可一切以怀疑、批评为最终目标。朱熹说："书始读未知有疑，其次渐有疑，又其次节节有疑，过了此一番后疑渐渐释，以至融会贯通，都无可疑，方始是学。"治学的究竟在于明理，所以周敦颐说："明不至则疑生。明，无疑也。谓能疑为明，何啻千里？"宋儒又认为治学不在议论，议论之学只可称之为"说书""说话"。程颐说："说书必非古意，转使人薄。""古之学者，优柔厌饫，有先后次序。今之学者却只做一场话说，务高而已！"这些话对于今天读书做学问都很有指导意义。

古人言论往往都有特别的语境。即以近代以来最受批评的"饿死事小，失节事大"一语而言，古人凡说儿女之事，往往托意为臣之道，透过文字表面，程颐所指实为宋与辽、金、西夏、蒙古对峙中的大臣贞正问题，是在家国危难、种族存亡之际，专就殉国殉道而言。实际上就在选录了程颐此言的《近思录》同一卷上，就记载着程颐之父程珦帮助寡甥女再嫁的事迹。这中间是一个经与权的关系问题。在人碰到抉择的问题时，"义"与"利"应选择哪一个呢？在鱼与熊掌不可兼得时，应宁可选择为义，不可重利。"经"是指价值选择问题，"权"是指有时可顺应情况而稍做改变的情形。"饿死事小，失节事大"主要是指价值选择、义利关系，是指传统社会里的官员、文人等的人品气节操守问题。因此，回到古人的语境和本意，才不致错会古人、误解经典。

第二节　《近思录》选读

一、道体

　　濂溪先生曰[1]：无极而太极[2]。太极动而生阳，动极而静；静而生阴，静极复动。一动一静，互为其根；分阴分阳，两仪立焉[3]。阳变阴合，而生水、火、木、金、土；五气顺布[4]，四时行焉。五行，一阴阳也；阴阳，一太极也；太极，本无极也。五行之生也，各一其性。无极之真，二五之精[5]，妙合而凝。"乾道成男，坤道成女"[6]，二气交感，化生万物。万物生生，而变化无穷焉；惟人也，得其秀而最灵。形既生矣，神发知矣，五性感动而善恶分[7]、万事出矣。圣人定之以中正仁义，而主静，立人极焉[8]。故圣人与天地合其德，日月合其明，四时合其序，鬼神合其吉凶。君子修之吉，小人悖之凶。故曰："立天之道，曰阴与阳；立地之道，曰柔与刚；立人之道，曰仁与义。"[9]又曰："原始反终，故知死生之说。"[10]大哉《易》也，斯其至矣！

　　[1] 濂溪先生：即周敦颐（1017—1073），原名敦实，因避宋英宗之讳改名敦颐，字茂叔，号濂溪，别称濂溪先生，又称周元皓。北宋五子之一，程朱理学代表人，道州营道楼田堡（今湖南省道县）人。北宋思想家、理学家、哲学家、文学

家，学界公认的理学鼻祖，称"周子"。本段出自周敦颐的《太极图说》。

[2] 无极、太极：中国古代哲学中的两个概念。古人认为，宇宙形成之初是从一片"混沌"开始的，是静止的，没有方向、没有时间，不存在具体形态的物质，这种混沌的状态称作"无极"。之后，逐渐形成了天地及各种具体形态的物质，经过不断地发展演变，形成了今天世界的面貌，这个世界始终都在运动着，不停地变化着。从当初无极的静止，到事物开始成长变化的过程就称为"太极"。简而言之，一切事物未产生之时，称之为"无极"，一切事物开始发生的萌动阶段，称之为"太极"。无极就是空无、静止；太极就是初生、将动。

[3] 两仪：指阴与阳。

[4] 五气：五行之气。

[5] 二五：阴阳二气和五行。

[6] "乾道成男"二句：出自《周易·系辞上》。

[7] 五性：指仁、义、礼、智、信。

[8] 极：中，中正的准则。

[9] "立天之道"六句：出自《易经·说卦》。

[10] "原始反终"二句：出自《周易·系辞上》。

人性本善，有不可革者[1]，何也？曰：语其性则皆善也，语其才则有下愚之不移[2]。所谓下愚有二焉：自暴也[3]，自弃也。人苟以善自治，则无不可移者。虽昏愚之至，皆可以渐磨而进。惟自暴者拒之以不信，自弃者绝之以不为，虽圣人与居，不能化而入也。仲尼之所谓下愚也[4]。然天下自暴自弃者，非必皆昏愚也，往往强戾而才力有过人者，商辛是也[5]。圣人以其自绝于善，谓之下愚。然考其归，则诚愚也。既曰下愚，其能革面[6]，何也？曰：心虽绝于善道，其畏威而寡罪，则与人同也。惟其有与人同，所以知其非性之罪也。

[1] 革：变化。本条为程颢对《易经·革卦》的解释发明。

[2] 才：材质。下愚不移：语出《论语·阳货》。

[3] "自暴"二句：《孟子·离娄上》："自暴者，不可与有言也；自弃者，

不可与有为也。言非礼义，谓之自暴也；吾身不能居仁由义，谓之自弃也。"

[4] 仲尼：孔子，字仲尼。

[5] 商辛：即商纣王，号帝辛。

[6] 革面：《易经·革卦》："君子豹变，小人革面。"

"忠信所以进德"[1]，"终日乾乾"[2]；君子当终日对越在天也[3]。盖上天之载，无声无臭[4]，其体则谓之易，其理则谓之道，其用则谓之神，其命于人则谓之性。率性则谓之道[5]，修道则谓之教。孟子去其中又发挥出浩然之气[6]，可谓尽矣。故说神"如在其上，如在其左右"[7]，大小大事而只曰"诚之不可掩如此夫"[8]。彻上彻下，不过如此。形而上为道[9]，形而下为器，须著如此说。器亦道，道亦器，但得道在，不系今与后、己与人。

[1] "忠信"句：语出《周易·乾·文言》。

[2] 终日乾乾：语出《易经·乾卦》。乾乾，刚健不息。

[3] 对越：面对。越，乎。

[4] 臭（xiù）：气味。

[5] "率性"二句：《中庸》："天命之谓性，率性之谓道，修道之谓教。"

[6] 浩然之气：《孟子·公孙丑上》："我知言，我善养吾浩然之气。"

[7] "如在其上"二句：出自《中庸》。

[8] 大小大事：宋代俗语，即多少大事。"诚之"句：出自《中庸》。

[9] "形而上"二句：《周易·系辞上》："形而上者谓之道，形而下者谓之器。"

医书言手足痿痹为不仁[1]，此言最善名状。仁者，以天地万物为一体，莫非己也。认得为己，何所不至？若不有诸己，自不与己相干。如手足不仁，气已不贯，皆不属己。故博施济众[2]，乃圣之功用。仁至难言，故止曰[3]："己欲立而立人，己欲达而达人，能近取譬，可谓仁之方也已。"[4]欲令如是观仁，可以得仁之体。

[1] 痿（wěi）痹（bì）：身体某一部分萎缩或失去机能。痹，肢体麻木。

[2] 博施济众：《论语·雍也》："子贡曰：如有博施于民而能济众，何如？可谓仁乎？"

　　[3] 止：仅，只。

　　[4] "己欲立而立人"四句：语出《论语·雍也》，乃孔子对子贡"可谓仁乎"的回答。

　　"生之谓性"[1]，性即气，气即性，生之谓也。人生气禀，理有善恶[2]，然不是性中元有此两物相对而生也。有自幼而善，有自幼而恶，是气禀有然也。善固性也，然恶亦不可不谓之性也[3]。盖"生之谓性"、"人生而静"以上不容说[4]，才说性时便已不是性也。凡人说性，只是说"继之者善也"[5]，孟子言性善是也。夫所谓"继之者善也"者，犹水流而就下也。皆水也，有流而至海，终无所污，此何烦人力之为也？有流而未远，固已渐浊；有出而甚远，方有所浊。有浊之多者，有浊之少者。清浊虽不同，然不可以浊者不为水也。如此，则人不可以不加澄治之功。故用力敏勇则疾清，用力缓怠则迟清。及其清也，则却只是元初水也，不是将清来换却浊，亦不是取出浊来置在一隅也。水之清，则性善之谓也。故不是善与恶在性中为两物相对，各自出来。此理，天命也。顺而循之，则道也。循此而修之，各得其分，则教也。自天命以至于教，我无加损焉，此舜有天下而不与焉者也[6]。

　　[1] 生之谓性：语出《孟子·告子上》，告子主张性无善恶论。

　　[2] 理有善恶：谓人禀五行之气而生，存在清浊偏正之分，善恶各有依据。

　　[3] 性：此非本然天理之性，指气禀之性。

　　[4] "人生而静"以上：指人初生以前。《礼记·乐记》"人生而静，天之性也。"

　　[5] 继之者善：《周易·系辞上》："一阴一阳之谓道，继之者善也，成之者性也。"

　　[6] 舜有天下而不与：语出《论语·泰伯》。不与，不掺入自己的意志。

问："时中如何？"曰："中字最难识，须是默识心通。且试言：一厅则中央为中；一家则厅中非中，而堂为中；言一国，则堂非中，而国之中为中。推此类可见矣。如三过其门不入，在禹、稷之世为中[1]，若居陋巷[2]，则非中也。居陋巷，在颜子之时为中，若三过其门不入，则非中也。"

[1] 禹、稷：夏禹与后稷，其受尧、舜之命整治山川，教民耕种，称为贤臣。

[2] 居陋巷：《论语·雍也》："子曰：'贤哉，回也！一箪食，一瓢饮，在陋巷，人不堪其忧，回也不改其乐。'"

冲漠无朕[1]，万象森然已具，未应不是先，已应不是后。如百尺之木，自根本至枝叶，皆是一贯，不可道上面一段事，无形无兆，却待人旋安排引入来[2]，教入途辙。既是途辙，却只是一个途辙。

[1] 冲漠无朕：谓宇宙本体无形无象，浑然一体。冲，虚空。漠，通寞，寂静无声。朕，朕兆。

[2] 旋：随后。

问仁，伊川先生曰[1]："此在诸公自思之，将圣贤所言仁处类聚观之，体认出来。孟子曰：'恻隐之心，仁也。'[2]后人遂以爱为仁。爱自是情，仁自是性，岂可专以爱为仁？孟子言'恻隐之心，仁之端也'[3]，既曰仁之端，则不可便谓之仁。退之言'博爱之谓仁'[4]，非也。仁者固博爱，然便以博爱为仁，则不可。"

[1] 伊川先生：程颐（1033—1107），字正叔，洛阳伊川（今河南洛阳伊川县）人，世称伊川先生，出生于湖北黄陂，北宋理学家和教育家。

[2] "恻隐之心"二句：语出《孟子·告子上》。

[3] "恻隐之心"二句：语出《孟子·公孙丑上》。

[4] 退之：韩愈之字。博爱之谓仁，语出《原道》。

性即理也。天下之理，原其所自[1]，未有不善。喜怒哀乐未发，何尝不善？发而中节，则无往而不善。发不中节[2]，然后为不善。故凡言善恶，皆先善而后恶；言吉凶，皆先吉而后凶；言是非，皆先是而后非。

[1] 原：推求。

[2] "发不中节"二句：原《近思录》无，据陈荣捷《近思录详注集评》补。

二、为学

或问："圣人之门，其徒三千，独称颜子为好学。夫《诗》《书》六艺[1]，三千子非不习而通也，然则颜子所独好者何学也？"伊川先生曰："学以至圣人之道也。""圣人可学而至欤？"曰："然。""学之道如何？"曰："天地储精，得五行之秀者为人。其本也真而静，其未发也，五性具焉，曰仁、义、礼、智、信。形既生矣，外物触其形而动其中矣。其中动而七情出焉，曰喜、怒、哀、惧、爱、恶、欲。情既炽而益荡，其性凿矣[2]。是故觉者，约其情使合于中，正其心，养其性；愚者则不知制之，纵其情而至于邪僻，梏其性而亡之[3]。然学之道，必先明诸心，知所往，然后力行以求至，所谓自明而诚也[4]。诚之之道，在乎信道笃，信道笃则行之果，行之果则守之固。仁义忠信不离乎心，'造次必于是，颠沛必于是'[5]，出处语默必于是[6]。久而弗失，则居之安，'动容周旋中礼'[7]，而邪僻之心无自生矣。故颜子所事，则曰：'非礼勿视，非礼勿听，非礼勿言，非礼勿动。'[8]仲尼称之，则曰：'得一善，则拳拳服膺而弗失之矣。'[9]又曰：'不迁怒，不贰过。'[10]'有不善未尝不知，知之未尝复行也。'[11]此其好之、笃学之之道也。然圣人则不思而得[12]，不勉而中；颜子则必思而后得，必勉而后中，其与圣人相去一息。所未至者，守之也，非化之也。以其好学之心，假之以年[13]，则不日而化矣。后人不达，以谓圣本生知，非学可至，而为学之道遂失。不求诸己而求诸外，以博闻强记、巧文丽辞为工，荣华其言，鲜有至于道者。则今之学，与颜子所好异矣。"

[1] 六艺：一指"六经"，即《易》《尚书》《诗经》《礼》《乐》《春秋》；一指礼、乐、射、御、书、数。此处二义均可通。

[2] 凿：斫害，伤害。

中华优秀传统文化读本

332

[3] 梏（gù）：拘禁，束缚。

[4] 自明而诚：《中庸》："自诚明，谓之性；自明诚，谓之教。诚则明矣，明则诚矣。"

[5] "造次"二句：语出《论语·里仁》。造次，仓猝、匆忙。

[6] 出：出仕。处（chǔ）：隐退。

[7] "动容"句：语出《孟子·尽心下》。

[8] "非礼勿视"四句：语出《论语·颜渊》。

[9] "得一善"二句：语出《中庸》。

[10] "不迁怒"二句：语出《论语·雍也》。

[11] "有不善"二句：语出《周易·系辞下》。

[12] "不思而得"二句：《中庸》："诚者，不勉而中，不思而得，从容中道，圣人也。"

[13] 假：给予。

横渠先生问于明道先生曰[1]："定性未能不动，犹累于外物，何如？"明道先生曰："所谓定者，动亦定，静亦定，无将迎[2]，无内外。苟以外物为外，牵己而从之，是以己性为有内外也。且以性为随物于外，则当其在外时，何者为在内？是有意于绝外诱而不知性之无内外也。既以内外为二本，则又乌可遽语定哉[3]？夫天地之常，以其心普万物而无心；圣人之常，以其情顺万事而无情。故君子之学，莫若扩然而大公，物来而顺应。《易》曰：'贞吉，悔亡。憧憧往来，朋从尔思。'[4]苟规规于外诱之除，将见灭于东而生于西也。非惟日之不足[5]，顾其端无穷，不可得而除也。人之情各有所蔽，故不能适道，大率患在于自私而用智。自私则不能以有为为应迹，用智则不能以明觉为自然。今以恶外物之心，而求照无物之地，是反鉴而索照也[6]。《易》曰：'艮其背，不获其身；行其庭，不见其人。'[7]《孟子》亦曰：'所恶于智者，为其凿也。'[8]与其非外而是内，不若内外之两忘也，两忘则澄然无事矣；无事则定，定则明，明则尚何应物之为累哉？圣人之喜，以物之当喜；圣人之怒，以物之当怒：是圣人之喜怒不系于心而系于物也。是则圣人岂不应于物哉？乌得以从外者为非，而更求在内者为是也？今以自私用智之喜怒，而视圣人喜怒之正为如何哉？夫人之情，易发而难制者，惟怒为甚。第能于怒时[9]，遽忘其怒，而观理之是非，亦可见外诱之不足恶，而于道亦思过半矣。"

[1] 横渠先生：张载（1020—1077），字子厚，凤翔郿县（今陕西眉县）横渠镇人，世称横渠先生，北宋思想家、教育家、理学创始人之一。明道先生：程颢（1032—1085），字伯淳，学者称明道先生。程颐之兄，北宋哲学家、教育家、诗人，理学的奠基者。

[2] 将迎：送迎。

[3] 遽：匆忙。

[4] "贞吉"四句：语出《易经·咸卦》。意谓占卜吉利，无所悔恨。纷沓往来，朋友们都顺从你的意旨。贞吉，占吉。憧憧，往来不绝。

[5] 日：指时间。

[6] 鉴：镜子。

[7] "艮其背"四句：语出《易经·艮卦》。意谓卸掉责任，罢官退隐，朝列中已看不到他的身影；在他的庭院中寻找，也没有找到。艮，止。

[8] "所恶"二句：语出《孟子·离娄下》。意谓人们之所以厌恶机巧，因为它往往穿凿附会，背离自然。

[9] 第：如果。

伊川先生谓方道辅曰[1]：圣人之道，坦如大路，学者病不得其门耳。得其门，无远之不到也。求入其门不由经乎？今之治经者亦众矣，然而买椟还珠之蔽，人人皆是。经所以载道也。诵其言辞，解其训诂，而不及道，乃无用之糟粕耳。觊足下由经以求道[2]，勉之又勉，异日见卓尔有立于前[3]，然后不知手之舞、足之蹈，不加勉而不能自止也。

[1] 方道辅：程颐的学生。

[2] 觊（jì）：希望。

[3] 卓尔：特立貌。

明道曰："修辞立其诚"[1]，不可不子细理会[2]。言能修省言辞，便是要立诚。若只是修饰言辞为心，只是为伪也。若修其言辞，正为立己之诚意，乃是体当自家"敬以直内、义以方外"之实事[3]。道之浩浩，何处下手？惟立诚才有可居之处。有可居之处，则可以修业也。"终日乾乾"[4]，大小大事，却只是"忠信所以进德"为实下手处，"修辞立其诚"为实修业处。

[1] 修辞立其诚：《周易·文言》："子曰：'君子进德修业。忠信，所以进德也。修辞立其诚，所以居业也。'"

[2] 子细：仔细。

[3] "敬以直内"二句：《周易·文言》："君子敬以直内，义以方外，敬义而德不孤。"

[4] 终日乾乾：《易经·乾卦》："九三，君子终日乾乾，夕惕若厉，无咎。"

明道曰：学只要鞭辟近里[1]，著己而已[2]。故"切问而近思"[3]，则"仁在其中矣"。"言忠信，行笃敬，虽蛮貊之邦，行矣。言不忠信，行不笃敬，虽州里，行乎哉？立则见其参于前也，在舆则见其倚于衡也，夫然后行。"[4]只此是学。质美者明得尽，查滓便浑化[5]，却与天地同体。其次惟庄敬持养；及其至，则一也。

[1] 鞭辟近里：切实透辟。

[2] 著己：切实贴身。

[3] "切问"二句：《论语·子张》："子夏曰：'博学而笃志，切问而近思，仁在其中矣。'"

[4] "言忠信"一段：出自《论语·卫灵公》。蛮貊（mò），南蛮和北狄。衡，车前横木。

[5] 查：同"渣"。

问："作文害道否？"曰："害也。凡为文，不专意则不工。若专意，则志局于此，又安能与天地同其大也？《书》曰：'玩物丧志。'为文亦玩物也。吕与叔有诗云[1]：'学如元凯方成癖[2]，文似相如始类俳[3]。独立孔门无一事，只输颜氏得心斋[4]。'古之学者惟务养情性，其他则不学。今为文者，专务章句悦人耳目。既务悦人，非俳优而何？"曰："古者学为文否？"曰："人见《六经》，便以谓圣人亦作文，不知圣人亦摅发胸中所蕴[5]，自成文耳。所谓'有德者必有言'也[6]。"曰："游、夏称文学[7]，何也？"曰："游、夏亦何尝秉笔学为词章也？且如'观乎天文以察时变，观乎人文以化成天下'[8]，此岂词章之文也？"

[1] 吕与叔：名大临，字与叔，程颐的学生。

[2] 元凯：杜预，字元凯，西晋时期著名的政治家、军事家和学者，灭吴统一战争的统帅之一。

[3] 相如：即司马相如，西汉辞赋家。俳（pái）：俳优，伶人。

[4] 心斋：语出《庄子》，指一种排除思虑和欲望的精神修养方法。这里指修养境界。

[5] 摅（shū）：抒发，表达。

[6] "有德"句：语出《论语·宪问》。

[7] 游、夏称文学：《论语·先进》："子曰：'从我于陈蔡者，皆不及门也。德行：颜渊、闵子骞、冉伯牛、仲弓；言语：宰我、子贡；政事：冉有、季路；文学：子游、子夏。'"

[8] "观乎"二句：语出《易·贲·象》。

大其心，则能体天下之物；物有未体，则心为有外。世人之心，止于见闻之狭；圣人尽性，不以见闻梏其心[1]。其视天下，无一物非我。孟子谓"尽心则知性知天"以此[2]。天大无外，故有外之心，不足以合天心。

[1] 梏（gù）：约束，限制。

[2] "尽心"句：《孟子·尽心上》："尽其心者，知其性也；知其性，则知天矣。"

横渠先生作《订顽》曰[1]：乾称父，坤称母。予兹藐焉[2]，乃混然中处。故天地之塞，吾其体；天地之帅，吾其性。民吾同胞，物吾与也[3]。大君者[4]，吾父母宗子[5]；其大臣，宗子之家相也[6]。尊高年，所以长其长；慈孤弱，所以幼其幼。圣，其合德；贤，其秀也。凡天下疲癃残疾[7]、惸独鳏寡[8]，皆吾兄弟之颠连而无告者也[9]。"于时保之"[10]，子之翼也；乐且不忧[11]，纯乎孝者也。违曰悖德，害仁曰贼，济恶者不才；其践形[12]，惟肖者也。知化则善述其事[13]，穷神则善继其志。不愧屋漏为无忝[14]，存心养性为匪懈[15]。恶旨酒[16]，崇伯子之顾养[17]；育英才[18]，颍封人之锡类[19]。不弛劳而底豫[20]，舜其功也；无所逃而待烹[21]，申生其恭也[22]。体其受而归全者[23]，参乎[24]！勇于从而顺令者[25]，伯奇也[26]。富贵福泽，将厚吾之生也；贫贱忧戚，庸玉汝于成也[27]。存，吾顺事；没，吾宁也。

[1]《订顽》：即《西铭》。

[2] 藐：弱小，幼小。

[3] 物吾与也：谓万物与我为一体。

[4] 大君：天子。

[5] 宗子：嫡长子。

[6] 家相：上古时期卿大夫家中的管家，泛指臣仆。

[7] 癃（lóng）：衰老多病。

[8] 惸（qióng）：指无兄弟的人。

[9] 颠连：困顿不堪。

[10] 于时保之：语出《诗经·周颂·我将》。

[11] 乐且不忧：《周易·系辞上》："乐天知命，故不忧。"

[12] 践形：体现人所天赋的品质。《孟子·尽心上》："形色，天性也，惟圣人然后可以践形。"

[13] "知化"二句：化用《周易》与《中庸》之语。《周易·系辞下》："穷神知化，德之盛也。"《中庸》："夫孝者，善继人之志，善述人之事者也。"

[14] 不愧屋漏：谓无愧于天地神明。《诗经·大雅·抑》："相在尔室，尚

不愧于屋漏。"屋漏：古代室内西北隅施设小帐，安藏神主，为人所不见的地方。忝：羞辱，有愧于。

[15] 匪懈：不懈怠。匪，同非。

[16] 恶旨酒：《孟子·离娄下》："禹恶旨酒而好善言。"旨，味美、美味。

[17] 崇伯子：即夏禹。夏禹之父鲧封于崇，史称崇伯。顾养：顾念父母的养育之恩。

[18] 育英才：《孟子·尽心上》："孟子曰：君子有三乐，而王天下不与存焉。父母俱存，兄弟无故，一乐也。仰不愧与天，俯不怍于人，二乐也。得天下英才而教育之，三乐也。"

[19] 颍封人：即颍考叔，春秋时郑国人，曾为颍谷封人，以事母至孝著称。锡类：谓以善施及众人。《诗经·大雅·既醉》："孝子不匮，永锡尔类。"锡，赐予。类，善也。

[20] 不弛劳：勤劳不松懈。厎：至于。豫：快乐。

[21] 待烹：犹言待死，并非确指。

[22] 申生：春秋时晋献公太子，为晋献公宠爱骊姬所谗，自刭而死。恭：申生谥号。按古代谥法，敬顺事上曰恭。

[23] 体其受：身体发肤，受之于父母。《孝经·开宗明义章》："身体发肤，受之父母，不敢毁伤，孝之始也。"归全：保全身体，归之于父母。《礼记·祭义》："天之所生，地之所养，无人为大。父母全而生之，子全而归之，可谓孝矣。"

[24] 参：曾参，字子舆，孔子弟子，以孝著称，相传《大学》《孝经》均为其所作。

[25] "勇于"句：指勇于顺从父母的旨意。

[26] 伯奇：古代孝子，传为周宣王大臣尹吉甫之子，受谗于后母而被逐。

[27] 庸：用。玉：相助，磨练。

三、致知

凡一物上有一理，须是穷致其理。穷理亦多端，或读书，讲明义理；或论古今人物，别其是非；或应接事物，而处其当，皆穷理也。或问："格物须物物格之[1]，还只格一物而万理皆知？"曰："怎得便会贯通？若只格一物便通众理，虽颜子亦不敢如此道。须是今日格一件，明日又格一件，积习既多，然后脱然自有贯通处。"

[1] 格物：即物而穷其理。格，推究。

今人不会读书，如"诵《诗》三百，授之以政，不达；使于四方，不能专对。虽多，亦奚以为？"[1]须是未读《诗》时，不达于政，不能专对。既读《诗》后，便达于政，能专对四方，始是读《诗》。"人而不为《周南》《召南》，其犹正墙面"[2]，须是未读《诗》时如面墙，到读了后便不面墙，方是有验。大抵读书只此便是法。如读《论语》，旧时未读，是这个人，及读了，后来又只是这个人，便是不曾读也。

[1] "诵《诗》三百"一段：出自《论语·子路》。

[2] "人而不为"二句：出自《论语·阳货》。墙面，谓面对墙壁、目无所见，比喻不学无术或一无所知。

学者当以《论语》《孟子》为本。《论语》《孟子》既治，则"六经"可不治而明矣。读书者，当观圣人所以作经之意，与圣人所以用心，与圣人所以至圣人，而吾之所以未至者，所以未得者。句句而求之，昼诵而味之，中夜而思之[1]。平其心，易其气[2]，阙其疑[3]，则圣人之意见矣。

[1] 中夜：半夜。

[2] 易：平易，指性情温和宁静，谦逊和蔼。

[3] 阙其疑：即阙疑，谓遇有疑惑，暂时空着，不作主观推测。《论语·为政》："多闻阙疑，慎言其余，则寡尤。"

书须成诵。精思多在夜中，或静坐得之，不记则思不起。但贯通得大原后[1]，书亦易记。所以观书者，释己之疑，明己之未达。每见每知新益，则学进矣。于不疑处有疑，方是进矣。

[1] 大原：根源，根本。

四、存养

人之所以不能安其止者，动于欲也。欲牵于前而求其止，不可得也。故《艮》之道[1]，当"艮其背"。所见者在前而背乃背之，是所不见也。止于所不见，则无欲以乱其心，而止乃安。"不获其身"，不见其身也，谓忘我也。无我则止矣，不能无我，无可止之道。"行其庭，不见其人。"庭除之间至近也[2]，在背，则虽至近，不见，谓不交于物也。外物不接，内欲不萌，如是而止，乃得止之道，于止为"无咎"也。

[1] "《艮（gèn）》之道"二句：《周易·艮卦》："艮其背，不获其身；行其庭，不见其人，无咎。"艮，止息、静止。背，背后。不获其身，谓身不受辱。获，玷污、被辱。咎，灾祸，不幸之事。

[2] 庭除：庭阶，庭院。

人多思虑，不能自宁，只是做他心主不定[1]。要作得心主定，惟是止于事，"为人君止于仁"之类[2]。如舜之诛四凶[3]，四凶已作恶，舜从而诛之，舜何与焉[4]？人不止于事，只是揽他事，不能使物各付物。物各付物，则是役物。为物所役，则是役于物。"有物必有则"[5]，须是止于事。

[1] 心主：《黄帝内经·素问》："心者，君主之官也，神明出焉。"

[2] 为人君止于仁：语出《礼记·大学》。

[3] 四凶：相传为尧舜时代四个恶名昭彰的部族首领。

[4] 与：干预。

[5] 有物必有则：《孟子·告子上》："《诗》曰：'天生蒸民，有物有则。民之秉夷，好是懿德。'孔子曰：'为此诗者，其知道乎！故有物必有则，民之秉

340

夷也，故好是懿德。'"

　　学者先务，固在心志。然有谓欲屏去闻见知思，则是"绝圣弃智"[1]；有欲屏去思虑，患其纷乱，则须坐禅入定。如明鉴在此，万物毕照，是鉴之常，难为使之不照。人心不能不交感万物[2]，难为使之不思虑。若欲免此，惟是心有主。如何为主？敬而已矣。有主则虚，虚谓邪不能入。无主则实，实谓物来夺之。大凡人心不可二用，用于一事，则他事更不能入者，事为之主也。事为之主，尚无思虑纷扰之患。若主于敬，又焉有此患乎！所谓敬者，主一之谓敬。所谓一者，无适之谓一[3]。且欲涵泳主一之义[4]，不一则二三矣。至于不敢欺，不敢慢，"尚不愧于屋漏"[5]，皆是敬之事也。

　　[1] 绝圣弃智：语出《老子》："绝圣弃智，民利百倍。"

　　[2] 交感：谓相互感应。

　　[3] 无适：此谓没有专主，不作预设，心用一事，不作旁骛。《论语·里仁》："子曰：'君子之于天下也，无适也，无莫也，义之与比。'"朱熹集注："适，专主也。《春秋传》曰'吾谁适从'是也。"《朱子语类》："此'适'字，当为'吾谁适从'之'适'，音'的'，是端的之意，言无所定，亦无不定耳。"

　　[4] 涵泳：浸润、沉浸，深入领会。

　　[5] "尚不"句：语出《诗经·大雅·抑》："相在尔室，尚不愧于屋漏。"相，看、观察。屋漏：古代室内西北隅施设小帐，安藏神主，为人所不见之地。

五、出处

　　人苟有"朝闻道，夕死可矣"之志[1]，则不肯一日安于所不安也。何止一日，须臾不能。如曾子易箦[2]，须要如此乃安。人不能若此者，只为不见实理。实理者，实见得是，实见得非。凡实理，得之于心，自别。若耳闻口道者，心实不见。若见得，必不肯安于所不安。人之一身，尽有所不肯为，及至他事又不然。若士者，虽杀之，使为穿窬必不为[3]，其他事未必然。至如执卷者[4]，莫不知说礼义。又如王公大人，皆能言轩冕外物[5]，及其临利害，则不知就义理，却就富贵。如此者只是说得不实见。及其蹈水火，则人皆避之，是实见得。须是有"见不善如探汤"之心[6]，则自然别。昔曾经伤于虎者，他人语虎，则虽三尺童子，皆知虎之可畏，终不似曾经伤者神色慑惧[7]，至诚畏之，是实见得也。得之于心，是谓有德，不待勉强[8]。然学者则须勉强[9]。古人有捐躯陨命者，若不实见得，则乌能如此？须是实见得。生不重于义，生不安于死也，故有"杀身成仁"[10]，只是成就一个是而已。

[1] "朝闻道"二句：语出《论语·里仁》。

[2] 曾子易箦（zé）：谓曾子要求更换寝席。事见《礼记·檀弓上》。按古时礼制，箦只用于大夫，曾参未曾为大夫，不当用，所以临终时要曾元为之更换。箦，华美的竹席。

[3] 穿窬（yú）：挖墙洞和爬墙头，指偷窃行为。窬，通"踰"，翻越。

[4] 执卷者：谓读书人。

[5] 轩冕：古时大夫以上官员的车乘和冕服，借指官位爵禄。

[6] 见不善如探汤：语出《论语·季氏》："子曰：'见善如不及，见不善如探汤。'"探汤：探试沸水，形容戒惧。

[7] 慑惧：谓恐惧。

[8] 勉强：心中不愿而强为之。

[9] 勉强：尽力而为。

[10] 杀身成仁：语本《论语·卫灵公》："志士仁人，无求生以害仁，有杀身以成仁。"

人多言安于贫贱，其实只是计穷力屈，才短不能营画耳。若稍动得，恐未肯安之。须是诚知义理之乐于利欲也[1]，乃能。

[1] "须是"句：谓必须真的明白真知义理之乐较之利欲更为快乐。

天下事大患只是畏人非笑[1]。不养车马，食粗衣恶，居贫贱，皆恐人非笑。不知当生则生，当死则死。今日万钟[2]，明日弃之；今日富贵，明日饥饿：亦不恤[3]，"惟义所在"[4]。

[1] 非笑：讥笑。

[2] 万钟：指优厚的俸禄。钟，古容量单位。

[3] 不恤：不忧悯；不顾惜。

[4] 惟义所在：语出《孟子·离娄下》："孟子曰：'大人者，言不必信，行不必果，惟义所在。'"

六、政事

问："人于议论多欲直己[1]，无含容之气，是气不平否？"曰："固是气不平，亦是量狭。人量随识长，亦有人识高而量不长者，是识实未至也。大凡别事，人都强得，惟识量不可强。今人有斗筲之量[2]，有釜斛之量[3]，有钟鼎之量[4]，有江河之量。江河之量亦大矣，然有涯，有涯亦有时而满。惟天地之量则无满。故圣人者，天地之量也。圣人之量，道也。常人之有量者，天资也。天资有量须有限。大抵六尺之躯，力量只如此。虽欲不满，不可得也。如邓艾位三公[5]，年七十，处得甚好，及因下蜀有功，便动了。谢安闻谢玄破苻坚[6]，对客围棋[7]，报至不喜，及归折屐齿，强终不得也。更如人大醉后益恭谨者，只益恭谨，便是动了。虽与放肆者不同，其为酒所动一也。又如贵公子位益高，益卑谦，只卑谦便是动了。虽与骄傲者不同，其为位所动一也。然惟知道者量自然宏大，不勉强而成。今人有所见卑下者，无他，亦是识量不足也。"

[1] 直己：谓以自己的议论为有理，以自己的观点为正义。

[2] 斗筲（shāo）：斗与筲，皆量小的容器。喻人的才识短浅，气量狭窄。

[3] 釜斛（hú）：釜与斛，亦皆量器，其容量大于斗与筲。

[4] 钟鼎：钟和鼎，上面多铭刻记事表功的文字。

[5] 邓艾：三国时期魏国杰出将领，因功被赐爵关内侯，加讨寇将军，后又迁升城阳太守。曾与钟会分别率军攻打蜀汉，并率先进入成都，使得蜀汉灭亡，即下文所谓"下蜀有功"。三公：古代中央三种最高官衔的合称，东汉以太尉、司徒、

司空为三公。

[6] 谢安：字安石，陈郡阳夏（今河南太康）人，东晋政治家。谢玄：谢安之侄，军事家，在著名的淝水之战中，以少胜多，大败前秦。符坚：十六国时期前秦君主，曾发兵南下欲消灭东晋，但在淝水之战中大败给东晋谢玄等人。

[7] "对客"三句：《晋书》载："玄等既破坚，有驿书至，安方对客围棋，看书既竟，便摄放床上，了无喜色，棋如故。客问之，徐答云：'小儿辈遂已破贼。'既罢，还内，过户限，心喜甚，不觉屐齿之折，其矫情镇物如此。"屐：木制的鞋，底大多有二齿，以行泥地。

学者不可不通世务[1]。天下事譬如一家，非我为则彼为，非甲为则乙为。

[1] 世务：世情、时势，谋身治世之事。

横渠先生曰：凡人为上则易，为下则难。然不能为下，亦未能使下，不尽其情伪也[1]。大抵使人，常在其前已尝为之[2]，则能使人。

[1] 情伪：真假，真诚与虚伪。

[2] "常在"句：谓最好在使用别人之前，自己曾做过被人使用的事情。

【阅读书目】

《近思录详注集评》，陈荣捷，华东师范大学出版社。

《近思录集释》，张京华，岳麓书社。

《近思录通解》，朱高正，华东师范大学出版社。

《近思录全译》，于民雄，贵州人民出版社。

《〈近思录〉研究》，姜锡东，人民出版社。

第十一章　知行之合一

第一节 王阳明与《传习录》

　　《左传》有云："'太上有立德，其次有立功，其次有立言'，虽久不废，此之谓不朽。"立德、立功、立言的三不朽，是多少儒者士人毕生之追求，处世之标指，而在中国几千年的文明史中，能真正做到这三不朽的，却是凤毛麟角，寥若晨星。但曾有这么一位传奇人物，他的道德，曾被称为"三百年一人"；他的事功，曾被赞为"古今大功"；他的学说，曾被誉为"暗室一炬"，他就是"明第一流人物，立德、立功、立言，皆居绝顶"，后人称颂能做到"三不朽"的"两个半人"之一的王守仁。

　　王守仁，字伯安，别号阳明，学人称之为阳明先生，浙江余姚人。他母亲怀胎14个月才将其生下。因他是在祖母梦见神人自云中送子后才生下来的，故祖父给他取名为"云"。阳明先生自幼聪颖过人，但至5岁仍不会说话，一次与小伙伴游戏时，遇一异人，摸着他的头说："好个孩儿，可惜道破。"于是其祖父根据《论语·卫灵公》"知及之，仁不能守之，虽得之，必失之"一句，替他改名为"守仁"，之后他才开口说话。

　　"守仁天资异敏"，志存高远，所关心和考虑的问题，异于当时一般的读书人。当他在私塾读书时，有一次与自己的私塾老师讨论最要紧之事，他的回答就不同凡俗，认为读书并不能以科举为最要紧之事，而应志在圣贤。

除了专心读书，研求圣人之旨外，他还特别以国家为念。他研究军事，学习兵法，以期未来报效国家。他说这些做这些，可能为当时的读书人所不齿，甚至这种不以科举为重，不一心研读圣贤书的行径，会被人耻笑，但谁都没想到日后他——实现了自己年少时的梦。

王守仁一生仕途坎坷，几经起伏，但他却不以外在得失荣辱为意，而始终关注着自己的内心是否因外境而动摇，是否回归到本真之光明。正如他15岁两次科举不第时所说："你们以不登第为耻，我以不登第却为之懊恼为耻。"无论是抗击刘瑾，还是剿灭土匪；无论是谪居龙场，还是平乱宁王，他都在认真地做着自己，关注着自己的内心，成就着自己，同时也在影响着别人，成就着别人，用自己的言行在认真践行着儒家的忠恕之道，践行着"在明明德，在亲民，在止于至善"。

王守仁一生事功显著，曾在短短几个月时间之内，用奇兵荡平江西数十年之匪患；曾在"旬日之间，不待请兵请粮"，擒获密谋十数年的宁王；曾临危受命，用了几个月时间，恩威并用平定西南部叛乱。在他"羽扇纶巾，谈笑间，樯橹灰飞烟灭"的时候，他心中想的最多的不是社稷江山，不是厚禄高官，不是后世扬名，而是百姓黎民，他是想救黎民于水火之中，是想还百姓一份幸福康宁。这份单纯，也使得他的事功更值得称颂。

虽然立德、立功足以传扬后世，但提到王阳明，人们首先想到的却往往是他的"心学"，是他的"致良知"，是他的"知行合一"，是他的"心外无物"，是他的"四句教"（无善无恶心之体，有善有恶意之动，知善知恶是良知，为善去恶是格物）……他的学说，集心学之大成，直指人心，因机设教，所以当时"翕然从之"的学者非常多，上至朝堂权贵，下至贩夫走卒，皆有仰慕其思想、追随其一生者。他的心学影响之大，以致后世将其与孔子、孟子、朱熹并称为"孔孟朱王"。他的心学气魄之大，旨在"使天下人皆知致其良知，以相安相养，去其自私自利之弊"，这些都足以使他流芳千古。

阳明先生的思想涵盖广博，灵动活泼，既有直指之标的，亦有因机之权教，虽可粗分为"致良知""知行合一""心外无物"几个核心，但实为一也。它们是相互支撑、相互贯穿、一体多面的关系。当然为方便了解阳明先生的思想，也可以从这几个核心思想入手来了解。

"致良知"，是阳明心学的一个核心内容，也是理解心学的关键。只要明白了"致良知"的内涵，那么"知行合一""心外无物"也都好理解了。"良知"一词本出自《孟子·尽心上》："人之所不学而能者，其良能也；所不虑而知者，其良知也。"那什么是"不虑而知"呢？它至少包含两方面意思，一是本有性。知不从外来，是人本身所具有的。这是从其来源处讲，知的能力不是后天学习获得的，而是人人都具有的。拿阳明自己的例子来说，心如果是一面镜子的话，知就是能照见万事万物的能力。这里所强调的本有性，即这种能照的能力，是镜子所本有的，不是从外获得的，也不需任何外在附加条件。二是纯一性。知是纯粹的，没有具体固着。这是从其起用处讲，良知不会被私心私欲的思虑干扰，是一种纯粹的本然状态。还是将心比作镜子，这里就更多强调镜面的干净，没有任何染污，是一种对事物没有任何扭曲的纯然的照见。良知的这个"不虑而知"性正如阳明先生所言，"心自然会知。见父自然知孝，见兄自然知弟，见孺子入井，自然知恻隐，此便是良知，不假外求。"

在阳明先生这里，良知还有一个很大的特点，就是心的本体。他明确提出"知是心之本体"，但是他也提出"至善是心之本体"，那么"知"和"至善"是什么关系呢？"知"已如上述，那么什么是"至善"呢？阳明先生曾说："无善无恶者理之静，有善有恶者气之动。不动于气，即无善无恶。是谓至善。"可以看出，所谓至善，是无善无恶的，是超越善恶，而不是将世俗的善或者将自己认为的善做到极致。其实这个"知"和"至善"的关系，我们借助上面说的知的纯一性就非常好理解了。"至善"是"知"纯然表现出来时的一种状态，这种至善就像是镜子的干干净净。纯粹的镜子自然是干干净净的，纯粹的知也必然是至善的。

知的至善即是没有善恶的观念夹杂，只是一味知而已。为什么说要回到知的本体，善恶之念也要去除呢？首先，因为善恶都是相对的，都是由自己的好恶所生的。正如薛侃除花间草时，阳明先生所说"子欲观花，则以花为善，以草为恶。如欲用草时，复以草为善矣。此等善恶，皆由汝心好恶所生。"由此可见，"善恶全然不在物"，如果只是一味知的话，就会发现"天地生意，花草一般。何曾有善恶之分？"而善恶只是一种基于一定标准得出的私心私意罢了。其次，从另一个层次来说，阳明先生也说"有善有恶者气之动"，"动气便是恶"，由此可见有善有恶的概念本身就恶，就是应该去除的。这已经不是"理之静"的本然状态了，已经因好恶不得其正了，所以没有善恶念头固着的状态才是知的至善，只有这种至善才是知的本来面目，才是知的本体，才是心之本体。

既然善恶不是知的本体，只有无善无恶的至善才是知的本体，要回归到知的本体，必须也要去除有善有恶的气之动，这是不是说善恶与良知截然对立呢？善恶之念与良知究竟是一种什么样的关系呢？其实关于良知与善恶的关系，阳明先生非常著名的"知善知恶是良知"已说得非常明白，善恶是良知觉知的对象，而非良知本身之固有。还是以镜子为例，那么善恶只是如万物一般，是镜子照见的内容，虽然映射在镜子之中，好似镜子就是如此这般一样，而实非镜子的本来面目，镜子的本来面目是廓然大公的，是寂然不动的，是无善无恶的。"知善知恶是良知"强调我们生命中那个能知道此为善、彼为恶的是良知，就是心中那一点灵明。良知，是无善无恶的，故是至善的；是知善知恶的，故是灵明的；是本真且精纯的，故是不虑而知的。

因此，"致良知"只是让"良知"纯粹发出来而已："即心之良知更无障碍，得以充塞流行，便是致其知。"正如阳明先生所举的"精金喻"，只是精粹金子，毫无杂质和染污。当然心上的染污，既包括比较明显的利己的私心私意，也包括不太容易察觉的好恶之念。这都是需要我们格除的障碍。

理解了"致良知"后，我们再看"知行合一"，就非常好理解了。在"良知"纯然展现时，自然回归知行的本体，知必然会行，不会"被私欲隔断，不是知行的本体了"。比如我们在知要孝时，自然会去孝，而不会有我很忙，我很累，我没时间，我已经很好了……这类"我"的私心障碍。在去除这些障碍后，自然体会"知之真切笃实处，即是行；行之明觉精察处，即是知"的知行合一。如果我们机械地理解知行关系，不免也要生出这样的疑问：行与知合一，岂不是知就可以代替行，从而只求诸内心而荒废了实践？阳明对此的解释是，出现"知行并进"的想法就已经失却了知行本体，有将二者分裂的意识。本来也没有什么"并进"，不论是"行"，还是看上去在身外的"物理"，都统摄于心。因而行不是将知的原理应用于外，不是能与知并列互补的独立的行为，其本来就是知的一部分。

在了解"致良知"之旨后，再看"心外无物"之说，关键是把握"物"的内涵。在阳明先生的语言体系下，"意之所在便是物"。这里的"物"不是强调物理世界的客观性，而是强调一种对象性，即强调物为知的对象，这个物即是事，是一种主客观的统一。所以"心外无物"，对于知外的物，脱离主观意识的物，则是与心"同归于寂"。

阳明先生虽无意于著书立说，但经后人整理之后，流传开来的文献记录也不少。后世将其全部文献资料整理汇编为《王文成公全书》，其中公认研究阳明先生思想最好的入门书籍就是《传习录》。

《传习录》是由王门弟子徐爱、薛侃、陆澄、钱德洪等根据平时记录辑成，它涵盖了阳明学说的主要思想，历来被视作阳明学派的"教典"。它分为三卷，主要为语录和书信。由于有多个学生对《传习录》进行过多次整理，所以有各种不同的版本，但内容基本相同。弟子们在整理这些语录和书信时，只是进行了简单汇编，并没有进一步整理，只是注明哪条由谁记录或者哪条对谁说，因此内容之间的逻辑性不强，但这也更加彰显了阳明先生学说的因材施教性。

《传习录》涵盖了阳明心学的所有重要观点。上卷经阳明先生亲自审定，主要阐述了心即理、心外无物、至善本具等观点，强调人人都有成圣成贤的可能性，但要向内省求，成圣之路本真，只需踏实行去即可。中卷有阳明先生与他人沟通的书信八篇，在回答来信的问难之中，进一步阐述了知行合一、格物说等思想，并针对每个人的不同层次、不同问题给予了具体指导。另有三篇短文，阐发了阳明先生的主要教育思想。下卷的内容主要反映了阳明先生晚年的思想，主要内容是致良知，将内在思想境界的提升、心灵的净化跟外在的事功完美结合，强调在事上用功，在事上磨练，在事上成就。

《传习录》虽然是一本哲学类书籍，内在意蕴深邃悠远，但是它的语言却非常平实，极具生活气息。它将深奥难懂的心性之学，简洁明了平实近人地表达出来，使人能听得懂，读得明。其中很多师生对话的内容也很能引起学生读者的共鸣。你会发现自己读书学习中遇到的问题：看书总是不明白怎么办；虽然学习却总是问不出问题是为什么；心思烦乱、无法静心；自由的学习和为功利的学习如何平衡等等，这些也都曾困扰过几百年前的读书人。阳明的解答也许不能完全适用于现代社会，但他确实提供了一些静心养性的实用功夫，并且将治学与生活紧密结合，一山一水、一草一木，甚至凡俗琐事都可以成为心性的注解和实践对象。正如钱穆先生所评："至于王阳明自己是一个大学者，但他讲的道理，却说不读书人也能懂，他的话不一定是讲给读书人听，不读书人也能听。"它真正是一本"人人可读的书"，也应成为"国人应读之书"。

阳明心学是中华传统文化中一颗璀璨的明珠。几百年来，多少仁人志士一直追求着它，践行着它，用它指导自己的生活，指导自己的事业，甚至指导自己的生命。因为它打通了内外、体用、心物、一多等看似矛盾的概念，将所有收归于心之本体，给我们看待这个世界提供了一个非常智慧的视角；因为它毫无学究气，一切如春风拂面般亲切自然，一切道理都如泉水一般，从自己胸次自然流出。走进心学，我们将会获得一种全新的生命体验，将会获得一次巨大的思维模式转变，将会认识一个更深层的自我。

第二节 《传习录》选读

一、上篇

爱问[1]："至善只求诸心。恐于天下事理，有不能尽。"先生曰："心即理也[2]。天下又有心外之事，心外之理乎？"爱曰："如事父之孝，事君之忠，交友之信，治民之仁，其间有许多理在。恐亦不可不察。"先生叹曰："此说之蔽久矣。岂一语所能悟？今姑就所问者言之。且如事父，不成去父上求个孝的理[3]？事君，不成去君上求个忠的理？交友治民，不成去友上民上求个信与仁的理？都只在此心。心即理也。此心无私欲之蔽，即是天理。不须外面添一分。以此纯乎天理之心，发之事父便是孝，发之事君便是忠，发之交友治民便是信与仁。只在此心去人欲、存天理上用功便是。"

爱曰："闻先生如此说，爱已觉有省悟处。但旧说缠于胸中，尚有未脱然者。如事父一事，其间温清定省之类[4]，有许多节目[5]，不亦须讲求否？"先生曰："如何不讲求？只是有个头脑。只是就此心去人欲、存天理上讲求。就如讲求冬温，也只是要尽此心之孝，恐怕有一毫人欲间杂。讲求夏清，也只是要尽此心之孝，恐怕有一毫人欲间杂。只是讲求得此心。此心若无人欲，纯是天理，是个诚于孝亲的心，冬时自然思量父母的寒，便自要去求个温的道理。夏时自然思量父母的热，便自要去求个清的道理。这都是那诚孝的心发出来的条件[6]。却是须有这诚孝的心，然后有这条件发出来。譬之树木，这诚孝的心便是根，许多条件便是枝叶。须先有根，然后有枝叶。不是先寻了枝叶，然后去种根。《礼记》言[7]：'孝子之有深爱者，必有和气。有和气者，必有愉色。有愉色者，必有婉容。'须是有个深爱做根，便自然如此。"

[1] 爱：指徐爱，字曰仁，号横山，浙江余姚人。他是王守仁的妹夫，为阳明先生早期入室弟子之一。

[2] 心即理也：王守仁哲学思想的主要观点之一，源于陆九渊，在《传习录》中多次论及。主要是说，天理就是心的本体，心与理不二。心，"以其条理而言谓之理。"理，"以其凝聚之主宰而言，则谓之心。"

[3] 不成：莫非，难道，表示反问。

[4] 其间温清（qìng）定省之类：指孝亲事父的一些具体要求。《礼记·曲礼上》曰："凡为人子之礼，冬温而夏清，昏定而晨省。"清，凉。

[5] 节目：条目，项目。

[6] 条件：逐条逐件，此谓分出的条枝。

[7] 《礼记》言：引文出自《礼记·祭义》。

爱因未会先生知行合一之训，与宗贤、惟贤往复辩论[1]，未能决。以问于先生。先生曰："试举看。"爱曰："如今人尽有知得父当孝，兄当弟者[2]，却不能孝，不能弟。便是知与行分明是两件。"先生曰："此已被私欲隔断，不是知行的本体了。未有知而不行者。知而不行，只是未知。圣贤教人知行，正是要复那本体。不是着你只恁的便罢[3]。故《大学》指个真知行与人看，说'如好好色，如恶恶臭'[4]。见好色属知，好好色属行。只见那好色时，已自好了。不是见了后，又立个心去好。闻恶臭属知，恶恶臭属行。只闻那恶臭时，已自恶了。不是闻了后，别立个心去恶。如鼻塞人虽见恶臭在前，鼻中不曾闻得，便亦不甚恶。亦只是不曾知臭。就如称某人知孝，某人知弟，必是其人已曾行孝行弟，方可称他知孝知弟。不成只是晓得说些孝弟的话，便可称为知孝弟？又如知痛，必已自痛了，方知痛。知寒，必已自寒了。知饥，必已自饥了。知行如何分得开？此便是知行的本体，不曾有私意隔断的。圣人教人，必要是如此，方可谓之知。不然，只是不曾知。"

[1] 宗贤：黄绾，字宗贤，号久庵。浙江黄岩人，官至礼部尚书。嘉靖元年，拜王守仁为师，以女嫁王守仁之子，晚年与王阳明思想决裂。惟贤，顾应祥，字惟贤，号箬溪。浙江长兴人，官至刑部尚书。少受业于王守仁，并不同意知行合一学说。

[2] 弟：通悌（tì），敬爱兄长。

[3] 恁（nèn）的：如此，这样。

[4] 如好（hào）好（hǎo）色，如恶（wù）恶（è）臭（xiù）：语出《大学》："所谓诚其意者，毋自欺也。如恶恶臭，如好好色。"

又曰："知是心之本体。心自然会知。见父自然知孝，见兄自然知弟，见孺子入井[1]，自然知恻隐。此便是良知不假外求[2]。若良知之发，更无私意障碍，即所谓'充其恻隐之心，而仁不可胜用矣'[3]。然在常人不能无私意障碍，所以须用致知格物之功胜私复理。即心之良知更无障碍，得以充塞流行，便是致其知。知致则意诚。"

[1] "见孺子"二句：语本《孟子·公孙丑上》："今人乍见孺子将入于井，皆有怵惕恻隐之心。"

[2] "良知"句：语本《孟子·尽心上》："人之所不学而能者，其良能也；所不虑而知者，其良知也。"良知，即天赋的道德观念。

[3] "充其"二句：语本《孟子·尽心下》："人能充无欲害人之心，而仁不可胜用也。"恻隐之心，即同情心。

问："看书不能明如何？"先生曰："此只是在文义上穿求，故不明。如此，又不如为旧时学问。他到看得多，解得去。只是他为学虽极解得明晓，亦终身无得。须于心体上用功[1]。凡明不得，行不去，须反在自心上体当[2]，即可通。盖四书五经，不过说这心体。这心体即所谓道，心体明即是道明，更无二。此是为学头脑处。"

[1] 心体：心之本体。

[2] 体当：省察体会。

澄尝问象山在人情事变上做工夫之说[1]。先生曰："除了人情事变，则无事矣。喜怒哀乐非人情乎？自视听言动，以至富贵贫贱、患难死生，皆事变也。事变亦只在人情里。其要只在致中和[2]，致中和只在谨独[3]。"

[1] 澄：陆澄，字原静，湖州归安人，曾任刑部主事。时有议阳明之学者，陆欲上疏，阳明先生闻而止之。下文中澄问之类亦是指陆原静问先生。象山：陆九渊，字子静，自号存斋。抚州金溪（今属江西）人。官至奉议郎知荆门军。提出"心即理"说，心是唯一实在。长期与朱熹辩论，其学说由王守仁继承发展，成为陆王学派。著作有《象山先生全集》。"在人情"句：语本《象山全集》："复斋家兄一日见问云：'吾弟今在何处做工夫？'某答云：'在人情、事势、物理上做些工夫。'"

[2] 致中和：语出《中庸》："致中和，天地位焉，万物育焉。"

[3] 谨独：即慎独。《中庸》："故君子慎其独也。"《大学》："故君子必慎其独也。"

澄问："仁义礼智之名，因已发而有？"曰："然。"他日澄曰："恻隐、羞恶、辞让、是非[1]，是性之表德邪？"曰："仁义礼智也是表德。性一而已。自其形体也，谓之天。主宰也，谓之帝。流行也，谓之命。赋于人也，谓之性。主于身也，谓之心。心之发也，遇父便谓之孝，遇君便谓之忠。自此以往，名至于无穷，只一性而已。犹人一而已，对父谓之子，对子谓之父。自此以往，至于无穷，只一人而已。人只要在性上用功，看得一性字分明，即万理灿然[2]。"

[1] "恻隐"句：语出《孟子·公孙丑上》："恻隐之心，仁之端也；羞恶之心，义之端也；辞让之心，礼之端也；是非之心，智之端也。"

一日，论为学工夫。先生曰："教人为学，不可执一偏。初学时心猿意马，拴缚不定。其所思虑，多是人欲一边。故且教之静坐，息思虑。久之，俟其心意稍定，只悬空静守，如槁木死灰[1]，亦无用。须教他省察克治。省察克治之功，则无时而可间。如去盗贼，须有个扫除廓清之意。无事时，将好色好货好名等私，逐一追究搜寻出来，定要拔去病根，永不复起，方始为快。常如猫之捕鼠，一眼看着，一耳听着，才有一念萌动，即与克去。斩钉截铁，不可姑容与他方便。不可窝藏，不可放他出路，方是真实用功，方能扫除廓清。到得无私可克，自有端拱时在[2]。虽曰'何思何虑'[3]，非初学时事。初学必须思省察克治，即是思诚，只思一个天理。到得天理纯全，便是'何思何虑'矣。"

[1] 槁木死灰：语出《庄子·齐物论》："形固可使如槁木，而心故可使如死灰乎？"

[2] 端拱：原指正身拱手、庄重不苟，此谓闲适自得、清静无为。

[3] 何思何虑：语本《易·系辞传下》："天下何思何虑，天下同归而殊途，一致而百虑，天下何思何虑。"

澄问："有人夜怕鬼者，奈何？"先生曰："只是平日不能集义[1]，而心有所慊[2]，故怕。若素行合于神明，何怕之有？"子莘曰[3]："正直之鬼不须怕，恐邪鬼不管人善恶，故未免怕。"先生曰："岂有邪鬼能迷正人乎？只此一怕，即是心邪，故有迷之者，非鬼迷也，心自迷耳。如人好色，即是色鬼迷；好货，即是货鬼迷；怒所不当怒，是怒鬼迷；惧所不当惧，是惧鬼迷也。"

[1] 集义：语本《孟子·公孙丑上》："是集义所生者，非义袭而取之也。"朱熹《孟子集注》云："集义，犹言积善。盖欲事事皆合于义也。"

[2] 慊（qiàn）：不满足，疑惑。

[3] 子莘：马明衡，字子莘，福建莆田人，官至御史。

澄在鸿胪寺仓居[1]。忽家信至，言儿病危。澄心甚忧闷不能堪。先生曰："此时正宜用功，若此时放过，闲时讲学何用？人正要在此等时磨炼。父之爱子，自是至情，然天理亦自有个中和处，过即是私意。人于此处多认做天理当忧，则一向忧苦，不知已是'有所忧患，不得其正'[2]。大抵七情所感[3]，多只是过，少不及者。才过便非心之本体，必须调停适中始得。就如父母之丧，人子岂不欲一哭便死，方快于心。然却曰'毁不灭性'[4]，非圣人强制之也，天理本体自有分限，不可过也。人但要识得心体，自然增减分毫不得。"

[1] 鸿胪（lú）寺：官署名，掌朝会、宾客、吉凶礼仪之事。王守仁于此时正任南京鸿胪寺卿。仓居：于衙舍暂时居住。

[2] "有所忧患"二句：语出《大学》。

[3] 七情：《礼记·礼运》："何谓人情？喜怒哀惧爱恶欲，七者弗学而能。"

[4] 毁不灭性：语本《礼记·丧服四制》："毁不灭性，不以死伤生也。"

问仙家元气、元神、元精，先生曰："只是一件：流行为气，凝聚为精，妙用为神。"

"喜怒哀乐，本体自是中和的[1]。才自家着些意思，便过不及，便是私。"

[1] 中和：《中庸》："喜怒哀乐之未发，谓之中。发而皆中节，谓之和。"

曰仁云[1]："心犹镜也，圣人心如明镜，常人心如昏镜。近世格物之说[2]，如以镜照物，照上用功，不知镜尚昏在，何能照！先生之格物，如磨镜而使之明，磨上用功，明了后亦未尝废照。"

[1] 曰仁：徐爱之字。此为《传习录》中唯一一条阳明先生弟子的语录。

[2] "近世"句：指程朱学派格物之说。

先生曰："诸公近见时少疑问，何也？人不用功，莫不自以为已知，为学只循而行之是矣。殊不知私欲日生，如地上尘，一日不扫便又有一层。着实用功，便见道无终穷，愈探愈深，必使精白无一毫不彻方可[1]。"

[1] 精白：纯净，纯洁。彻：通透，明白。

问："心要逐物，如何则可？"先生曰："人君端拱清穆，六卿分职[1]，天下乃治。心统五官，亦要如此。今眼要视时，心便逐在色上；耳要听时，心便逐在声上。如人君要选官时，便自去坐在吏部；要调军时，便自去坐在兵部：如此岂惟失却君体，六卿亦皆不得其职。"

"善念发而知之，而充之[2]；恶念发而知之，而遏之。知与充与遏者，志也，天聪明也。圣人只有此，学者当存此。"

[1] 六卿：指六官，即天官冢宰、地官司徒、春官宗伯、夏官司马、秋官司寇、冬官司空。隋唐后亦用以称吏、户、礼、兵、刑、工六部尚书。

[2] 充：扩充，充实。

澄曰："好色、好利、好名等心，固是私欲。如闲思杂虑，如何亦谓之私欲？"先生曰："毕竟从好色、好利、好名等根上起，自寻其根便见。如汝心中，决知是无有做劫盗的思虑，何也？以汝元无是心也。汝若于货、色、名、利等心，一切皆如不做劫盗之心一般，都消灭了，光光只是心之本体，看有甚闲思虑？此便是'寂然不动'[1]，便是'未发之中'[2]，便是'廓然大公'[3]，自然'感而遂通'，自然'发而中节'，自然'物来顺应'。"

[1] 寂然不动：语出《周易·系辞上》："易，无思也，无为也。寂然不动，感而遂通天下之故。"

[2] 未发之中：语本《中庸》："喜怒哀乐之未发谓之中，发而皆中节谓之和。"

[3] 廓然大公：语本《二程集》："故君子之学，莫若廓然而大公，物来而顺应。"

澄问："喜怒哀乐之中和，其全体常人固不能有。如一件小事当喜怒者，平时无有喜怒之心，至其临时，亦能中节，亦可谓之中和乎？"先生曰："在一时之事，固亦可谓之中和，然未可谓之大本、达道[1]。人性皆善，中和是人人原有的，岂可谓无？但常人之心既有所昏蔽，则其本体虽亦时时发见，终是暂明暂灭，非其全体大用矣。无所不中，然后谓之大本；无所不和，然后谓之达道。惟天下之至诚，然后能立天下之大本。"

曰："澄于中字之义尚未明。"曰："此须自心体认出来，非言语所能喻。中只是天理。"曰："何者为天理？"曰："去得人欲，便识天理。"曰："天理何以谓之中？"曰："无所偏倚。"曰："无所偏倚是何等气象？"曰："如明镜然，全体莹彻，略无纤尘染着。"曰："偏倚是有所染着，如着在好色、好利、好名等项上，方见得偏倚。若未发时，美色、名、利皆未相着，何以便知其有所偏倚？"曰："虽未相着，然平日好色、好利、好名之心，原未尝无。既未尝无，即谓之有，既谓之有，则亦不可谓无偏倚。譬之病疟之人，虽有时不发，而病根原不曾除，则亦不得谓之无病之人矣。须是平日好色、好利、好名等项，一应私心扫除荡涤，无复纤毫留滞，而此心全体廓然，纯是天理，方可谓之喜怒哀乐未发之中，方是天下之大本。"

[1] 大本、达道：语本《中庸》："中也者，天下之大本也，和也者，天下之达道也。致中和，天地位焉，万物育焉。"

尚谦问[1]："孟子之不动心与告子异[2]。"先生曰："告子是硬把捉着此心，要他不动。孟子却是集义到自然不动。"又曰："心之本体原自不动。心之本体即是性，性即是理。性元不动，理元不动。集义是复其心之本体。"

[1] 尚谦：薛尚谦，名侃，号中离，广东揭阳人，在粤讲学近十年，一生极力为阳明先生辩护。下文"侃去花间草"，亦为薛侃。

[2] 告子：名不害，墨子的弟子。

希渊问[1]："圣人可学而至，然伯夷、伊尹于孔子才力终不同[2]，其同谓之圣者安在[3]？"先生曰："圣人之所以为圣，只是其心纯乎天理而无人欲之杂。犹精金之所以为精，但以其成色足而无铜铅之杂也。人到纯乎天理方是圣，金到足色方是精。然圣人之才力，亦有大小不同，犹金之分两有轻重。尧、舜犹万镒[4]，文王、孔子犹九千镒，禹、汤、武王犹七八千镒，伯夷、伊尹犹四五千镒。才力不同，而纯乎天理则同，皆可谓之圣人；犹分两虽不同，而足色则同，皆可谓之精金。以五千镒者而入于万镒之中，其足色同也。以夷、尹而厕之尧、孔之间[5]，其纯乎天理同也。盖所以为精金者，在足色，而不在分两；所以为圣者，在纯乎天理，而不在才力也。故虽凡人，而肯为学，使此心纯乎天理，则亦可为圣人。犹一两之金，比之万镒，分两虽悬绝，而其到足色处，可以无愧。故曰'人皆可以为尧、舜'[6]者以此。学者学圣人，不过是去人欲而存天理耳。犹炼金而求其足色，金之成色，所争不多[7]，则锻炼之工省而功易成。成色愈下，则锻炼愈难。人之气质，清浊粹驳，有中人以上，中人以下。其于道，有生知安行[8]，学知利行，其下者，必须人一己百[9]，人十己千，及其成功则一。后世不知作圣之本是纯乎天理，却专去知识、才能上求圣人，以为圣人无所不知，无所不能，我须是将圣人许多知识、才能逐一理会始得。故不务去天理上着工夫，徒弊精竭力，从册子上钻研，名物上考索，形迹上比拟。知识愈广而人欲愈滋，才力愈多而天理愈蔽。正如见人有万镒精金，不务锻炼成色，求无愧于彼之精纯，而乃妄希分两，务同彼之万镒，锡、铅、铜、铁杂然而投，分两愈增，而成色愈下。既其梢末，无复有金矣。"

时曰仁在傍曰："先生此喻，足以破世儒支离之惑，大有功于后学。"先生又曰："吾辈用力，只求日减，不求日增。减得一分人欲，便是复得一分天理。何等轻快脱洒？何等简易？"

[1] 希渊：蔡希渊，名宗兖，号我斋。浙江山阴人，为阳明先生最早弟子之一。

[2] 伯夷：商末孤竹君长子。相传其父遗命要立次子叔齐为继承人。孤竹君死后，叔齐让位给伯夷，伯夷不受，叔齐也不愿登位，先后都逃到周国。武王灭商，

中华优秀传统文化读本

360

他们耻食周粟，采薇而食，饿死于首阳山。伊尹：商汤大臣，名伊，一名挚，尹是官名。

[3] 同谓之圣：语本《孟子·万章下》："孟子曰：'伯夷，圣之清者也；伊尹，圣之任者也；柳下惠，圣之和者也；孔子，圣之时者也。'"

[4] 镒（yì）：古代重量单位。合二十两，一说二十四两。

[5] 厕之：混杂里面。

[6] "人皆"句：语出《孟子·告子下》。

[7] 争：相差。

[8] "生知"二句：语本《中庸》："或生而知之，或学而知之，或困而知之，及其知之，一也。或安而行之，或利而行之，或勉强而行之，及其成功，一也。"

[9] "人一"二句：语本《中庸》："人一能之，己百之；人十能之，己千之。"指别人用一倍的功夫，我就用一百倍的功夫；别人用十倍的功夫，我就用一千倍的功夫。

侃去花间草。因曰："天地间何善难培，恶难去？"先生曰："未培未去耳。"少间，曰："此等看善恶，皆从躯壳起念。便会错。"侃未达[1]。曰："天地生意[2]，花草一般[3]，何曾有善恶之分？子欲观花，则以花为善，以草为恶。如欲用草时，复以草为善矣。此等善恶，皆由汝心好恶所生，故知是错。"

曰："然则无善无恶乎？"曰："无善无恶者，理之静；有善有恶者，气之动。不动于气，即无善无恶，是谓至善。"曰："佛氏亦无善无恶[4]，何以异？"曰："佛氏着在无善无恶上，便一切都不管，不可以治天下。圣人无善无恶，只是'无有作好'[5]，'无有作恶'，不动于气。然'遵王之道'，'会其有极'，便自一循天理，便有个裁成辅相[6]。"

曰："草既非恶，即草不宜去矣？"曰："如此却是佛、老意见。草若是碍，何妨汝去？"曰："如此又是作好、作恶。"曰："不作好恶，非是全无好恶，却是无知觉的人。谓之不作者，只是好恶一循于理，不去又着一分意思。如此即是不曾好恶一般。"曰："去草如何是一循于理，不着意思？"曰："草有妨碍，理亦宜去。去之而已。偶未即去，亦不累心。若着了一分意思，即心体便有贻累[7]，便有许多动气处。"

曰："然则善恶全不在物？"曰："只在汝心。循理便是善，动气便是恶。"曰："毕竟物无善恶？"曰："在心如此，在物亦然。世儒惟不知此，舍心逐物，将'格物'之学错看了，终日驰求于外，只做得个"义袭而取"[8]，终身行不著[9]，习不察。"

曰："如好好色，如恶恶臭，则如何？"曰："此正是一循于理，是天理合如此，本无私意作好作恶。"曰："如好好色，如恶恶臭，安得非意？"曰："却是诚意，不是私意。诚意只是循天理。虽是循天理，亦着不得一分意。故有所忿懥好乐[10]，则不得其正。须是廓然大公，方是心之本体。知此，即知未发之中。"

伯生曰[11]："先生云：'草有妨碍，理亦宜去'，缘何又是躯壳起念？"曰："此须汝心自体当。汝要去草，是甚么心？周茂叔窗前草不除[12]，是甚么心？"

[1] 达：通晓，明白。

[2] 生意：生机，生命力。

[3] 一般：一样。

[4] 佛氏：犹佛家，佛门。

[5] "无有作好"等句：语本《尚书·洪范》："无有作好，遵王之道。无有作恶，遵王之路。无偏无觉，王道荡荡。无偏五觉，王道平平。无反无侧，王道正直，会其有极，归其有极。"

[6] 裁成辅相：语本《易·泰卦·象》："后以裁成天地之道，辅相天地之宜。"裁成，成就。辅相，辅助。

[7] 贻累：留下负担、包袱。

[8] 义袭而取：语出《孟子·公孙丑上》："是集义所生者，非义袭而取之也。"朱熹《孟子集注》云："由只行一事偶合于义，便可掩袭于外而得之。"

[9] "行不著"二句：语本《孟子·尽心上》："行之而不著焉，习矣而不察

焉，终身由之而不知其道者，众矣。"

[10]"有所"二句：语本《大学》："身有所忿懥（zhì），则不得其正。有所恐惧，则不得其正。有所好乐，则不得其正。有所忧患，则不得其正。"忿懥，发怒。

[11]伯生：孟源，字伯生，安徽滁州人，王阳明的学生。

[12]周茂叔：即周敦颐，为程颐、程颢之老师。窗前草不除：据《二程集》载，"周茂叔窗前草不除去。（程颢）问之，云：'与自家意思一般。'"表示顺应自然，与天地合为一体的观念。

崇一问[1]："寻常意思多忙[2]，有事固忙，无事亦忙，何也？"先生曰："天地气机，元无一息之停。然有个主宰，故不先不后，不急不缓，虽千变万化，而主宰常定，人得此而生。若主宰定时，与天运一般不息。虽酬酢万变[3]，常是从容自在，所谓'天君泰然，百体从令'[4]。若无主宰，便只是这气奔放[5]，如何不忙？"

[1]崇一：欧阳德，字崇一，号南野，江西泰和人，官至礼部尚书，为阳明先生弟子。

[2]意思：思想，心思。

[3]酬（chóu）酢（zuò）：应对，应付。

[4]"天君"二句：语出范浚《香溪集》卷五《心箴》。天君，指心。

[5]奔放：谓肆纵，不可羁束。

子仁问[1]："'学而时习之，不亦说乎？'[2]先儒以学为效先觉之所为[3]，如何？"先生曰："学是学去人欲，存天理。从事于去人欲，存天理，则自正诸先觉，考诸古训，自下许多问辨思索、存省克治工夫，然不过欲去此心之人欲，存吾心之天理耳。若曰'效先觉之所为'，则只说得学中一件事，亦似专求诸外了。'时习'者，'坐如尸'[4]，非专习坐也，坐时习此心也；'立如斋'，非专习立也，立时习此心也。'说'是'理义之说我心'之'说'[5]。人心本自说理义，如目本说色，耳本说声。惟为人欲所蔽所累，始有不说。今人欲日去，则理义日洽浃[6]，安得不说？"

[1] 子仁：栾惠，字子仁，浙江西安人。一说冯思，字子仁，号南江，江苏华亭（今属上海）人。

[2] "学而"二句：语出《论语·学而》。

[3] "先儒"句：朱熹《论语章句·学而》注曰："学之为言效也，人性皆善，而觉有先后，后觉者必效先觉之所为，乃可以明善而复其初也。"意谓人的本性都是善良的，但是觉悟到自己的本性是有先后的，后觉悟者一定要效仿先觉悟者的一些作为，才能明觉本性的善良而恢复人性最初的至善。

[4] 坐如尸：语本《礼记·曲礼》："坐如尸，立如斋。"意谓坐要像祭祀中装扮的受祭人那样坐得端正，站要像祭祀前斋戒时那样站得恭敬。

[5] 说（yuè）：通"悦"，喜好，喜爱。

[6] 洽浃（jiā）：融洽，亲近。

惟乾问[1]："知如何是心之本体？"先生曰："知是理之灵处。就其主宰处说，便谓之心，就其禀赋处说，便谓之性。孩提之童，无不知爱其亲，无不知敬其兄，只是这个灵能不为私欲遮隔，充拓得尽[2]，便完完是他本体[3]，便与天地合德[4]。自圣人以下，不能无蔽，故须格物以致其知。

[1] 惟乾：冀元亨，字惟乾，湖南常德人，阳明先生弟子，尝与其共患难。

[2] 充拓：扩充开拓。

[3] 完完：完整无缺貌。

[4] 天地合德：语本《易·乾卦·文言》："夫大人者，与天地合其德，与日月合其明，与四时合其序，与鬼神合其吉凶。"

萧惠问[1]："己私难克，奈何？"先生曰："将汝己私来[2]，替汝克。"又曰："人须有为己之心，方能克己，能克己，方能成己。"萧惠曰："惠亦颇有为己之心，不知缘何不能克己？"先生曰："且说汝有为己之心是如何？"惠良久曰："惠亦一心要做好人，便自谓颇有为己之心。今思之，看来亦只是为得个躯壳的己，不曾为个真己。"先生曰："真己何曾离着躯壳，恐汝连那躯壳的己也不曾为。且道汝所谓躯壳的己，岂不是耳目口鼻四肢？"惠曰："正是为此，目便要色，耳便要声，口便要味，四肢便要逸乐，所以不能克。"

先生曰："美色令人目盲[3]，美声令人耳聋，美味令人口爽，驰骋田猎令人发狂，这都是害汝耳目口鼻四肢的，岂得是为汝耳目口鼻四肢？若为着耳目口鼻四肢时，便须思量耳如何听，目如何视，口如何言，四肢如何动。必须非礼勿视听言动[4]，方才成得个耳目口鼻四肢，这个才是为着耳目口鼻四肢。汝今终日向外驰求，为名为利，这都是为着躯壳外面的物事。汝若为着耳目口鼻四肢，要非礼勿视听言动时，岂是汝之耳目口鼻四肢自能勿视听言动？须由汝心。这视听言动，皆是汝心。汝心之视，发窍于目；汝心之听，发窍于耳；汝心之言，发窍于口；汝心之动，发窍于四肢。若无汝心，便无耳目口鼻。所谓汝心，亦不专是那一团血肉。若是那一团血肉，如今已死的人，那一团血肉还在，缘何不能视听言动？所谓汝心，却是那能视听言动的。这个便是性，便是天理。有这个性才能生。这性之生理，便谓之仁。这性之生理发在目便会视，发在耳便会听，发在口便会言，发在四肢便会动，都只是那天理发生。以其主宰一身，故谓之心。这心之本体，原只是个天理，原无非礼。这个便是汝之真己，这个真己是躯壳的主宰。若无真己，便无躯壳。真是有之即生，无之即死。汝若真为那个躯壳的己，必须用着这个真己，便须常常保守着这个真己的本体。戒慎不睹[5]，恐惧不闻，惟恐亏损了他一些。才有一毫非礼萌动，便如刀割，如针刺，忍耐不过，必须去了刀，拔了针。这才是有为己之心，方能克己。汝今正是认贼作子[6]，缘何却说有为己之心不能克己？"

[1] 萧惠：零都人，王阳明弟子。

[2] "将汝"二句：典出《景德传灯录》："慧可见达摩，乞与安心法。慧可曰：'诸佛法印，可得闻乎？'达摩曰：'诸佛法印，匪从人得。'慧可曰：'我心未宁，乞师与安。'达摩曰：'将心来，与汝安！'慧可良久曰：'觅心了不可得。'达摩曰：'我与汝安心竟。'慧可大悟。"

[3] "美色"四句：语本《道德经》："五色令人目盲，五音令人耳聋，五味

令人口爽，驰骋畋猎令人心发狂，难得之货令人行妨。"

[4] "非礼"句：语本《论语·颜渊》："子曰：'非礼勿视，非礼勿听，非礼勿言，非礼勿动。'"

[5] "戒慎"二句：语本《中庸》："是故君子戒慎乎其所不睹，恐惧乎其所不闻。"

[6] 认贼作子：语本《楞严经》："佛告阿难：此是前尘虚妄相想，惑汝真性，由汝无始至于今生，认贼为子，失汝元常，故受轮转。"大意为把好美色当成真心喜好，如同把窃贼当成儿子。

二、中篇

（一）答顾东桥书[1]

来书云："真知即所以为行，不行不足谓之知。此为学者吃紧立教[2]，俾务躬行则可。若真谓行即是知，恐其专求本心，遂遗物理，必有暗而不达之处，抑岂圣门知行并进之成法哉？"

知之真切笃实处即是行，行之明觉精察处即是知。知行工夫，本不可离。只为后世学者分作两截用功，失却知行本体，故有合一并进之说。"真知即所以为行，不行不足谓之知"，即如来书所云"知食乃食"等说可见，前已略言之矣。此虽吃紧救弊而发，然知行之体本来如是，非以己意抑扬其间，姑为是说，以苟一时之效者也。"专求本心，遂遗物理"，此盖失其本心者也。夫物理不外于吾心，外吾心而求物理，无物理矣。遗物理而求吾心，吾心又何物邪？心之体，性也，性即理也。故有孝亲之心，即有孝之理，无孝亲之心，即无孝之理矣。有忠君之心，即有忠之理，无忠君之心，即无忠之理矣。理岂外于吾心邪？晦庵谓[3]："人之所以为学者，心与理而已。心虽主乎一身，而实管乎天下之理；理虽散在万事，而实不外乎一人之心。"是其一分一合之间，而未免已启学者心理为二之弊。此后世所以有"专求本心，遂遗物理"之患，正由不知心即理耳。夫外心以求物理，是以有暗而不达之处。此告子义外之说[4]，孟子所以谓之不知义也[5]。心一而已。以其全体恻怛而言[6]，谓之仁；以其得宜而言，谓之义；以其条理而言，谓之理。不可外心以求仁，不可外心以求义，独可外心以求理乎？外心以求理，此知行之所以二也。求理于吾心，此圣门知行合一之教，吾子又何疑乎？

[1] 顾东桥：顾璘，字华玉，号东桥，上元（今江苏江宁）人，官至南京刑部尚书。有才名，金陵三俊之一。

[2] 吃紧立教：抓住要点，确立教义。吃紧，切中要害。

[3] 晦庵：朱熹之号。下引其语出自《大学或问》。

[4] "告子"句：《孟子·告子上》："告子曰：'食、色，性也。仁，内也，非外也。义，外也，非内也。'"

[5] "孟子"句：《孟子·公孙丑上》："我故曰：'告子未尝知义，以其外之。'"

[6] 恻（cè）怛（dá）：恳切，真诚。

心者，身之主也，而心之虚灵明觉[1]，即所谓本然之良知也。其虚灵明觉之良知应感而动者，谓之意。有知而后有意，无知则无意矣。知非意之体乎？意之所用，必有其物，物即事也。如意用于事亲，即事亲为一物；意用于治民，即治民为一物；意用于读书，即读书为一物；意用于听讼，即听讼为一物。凡意之所用，无有无物者。有是意即有是物，无是意即无是物矣。物非意之用乎？

[1] 虚灵明觉：谓宁静淡泊而智慧之境。

盖鄙人之见，则谓意欲温清，意欲奉养者，所谓"意"也，而未可谓之"诚意"。必实行其温清奉养之意，务求自慊而无自欺[1]，然后谓之"诚意"。知如何而为温清之节，知如何而为奉养之宜者，所谓"知"也，而未可谓之"致知"。必致其知如何为温清之节者之知，而实以之温清；致其知如何为奉养之宜者之知，而实以之奉养，然后谓之"致知"。温清之事，奉养之事，所谓"物"也，而未可谓之"格物"。必其于温清之事也，一如其良知之所知当如何为温清之节者而为之，无一毫之不尽；于奉养之事也，一如其良知之所知当如何为奉养之宜者而为之，无一毫之不尽，然后谓之"格物"。温清之物格，然后知温清之良知始致；奉养之物格，然后知奉养之良知始致。故曰"物格而后知至"[2]。致其知温清之良知，而后温清之意始诚；致其知奉养之良知，而后奉养之意始诚。故曰"知至而后意诚"[3]。此区区诚意、致知、格物之说盖如此。吾子更熟思之，将亦无可疑者矣。

[1] 自慊（qiè）：自足，自快。表示意念诚实，心安理得。

[2] "物格"句：语出《大学》。

[3] "知至"句：语出《大学》。

夫圣人之心，以天地万物为一体，其视天下之人，无外内远近。凡有血气，皆其昆弟赤子之亲[1]，莫不欲安全而教养之，以遂其万物一体之念。天下之人心，其始亦非有异于圣人也，特其间于有我之私[2]，隔于物欲之蔽，大者以小，通者以塞，人各有心，至有视其父子兄弟如仇雠者[3]。圣人有忧之，是以推其天地万物一体之仁以教天下，使之皆有以克其私，去其蔽，以复其心体之同然。其教之大端，则尧、舜、禹之相授受，所谓"道心惟微，惟精惟一，允执厥中"[4]；而其节目，则舜之命契[5]，所谓"父子有亲，君臣有义，夫妇有别，长幼有序，朋友有信"五者而已[6]。唐、虞、三代之世，教者惟以此为教，而学者惟以此为学。当是之时，人无异见，家无异习，安此者谓之圣，勉此者谓之贤，而背此者，虽其启明如朱[7]，亦谓之不肖。下至闾井田野，农工商贾之贱，莫不皆有是学，而惟以成其德行为务。何者？无有闻见之杂，记诵之烦，辞章之靡滥，功利之驰逐，而但使之孝其亲，弟其长，信其朋友，以复其心体之同然。是盖性分之所固有，而非有假于外者，则人亦孰不能之乎？

[1] 昆弟：兄弟。

[2] 特：仅，只是。

[3] 仇雠（chóu）：仇人，冤家对头。

[4] "道心"三句：语出《尚书·大禹谟》："人心惟危，道心惟微；惟精惟

一，允执厥中。"

[5] 契：传说中商的祖先，为帝喾之子。舜时佐禹治水有功，任为司徒，封于商。

[6] "父子"五句：语出《孟子·滕文公上》。

[7] 朱：指丹朱，尧之子，极聪明但不肖。

（二）答陆原静书

来书云："下手工夫，觉此心无时宁静。妄心固动也，照心亦动也；心既恒动，则无刻暂停也。"

是有意于求宁静，是以愈不宁静耳。夫妄心则动也，照心非动也。恒照则恒动恒静，天地之所以恒久而不已也[1]。照心固照也，妄心亦照也。其为物不贰[2]，则其生物不息，有刻暂停则息矣，非至诚无息之学矣[3]。

[1] "天地"句：语本《易·恒卦·象辞》："天地之道，恒久而不已也。"

[2] "其为物"二句：语出《中庸》："其为物不贰，则其生物不测。"

[3] 至诚无息：语出《中庸》："故至诚无息，不息则久。"

来书云："良知亦有起处"，云云。

此或听之未审。良知者，心之本体，即前所谓恒照者也。心之本体，无起无不起。虽妄念之发，而良知未尝不在，但人不知存，则有时而或放耳。虽昏塞之极[1]，而良知未尝不明，但人不知察，则有时而或蔽耳。虽有时而或放，其体实未尝不在也，存之而已耳；虽有时而或蔽，其体实未尝不明也，察之而已耳。若谓良知亦有起处，则是有时而不在也，非其本体之谓矣。

[1] 昏塞：昏愦闭塞。

来书云："前日精一之论[1]，即作圣之功否？"

"精一"之"精"以理言，"精神"之"精"以气言。理者，气之条理；气者，理之运用。无条理则不能运用，无运用则亦无以见其所谓条理者矣。精则精，精则明，精则一，精则神，精则诚；一则精，一则明，一则神，一则诚：原非有二事也。但后世儒者之说与养生之说各滞于一偏，是以不相为用。前日"精一"之论，虽为原静爱养精神而发，然而作圣之功，实亦不外是矣。

[1] 精一：语本《尚书·大禹谟》："人心惟危，道心惟微；惟精惟一，允执厥中。"

来书云："良知，心之本体，即所谓性善也，未发之中也，寂然不动之体也，廓然大公也，何常人皆不能而必待于学邪？中也，寂也，公也，既以属心之体，则良知是矣。今验之于心，知无不良，而中、寂、大公实未有也，岂良知复超然于体用之外乎？"

性无不善，故知无不良。良知即是未发之中，即是廓然大公，寂然不动之本体，人人之所同具者也。但不能不昏蔽于物欲，故须学以去其昏蔽。然于良知之本体，初不能有加损于毫末也。知无不良，而中、寂、大公未能全者，是昏蔽之未尽去，而存之未纯耳。体即良知之体，用即良知之用，宁复有超然于体用之外者乎？[1]

[1] 本章关于心之体用关系的理解，可参见《答汪石潭内翰》："心统性情。性，心体也；情，心用也。程子云：'心一也。指有体而言者，寂然不动是也；指有用而言者，感而遂通是也。'斯言既无以加矣。"

（三）答欧阳崇一

良知不由见闻而有，而见闻莫非良知之用，故良知不滞于见闻，而亦不离于见闻。孔子云："吾有知乎哉？无知也。"[1]良知之外，别无知矣。故"致良知"是学问大头脑，是圣人教人第一义。今云专求之见闻之末，则是失却头脑，而已落在第二义矣。近时同志中，盖已莫不知有"致良知"之说，然其功夫尚多鹘突者[2]，正是欠此一问。大抵学问功夫，只要主意头脑是当。若主意头脑专以"致良知"为事，则凡多闻多见，莫非"致良知"之功。盖日用之间，见闻酬酢[3]，虽千头万绪，莫非良知之发用流行。除却见闻酬酢，亦无良知可致矣，故只是一事。若曰致其良知而求之见闻，则语意之间，未免为二。此与专求之见闻之末者虽稍不同，其为未得精一之旨，则一而已。"多闻，择其善者而从之，多见而识之。"[4]既云择，又云识，其良知亦未尝不行于其间，但其用意乃专在多闻多见上去择识，则已失却头恼矣。

[1]"吾有"二句：语出《论语·子罕》。

[2]鹘（hú）突：不明白，糊涂。

[3]酬酢（zuò）：应对，应付。

[4]"多闻"三句：语出《论语·述而》。意谓：多听，选择其中好的来学习；多看，记在心里。

在孟子言"必有事焉"[1]，则君子之学终身只是"集义"一事。义者，宜也，心得其宜之谓义。能致良知则心得其宜矣，故"集义"亦只是致良知。君子之酬酢万变，当行则行，当止则止；当生则生，当死则死，斟酌调停，无非是致其良知，以求自慊而已。故"君子素其位而行"[2]，"思不出其位"[3]。凡谋其力之所不及，而强其知之所不能者，皆不得为致良知，而凡"劳其筋骨，饿其体肤，空乏其身，行拂乱其所为，动心忍性以增益其所不能"者[4]，皆所以致其良知也。若云"宁不了事，不可不加培养"者，亦是先有功利之心，计较成败利钝而爱憎取舍于其间。是以将了事自作一事，而培养又别作一事，此便有是内非外之意，便是"自私用智"[5]，便是"义外"，便有"不得于心，勿求于气"之病[6]，便不是致良知以求自慊之功矣。所云"鼓舞支持，毕事则困惫已甚"，又云"迫于事势，因于精力"，皆是把作两事做了，所以有此。凡学问之功，一则诚，二则伪，凡此皆是致良知之意欠诚一真切之故。《大学》言"诚其意者，如恶恶臭，如好好色，此之谓自慊。"曾见有恶恶臭，好好色，而须鼓舞支持者乎？曾见毕事则困惫已甚者乎？曾有迫于事势，因于精力者乎？此可以知其受病之所从来矣。

[1]必有事焉：语出《孟子·公孙丑上》："必有事焉而勿正，心勿忘，勿助长也。"

　　[2]"君子"句：语出《中庸》："君子素其位而行，不愿乎其外。"

　　[3]思不出其位：语出《论语·宪问》："子曰：'不在其位，不谋其政。'曾子曰：'君子思不出其位。'"

　　[4]"劳其筋骨"五句：语出《孟子·告子下》。

　　[5]自私用智：语本程颢《定性书》："大率患在于自私而用智。自私则不能以有为为应迹，用智则不能以明觉为自然。"

　　[6]"不得"二句：语出《孟子·公孙丑上》："不得于心，勿求于气，可；不得于言，勿求于心，不可。"

（四）答聂文蔚[1]

　　夫人者，天地之心。天地万物本吾一体者也。生民之困苦荼毒，孰非疾痛之切于吾身者乎？不知吾身之疾痛，无是非之心者也。是非之心，不虑而知[2]，不学而能，所谓良知也。良知之在人心，无间于圣愚，天下古今之所同也。世之君子惟务其良知，则自能公是非，同好恶，视人犹己，视国犹家，而以天地万物为一体。求天下无治，不可得矣。古之人所以能见善不啻若己出[3]，见恶不啻若己入，视民之饥溺[4]，犹己之饥溺，而"一夫不获"[5]，若己推而纳诸沟中者[6]，非故为是而以蕲天下之信己也[7]，务致其良知求自慊而已矣。尧、舜、三王之圣[8]，言而民莫不信者，致其良知而言之也；行而民莫不说者，致其良知而行之也。是以其民熙熙皞皞[9]，杀之不怨[10]，利之不庸，施及蛮貊[11]，而凡有血气者莫不尊亲，为其良知之同也。呜呼！圣人之治天下，何其简且易哉！

　　[1]聂文蔚：聂豹，字文蔚，号双江，江西永丰人。官至兵部尚书，为王阳明弟子。

　　[2]"不虑"二句：语本《孟子·尽心上》："人之所不学而能者，其良能也；所不虑而知者，其良知也。"

　　[3]不啻（chì）：无异于，如同。

　　[4]"视民"二句：语本《孟子·离娄下》："禹思天下有溺者，由己溺之也；稷思天下有饥者，由己饥之也。"溺，陷于危难或某种不好的境地。

[5] 一夫不获：语出《尚书·说命下》："一夫不获，则曰时予之辜。"

[6] "若己"句：语本《孟子·万章上》："思天下之民，匹夫匹妇有不被尧舜之泽者，若己推而内之沟中。"

[7] 蕲（qí）：通"祈"，祈求。

[8] 三王：指商汤、周文王、周武王。

[9] 熙熙皞（hào）皞：和乐、怡然自得貌。

[10] "杀之"二句：语本《孟子·尽心篇上》："霸者之民欢虞如也，王者之民皞皞如也。杀之而不怨，利之而不庸，民曰迁善而不知为之者。"庸，酬其功劳。

[11] 蛮貊（mò）：古代称南方和北方落后部族。亦泛指四方落后部族。

后世良知之学不明，天下之人用其私智以相比轧[1]，是以人各有心，而偏琐僻陋之见，狡伪阴邪之术，至于不可胜说。外假仁义之名，而内以行其自私自利之实，诡辞以阿俗，矫行以干誉。掩人之善而袭以为己长[2]，讦人之私而窃以为己直[3]。忿以相胜而犹谓之徇义[4]，险以相倾而犹谓之疾恶，妒贤嫉能而犹自以为公是非，恣情纵欲而犹自以为同好恶。相陵相贼[5]，自其一家骨肉之亲，已不能无尔我胜负之意，彼此藩篱之形，而况于天下之大，民物之众，又何能一体而视之？则无怪于纷纷籍籍，而祸乱相寻于无穷矣[6]。

第十一章 知行之合一

[1] 轧（yà）：倾轧，排挤。

[2] 掩（yǎn）：遮没，遮蔽，掩盖。

[3] 讦（jié）：揭发别人的隐私或攻击别人的短处。

[4] 忿（fèn）：愤怒，怨恨。徇义：谓不惜身以维护正义，舍生而取义。徇，通"殉"。

[5] 陵：侵犯，欺侮。

[6] 寻：连续。

仆诚赖天之灵，偶有见于良知之学，以为必由此而后天下可得而治。是以每念斯民之陷溺，则为之戚然痛心，忘其身之不肖，而思以此救之，亦不自知其量者。天下之人见其若是，遂相与非笑而诋斥之，以为是病狂丧心之人耳。呜呼！是奚足恤哉[1]！吾方疾痛之切体，而暇计人之非笑乎？人固有见其父子兄弟之坠溺于深渊者，呼号匍匐，裸跣颠顿[2]，扳悬崖壁而下拯之。士之见者，方相与揖让谈笑于其傍，以为是弃其礼貌衣冠而呼号颠顿若此，是病狂丧心者也。故夫揖让谈笑于溺人之旁而不知救，此惟行路之人，无亲戚骨肉之情者能之，然已谓之"无恻隐之心，非人矣"[3]。若夫在父子兄弟之爱者，则固未有不痛心疾首，狂奔尽气，匍匐而拯之。彼将陷溺之祸有不顾，而况于病狂丧心之讥乎？而又况于蕲人信与不信乎？呜呼！今之人虽谓仆为病狂丧心之人，亦无不可矣。天下之人，皆吾之心也。天下之人犹有病狂者矣，吾安得而非病狂乎！犹有丧心者矣，吾安得而非丧心乎！

[1] 奚：疑问词，犹何，什么。恤：顾念，顾及。

[2] 裸跣（xiǎn）颠顿：露体赤脚，颠沛困顿。此谓因心情恳切而不顾及外在形象和环境，只一心迫切救人。跣，赤脚。

[3] "无恻隐"二句：语出《孟子·公孙丑上》。

三、下篇

九川卧病虔州[1]。先生云："病物亦难格，觉得如何？"对曰："功夫甚难。"先生曰："常快活便是功夫。"

[1] 九川：陈九川，字惟濬，号明水，江西临川人，官至礼部郎中，于虔州拜阳明先生为师。虔州，即赣州。

有一属官，因久听讲先生之学，曰："此学甚好，只是簿书讼狱繁难，不得为学。"先生闻之，曰："我何尝教尔离了簿书讼狱，悬空去讲学？尔既有官司之事，便从官司的事上为学，才是真格物。如问一词讼，不可因其应对无状，起个怒心；不可因他言语圆转，生个喜心；不可恶其嘱托，加意治之；不可因其请求，屈意从之；不可因自己事务烦冗[1]，随意苟且断之；

不可因旁人谮毁罗织[2]，随人意思处之。这许多意思皆私，只尔自知。须精细省察克治，惟恐此心有一毫偏倚，枉人是非，这便是格物致知。簿书讼狱之间，无非实学。若离了事物为学，却是着空。"

[1] 烦冗：谓事务或心情繁杂。

[2] 谮（zèn）毁：谗间毁谤。罗织：无中生有地多方构陷。

于中、国裳辈同侍食[1]。先生曰："凡饮食只是要养我身，食了要消化。若徒蓄积在肚里，便成痞了[2]，如何长得肌肤？后世学者博闻多识，留滞胸中，皆伤食之病也。"

[1] 于中：夏良胜，字子中，江西南城人，王守仁之弟子。国裳：舒芬，字国裳，号梓溪，江西进贤人，正德进士。

[2] 痞：指胸腹内郁结成块的病。

问："读书所以调摄此心[1]，不可缺的。但读之之时，一种科目意思牵引而来[2]，不知何以免此？"先生曰："只要良知真切，虽做举业，不为心累。总有累，亦易觉克之而已。且如读书时，良知知得强记之心不是，即克去之；有欲速之心不是，即克去之；有夸多斗靡之心不是，即克去之。如此亦只是终日与圣贤印对，是个纯乎天理之心。任他读书，亦只是调摄此心而已，何累之有？"

曰："虽蒙开示，奈资质庸下，实难免累。窃闻穷通有命，上智之人，恐不屑此。不肖为声利牵缠，甘心为此，徒自苦耳。欲屏弃之，又制于亲，不能舍去，奈何？"先生曰："此事归辞于亲者多矣，其实只是无志。志立得时，良知千事万事只是一事。读书作文，安能累人？人自累于得失耳！"因叹曰："此学不明，不知此处担阁了几多英雄汉[3]！"

[1] 调摄：调理保养。

[2] 科目：指唐代以来分科选拔官吏的名目，如秀才、明经、进士等。

[3] 担阁：即耽误。

一友常易动气责人。先生警之曰："学须反己。若徒责人，只见得人不是，不见自己非。若能反己，方见自己有许多未尽处，奚暇责人？舜能化得象的傲[1]，其机括只是不见象的不是[2]。若舜只要正他的奸恶，就见得象的不是矣。象是傲人，必不肯相下，如何感化得他？"是友感悔。曰："你今后只不要去论人之是非。凡当责辩人时，就把做一件大己私克去方可。"

[1] 象：舜之同父异母弟弟，本性傲狠，对舜不满，与其父母寻机杀之，多次计划失败后，舜非但没生气，依然敬顺如初，象及父母被感动而改变态度。

[2] 机括：事物的关键。

一友问："读书不记得如何？"先生曰："只要晓得，如何要记得？要晓得已是落第二义了，只要明得自家本体[1]。若徒要记得，便不晓得；若徒要晓得，便明不得自家的本体。"

[1] 自家本体：即心之本体，本心。

朱本思问[1]："人有虚灵，方有良知。若草木瓦石之类，亦有良知否？"先生曰："人的良知，就是草木瓦石的良知。若草木瓦石无人的良知，不可以为草木瓦石矣。岂惟草木瓦石为然？天地无人的良知，亦不可为天地矣。盖天地万物与人原是一体，其发窍之最精处，是人心一点灵明。风雨露雷，日月星辰，禽兽草木，山川土石，与人原只一体。故五谷禽兽之类皆可以养人，药石之类皆可以疗疾，只为同此一气，故能相通耳。"

[1] 朱本思：朱得之，字本思，号近斋，江苏靖江人。

先生游南镇[1]。一友指岩中花树问曰："天下无心外之物。如此花树，在深山中自开自落，于我心亦何相关？"先生曰："你未看此花时，此花与汝心同归于寂。你来看此花时，则此花颜色一时明白起来。便知此花不在你的心外。"

[1] 南镇：即会稽山，在浙江绍兴东南。

先生曰："'先天而天弗违'[1]，天即良知也；'后天而奉天时'，良知即天也。"

"良知只是个是非之心，是非只是个好恶，只好恶就尽了是非，只是非就尽了万事万变。"又曰："是非两字，是个大规矩，巧处则存乎其人。"

"圣人之知如青天之日，贤人如浮云天日，愚人如阴霾天日。虽有昏明不同，其能辨黑白则一。虽昏黑夜里，亦影影见得黑白，就是日之余光未尽处。困学功夫，亦只从这点明处精察去耳。"

[1]"先天"句：语出《周易·乾·文言》："夫大人者，与天地合其德，与日月合其明，与四时合其序，与鬼神合其吉凶，先天而天弗违，后天而奉天时。"

先生曰："人生大病只是一傲字。为子而傲必不孝，为臣而傲必不忠，为父而傲必不慈，为友而傲必不信。故象与丹朱俱不肖[1]，亦只一傲字，便结果了此生[2]。诸君常要体此。人心本是天然之理，精精明明，无纤介染着[3]，只是一无我而已。胸中切不可有，有即傲也。古先圣人许多好处，也只是无我而已。无我自能谦。谦者众善之基，傲者众恶之魁。"

[1]丹朱：传为尧之子。名朱，因居丹水，故称。因其傲慢荒淫，尧禅位于舜。

[2]结果：了结。

[3]纤介：细微。

【阅读书目】

《王阳明传习录详注集评》，陈荣捷，华东师范大学出版社。

《传习录注疏》，邓艾民，上海古籍出版社。

《传习录全译》，于民雄注、顾久译，贵州人民出版社。

《阳明学述要》，钱穆，九州出版社。

《王阳明哲学》，蔡仁厚，九州出版社。

《有无之境——王阳明哲学的精神》，陈来，三联书店。

第十二章 天道与人道

第一节　王夫之与《思问录》

王夫之（1619—1692），字而农，号姜斋，湖南衡阳人。生于明万历四十七年，卒于清康熙三十一年。晚年居于湘水之西的石船山（今属湖南衡阳金兰乡），自称船山遗老，学者尊称其为船山先生。王夫之与方以智、顾炎武、黄宗羲同称明末四大学者。

王夫之自幼随父兄读四书五经、诸子百家，文名重于乡里，但科举却一再落第。明崇祯帝十六年（1643），王夫之拒绝加入张献忠农民起义军；清顺治帝五年，王夫之于衡阳起兵抗清，兵败后南下投奔南明永历小朝廷，被授予"行人司行人"的职位。在目睹了永历小朝廷内部由于争权夺利而进行的彼此倾轧之后，他投奔抗清义军将领瞿式耜。瞿式耜义军失败后，王夫之拒不降清，辗转流离于零陵、常宁山间，自称瑶人，居瑶洞。顺治十四年，王夫之回到衡阳老家，居住于湘水之西的石船山，隐居著述，直至康熙三十一年去世。

王夫之思想理论体系庞大驳杂，他对心性之学剖析精微，又有较为浓厚的宇宙论兴趣，建构了一个集宋明思想大成的哲学体系。王夫之不仅博览四部，而且涉猎佛道两藏，对于道家内丹术与佛教唯识宗都有研究，并且不废艺文，工于词曲，有杂剧作品《龙舟会》问世。他一生不遗余力地著书立说，著作一百余种，四百余卷，共计八百余万言，其学问之广博，可以说是朱夫子之后第一人。

在王夫之瀚如烟海的学术成果中，《船山思问录》作为其代表作品之一，较为系统、完整地阐述和发挥了作为哲学家的王夫之的思想与感悟。纵观全书，我们不难知晓此书乃船山一生所思所悟之结晶，既是他在钻研学术的过程中深入发掘、探究后的思考与顿悟的哲思汇聚，也是他在探讨哲学命题时对存在的疑惑和不解自我反思的感悟存留，这些都是他留给后世学人的宝贵精神财富和真实学术资源。因而，我们可以通过本书清楚地了解和把握船山先生严谨求实的学术追求、生动活泼的人文关怀，真知灼见的形上思辨。同时，也可以结合王夫之坎坷不凡的人生历程，探究一代学人的学术识见、精神追求以及对于中国传统儒学的深入理解。该书分为内外两篇，内篇是对船山哲学相关基本概念、范畴的陈述，篇幅短小精悍；外篇则是其哲学对于具体问题的运用，涉及到天文、历数、五行、医学等诸多问题。船山之学，博涉多方，终以横渠为旨归。据船山哲嗣的《姜斋公行述》所言，《张子正蒙注》与《船山思问录》"互相发明"，学习时可将两书作参照阅读。《张子正蒙注》写于王夫之六十七岁、重订于七十二岁，为王夫之晚年思想之定论。因此，若是想对船山思想有一个整体把握，与《张子正蒙注》相互表里的《船山思问录》便可作为阅读的首选。

首先，在宇宙观的问题上，王夫之认为，通天下只是一气，但是气离不开"神"。合言之，唯是一气；分言之，则有阴阳两面，神为阳，而气为阴，气以神为主。宇宙间阳与阴（神与气，乾与坤，天与地等），"各效其功能"，其德惟均，但仍是以阳为主，以阴为辅："阴滞于形质"，"有不正者焉"，"不如乾之神明而不息，无不利而利者皆贞也"（《周易内传》）。因此，船山的宇宙观，可以概括为：宇宙之间唯是浑浊的一气，气与神不可分，且气以神为主。在他看来，宇宙的初始状态归结为"气"态，依据气的运作与变化得以生成阴阳和化成万物。同时，他还指出气并非唯一的实体存在，而是与"神"相互配合、相互往来，在不断地变化和运动中生发万有，创造一切。

王夫之在论述宇宙生成的过程中，也对一些中国古代哲学中的概念和范畴做了界定。比如他对"无极"的重新阐释，认为这是天地尚未分化形成阴阳二气的本然状态，是一种混沌未开的原始形态。在他的认识范围中，"无极"已经不再是老子所谓的"从无生有"的世界起源，而是具有物质实体的真实构成。他在宇宙产生与世界运转的基本问题上的这种"反动"认识，不仅仅有别于传统的客观唯心主义的宇宙生成论，也对他个人坚守和遵行的道德实践具有一定的影响。但他并没有止步于此，而是继续引入《周易·系辞上》中的"一阴一阳谓之道"的观点，认为无极态经由绝对的运动与相对的静止的交替变化而趋向生成万物。他以唯物辩证的宇宙生成观来观察世界，运用周易之法来推衍宇宙规律，可谓具有创造性的改革力量。

此外，他还就"道"与"器"的关系做了相应的阐发和表述。其云："统此一物，形而上则谓之道，形而下则谓之器，无非一阴一阳之和而成，尽器则道在其中矣。"他认为道和器不应该被"破作两片"，而是相反相成的一体构成物。道与器相对，道包含于器物之中。二者之间既相互独立，又相互作用，因为五行相生相克而运动生成。他在对待此类问题时，坚持一分为二的辩证观点，准确地把握住了事物发展的动态过程。

其次，王夫之对于人性论问题也给予了足够的关注。人性的善恶问题一直以来都是儒释道三家关注的重点，历史上各个时期都有不同的观点和主张。王夫之秉承《易传》所谓"一阴一阳谓之道，继之者善也，成之者性也"的主旨，从此出发来看待和探讨人性何以形成的线索和路径。他建立了由天道演化而趋于人性完成的框架，在阴阳二气化成宇宙及永恒不止的时空变化过程中产生了天道，继而得以延续了二气之中存在的"良能"，经过人类自身的不断修养和反思，最终落脚于人世间人道的形成和人文的显现。王夫之这一总的言说架构，已经不同于佛老的虚无说、道家的胎元说，更是与无善无恶的说法大相径庭。他在论述人性论时始终坚持从动态的过程中去追寻，同时他还认为："'继之者善也'，善则随多寡、损益以皆适矣。'成之者性也'，性则浑然一体，而无形埒之分矣。"显然，他已经继承、兼收、发展了孔子的习性养成和孟子性善论的思想，并将其作为自己人性论的理论根据。

王夫之在奠定了人性论形成的逻辑思路之后，又进一步指出"天地之生人为贵"，强调人之为人的重要和尊贵。他还指出："命日新而性富有也。君子善养之，则耄期而受命。"他阐明了人性得以形成需要漫长的过程和足够的重视，才能够有别于它物和野兽。为此，他提出了一些具体的方法来帮助人们树立和加强仁善的人伦根基，完善和提升自我内在的人文素养，以使人的善良天性充分发挥和豁显，从而让具有人文德行的自我主体得以立于世间。比如，他认为应该"一以贯之"地坚守人道，相信"曲能有诚"。还可以通过"见贤思齐"的方式来继续完善和充实自我，为具备人文素养做准备。紧接着，他又说："天地之帅成吾之性，而吾之性既立，则志壹动气，斟酌饱满，以成乎人道之大用。"因为在他看来，人性论形成的目的不只在于关照自我，提升内在善的品质，还在于关照世界，以为"成乎人道"，化成人文。这才能算是一个完整的人性论形成的过程，既具有天道向人道转化的逻辑起点，也充分地发展了人的内在自觉和主体完善的功能；最终的目的则在于彰显和开掘人之为人的终极价值和形成人文浓郁的理想品格，以便更好地面对世界的复杂状况，以保持内在的素朴与雅致。总之，人性论是一个不断完善、扩充、生成的过程，直到生命历程的终结才会停止。因此，王夫之的人性论既有从学理和认识论的角度进行的细致阐发和解释，同时也囊括了他对于人文德行的彰显和呼吁，充满了浓厚的人文情怀。

再次，《船山思问录》中颇多"使之为善不为恶"的治情、修身之语。在个人修炼方面，该书反对"以意驭神、以神充魂、以魂袭气、以气环魄"的成佛成仙之导向，而是倡导"孤守此心之神尔"，将个人的修炼落脚在现世的道德践履之上。

王夫之认为，"天下之恶无不可善"，而化恶为善的关键，在于个人的主动。天是"无心而成化"，所以"寂然"，"感而后动"。人则不然，人化恶为善的关键在于"无所感而兴"，充分发挥所藏于自己心中的力量以辅天地之化育。在对道德的践履中，促进个人自身的完善，以追求尽善尽美的人生。正是因为王夫之将宇宙万有生成的唯物理论延伸到对于人道伦理的探讨和研究之上，所以他才能够顺势激发人的主观能动性，倡导发挥自我意志探求外部世界，主张生活行动合乎道德准则。比如他认为诚实正直是人与生俱来的品格，而人得以具备这些要素乃是"太虚"此一实体的运用和推广，所以如果想要实现"人道"，就要不遗余力地将自己的诚实品质彰显出来。显然，这是一种促使人们加强内在修养的说法，但是他能够建立在自己树立的宇宙实体的存在基础上。所以这就不再是空口而谈的心灵鸡汤，也不同于佛道两家的无为清修了，而是一种积极的作为与有意识的创造。在他看来，人道得以自立的原因就在于自我对于天道的把握，这是对于张载的"太虚"思想的继承与发展，使其具有了更为充分的实践论色彩。因为他将本属于自然物质的基本两态——动与静，延伸到了人类道德实践的层面上，使其也成为了主管人的道德形成的内在动力和关键部分。最终这种动能促使形成"诚者天之实理"（《张子正蒙注》）的道德结果，这正是王夫之所主张的人道向天道趋同的结果，也是他个人主动哲学精神的生动体现。

关于王夫之思想的特点，张岂之先生在《中国思想史》一书中将其总结为："大胆总结和奋力创新。"而在"大胆总结与奋力创新"的治学过程中，王夫之表现出认真严谨的学风，在当时"持论好立异同……皆肆意攻击，此诚实有所偏"的明末清初，是难能可贵的。王夫之之所以能如此，与其在认识学术问题时所采取的"知行相资以为用"的态度有关。他主张在认识学术问题时，既不能轻视"知"的作用，也不能忽视"行"所扮演的角色，而是应采取一种"相资以为用"的态度对待所要面临的知行问题。在王夫之看来，知识与行动各有其效用，各自发挥着促使对方向前的推动作用。他将对于外部世界的认识方法运用到学术探究，这既与黄宗羲和顾炎武等人倡导的注重实践的治学方法不谋而合；同时，他所强调的知行并用、互为己用的研究思路，又与王阳明所推崇的心性之学有所出入，旨在通过实践的过程来融合主客体的关系，使其达到改造世界的目的。譬如他在《老子衍》中以军事行动中"入其垒""袭其辎""暴其恃"的形象生动比喻，来说明"行"在"见其瑕"及进一步"道可使复也"中的重要作用。在不忽视"知"的前提之下，重视"行"在认识学术问题时所发挥的作用。

王夫之虽然主张"知行相资以为用"的观点，但他对于知与行的重视程度却不一样。在他看来，通过践行可以明晰知的功用，但是只是知道或者了解未必可以体验到行的真实效果。所以，相对而言，王夫之更加侧重于以实际操作的过程来反馈知识学习和经验获得的结果，这种治学之法显然具有"实践出真知""实践出真理"的意涵。王夫之的学问之所以能在明清之际独成一家之言，当与其此种"知行相资以为用"且更重视"行"的认知方式不无关系。

此外，读王夫之《船山思问录》，有一个问题需注意，那就是要将王夫之出于民族义愤而语气激愤、有所偏颇之语与其阐述哲学思想之话语区分开来。正如王夫之《自题墓石》所云："抱刘越石之孤愤而命无从致，希张横渠之正学而力不能企。幸全归于兹丘，固衔恤以永世。"可以说，"孤愤"的情感贯穿王夫之作品的始终与全部。正由于他有着较为强烈的民族气节，有明一朝国破之后，王夫之拒不仕清。其隐居著述、谈经著史之际，孤愤之情有时不可遏制，以至于语气激烈，有失平衡，甚或与他自己的根本思想不相契合。

第二节 《思问录》选读

一、内篇

"学而时习之，不亦说乎！有朋自远方来，不亦乐乎！人不知而不愠，不亦君子乎！" [1] 人性之善征矣[2]。故以言征性善者（知性乃知善，不易以言征也）[3]，必及乎此而后得之。诚及乎此，则若"火之始然，泉之始达"[4]，道义之门[5]，启而常存。若乍见孺子入井而怵惕恻隐[6]，乃梏亡之余仅见于情耳[7]。其存不常，其门不启；或用不逮乎体[8]，或体随用而流；乃孟子之权辞[9]，非所以征性善也。

[1] "学而"一段：出自《论语·学而》。

[2] 征：证明，证验。

[3] "知性"二句：为原文小注。

[4] "火之"二句：语出《孟子·公孙丑上》："凡有四端于我者，知皆扩而充之，若火之始然，泉之始达。"然，通"燃"，燃烧。

[5] 道义之门：语出《周易·系辞上传》："成性存存，道义之门。"

[6] "乍见"句：语出《孟子·公孙丑上》："所以谓人皆有不忍人之心者，今人乍见孺子将入于井，皆有怵惕恻隐之心。"孺子，幼儿、儿童。怵（chù）惕

（tì），戒惧、惊惧。恻隐，同情、怜悯。

[7] 梏（gù）亡：语出《孟子·告子上》："则其旦昼之所为，有梏亡之矣。"梏亡：谓因受束缚而致丧失，此指因受利欲搅扰而丧失本性。梏，手械也。

[8] 逮：追上，赶上。

[9] 权辞：亦作"权词"，指随机应变、权宜之词。

目所不见，非无色也；耳所不闻，非无声也；言所不通[1]，非无义也。故曰："知之为知之，不知为不知。"[2]知有其不知者存，则既知有之矣，是知也。因此而求之者，尽其所见，则不见之色章[3]；尽其所闻，则不闻之声著[4]；尽其所言，则不言之义立。虽知有其不知，而必因此以致之，不迫于其所不知而索之[5]。此圣学、异端之大辨[6]。

[1] 通：懂得，知晓，彻底明了。

[2] "知之"二句：语出《论语·为政》。

[3] 章：同"彰"，显示，表明。

[4] 著：明显，显著。

[5] 索：求索，探索，主动探究。

[6] 大辨：指根本性的区别。

知、仁、勇，人得之厚而用之也至，然禽兽亦与有之矣。禽兽之与有之者，天之道也。"好学近乎知，力行近乎仁，知耻近乎勇"[1]，人之独而禽兽不得与[2]，人之道也。故知斯三者，则所以修身、治人、治天下国家以此矣。近者，天、人之词也，《易》之所谓继也[3]。修身、治人、治天下国家以此，虽圣人恶得而不用此哉[4]！

[1] "好学"三句：语出《礼记·中庸》。知，同"智"。

[2] 与：同"欤"，表示感叹。

[3] "《易》之"句：《周易·系辞上》："一阴一阳之谓道，继之者善也。"

[4] 恶（wū）：疑问代词，相当于"哪""安""何""怎么"。

"知至至之"[1]，尽人道也；"知终终之"，顺俟天也。"九三，上不在天，下不在田"[2]，人道之所自立[3]。故夭寿不贰[4]，修身以俟命，所以立人道也。非跃而欲跃，以强合乎天体[5]；非潜而欲潜，以委顺而无能自纪[6]：人道不立矣，异端以之。

[1] 知至至之：语出《周易·乾·文言》："知至至之，可与言几也。知终终之，可与存义也。"

[2] "九三"三句：语出《周易·乾·文言》："九三，重刚而不中，上不在天，下不在田。"

[3] 自立：由此确立。自，由、从。

[4] "夭寿"三句：语本《孟子·尽心上》："夭寿不贰，修身以俟之，所以立命也。"不贰，一律、没有差异。俟，等待。

[5] 强：强迫，勉强。天体：自然本来的样子。

[6] 委顺：顺应自然，指随遇而安，无所作为。自纪：自我管束，自我制约。纪，管束、制约。

舜之饭糗茹草[1]，若将终身[2]。乃为天子[3]，被袗衣[4]，鼓琴，二女果[5]，若固有之。以处生死视此尔。"终日乾乾，夕惕若"[6]，故无不可用也。先立其大者[7]，以尽人道，则如天之无不覆，地之无不载，近取诸身[8]，饮食居处、富贵贫贱，兼容并包而无疑也。非此而欲忘之，卑者不可期月守[9]，高者且绝人理而刍狗天下[10]，愈入于僻矣[11]。

[1] 糗（qiǔ）：冷粥。

[2] 终身：一生；终竟此身。

[3] 乃：连词，表转折，然而，可是。

[4] 被（pī）：后作"披"，穿着。袗（zhěn）衣：绘绣有文采的华贵衣服，指天子所穿的盛服。

[5] 二女：指娥皇和女英，乃尧的两个女儿，同嫁帝舜为妻。果（wǒ）：通"婐"，侍女，引申为侍候。

[6] "终日乾乾"两句：语出《周易·乾卦》。

[7] "先立"句：语本《孟子·告子上》："先立乎其大者，则其小者不能夺也。"

[8] 近取诸身：语出《周易·系辞下》。

[9] 期（jī）月：一整月。期：时间周而复始，分别指一周年、一个月或一整天。

[10] 刍狗天下：语本《老子》："天地不仁，以万物为刍狗；圣人不仁，以百姓为刍狗。"刍狗，古代祭祀时用草扎成的狗。

[11] 僻：邪僻，偏离正道。

人欲，鬼神之糟粕也；好学、力行、知耻，则二气之良能也[1]。

[1] 二气：指阴阳二气。良能：贤良卓越的本能。

有公理，无公欲。私欲净尽，天理流行，则公矣。天下之理得，则可以给天下之欲矣[1]。以其欲而公诸人，未有能公者也。即或能之，所谓违道以干百姓之誉也[2]，无所往而不称愿人也[3]。

[1] 给（jǐ）：供给，满足。

[2] 干（gān）：乞求，求取。

[3] 愿人：老实谨慎本分之人。

善恶，人之所知也。自善而恶，几微之介[1]，人之所不知也。斯须移易而已[2]，故曰独。

[1] 几微：些微，一点点。介：界限，区别。

[2] 斯须：须臾，片刻。移易：移动改变，转换变形。

颜子好学[1]，知者不逮也[2]；伊尹知耻[3]，勇者不逮也。志伊尹之志[4]，学颜子之学，善用其天德矣。

[1] 颜子：即颜回，字子渊，亦称颜渊，孔子弟子。好学：《论语·雍也》：

"哀公问：'弟子孰为好学？'孔子对曰：'有颜回者好学，不迁怒，不贰过，不幸短命死矣。今也则亡，未闻好学者也。'"

[2] 知者：有智慧的人。逮：及得上，比得上。

[3] 伊尹：商汤大臣，名伊，一名挚，尹是官名。相传生于伊水，故名。知耻：周敦颐《通书·志学》："伊尹，耻其君不为尧舜，一夫不得其所，若挞（tà）于市。"挞，用鞭子或棍子打。

[4] "志伊尹"二句：语本周敦颐《通书·志学》："圣希天，贤希圣，士希贤。伊尹、颜渊，大贤也。……志伊尹之所志，学颜子之所学，过则圣，及则贤，不及则亦不失于令名。"

世教衰[1]，民不兴行[2]。"见不贤而内自省"[3]，知耻之功大矣哉！

[1] 世教：谓正统礼教。

[2] 兴行：因受感发起而实行德行。行，品行、德行。

[3] "见不贤"句：语出《论语·里仁》："子曰：'见贤思齐焉，见不贤而内自省也。'"

见不贤而内自省也，求己严则为之难。为之难，则达情而无过量之求[1]，亦可以远怨矣。

[1] 达情：达观的情怀。过量：谓过度。

攻人之恶，则乐察恶。乐察人之恶，则恶之条理熟，厉熏心矣[1]。慎之哉！

[1] 厉：恶。

独知炯于众知[1]，昼气清于夜气，而后可与好仁、恶不仁[2]。

[1] 独知：指独自形成的识见。炯（jiǒng）：显著，明白。

[2] 好（hào）：喜爱，爱好。恶（wù）：讨厌，憎恶。

"欲修其身者，先正其心"[1]，圣学提纲之要也。"勿求于心"[2]，告子迷惑之本也[3]。不求之心，但求之意，后世学者之通病。盖释氏之说暗中之[4]，以七识为生死妄本[5]。七识者，心也。此本一废，则无君无父，皆所不忌。呜呼！舍心不讲，以诚意而为玉钥匙，危矣哉[6]！

[1] "欲修"二句：语出《礼记·大学》。

[2] 勿求于心：语出《孟子·公孙丑上》。

[3] 告子：战国时思想家，曾受教于墨子，善口辩，讲仁义。

[4] 中（zhòng）：符合，契合。

[5] 七识：佛教唯识宗所谓"八识"中的第七识。八识包括眼识、耳识、鼻识、舌识、身识、意识、末那识、阿赖耶识。前六识又称六根。第七识末那识，意谓执持我见，是第六识的根源。生死：佛教谓流转轮回。

[6] 危矣哉：王夫之认为意生于心，诚意次于正心，故云。

感而后应者，心得之余也[1]。无所感而应者，性之发也。无所感而兴，若"火之始然，泉之始达"，然后感而动焉，其动必中，不立私以求感于天下矣。"寂然不动，感而遂通天下之故"[2]，鬼谋也[3]，天化也[4]，非人道也。

[1] 心得：内心所思、所感的内容。

[2] "寂然"二句：语出《周易·系辞下》。故，事、事情。

[3] 鬼谋：语出《周易·系辞下》："人谋、鬼谋，百姓与能。"鬼谋，指占卜吉凶。

[4] 天化：天的自然变化，大自然的变化。

质以忠信为美，德以好学为极。绝学而游心于虚[1]，吾不知之矣。导天下以弃其忠信，陆子静倡之也[2]。

[1] 绝：弃绝，抛弃。

[2] 陆子静：陆九渊，字子静，号象山，世称存斋先生。江西抚州市金溪县陆访青田村人。南宋著名理学家，宋明"心学"的开山之祖。陆九渊提出"宇宙便是

吾心，吾心即是宇宙"的学见，主张学问之道在于反求本心之理，进而发明、挺显之，无须向外求索。其与王夫之的学术里路存在一定的分歧。

事人，诚而已矣。正己而无求于人[1]，诚也。诚，斯"上交不谄，下交不渎"[2]。故子路问事鬼神[3]，而夫子以事人告之。尽其敬爱，不妄冀求，必无非鬼而祭之谄[4]，再三不告之渎[5]。无他，不以利害交鬼神而已[6]。

[1]"正己"句：语本《礼记·中庸》："在上位不陵下，在下位不援上，正己而不求于人。"

[2]"上交"二句：语出《周易·系辞下》。渎（dú），亵渎、轻慢。

[3]"子路"二句：事见《论语·先进》："季路问事鬼神。子曰：'未能事人，焉能事鬼？'"子路：仲由，字子路，一字季路，孔子弟子。

[4]"无非"句：语本《论语·为政》："子曰：'非其鬼而祭之，谄也。'"非其鬼，指不应该由其所祭祀的鬼神。

[5]"再三"句：语本《周易·蒙卦》："初筮告，再三渎，渎则不告。"意谓接二连三的发问，属于不信任的亵渎性行为，不能告之。

[6]交：结交，交往。

"一以贯之"[1]，圣人久大之成也[2]。"曲能有诚"[3]，圣功专直之通也[4]。未能即一，且求诸贯，贯则一矣。贯者，非可以思虑、材力强推而通之也。寻绎其所已知[5]，敦笃其所已能[6]，以熟其仁。仁之熟，则仁之全体现；仁之全体既现，则一也。

[1]一以贯之：语出《论语·里仁》："子曰：'参乎！吾道一以贯之'。"

[2]久大：长久盛大。

[3]曲能有诚：语出《礼记·中庸》。曲，细事、小事。

[4]专直：谓专心一意。语本《周易·系辞上》："夫乾，其静也专，其动也直，是以大生焉。"

[5]寻绎：抽引推求。

[6]敦笃：敦厚笃实。笃，纯一、专一。

"天地之生，人为贵"[1]，惟得五行敦厚之化，故无速见之慧[2]。物之始生也，形之发知[3]，皆疾于人，而其终也钝。人则具体而储其用[4]，形之发知，视物而不疾也多矣，而其既也敏。孩提始知笑[5]，旋知爱亲；长始知言，旋知敬兄。命日新而性富有也。君子善养之，则耄期而受命[6]。

[1]"天地"二句：语本《孝经》："天地之性，人为贵。"

[2]见（xiàn）：显现，显露。

[3]发：生发，产生。知：智，智慧。

[4]具体：即具体而微，谓总体的各部分都具备而形状或规模较小。

[5]"孩提"四句：语本《孟子·尽心上》："孩提之童，无不知爱其亲者；及其长也，无不知敬其兄也。"

[6]耄（mào）期：高年。年纪八九十岁。

不玩空而丧志，不玩物而骄德，信天地之生而敬之，言性道而能然者[1]，鲜矣。

[1]性道：人性与天道。然：这样，如此。

"道远人则不仁"[1]，夫孰能远人以为道哉？杨、墨、佛、老[2]，皆言人也。诞而之于言天[3]，亦言人也，特不仁而已矣[4]。人者，生也；生者，有也；有者，诚也[5]。礼明而乐备，教修而性显，彻乎费隐而无不贯洽[6]，之谓仁。窃其未有之几[7]，舍会通之典礼[8]，以邀变合往来之几[9]，斯之谓远人已耳！

[1]道远人则不仁：语出张载《正蒙·至当》。

[2]杨：指杨朱，战国初期思想家，主张"贵己""重生"，其学说在当时颇有影响。

[3]诞：指言论虚妄夸诞。

[4]特：但，仅，只是。

[5]诚：此谓真实的存在。

[6] 彻乎：贯彻于，贯穿于。费隐：语本《礼记·中庸》："君子之道费而隐。"费，彰显在外的一切。隐，隐而不彰的一切。贯洽：融会贯通。

[7] 窃：窃取。几：隐微，多指事物的迹象、先兆。

[8] 舍会通之典礼：语本《周易·系辞上》："圣人有以见天下之动，而观其会通，以行其典礼，系辞焉以断其吉凶，是故谓之爻。"典礼，制度礼仪。

[9] 邀：谋求，希求。变合：变化与合一。

子孙，体之传也；言行之迹，气之传也；心之陟降[1]，理之传也。三者各有以传之，无戕贼污蚀之[2]，全而归之者也[3]。

[1] 陟（zhì）：与"降"相对，指由低处向高处走，升高之意。

[2] 戕（qiāng）贼：摧残，破坏。污：玷污。蚀：损伤。

[3] 全而归之：语本《大戴礼记·曾子大孝》："曾子闻诸夫子曰：'天之所生，地之所养，人为大矣。父母全而生之，子全而归之，可谓孝矣；不亏其体，可谓全矣。'"

得五行之和气[1]，则能备美而力差弱[2]；得五行之专气[3]，则不能备美而力较健。伯夷、伊尹、柳下惠[4]，不能备美而亦圣。五行各太极[5]，虽专而犹相为备[6]，故致曲而能有诚[7]。气质之偏，奚足以为性病哉[8]！

[1] 五行：指金、木、水、火、土，古人以之为构成世界的元素。

[2] 备美：完美。差弱：稍微显得弱一点儿。差，比较、略微。

[3] 专气：道教语，谓固守精气。

[4] 伯夷：商朝末年孤竹国君之子。周武王灭商后，伯夷与其弟叔齐不愿吃周朝的粮食，一同饿死在首阳山。柳下惠：春秋鲁大夫展获。字季，又字禽，曾为士师官，食邑柳下，谥惠，故又称展禽、柳下季、柳士师、柳下惠等。以柳下惠之名最著。

[5] 各太极：各自如同一个浑圆的太极。

[6] 相为备：谓彼此相互涵具而完备。

[7] "致曲"句：语本《礼记·中庸》："其次致曲，曲能有诚。"谓推及细

小的事情而能够怀具真诚之心去完成。曲，细微的事情。

[8] 性病：人性的弊病。

"继之者善也"[1]，善则随多寡、损益以皆适矣[2]。"成之者性也"，性则浑然一体，而无形埒之分矣[3]。

[1] 继之者善也：语出《周易·系辞上》："一阴一阳之谓道，继之者善也，成之者性也。"

[2] 适：安适。

[3] 埒（liè）：界限。

谓井田、封建、肉刑之不可行者[1]，不知道也；谓其必可行者，不知德也。勇于德则道凝，勇于道则道为天下病矣[2]。德之不勇[3]，褐宽博且将惴焉，况天下之大乎？

[1] 井田：周代授田之法，以一方里划为九区，由八家各占百亩，称为私田，中间百亩为公田，因形如井字，故名井田。封建：一种分封的政治制度。君主把土地分给宗室和功臣，让他们在这块土地上建国。肉刑：古时肉刑的刑法，包括黥（qíng）、劓（yì）、宫、大辟（pì）、剕（fèi）五种。

[2] 病：诟病，耻笑，指责。

[3] "德之"二句：语本《孟子·公孙丑上》："昔者曾子谓子襄曰：'子好勇乎？吾尝闻大勇于夫子矣：自反而不缩，虽褐宽博，吾不惴焉；自反而缩，虽千万人，吾往矣！'"褐（hè），粗布或粗布衣服，此作动词。宽博，谓衣服宽大。惴，恐惧、害怕。

不屑之教诲[1]，是亦教诲之。教诲之道有在，不屑者"默而成之"[2]，"卷而怀之"[3]，以保天地之正，使人心尚知有其不知而不逮，亦扶世教之一道也。释氏不择知愚、贤不肖[4]，而皆指使之见性[5]，故道贱。而托之者之恶[6]，不可纪极[7]，而况姚枢、许衡之自为枉辱哉[8]！

[1] "不屑"二句：语本《孟子·告子下》："孟子曰：'教亦多术矣。予不

屑之教诲也者，是以教诲之而已矣。'"

[2] 默而成之：语出《周易·系辞上》："默而成之，不言而信，存乎德行。"

[3] 卷而怀之：语出《论语·卫灵公》："子曰：'邦有道则仕，邦无道则可卷而怀之。'"指收藏起自己的德行和才能，不使外显。

[4] 知：通"智"，谓有智慧之人。

[5] 指使：此谓指导，教诲。

[6] 托：假托，指假托佛教的名义。

[7] 不可纪极：难以计数，没有终极。纪，终极、限度。

[8] 姚枢：字公茂，号雪斋，元初政治家、理学家。许衡：字仲平，号鲁斋，世称"鲁斋先生"。金末元初理学家、教育家。自为枉辱：自己做了邪恶不正之事而自取其辱。枉，邪恶、不正直。

"居处恭，执事敬，与人忠，虽之夷狄，不可弃"[1]，自尽之道也[2]。不可与言而不言，卫道之正也；"不可与言而与之言"[3]，必且曲道以徇之[4]，何以回天而俟后乎[5]！

[1] "居处恭"一段：语出《论语·子路》。

[2] 自尽：谓竭尽己力。

[3] "不可"句：语出《论语·卫灵公》："子曰：'可与言而不与之言，失人；不可与言而与之言，失言。知者不失人，亦不失言。'"

[4] 曲道：歪曲正道。徇（xùn）：顺从，依从。

[5] 回天：喻力量之大，能左右或扭转难以挽回的局势。俟后：等待后来之人。

二、外篇

天地之德不易[1]，而天地之化日新。今日之风雷，非昨日之风雷，是以知今日之日月，非昨日之日月也。风同气，雷同声，月同魄，日同明，一也。抑以知今日之官骸[2]，非昨日之官骸。视听同喻，触觉同知耳，皆以其德之不易者，类聚而化相符也。其屈而消，即鬼也；伸而息[3]，则神也。神则生，鬼则死。消之也速而息不给于相继，则夭而死。守其故物而不能日新，虽其未消，亦槁而死[4]。不能待其消之已尽而已死，则未消者槁。故曰"日新之谓盛德"[5]，岂特庄生藏舟之说为然哉[6]！

[1] 易：改变，更改。

[2] 官骸：指身躯，形体。

[3] 息：滋息，生长。

[4] 槁：枯槁，干枯。

[5] "日新"句：语出《周易·系辞上》。

[6] "庄生"句：《庄子·大宗师》："夫藏舟于壑，藏山于泽，谓之固矣，然而夜半有力者负之而走，昧者不知也。"后以"藏舟"比喻事物不断变化，不可固守。

张子曰[1]："日月之形，万古不变。"形者，言其规模仪象也[2]，非谓质也。质日代而形如一，无恒器而有恒道也。江河之水，今犹古也，而非今水之即古水。镫烛之光[3]，昨犹今也，而非昨火之即今火。水火近而易知，日月远而不察耳。爪发之日生而旧者消也，人所知也。肌肉之日生而旧者消也，人所未知也。人见形之不变，而不知其质之已迁，则疑今兹之日月为邃古之日月[4]，今兹之肌肉为初生之肌肉，恶足以语日新之化哉[5]！阳而聚明者，恒如斯以为日；阴而聚魄者，恒如斯以为月；日新而不爽其故[6]，斯以为无妄也与[7]！必用其故物而后有恒，则当其变而必昧其初矣[8]。

[1] 张子：张载，字子厚，大梁（今河南开封）人，徙家凤翔郿县（今陕西眉县）横渠镇，学者称横渠先生。北宋大儒，理学创始人之一，理学支脉"关学"创始人。引文出自《正蒙·参两篇》："阴阳之精互藏其宅，则各得其所安，故日月之形，万古不变。"

[2] 仪象：形象。

[3] 镫（dēng）：指膏镫，也称锭、钉、烛豆、烛盘，古代照明用具。

[4] 邃古：远古。

[5] 恶（wū）：疑问代词，相当于"何""安""怎么"。

[6] 爽：丧失，失去。

[7] 无妄：谓邪道不行，不敢诈伪。

[8] 昧：蒙蔽，掩盖。

《内经》之言[1]，不无繁芜[2]，而合理者不乏。《灵枢经》云："肝藏血，血舍魂[3]。脾藏荣[4]，荣舍意。心藏脉，脉舍神。肺藏气，气舍魄。肾藏精，精舍志。"是则五藏皆为性情之舍[5]，而灵明发焉，不独心也。君子独言心者，魂为神使，意因神发，魄待神动，志受神摄，故神为四者之津会也[6]。然亦当知凡言心，则四者在其中，非但一心之灵而余皆不灵。孟子言持志，功在精也；言养气，功加魄也。若告子则孤守此心之神尔。《灵枢》又云："天之在我者，德也；地之在我者，气也。"亦足以征有地气而非有天气矣[7]。德无所不凝，气无所不彻，故曰"在我"。气之所至，德即至焉，岂独五藏胥为舍德之府而不仅心哉[8]？四支、百骸、肤肉、筋骨[9]，苟喻痛痒者，地气之所充，天德即达，皆为吾性中所显之仁，所藏之用。故孟子曰："形色，天性也。"[10]

[1]《内经》：即《黄帝内经》，分为《灵枢》《素问》两部分，是中国最早的医学典籍，也是中国影响最大的一部医学著作。

[2] 繁芜：繁多，芜杂。

[3] 舍（shè）：居所，处所。此用为动词，谓提供居所。

[4] 荣：中医指人体的营养作用或血液循环功能的一个方面。

[5] 五藏（zàng）：亦作"五臟"，即五脏，指心、肝、脾、肺、肾。中医谓"五脏"有藏精气而不泻的功能，故名。

[6] 津会：谓总的枢纽，关键之处。

[7] 征：证明，证验。

[8] 胥（xū）：皆，都。府：通"腑"，脏腑。

[9] 四支：即四肢。百骸：身体的各个骨头。

[10] "形色"二句：语出《孟子·尽心上》。意谓形体和相貌也是天赋人性的内容。

【阅读书目】

《船山思问录》，[清]王夫之，上海古籍出版社。

《思问录》，王新春、刘心明译注，山东友谊出版社。

《船山学谱》，王孝鱼，中华书局。

《王夫之评传》，萧萐父、许苏民，南京大学出版社。

《诠释与重建——王船山的哲学精神》，陈来，三联书店。

第十三章　旧学与新知

第一节　近现代国学概说

关于"国学"的定义与范围虽然还存在争议，但其基本的指向是"中华传统文化"，这一点基本无异议。如果从这个角度说，清末民国诸位"国学大师"的学术文章似乎不属于"国学经典"的范畴，但从另外几层意义上说，民国以来国学大家的重要论著又是国学课程必不可少的一个部分，甚至是一个重要的门径。

第一，现代所谓"国学"的概念起于清末民国。"国学"这个概念中国历史上就有，但历来讲的所谓"国学"，都是指"国立学校"的意思。近代中国不得不从"天下"（帝国）转型至"万国"（现代国家），而且还面临新的民族国家深刻危机的时候，需要明确"我者"与"他者"的界定，促使20世纪初的中国学者借了日本国学之名，催生了现在的"国学"这个概念。1905年，邓实接连写了《国学原论》《国学微论》《国学通论》《国学今论》四篇文章，大力提倡"国学"这个称呼。随后，有章太炎发起"国学讲习会"，罗振玉和王国维办"国学丛刊"。国学之名遂倡于天下。如果漏过民国这一阶段，就难以明白国学概念之源起。

第二，中国传统文化之发展是一个"连续统"，从思想源头上我们追溯到春秋战国时代的孔孟老庄，此后历经魏晋玄学、隋唐佛学、宋明理学之演变发展，至清末与西方文化产生激烈磨荡，思想文化发展的"连续统"并未中断，而是呈现为一种新的形式。进而言之，思想文化之发展往往是在与一种外来新文化的磨荡冲突之中而得以有新的突破，并迎来大的发展的。近代中国面临"三千年未有之变局"，而思想文化方面的创造发展亦是极为辉煌，有学者甚至称之为春秋战国之后的第二个"轴心时代"。从这个意义上说，民国时代之国学应为"国学"之重要组成部分。

第三，从解释学方法论的角度说，海德格尔指出，对文本的理解，永远由被理解的前结构所决定，完美的理解不是整体与部分之间循环的消除，而是这种循环得到最充分实现。从解释学看，传统不是固定不变的，而是通过理解中的选择、批判而不断前进的。传统是人类知识中的一部分，它必然要在理解中起作用，清末民国的国学是对"国学"的阐释，而这种阐释本身也构成国学的组成部分，并直接影响我们今天对所谓国学的理解。

理解晚清民国"国学"及整体学术的兴起，可能需要把握这样两个大的关节：第一个大关节是"学术转型"和"典范转移"。中国传统之学问分类是经史子集，西洋学术典范及分类方式经由日本而传至中国，梁启超《新史学》之后，原来的四部之学变成文史哲三分天下，西洋的各种理论和方法纷纷涌入，加上科举废除，新学堂、新知识、新式教科书，连同报纸杂志，逐渐把传统学问做了一个大改造，所以，中国哲学史截断众流，中国文学史改旧换新，中国古代史重新书写，整个学术变了一个模样。后来我们所从事的所谓"学术"，基本都在这一巨变的延长线上。直到现在重提"国学"这一概念，就包含着对清末民国之典范转移的一次"反动"，要重新找回我们传统的那个"典范"，要做到这一点，首先就要明白当日典范转换之因由与历程。

第二个大关节是"新发现"和"新解释"。20世纪20年代，王国维在《库书楼记》《最近二十年间中国旧学之进步》和《最近二三十年中中国发见之新学问》里面，曾三次提醒说，"古来新学问起，大都由于新发现。"晚清民国恰恰是大发现的时代。甲骨卜辞、敦煌文献、居延汉简、大内档案（以及日本、韩国有关中国文献）等，恰恰在这个时代被发现，说是偶然却也是必然。晚清民国的大发现之所以能把学术界搞得天翻地覆，还因为这个时候新资料的重见天日，正巧遇见新学理的所向披靡，于是像化学反应一样，激荡出无数新问题。你可以历数殷商史的重新解释、中西交通的走向前沿、明清社会史的巨大发展，以及宗教研究的视野扩大等等，都和这些新发现的"发酵"有关。今日国学之学习，我们不赞成简单的"读经"，而是要把经典与现代结合，要让经典在现代真正"活"起来，同样需要"新解释"，同样离不开对新发现的梳理，西方哲学、社会科学等理论所提供的解读视角对我们今日理解传统的经典是不可或缺的，这就需要我们接着民国时代国学大师继续讲，而不是抛开他们。

清末民国学术界群星璀璨，哪些人可以称得上国学大师？凡称得上国学大师者，其学问自然理应在"国学"研究之范围内，属于出类拔萃者。而且，还必须具备高尚的人格和品德。由于对"国学"概念的理解不同，国学大师的人选或有争议，大致包括章太炎、梁启超、王国维、马一浮、陈寅恪、钱穆等人。

本章选取的五组文章，选取的标准既参考了相对公认的标准，即不论在当时还是在当前，影响力最大的国学经典著作，也包含了我们的判断和"心裁"。其中梁启超的《清代学术概论》、王国维的《国学丛刊序》、陈寅恪的《王观堂先生纪念碑铭及挽词序》、钱穆的《国史大纲》，不论在当时还是现在，都是影响力巨大的国学经典著作，这四人也是当之无愧的国学大师。而牟宗三对于中国哲学独特价值及其世界意义的发现与阐述，是当前研读国学者不可绕过的一个高峰，这里选取了他思想体系中的一个核心观念"良知坎陷"说，可以说是理解牟宗三庞大思想体系的一把钥匙。

梁启超（1873—1929），字卓如，号任公，广东新会人。中国近代著名的思想家、政治家、教育家、史学家和文学家。其学术著作的深度相对而言或许不深，但由于其经历的特殊性，其思想的广度宽度和影响力在当时无疑是最大的，他1898—1903年间的写作，很大程度上奠定了20世纪中国思想的根本前提。而且由于梁启超与中国现代性的关联，其问题思路与当前中国传统思想面对全球化挑战之问题的相似性，美国的中国研究界一直把梁启超奉

中华优秀传统文化读本

为表述中国现代性的关键人物。

梁启超1920年撰成《清代学术概论》距今已近百年，这部书早已成为清学史研究的经典之作，也是最能体现梁启超晚期治学特点的标志性著作。在这部著作中，梁启超提出了三个有创造性的理论学说，即"时代思潮"论，"反动"说，"以复古为解放"说。《清代学术概论》的一个显著特点，就是突破了传统学术史以"学案"为框架的体例，而以"时代思潮"为主轴来阐述有清一代学术思想。梁启超认为只有从时代思潮入手，才能真正把握住一时代学术思想的本质内容、流变规律和真实价值。这样一种崭新的学术史研究视野，使其超越了以往的学术史著述，令人耳目一新。这部书的另一显著特点，在于通过中西文化比较来揭示清代学术思想的特点。梁启超以清学对宋明理学的批判与欧洲"文艺复兴"相比，"以复古为解放"有得与不得之处，但关键不在于何得何不得，而在于后人对于清学成果的继承和发扬，与西欧文艺复兴之间的历史比较，并以此为起点思考中华文化之未来。

王国维（1877—1927），字静安，号观堂，浙江海宁人。中国近代罕见的杰出学者，在哲学、教育、文学、史学、文字学和考古学等众多学科，都有卓越的成就。他是近代学术界最早地把乾隆、嘉庆以来朴学大师们的治学传统和资产阶级的近代治学方法予以融会贯通，从事创造性研究工作的代表人物之一，因而他的研究成果大都有着承前启后的重要意义。如在文学领域，他较早地吸收西方哲学、美学思想，并以之研究中国文学，将西方的文学思想与中国传统的文学思想相结合，对文学的本质作出了新的思考，并对中国唐宋以后兴起的三种最重要的文体——词、戏曲和小说进行了专门研究，写出了《人间词话》《宋元戏曲考》和《红楼梦评论》三部著名的文学著作，成为中国晚清至近代最著名的文学思想家。我们这里所选《国学丛刊序》一文作于1911年，对学术之"新旧之争""中西之争""有用之学与无用之学之争"等问题作了深刻阐述，认为"学无新旧也，无中西也，无有用无用也"，其观点对中国人文学科的发展有着深远影响。

陈寅恪（1890—1969），字鹤寿，江西修水人。中国现代最负盛名的历史学家，也是古典文学专家、语言学家和诗人。他是一位怪才，游学西方二十三年，"奔走东西洋数万里"，先后就读于德国柏林大学、瑞士苏黎世大学、法国巴黎高等政治学校、美国哈佛大学等著名学府，但未曾获得一个学位。陈寅恪学习并掌握了蒙、藏、满、日、梵、英、法、德和巴利、波斯、突厥、西夏、拉丁、希腊等十几种语言。梁启超说："我梁某算是著作等身了，但总共著作还不如陈先生寥寥数百字有价值。"一句话把陈寅恪推到了顶尖国学大师的高峰上。陈寅恪一生追求真理，崇尚学术自由。和他同为清华大学国学院"四大导师"之一的王国维投湖自尽后，陈寅恪为王国维撰写了碑文，其云："先生之著述，或有时而不章。先生之学说，或有时而可商。惟此独立之精神，自由之思想，历千万祀，与天壤而同久，共三光而永光。"陈寅恪一生从未写过一篇媚俗的文章，从未无感而发地去"遵命"写作。这是中国文人学者最可宝贵的性格。

钱穆（1895—1990），字宾四，江苏无锡人。中国现代著名历史学家、思想家、教育家。其一生著述丰硕，专著多达80种以上。黄仁宇称："钱穆先生可能是将中国写历史的传统承前接后带到现代的首屈一指的大师。"钱穆毕生弘扬中国传统文化，高举现代新儒家的旗帜，在大陆、香港、台湾都产生了巨大的影响。《国史大纲》是钱穆最重要、影响最大的著作。其对历史的温情、敬佩与冷静无一不在本书中有所体现。钱穆的史学思想，最重要的一点就是尊重"文化的内在动力"的作用，也就是探寻"历史发展的内在理路"。《国史大纲》称其主旨"则在发现其相互影响，及先后之演变发展，以作国人如何应付现时代之种种事变作根据之借鉴"。钱穆区分了历史资料和历史知识两个概念，其根本思想乃对于历史的思考和反思，探究中国是如何兴盛起来，又是如何沦落到如今这种地步。在书中钱穆铿锵有力地表达了对中国文化无比的肯定及自信。

牟宗三（1909—1995），字离中，山东栖霞人。中国现代颇具原创性、思想性和影响力的哲学家，现代新儒家的重要代表人物之一。其以《认识心之批判》《道德的理想主义》《智的直觉与中国哲学》《现象与物自身》《圆善论》《心体与性体》《佛性与般若》《才性与玄理》等一系列著作，会通中西，圆融古今，完成了对中国儒学的创造性重建，建立了庞大、缜密的哲学体系即道德的形上学体系。对中国传统文化如何现代化的问题，牟宗三提出了"开出"说，即由儒家的"内圣之学"而开出"新外王"，由"道统"开出"政统"和"学统"。具体的方法就是通过"良知"的自我"坎陷"，以"坎陷"出"知性主体"和"政治主体"，也就是从"道德主体"转出"民主"与"科学"。"良知坎陷说"的学理表述主要就体现在其所著《政道与治道》中"理性之运用表现与架构表现"一章。牟宗三"良知坎陷说"提出后，成为学术界广泛争论的焦点话题之一，随后大陆学者蒋庆等对"良知坎陷说"进行批判，而提出"政治儒学"等路向，并引发大陆新儒家和港台新儒家之辩论。理解"良知坎陷"之理论背景也是理解当前国学界核心话题的一把钥匙。

第二节　近现代国学选读

一、梁启超：清代学术概论（二）

"清代思潮"果何物耶？简单言之，则对于宋明理学之一大反动，而以"复古"为其职志者也。其动机及其内容，皆与欧洲之"文艺复兴"绝相类。而欧洲当"文艺复兴期"经过以后所发生之新影响，则我国今日正见端焉。其盛衰之迹，恰如前节所论之四期。

其启蒙运动之代表人物，则顾炎武、胡渭、阎若璩也。其时正值晚明王学极盛而敝之后，学者习于"束书不观，游谈无根"，理学家不复能系社会之信仰。炎武等乃起而矫之，大倡"舍经学无理学"之说，教学者脱宋明儒羁勒，直接反求之于古经；而若璩辨伪经，唤起"求真"观念；渭攻"河洛"，扫架空说之根据：于是清学之规模立焉。同时对于明学之反动，尚有数种方向。其一，颜元、李塨一派，谓"学问固不当求诸冥想，亦不当求诸书册，惟当于日常行事中求之"。而刘献廷以孤往之姿，其得力处亦略近于此派。其二，黄宗羲、万斯同一派，以史学为根据，而推之于当世之务。顾炎武所学，本亦具此精神。而黄、万辈规模之大不逮顾，故专向此一方面发展。同时顾祖禹之学，亦大略同一迳路。其后则衍为全祖望、章学诚等，于清学为别派。其三，王锡阐、梅文鼎一派，专治天算，开自然科学之端绪焉。此诸派者，其研究学问之方法，皆与明儒根本差异。除颜、李一派中绝外，其余皆有传于后。而顾、阎、胡"尤为正统派"不祧之大宗。其犹为旧学（理学）坚守残垒、效死勿去者，则有孙奇逢、李中孚、陆世仪等，而其学风已由明而渐返于宋。即诸新学家，其思想中，留宋人之痕迹犹不少。故此期之复古，可谓由明以复于宋，且渐复于汉、唐。

其全盛运动之代表人物，则惠栋、戴震、段玉裁、王念孙、王引之也，吾名之曰正统派。试举启蒙派与正统派相异之点：一，启蒙派对于宋学，一部分猛烈攻击，而仍因袭其一部分；正统派则自固壁垒，将宋学置之不议不论之列。二，启蒙派抱通经致用之观念，故喜言成败得失经世之务；正统派则为考证而考证，为经学而治经学。正统派之中坚，在皖与吴。开吴者惠，开皖者戴。惠栋受学于其父士奇，其弟子有江声、余萧客，而王鸣盛、钱大昕、汪中、刘台拱、江藩等皆汲其流。戴震受学于江永，亦事栋以先辈礼。震之在乡里，衍其学者，有金榜、程瑶田、凌廷堪、三胡（匡衷、培翚、春乔）等。其教于京师，弟子之显者，有任大椿、卢文弨、孔广森、段玉裁、王念孙。念孙以授其子引之。玉裁、念孙、引之最能光大震学，世称戴、段、二王焉。其实清儒最恶立门户，不喜以师弟相标榜。凡诸大师皆交相师友，更无派别可言也。惠、戴齐名，而惠尊闻好博，戴深刻断制。惠仅"述者"，而戴则"作者"也。受其学者，成就之大小亦因以异，故正统派之盟主必推戴。当时学者承流向风各有建树者，不可数计，而纪昀、王昶、毕沅、阮元辈，皆处贵要，倾心宗尚，隐若护法，于是兹派称全盛焉。其治学根本方法，在"实事求是"，"无征不信"。其研究范围，以经学为中心，而衍及小学、音韵、史学、天算、水地、典章制度、金石、校勘、辑佚等等。而引证取材，多极于两汉，故亦有"汉学"之目。当斯时也，学风殆统于一。启蒙期之宋学残绪，亦莫能续，仅有所谓古文家者，假"因文见道"之名，欲承其祧，时与汉学为难，然志力两薄，不足以张其军。

其蜕分期运动之代表人物，则康有为、梁启超也。当正统派全盛时，学者以专经为尚，于是有庄存与，始治《春秋公羊传》有心得，而刘逢禄、龚自珍最能传其学。《公羊传》者，"今文学"也。东汉时，本有今文古文之争，甚烈。《诗》之"毛传"，《春秋》之"左传"，及《周官》，皆晚出，称古文，学者不信之。至汉末而古文学乃盛。自阎若璩攻《伪古文尚书》得胜，渐开学者疑经之风。于是刘逢禄大疑《春秋左氏传》，魏源大疑《诗毛氏传》。若《周官》，则宋以来固多疑之矣。康有为乃综集诸家说，严画今古文分野，谓凡东汉晚出之古文经传，皆刘歆所伪造。正统派所最尊崇之许、郑，皆在所排击。则所谓复古者，由东汉以复于西汉。有为又宗公羊，立"孔子改制"说，谓六经皆孔子所作，尧舜皆孔子依托，而先秦诸子，亦罔不"托古改制"。实极大胆之论，对于数千年经籍谋一突飞的大解放，以开自由研究之门。其弟子最著者，陈千秋、梁启超。千秋早卒。启超以教授著述，大弘其学。然启超与正统派因缘较深，时时不慊于其师之武断，故末流多有异同。有为、启超皆抱启蒙期"致用"的观念，借经术以文饰其政论，颇失"为经学而治经学"之本意，故其业不昌，而转成为欧西思想输入之导引。

清学之蜕分期，同时即其衰落期也。顾、阎、胡、惠、戴、段、二王诸先辈，非特学识渊粹卓绝，即行谊亦至狷洁。及其学既盛，举国希声附和，浮华之士亦竞趋焉，固已渐为社会所厌。且兹学荦荦诸大端，为前人发挥略尽，后起者率因袭补苴，无复创作精神；即有发明，亦皆末节，汉人所谓"碎义逃难"也。而其人犹自倨贵，俨成一种"学阀"之观。今古文之争起，互相诋諆，缺点益暴露。海通以还，外学输入，学子憬然于竺旧之非计，相率吐弃之，其命运自不能以复久延。然在此期中，犹有一二大师焉，为正统派死守最后之壁垒，曰俞樾，曰孙诒让，皆得流于高邮王氏。樾著书，惟二三种独精绝，余乃类无行之袁枚，亦衰落期之一征也。诒让则有醇无疵，得此后殿，清学有光矣。樾弟子有章炳麟，智过其师，然亦以好谈政治，稍荒厥业。而绩溪诸胡之后有胡适者，亦用清儒方法治学，有正统派遗风。

综观二百余年之学史，其影响及于全思想界者，一言蔽之，曰"以复古为解放"。第一步，复宋之古，对于王学而得解放。第二步，复汉唐之古，对于程朱而得解放。第三步，复西汉之古，对于许郑而得解放。第四步，复先秦之古，对于一切传注而得解放。夫既已复先秦之古，则非至对于孔孟而得解放焉不止矣。然其所以能著著奏解放之效者，则科学的研究精神实启之。今清学固衰落矣，"四时之运，成功者退"，其衰落乃势之必然，亦事之有益者也。无所容其痛惜留恋，惟能将此研究精神转用于他方向，则清学亡而不亡也矣。

二、王国维：国学丛刊序

学之义，不明于天下久矣！今之言学者，有新旧之争，有中西之争，有有用之学与无用之学之争。余正告天下曰：学无新旧也，无中西也，无有用无用也。凡立此名者，均不学之徒，即学焉而未尝知学者也。

学之义广矣。古人所谓学，兼知行言之。今专以知言，则学有三大类：曰科学也，史学也，文学也。凡记述事物，而求其原因，定其理法者，谓之科学；求事物变迁之迹，而明其因果者，谓之史学；至出入二者间，而兼有玩物适情之效者，谓之文学。然各科学有各科学之沿革，而史学又有史学之科学（如刘知几《史通》之类）；若夫文学，则有文学之学（如《文心雕龙》之类）焉，有文学之史（如各史"文苑传"）焉。而科学、史学之杰作，亦即文学之杰作。故三者非斠然有疆界，而学术之蕃变，书籍之浩瀚，得以此三者括之焉。凡事物必尽其真，而道理必求其是，此科学之所有事也；而欲求知识之真与道理之是者，不可不知事物道理之所以存在之由、与其变迁之故，此史学之所有事也；若夫知识、道理之不能表以议论，而但可表以情感者，与夫不能求诸实地，而但可求诸想像者，此则文学之所有事也。古今东西之为学，均不能出此三者。惟一国之民，性质有所毗，境遇有所限，故或长于此学而短于彼学。承学之子，资力有偏颇，岁月有涯涘，故不能不主此学而从彼学。且于一学之中，又择其一部而从事焉。此不独治一学当如是，自学问之性质言之，亦固宜然。然为一学，无不有待于一切他学，亦无不有造于一切他学。故是丹而非素，主入而奴出，昔之学者或有之，今日之真知学、真为学者，可信其无是也。

夫然，故吾所谓学无新旧、无中西、无有用无用之说，可得而详焉。何以言学无新旧也？夫天下之事物，自科学上观之，与自史学上观之，其立论各不同。自科学上观之，则事物必尽其真，而道理必求其是。凡吾智之不能通，而吾心之所不能安者，虽圣贤言之，有所不信焉；虽圣贤行之，有所不慊焉。何则？圣贤所以别真伪也，真伪非由圣贤出也；所以明是非也，是非非由圣贤立也。自史学上观之，则不独事理之真与是者，足资研究而已，即今日所视为不真之学说，不是之制度风俗，必有所以成立之由，与其所以适于一时之故。其因存于邃古，而其果及于方来，故材料之足资参考者，虽至纤悉，不敢弃焉。故物理学之历史，谬说居其半焉；哲学之历史，空想居其半焉；制度、风俗之历史，弁髦居其半焉：而史学家弗弃也。此二学之异也。然治科学者，必有待于史学上之材料，而治史学者，亦不可无科学上之知识。今之君子，非一切蔑古，即一切尚古。蔑古者出于科学上之见地，而不知有史学；尚古者出于史学上之见地，而不知有科学。即为调停之说者，亦未能知取舍之所以然，此所以有古今新旧之说也。

何以言学无中西也？世界学问，不出科学、史学、文学。故中国之学，西国类皆有之。西国之学，我国亦类皆有之。所异者，广狭、疏密耳。即从俗说而姑存中学、西学之名，则夫虑西学之盛之妨中学，与虑中学之盛之妨西学者，均不根之说也。中国今日，实无学之患，而非中学、西学偏重之患。京师号学问渊薮，而通达诚笃之旧学家，屈十指以计之，不能满也。其治西学者，不过为羔雁禽犊之资，其能贯串精博，终身以之如旧学家者，更难举其一二。风会否塞，习尚荒落，非一日矣。余谓中西二学，盛则俱盛，衰则俱衰，风气既开，互相推助。且居今日之世，讲今日之学，未有西学不兴，而中学能兴者；亦未有中学不兴，而西学能兴者。特余所谓中学，非世之君子所谓中学；所谓西学，非今日学校所授之西学而已。治《毛诗》《尔雅》者，不能不通天文博物诸学；而治博物学者，苟质以《诗》《骚》草木之名状而不知焉，则于此学固未为善。必如西人之推算日食，证梁虞㐭、唐一行之说，以明《竹书纪年》之非伪，由《大唐西域记》以发见释迦之支墓，斯为得矣。故一学既兴，他学自从之，此由学问之事，本无中西，彼鳃鳃焉虑二者之不能并立者，真不知世间有学问事者矣。

顾新旧、中西之争，世之通人率知其不然，惟有用、无用之论，则比前二说为有力。余谓凡学皆无用也，皆有用也。欧洲近世农工商业之进步，固由于物理、化学之兴。然物理、化学高深普遍之部，与蒸气、电信有何关系乎？动植物之学，所关于树艺、畜牧者几何？天文之学，所关于航海、授时者几何？心理社会之学，其得应用于政治、教育者亦尠。以科学而犹若是，而况于史学、文学乎？然自他面言之，则一切艺术，悉由一切学问出。古人所谓不学无术，非虚语也。夫天下之事物，非由全不足以知曲，非致曲不足以知全。虽一物之解释，一事之决断，非深知宇宙人生之真相者，不能为也。而欲知宇宙、人生者，虽宇宙中之一现象，历史上之一事实，亦未始无所贡献。故深湛幽渺之思，学者有所不避焉；迂远繁琐之讥，学者有所不辞焉。事物无大小，无远近，苟思之得其真，纪之得其实，极其会归，皆有裨于人类之生存福祉。已不竟其绪，他人当能竟之；今不获其用，后世当能用之：此非苟且玩愒之徒所与知也。学问之所以为古今、中西所崇敬者，实由于此。凡生民之先觉，政治教育之指导，利用厚生之渊源，胥由此出，非徒一国之名誉与光辉而已。世之君子，可谓知有用之用，而不知无用之用者矣。

以上三说，其理至浅，其事至明。此在他国所不必言，而世之君子犹或疑之，不意至今日而犹使余为此哓哓也。适同人将刊行国学杂志，敢以此言序其端。此志之刊，虽以中学为主，然不敢蹈世人之争论，此则同人所自信，而亦不能不自白于天下者也。

三、陈寅恪：王观堂先生纪念碑铭及挽词序

（一）清华大学王观堂先生纪念碑铭

海宁王静安先生自沉后二年，清华研究院同仁咸怀思不能自已。其弟子受先生之陶冶煦育者有年，尤思有以永其念。佥曰，宜铭之贞珉，以昭示于

无竟。因以刻石之词命寅恪，数辞不获已，谨举先生之志事，以普告天下后世。其词曰：士之读书治学，盖将以脱心志于俗谛之桎梏，真理因得以发扬。思想而不自由，毋宁死耳。斯古今仁圣同殉之精义，夫岂庸鄙之敢望。先生以一死见其独立自由之意志，非所论于一人之恩怨，一姓之兴亡。呜呼！树兹石于讲舍，系哀思而不忘。表哲人之奇节，诉真宰之茫茫。来世不可知者也，先生之著述，或有时而不章。先生之学说，或有时而可商。惟此独立之精神，自由之思想，历千万祀，与天壤而同久，共三光而永光。

（二）王观堂先生挽词序

或问观堂先生所以死之故。应之曰：近人有东西文化之说，其区域分划之当否，固不必论，即所谓异同优劣，亦姑不具言；然而可得一假定之义焉。其义曰：凡一种文化值衰落之时，为此文化所化之人，必感苦痛，其表现此文化之程量愈宏，则其所受之苦痛亦愈甚；迨既达极深之度，殆非出于自杀无以求一己之心安而义尽也。吾中国文化之定义，具于白虎通三纲六纪之说，其意义为抽象理想最高之境，犹希腊柏拉图所谓Eîdos者。若以君臣之纲言之，君为李煜亦期之以刘秀；以朋友之纪言之，友为郦寄亦待之以鲍叔。其所殉之道，与所成之仁，均为抽象理想之通性，而非具体之一人一事。夫纲纪本理想抽象之物，然不能不有所依托，以为具体表现之用；其所依托以表现者，实为有形之社会制度，而经济制度尤其最要者。故所依托者不变易，则依托者亦得因以保存。吾国古来亦尝有悖三纲违六纪无父无君之说，如释迦牟尼外来之教者矣，然佛教流传播衍盛昌于中土，而中土历世遗留纲纪之说，曾不因之以动摇者，其说所依托之社会经济制度未尝根本变迁，故犹能藉之以为寄命之地也。近数十年来，自道光之季，迄乎今日，社会经济之制度，以外族之侵迫，致剧疾之变迁；纲纪之说，无所凭依，不待外来学说之掊击，而已销沉沦丧于不知觉之间；虽有人焉，强聒而力持，亦终归于不可救疗之局。盖今日之赤县神州值数千年未有之巨劫奇变；劫尽变穷，则此文化精神所凝聚之人，安得不与之共命而同尽，此观堂先生所以不得不死，遂为天下后世所极哀而深惜者也。至于流俗恩怨荣辱委琐龌龊之说，皆不足置辨，故亦不之及云。

四、钱穆：国史大纲引论（八）

姑试略言中国史之进展。就政治上言之，秦汉大一统政府之创建，已为国史辟一奇绩。近人好以罗马帝国与汉代相拟，然二者立国基本精神已不同。罗马乃以一中心而伸展其势力于四围。欧亚非三洲之疆土，特为一中心强力所征服而被统治。仅此中心，尚复有贵族平民之别。一旦此中心上层贵族渐趋腐化，蛮族侵入，如以利刃刺其心窝，而帝国全部，即告瓦解。此罗马立国形态也。秦汉统一政府，并不以一中心地点之势力，征服四周，实乃由四围之优秀力量，共同参加，以造成一中央。且此四围，亦更无阶级之分。所谓优秀力量者，乃常从社会整体中，自由透露，活泼转换。因此其建国工作，在中央之缔构，而非四围之征服。罗马如于一室中悬巨灯，光耀四壁；秦汉则室之四周，遍悬诸灯，交射互映；故罗马碎其巨灯，全室即暗，秦汉则灯不俱坏光不全绝。因此罗马民族震烁于一时，而中国文化则辉映于千古。我中国此种立国规模，乃经我先民数百年惨淡经营，艰难缔构，仅而得之。以近世科学发达，交通便利，美人立国，乃与我差似。如英法诸邦，则领土虽广，惟以武力贯彻，犹惴惴惧不终日。此皆罗马之遗式，非中国之成规也。

谈者好以专制政体为中国政治诟病，不知中国自秦以来，立国规模，广土众民，乃非一姓一家之力所能专制。故秦始皇始一海内，而李斯、蒙恬之属，皆以游士擅政，秦之子弟宗戚，一无预焉。汉初若稍稍欲返古贵族分割宰制之遗意，然卒无奈潮流之趋势何！故公孙弘以布衣为相封侯，遂破以军功封侯拜相之成例，而变相之贵族擅权制，终以告歇。博士弟子，补郎补吏，为入仕正轨，而世袭任荫之恩亦替。自此以往，入仕得官，遂有一公开客观之标准。"王室"与"政府"逐步分离，"民众"与"政府"则逐步接近。政权逐步解放，而国家疆域亦逐步扩大，社会文化亦逐步普及。总观国史，政体演进，约得三级：由封建而跻统一，一也。（此在秦汉完成之。）

由宗室、外戚、军人所组之政府，渐变而为士人政府，二也。（此自西汉中叶以下，迄于东汉完成之。）由士族门第再变而为科举竞选，三也。（此在隋唐两代完成之。）惟其如此，"考试"与"铨选"，遂为维持中国历代政府纲纪之两大骨干。全国政事付之官吏，而官吏之选拔与任用，则一惟礼部之考试与吏部之铨选是问。此二者，皆有客观之法规，为公开的准绳，有皇帝（王室代表。）所不能摇，宰相（政府首领）所不能动者。若于此等政治后面推寻其意义，此即《礼运》所谓"天下为公，选贤与能"之旨。就全国民众施以一种合理的教育，复于此种教育下选拔人才，以服务于国家；再就其服务成绩，而定官职之崇卑与大小。此正战国晚周诸子所极论深觊，而秦汉以下政制，即向此演进。特以国史进程，每于和平中得伸展，昧者不察，遂妄疑中国历来政制，惟有专制黑暗，不悟政制后面，别自有一种理性精神为之指导也。

谈者又疑中国政制无民权，无宪法。然民权亦各自有其所以表达之方式与机构，能遵循此种方式而保全其机构，此即立国之大宪大法，不必泥以求也。中国自秦以来，既为一广土众民之大邦，如欧西近代所运行民选代议士制度，乃为吾先民所弗能操纵。然诚使国家能历年举行考试，平均选拔各地优秀平民，使得有参政之机会；又立一客观的服务成绩规程，以为官位进退之准则，则下情上达，本非无路。晚清革命派，以民权宪法为推翻满清政府之一种宣传，固有效矣。若遂认此为中国历史真相，谓自秦以来，中国惟有专制黑暗，若谓"民无权，国无法"者已二千年之久，则显为不情不实之谈。民国以来，所谓民选代议之新制度，终以不切国情；一时未能切实推行。而历古相传"考试"与"铨选"之制度，为维持政府纪纲之两大骨干者，乃亦随专制黑暗之恶名而俱灭。于是一切官场之腐败混乱，胥乘而起，至今为厉。此不明国史真相，妄肆破坏，轻言改革所应食之恶果也。

中国政制所由表达民权之方式与机构，既与近代欧人所演出者不同。故欲争取民权，而保育长养之，亦复自有其道。何者？彼我立国规模既别，演进渊源又不同。甲族甲国之所宜，推之乙族乙国而见窒碍者，其例实夥。凡于中国而轻言民众革命，往往发动既难，收拾亦不易，所得不如其所期，而破坏远过于建设。所以国史常于和平中得进展，而于变乱中见倒退者，此由中国立国规模所限，亦正我先民所贻政制，以求适合于我国情，而为今日吾人所应深切认识之一事。若复不明国史真相，妄肆破坏，轻言改革，则又必有所应食之恶果在矣。

五、牟宗三：政道与治道 (第三章)

（一）理性之运用表现

在我的"历史哲学"中，我曾以"综和的尽理之精神"说中国文化，以"分解的尽理之精神"说西方文化，现在可说"理性之运用表现"是"综和的尽理之精神"下的方式，"理性之架构表现"是"分解的尽理之精神"下的方式。……

运用表现（Functional Presentation）中之"运用"亦曰"作用"或"功能"。此三名词为同义语。……"运用表现"即禅宗所谓"作用见性"之意，宋明儒者亦曰"即用见体"，就《易经》说，则为"于变易中见不易"。惟这些话头是偏重在见体，我今说"理性之运用表现"，则偏重在表现。表现是据体以成用，或承体之起用，这是在具体生活中牵连着"事"说的。而这种运用表现中的"理性"当然是指实践理性，然而却不是抽象地说，而是在生活中具体地说。所以这里所谓理性当该就是人格中的德性，而其运用表现就是此德性之感召，或德性之智慧妙用。……理性之运用表现是生活，是智慧，亦是德性。才情性理一起都在内。这种表现说好是通达圆融，智慧高，境界高，说坏，则浑沌，拖泥带水，而且易于混假成真，落于情识而自以为妙道，违禽兽不远而自以为得性情之真。……

逻辑数学科学与近代意义的国家政治法律皆是理性之架构表现之成果。这都是些建筑物。中国文化缺了架构表现，当然是空荡荡的一无所有了，无可列举，无可指目。因为作用表现并不是些可指目可列举的物事。论境界，作用表现高于架构表现。但若缺了架构表现，则不能有建筑物。是以中国文化一方面有很高的境界，智慧与气象，而另一方面又是空荡荡的，令近人列举的头脑发生太惨的感觉。吾人则如此说，光有境界气象，而无建筑物以充实之，究不能尽其美与大。……

（二）理性之架构表现

如是吾人再进而论"架构表现"（Constructive Presentation frame-presentation）。

架构表现的成就很多。中国文化于理性之架构表现方面不行，所以亦没有这方面的成就。今天的问题即在这里。而架构表现之成就，概括言之，不外两项：一是科学，一是民主政治。数十年来的中国知识分子都在闹这问题。中国为什么不能出现科学与民主政治呢？我们的答复是理性之架构表现不够。中国文化只有理性之运用表现。我们上段已说，若论境界，运用表现高于架构表现。所以中国不出现科学与民主，不能近代化，乃是超过的不能，不是不及的不能。……

凡是运用表现都是"摄所归能"，"摄物归心"。这二者皆在免去对立：它或者把对象收进自己的主体里面来，或者把自己投到对象里面去，成为彻上彻下的绝对。内收则全物在心，外投则全心在物，其实一也。这里面若强分能所而说一个关系，便是"隶属关系"（Sub-Ordination）。……而架构表现则相反。它的底子是对待关系，由对待关系而成一"对列之局"（Co-Ordination）。是以架构表现便以"对列之局"来规定。而架构表现中之"理性"也顿时即失去其人格中德性即具体地说的实践理性之意义而转为非道德意义的"观解理性"或"理论理性"，因此也是属于知性层上的。（运用表现不属于知性层。）民主政治与科学正好是这知性层上的"理性之架构表现"之所成就。……

（三）如何从运用表现转出架构表现

我们需要解答以下的问题，即：如何从运用表现转出架构表现。运用表现自德性发，是属于内圣的事。讲内圣必通着外王，外王是内圣的通出去。但以前的人讲外王是由内圣直接推衍出来。如《大学》所说："古之欲明明德于天下者，先治其国；欲治其国者，先齐其家；欲齐其家者，先修其身；欲修其身者，先正其心；欲正其心者，先诚其意；欲诚其意者，先致其知；致知在格物。"反过来，则说："物格而后知至，知至而后意诚，意诚而后心正，心正而后身修，身修而后家齐，家齐而后国治，国治而后天下平。"这一来一往，便表示外王是内圣的直接延长。内圣的核心是在正心诚意，而致知格物是归宗于正心诚意的工夫。修身，齐家，治国，平天下，都是内圣的通出去。如果外王只限于治国平天下，则此外王亦是内圣之直接通出去。如是，外王只成了内圣之作用，在内圣之德之"作用表现"中完成或呈现。但如果治国平天下之外王还有其内部之特殊结构，即通着我们现在所讲的科学与民主政治，则即不是内圣之作用所能尽。显然，从内圣之运用表现中直接推不出科学来，亦直接推不出民主政治来。外王是由内圣通出去，这不错。但通有直通与曲通。直通是以前的讲法，曲通是我们现在关联着科学与民主政治的讲法。我们以为曲通始能尽外王之极致。如只是直通，则只成外王之退缩。如是，从内圣到外王，在曲通之下，其中有一种转折上的突变，而不是直接推理。这即表示：从理性之运用表现直接推不出架构表现来。然则，从运用表现转架构表现亦必不是直转，而是曲转。这曲转即表示一种转折上的突变。譬如从山川气象并不能直接推出高楼大厦。这高楼大厦本身有其特殊的结构，中间还须经过专家工程师，而工程师亦有其特殊的本质。从山川气象到这一些，都是转折上的突变。有了山川气象即有高楼大厦，这种直通的讲法，实际只是说了一个形式的必要条件，没有说实际的充足条件。它只是一个范围，并不能致曲以尽其蕴。因为显然，没有山川气象，固不能有高楼大厦，但有了山川气象，亦不能直接即有高楼大厦。亦如没有德性，固不能有科学与民主政治，但有了德性，亦不能直接即有科学与民主政治。即在此义上，我们说这其中有一种转折上的突变。……

德性，在其直接的道德意义中，在其作用表现中，虽不含有架构表现中的科学与民主，但道德理性，依其本性而言之，却不能不要求代表知识的科学与表现正义公道的民主政治。而内在于科学与民主而言，成就这两者的"理性之架构表现"其本性却又与德性之道德意义与作用表现相违反，即观解理性与实践理性相违反。即在此违反上遂显出一个"逆"的意义。它要求一个与其本性相违反的东西。这显然是一种矛盾。它所要求的东西必须由其自己之否定转而为逆其自性之反对物（即成为观解理性）始成立。它要求一个与其本性相违反的东西。这表面或平列地观之，是矛盾；但若内在贯通地观之，则若必须在此一逆中始能满足其要求，实现其要求，则此表面之矛盾即在一实现或满足中得消融。而此实现是一"客观的实现"，如是则即在一客观实现中得消融。由此一消融而成一客观实现，即表示曲而能通。即要达到此种通，必须先曲一下。此即为由逆而成的转折上的突变。如果我们的德性只停在作用表现中，则只有主观的实现或绝对的实现。如要达成客观的实现，则必须在此曲通形态下完成。如只是主观实现，则可表之以逻辑推理；而如果是曲通由之以至客观实现，便非逻辑推理所能尽。此处可以使吾人了解辩证发展的必然性。辩证的表明，在此处非出现不可。

【阅读书目】

《清代学术概论》，梁启超，人民出版社。

《中国历史研究法》，梁启超，中华书局。

《国史大纲》，钱穆，商务印书馆。

《中国近三百年学术史》，钱穆，商务印书馆。

《心体与性体》，牟宗三，上海古籍出版社。

《政道与治道》，牟宗三，吉林出版集团。

《陈寅恪的最后20年》，陆键东，三联书店。

后　记

　　本书主要是为大学"国学"通识课编选的教材，也希望为社会各界提供一部国学新读本。整体规划与设计由我负责，内容选目亦主要由我拟定，全书的绪论、第一章（《周易》）、第八章（《文心雕龙》）由我完成，其余十一章的初稿则由十一位年轻的国学教师分头编写。初稿交齐后，我对第二章（《论语》）、第十章（《近思录》）、第十三章（近现代国学）作了补充和修订，其余八章则由我的几位博士、硕士研究生对其进行修订。最后我又对修订稿统一作了较大幅度的增删、改正和加工。

　　参加初稿编写的人员是：秦元元、申百臣、刘国宁、王进、张凝、吴敏、吴汉伟、闫玲玲、高情情、董飞、韩其飞；参加修订的人员有：赵亦雅、董韦彤、殷杰茹、刘鑫鹏、于秋漪、杨来来。如果本书能够为当代大学生的国学教育提供一部较为精当而富有特点的教材，能够为社会各界人士了解中华优秀传统文化提供一部可以入门的读本，那么首先应该感谢上述诸位年轻学者的辛勤劳动；而其中存在的种种不够成熟和完善之处，则理应由我这个主编负责。

　　需要说明的是，本书初稿（共十二章）完成后，曾内部复印一次以供试用。与那个初稿相比，现在的面貌可以说焕然一新了，不仅增加了"绪论"和《周易》一章，而且所有章节均进行了删补和调整，新增篇幅达三分之一，概说和注释更作了全面修改。但由于编写和修订时间仍显仓促，加之我本人学养有限，其中问题定然不少，希望在使用过程中予以发现和更正，以便日后修订，亦切望各位读者批评指正。

最后，还要特别感谢本书责编王岚女士。她不仅全力促成本书的出版，而且在编校上下了很大功夫。由于本书部分初稿成于众手，加之修改校样时间紧迫，其中错误实多，王岚不厌其烦地做了精心编校，纠正了不少错讹之处，令人敬佩，在此表示感谢！

戚良德

2017年4月